大学生语言文学基本教程

主 编 王文宏

北京邮电大学出版社
www.buptpress.com

内 容 简 介

《大学生语言文学基本教程》在总结近年来高等院校"大学语文"教学改革发展的成果的基础上,以人文性、审美性和工具性来定位大学语文的价值目标,注重理论性和实践性的有机结合。全书共设计了三大部分,第一部分:文学欣赏;第二部分:语言基础;第三部分:现代写作。第一部分具体细分为:古代诗歌(概述、诗经、楚辞、魏晋南北朝诗歌、唐代诗歌、宋代诗歌、元明清诗歌)、古代散文(概述、先秦散文、秦汉散文、唐代散文、宋代散文、明代散文、清代散文)、古代小说(概况、儒林外史、红楼梦)、中国现当代文学(概述、现当代诗歌、现当代小说、现当代散文、现当代戏剧)。第二部分具体细分为中国古代汉语(汉字、音韵、词汇、实词、虚词、句式)和中国现代汉语(语法、语法学、语法单位)。第三部分具体细分为文学写作和应用写作(国家行政机关公文、中国共产党机关公文、日常非规范性公文等)。

图书在版编目(CIP)数据

大学生语言文学基本教程/王文宏主编. --北京:北京邮电大学出版社,2011.8(2016.7重印)
ISBN 978-7-5635-2717-5

Ⅰ.①大… Ⅱ.①王… Ⅲ.①大学语文课—高等学校—教学参考资料 Ⅳ.①H19

中国版本图书馆 CIP 数据核字(2011)第 159014 号

书　　　名:	大学生语言文学基本教程
著作责任者:	王文宏　主编
责 任 编 辑:	王丹丹
出 版 发 行:	北京邮电大学出版社
社　　　址:	北京市海淀区西土城路 10 号(邮编:100876)
发　行　部:	电话:010-62282185　传真:010-62283578
E-mail:	publish@bupt.edu.cn
经　　　销:	各地新华书店
印　　　刷:	北京源海印刷有限责任公司
开　　　本:	720 mm×1 000 mm　1/16
印　　　张:	19.75
字　　　数:	397 千字
印　　　数:	17 951—21 750 册
版　　　次:	2011 年 8 月第 1 版　2016 年 7 月第 6 次印刷

ISBN 978-7-5635-2717-5　　　　　　　　　　　　　　　　　定 价:38.00 元

· 如有印装质量问题,请与北京邮电大学出版社发行部联系 ·

编 委 会

主　　编：王文宏

执行主编：梁　刚　薛桂艳

编　　委：(按姓氏笔画排列)

　　　　　万　柳　王文宏　王晓坤　刘胜枝

　　　　　姜　燕　高纪春　梁　刚　黄传武

　　　　　薛桂艳

目 录

第一部分　文学鉴赏

第一章　中国古代文学 ⋯⋯⋯⋯⋯⋯⋯⋯⋯⋯⋯⋯⋯⋯⋯⋯⋯ 2
　第一节　诗歌 ⋯⋯⋯⋯⋯⋯⋯⋯⋯⋯⋯⋯⋯⋯⋯⋯⋯⋯⋯⋯ 2
　第二节　散文 ⋯⋯⋯⋯⋯⋯⋯⋯⋯⋯⋯⋯⋯⋯⋯⋯⋯⋯⋯⋯ 40
　第三节　小说 ⋯⋯⋯⋯⋯⋯⋯⋯⋯⋯⋯⋯⋯⋯⋯⋯⋯⋯⋯⋯ 113

第二章　中国现当代文学 ⋯⋯⋯⋯⋯⋯⋯⋯⋯⋯⋯⋯⋯⋯⋯ 130
　第一节　概述 ⋯⋯⋯⋯⋯⋯⋯⋯⋯⋯⋯⋯⋯⋯⋯⋯⋯⋯⋯⋯ 130
　第二节　诗歌作品赏析 ⋯⋯⋯⋯⋯⋯⋯⋯⋯⋯⋯⋯⋯⋯⋯⋯ 140
　第三节　散文作品赏析 ⋯⋯⋯⋯⋯⋯⋯⋯⋯⋯⋯⋯⋯⋯⋯⋯ 150
　第四节　小说作品赏析 ⋯⋯⋯⋯⋯⋯⋯⋯⋯⋯⋯⋯⋯⋯⋯⋯ 173
　第五节　戏剧作品赏析 ⋯⋯⋯⋯⋯⋯⋯⋯⋯⋯⋯⋯⋯⋯⋯⋯ 181

第二部分　语言基础

第三章　古代汉语 ⋯⋯⋯⋯⋯⋯⋯⋯⋯⋯⋯⋯⋯⋯⋯⋯⋯⋯ 188
　第一节　汉字的结构 ⋯⋯⋯⋯⋯⋯⋯⋯⋯⋯⋯⋯⋯⋯⋯⋯⋯ 188
　第二节　古书中的用字 ⋯⋯⋯⋯⋯⋯⋯⋯⋯⋯⋯⋯⋯⋯⋯⋯ 192
　第三节　词的本义和引申义 ⋯⋯⋯⋯⋯⋯⋯⋯⋯⋯⋯⋯⋯⋯ 196
　第四节　古今词义的异同 ⋯⋯⋯⋯⋯⋯⋯⋯⋯⋯⋯⋯⋯⋯⋯ 197
　第五节　古代汉语词类活用 ⋯⋯⋯⋯⋯⋯⋯⋯⋯⋯⋯⋯⋯⋯ 200

第六节　古代汉语特殊句式 …………………………………… 202

第四章　现代汉语 …………………………………………………… 206

　　第一节　语音 ………………………………………………………… 206

　　第二节　词汇 ………………………………………………………… 208

　　第三节　语法 ………………………………………………………… 212

　　第四节　修辞 ………………………………………………………… 218

第三部分　写　作

第五章　文学写作 …………………………………………………… 226

　　第一节　文学写作及其意义 ………………………………………… 226

　　第二节　作者 ………………………………………………………… 229

　　第三节　文学写作状况与过程 ……………………………………… 235

第六章　应用写作 …………………………………………………… 240

　　第一节　应用文概述 ………………………………………………… 240

　　第二节　公文概述 …………………………………………………… 241

　　第三节　国家机关行政公文写作 …………………………………… 248

　　第四节　常用行政公文写作 ………………………………………… 265

　　第五节　经济类应用文写作 ………………………………………… 277

　　第六节　礼仪类应用文写作 ………………………………………… 288

　　第七节　日常应用文写作 …………………………………………… 293

参考文献 ……………………………………………………………… 310

第一部分

文学鉴赏

第一章　中国古代文学

第一节　诗　　歌

诗歌,是中国文学中产生最早的艺术形式之一,也是中国文学中得到最为充分发展的体裁。《诗经》是中国最早的一部诗歌总集。以《国风》为代表的《诗经》和以《离骚》为代表的《楚辞》,成了中国古代诗歌的两个典范。汉魏六朝时期,乐府诗带着民间文学特有的刚健清新的风格步入诗坛。在乐府诗的发展过程中,五言、七言的句式日渐引人注目。到了汉末,佚名诗人《古诗十九首》的出现,五言诗体便基本成熟了。七言诗的产生稍后于五言诗,它的广泛流行,大约在晋宋之际。经过齐梁间以沈约为代表的"永明体"诗歌在声律方面的充分准备,到唐代,近体诗确立了,诗歌发展进入了鼎盛时期。在这个黄金时代中,古体诗与近体诗全面发展,出现了李白、杜甫、白居易等世界闻名的大诗人。

词起源于民间,盛唐以后,文人才士填词渐成风气。到宋代,词这一特殊的文学样式,受到社会各阶层的普遍欢迎。宋代的词,达到了可以和唐诗并列的中国文学的另一座高峰,出现了一批大词人,如苏轼、柳永、李清照等。南宋后期,北方少数民族的乐曲不断传进中原地区,就形成了一种新的诗歌样式——散曲。散曲在元代得到迅速的发展,在短时间内就成为中国诗歌史上最兴盛的体裁之一。当宋词、元曲在文坛上居于主导地位的同时,传统的诗歌创作仍有大量作品传世。宋、元、明、清的诗,其数量十分巨大,并有自身的特色,但从总的成就上说,没有超过唐代。

(一) 中国古代诗歌发展概况

清代赵翼有诗云:"李杜文章万口传,至今已觉不新鲜。江山代有才人出,各领风骚数百年";毛泽东诗词中亦有一名句:"惜秦皇汉武,略输文采;唐宗宋祖,稍逊风骚"。这两处"风骚"的严格意义是指中国古代诗歌发展长河中的璀璨双璧——《诗经》和《楚辞》。

《诗经》是中国第一部诗歌总集,成为中国诗歌发展史上的光辉开端。先秦时期,它一般称为《诗》或《诗三百》。后来汉代统治者"独尊儒术",《诗》被儒生们作为经典之一加以传习，于是始有《诗经》之名。《诗经》的创作年代，大约是从西周初叶至春秋中叶，即公元前11世纪至公元前6世纪。

《诗经》就其原来的性质而言，是歌曲的歌词。这些诗篇根据音乐的不同可分为"风"、"雅"、"颂"三部分。"风"是带有地方色彩的音乐，十五"国风"就是十五个地方的土风歌谣。"雅"又有"正"的意思，当时把王畿之乐看做是正声——典范的音乐。"雅"包括《大雅》和《小雅》。《大雅》主要是朝会乐歌，《小雅》的应用范围则由朝会扩展到贵族社会的各种典礼、宴会。"颂"是周天子及诸侯用于宗庙祭典的舞曲、祭歌与颂歌。

《诗经》在艺术手段上采用了赋、比、兴的手法。一般认为，赋即敷陈其事，直接表达某一事物或人物的言行情志，也可称为直陈法。比就是比拟、比喻，是我国诗歌史上极为重要的思维方式与表现技巧。兴是起兴，主要通过联想与想象，托物起兴。《诗经》常有比、兴联用之例，兴而比，比而兴，往往是二者互补，相得益彰。《诗经》中所有的歌词本来都是可以演唱的，很多章句具有一唱三叹的特色。由于大量运用了双声、叠韵、重言、叠字、叠句、叠章等技巧，《诗经》中的作品往往节奏分明，音韵铿锵，和谐宛转，富有韵律美。

《诗经》的基本句式是四言，间或杂有二言、五言、七言直至九言的各种句式。杂言句式所占比例很低，只有个别诗是以杂言为主的，如《伐檀》。汉代以后，四言诗虽断断续续一直有人写，但总的来看已不再是一种重要的写作样式了。四言格式反而在颂、赞、诔、箴、铭等特殊韵文文体中继续延续着生命力。

《楚辞》构成中国古代诗歌发展的又一源头。《楚辞》的主要作者是屈原。他创作了《离骚》、《九歌》、《九章》、《天问》等不朽作品。在屈原的影响下，楚国又产生了宋玉、唐勒、景差等楚辞作者。关于楚辞的特征，宋代黄伯思在《校定楚辞序》中概括为："盖屈宋诸骚，皆书楚语，作楚声，记楚地，名楚物，故可谓之'楚辞'"。

楚辞是在楚国民歌的基础上经过加工、提炼而发展起来的，具有浓郁的地方特色。由于地理、语言环境的差异，楚国一带自古就有它独特的地方音乐，古称南风、南音；也有它独特的土风歌谣，如《说苑》中记载的《楚人歌》、《越人歌》、《沧浪歌》；更为重要的是楚地巫风盛行，楚人以歌舞娱神，使神话得以大量保存，楚地民歌中充满了原始的宗教气氛。所有这些影响使得楚辞具有楚国特有的音调、音韵，同时具有浓厚的浪漫精神与巫文化色彩。

应当看到，楚辞又是南方楚国文化和北方中原文化相融合的产物。春秋以来，一向被称为荆蛮的楚国日益强大。它在问鼎中原、争霸诸侯的过程中与北方各国频繁接触，促进了南北文化的广泛交流；楚国也受到北方中原文化的深刻影响。正是这种南北文化的汇合，孕育了屈原这样伟大的诗人和《楚辞》这样异彩纷呈的伟大诗篇。《楚辞》中的许多句子至今还常被人挂在口边，如"举世皆浊我独清，众人皆醉我独醒"（《渔父》），"悲莫悲兮生别离，乐莫乐兮心相知"（《九歌·司命》）等。

当然,最著名的还是《离骚》中的"路曼曼其修远兮,吾将上下而求索"。这句诗用脚下之路,象征人生之路;用寻找前程,象征追寻理想。它表明尽管人生之路十分漫长、崎岖、坎坷,但诗人执著追求真理的精神永远不变。

在中国诗歌史上,《楚辞》占有重要的地位。它的出现,打破了《诗经》以后两三个世纪的沉寂而在诗坛上大放光芒。刘勰在《文心雕龙·辨骚》篇中把楚辞的主要艺术特点精当地概括为"酌奇而不失其真,玩华而不坠其实"。用王逸的话说,就是"善鸟香草,以配忠贞;恶禽臭物,以比谗佞"。这种"寄情于物"、"托物以讽"的表现方法,对我国古代文学,特别是诗歌有着极大的影响。例如张衡的《四愁诗》、曹植的《美女篇》、杜甫的《佳人》等,以及许多咏史、咏怀、感遇的诗篇,都是直接、间接受了屈原这种作风的启发。此外,《离骚》、《招魂》所运用的大胆幻想和夸张的手法,对我国浪漫诗歌传统的形成和发展也起到了很大的引导作用。刘勰非常推崇楚辞,认为它"衣被词人,非一代也"。

在秦王朝的短暂统一后,又经历了两汉、三国、两晋、南北朝、隋等朝代,前后共八百多年。这个时期的诗歌,比起先秦时期来有许多新变,是中国古代诗歌发展史上的一个重要阶段。为讲述方便,可进一步划分为三个阶段:

第一阶段是两汉时代,约四百余年,其标志性成果为五言诗的产生和初步发展。

汉诗的一部分是乐府诗。所谓乐府,最初指官方设置的音乐机关。它除了将文人歌功颂德的诗制成曲谱并制作、演奏新的歌舞外,又广泛收集民间的歌辞入乐。《汉书·艺文志》记:"自孝武帝立乐府而采歌谣,于是有赵代之讴,秦楚之风,皆感于哀乐,缘事而发,亦可以观风俗,知薄厚云。"当时的民歌中也有不少优美的小诗,如著名的《江南可采莲》:"江南可采莲,莲叶何田田,鱼戏莲叶间,鱼戏莲叶东,鱼戏莲叶西,鱼戏莲叶南,鱼戏莲叶北。"此诗形象鲜明,回环往复,音韵和谐,文字活泼,内容看似简单,却韵味悠然,这正是民歌的本色。汉乐府以五言和杂言诗为主。五言乐府诗的流行,对文人产生了很大影响,推动了文人创作五言诗。

汉诗的另一部分是不入乐府的文人诗。这其中公认《古诗十九首》艺术造诣为最高。《古诗十九首》最早见于《文选》,编者把这些亡失主名的五言诗汇集起来,冠以此名。现在一般认为大抵出于东汉末年,然亦非一时一人之作。《古诗十九首》多写夫妇朋友间的离愁别绪、士人的彷徨失意以及思乡之情,有些作品表现出追求富贵和及时行乐的思想。其语言朴素自然,描写生动真切。

《古诗十九首》的作者绝大多数是漂泊在外的游子,他们身在他乡,胸怀故土,心系家园,每个人都有无法消释的思乡情结。《涉江采芙蓉》的主人公采撷芳草想要赠给远方的妻子,他苦ална吟叹:"还顾望旧乡,长路漫浩浩。同心而离居,忧伤以终老。"《明月何皎皎》的作者在明月高照的夜晚忧愁难眠,揽衣徘徊,深切地感到"客行虽云乐,不如早旋归"。天涯芳草、他乡明月,都没有给游子带来心灵的慰藉,相反,倒是激荡起难以遏制的思乡之情。游子思乡作品在《诗经》中有多篇,《诗经》中游子的思念对象固然有他们的妻子,但更多的是父母双亲;《古诗十九首》思乡焦点则集中在妻子身上,思乡和怀内密不可分,乡情和男女恋情交融在一起。刘勰《文心雕龙·明诗》中就这样概括《古诗十九首》的艺术特色:"观其结体散文,直而不野,婉转附物,怊怅切情,实五言之冠冕也。"

第二阶段是曹魏、西晋时代,约一百年,其主要标志是文人五言诗趋于昌盛,并确立了它在诗坛的统治地位。

东汉末年,社会动荡不安。曹操挟天子以令诸侯,统一北方,社会有了比较安定的环境。曹氏父子又皆有很高的文学修养。在他们的大力提倡扶植下,一度衰微的文学焕发了新的生机。在当时建都的邺城(故址在今河北省临漳县境内),聚集了一大批文人,诗、赋、文创作都有了新的突破。尤其是诗歌,吸收了汉乐府民歌之长,情词并茂,具有慷慨悲凉的艺术风格,比较真实地反映了汉末的社会现实以及文人们的思想情操。这一时期的文学创作发生在汉献帝建安时期,故史称"建安文学"。建安文学的代表人物是"三曹"和"七子",而以三曹为核心。曹操是建安文学的开创者,今存诗20余首。《蒿里行》描写了军阀混战时期的惨景:"白骨露于野,千里无鸡鸣。"被后人誉为"汉末实录"。曹操的《短歌行》更是脍炙人口的名篇:"对酒当歌,人生几何?譬如朝露,去日苦多。……青青子衿,悠悠我心。但为君故,沉吟至今。……月明星稀,乌鹊南飞。绕树三匝,何枝可依?山不厌高,海不厌深。周公吐哺,天下归心。"它充分表达了诗人求贤若渴的心情和统一天下的壮志。曹丕是曹操的次子,其诗委婉悱恻,多以爱情、伤感为题材,两首《燕歌行》是现存最早的七言诗。曹植是这一时期最负盛名的作家,流传下来的诗赋文章共有100多篇,如描绘人民痛苦生活的《泰山梁甫行》,描写爱情的《美女篇》、《洛神赋》等。李白有"蓬莱文章建安骨"之句,可见建安文学对后世的深远影响。

曹魏后期文学,以阮籍、嵇康为代表作家,人们往往把这个时代的文学称为"正始文学"(正始为魏齐王芳的年号)。嵇康更擅长写散文,诗歌成就不及阮籍。阮籍的代表作是五言《咏怀诗》82首。这是一组政治抒情诗,表现了诗人在当时险恶的政治环境下苦闷孤寂的情怀和忧生惧祸的心理。阮籍的诗歌继承了风、骚和《古诗十九首》的传统,在艺术上大量地运用比兴、象征、用典等手法来抒情言志,因而形成了隐晦曲折、旨意遥深的艺术风格。钟嵘说他"言在耳目之内,情寄八荒之表"、"厥旨渊放,归趣难求"(《诗品》)。阮籍《咏怀诗》的影响不绝如缕,左思的《咏史》、陶渊明的《饮酒》、庾信的《拟咏怀》,以及陈子昂的《感遇》和李白的《古风》等,都明显地得到其艺术的沾溉。

司马氏统一中国,结束了三国鼎立的局面,建立了西晋王朝。西晋前期太康(晋武帝年号)年间,文人辈出,文学昌盛,文学史上称为太康文学。潘越的《悼亡诗》和左思的《咏史诗》都是这一时期的名作。

第三阶段是东晋、南北朝、隋代,约三百年,其主要成果是五言诗的进一步发展和七言诗的初步发展。

在东晋约一百年里,玄言诗长期占据统治地位。这种诗大都成了老庄思想的传声筒,"理过其辞,淡乎寡味"。直到东晋末年,才出现大诗人陶渊明。陶诗今存125首,其中四言诗9首,五言诗116首。他的五言诗大略分为两类:一类是继承汉魏以来的抒情言志传统而加以发展的咏怀诗,另一类是前人很少创作的田园诗。《归园田居》组诗的第一首久负盛名:"少无适俗韵,性本爱丘山。误落尘网中,一去三十年。羁鸟恋旧林,池鱼思故渊。开荒南野际,守拙归园田。方宅十余亩,草屋八九间。榆柳荫后檐,桃李罗堂前。暧暧远人村,依依墟里烟。狗吠深巷中,鸡鸣桑树颠。户庭无尘杂,虚室有余闲。久在樊笼里,复得返自然。"这首诗大约作于陶渊明从彭泽令解职归田的次年,抒发回到田园生活的愉悦心情。中间写景的一节,"方宅"以下四句,以简淡的笔墨,勾画出自己居所的朴素美好。"暧暧远人村,依依墟里烟",视线转向远处,使整个画面显出悠邈、虚淡、静穆、平和的韵味。作者正是以此作为污浊喧嚣的"樊笼"即官场的对立面,表现自己的社会理想和人生观念。不过,陶渊明并没有像当时的一些"隐士"一样,啸聚山林、远离人烟,而是"结庐在人境"(《饮酒》之五),在"斗酒聚比邻"的自然生存状态中挥洒真情。《归园田居》(其五)中有"漉我新熟酒,只鸡招近局。日入室中暗,荆薪化明烛,欢来苦夕短,已复至天旭"几句,邱嘉穗《东山草堂陶诗》卷三评曰:"前者(其四)悲死者,此首念生者,以死者不复还,而生者可共乐也。故耕种而还,濯足才罢,即以斗酒只鸡,招客为长夜饮也。"诗人开荒南野,免不了稼穑扶犁,与农民一样辛勤耕耘。劳作之后他与邻居相聚饮酒,酒酣之时,慨叹光阴易逝,欢乐太短,于是众人通宵欢饮,把酒达旦。这种田家真景,令人悠然神往。在中国诗歌史上,只是在陶渊明笔下,田园风光和农村生活才第一次被当做重要的审美对象,为后人开辟了一片情味独特的天地。苏东坡在《与苏辙书》中说"吾与诗人无所甚好,独好渊明之诗。渊明作诗不多,然其诗质而实绮,癯而实腴,自曹、刘、鲍、谢、李、杜诸人,皆莫过也。"苏东坡把陶诗放在李白、杜甫之上,或许有失公允。但他用"质而实绮,癯而实腴"八个字概括陶诗的艺术风格,还是很准确的。

南朝宋代前期,出现了谢灵运、鲍照等著名诗人。他们主要活动在宋文帝元嘉年间,所以被称为"元嘉文学"。谢灵运,东晋名将谢玄的孙子,生平爱好游山玩水,是中国文学史上"山水诗派"的开创者。鲍照的名篇《拟行路难》18首,学习民间《行路难》歌曲(已失传),运用七言和杂言样式,写得流转奔放。他的七言诗隔句用韵,改变了过去七言诗(如曹丕《燕歌行》每句用韵的形式,而且常常换韵,加强了七言诗的节奏和变化,增强了表现力。

南朝齐代诗人中,以谢朓最为杰出。李白所谓"中间小谢又清发"中的"小谢"指的正是谢朓。南齐永明(齐武帝年号)年间,文士周颙、沈约、王融等提出"四声八病"的理论,主张作诗应区别平、上、去、入四声,避免平头、上尾等八种弊病。沈约、谢朓、王融等运用这种理论写作的一部分篇章,近世研究者称之为"新体诗"。新体诗是中国格律诗的萌芽,到唐代进一步发展变化,便形成了"近体诗"(律诗和绝句)。

梁、陈两代,诗人众多。自鲍照《拟行路难》之后,诗人们开始较多地关注、写作七言诗。梁代萧衍、萧纲,陈代徐陵、陈后主等都加入了这一潮流,蔚成风气。可以说,在这时期由于不少诗人的努力,七言诗在诗坛开始占据重要地位,为唐代五言诗、七言诗并驾齐驱奠定了基础。

唐代经济的发展、国力的强盛、文化的交融、科举的兴盛、思想禁锢的大为缓解,都有力地促进了文学创作的繁荣,结下了累累硕果。而诗歌作为当时文学的主流,更是大放异彩,达到了中国古典诗歌创作的巅峰。初唐诗歌仍处于陈、隋时期的余光返照中,"上官体"失之绮错婉媚,只有魏徵、王绩、王梵志等少数人能自拔于流俗之外。直到初唐四杰,诗歌境界才有了新的开拓,尽管他们仍未完全摆脱六朝后期"采丽竞繁"的影响。真正廓清梁陈诗风影响的,是武后时期的陈子昂。他提倡"汉魏风骨",以复古为革新,抵制浮靡诗风。与陈子昂略同时的,还有沈佺期、宋之问和文章四友(李峤、崔融、苏味道、杜审言)。他们的作品多是奉和应制、点缀升平,但也有一些佳作。他们的主要贡献在律体诗体制的完成方面。沈、宋、杜三人被后世视为使五、七言律诗定型的奠基人。

唐玄宗开元、天宝年间,直至"安史之乱"爆发以前,是唐代社会文化高度繁荣的时代。唐诗经过初唐100多年的准备、酝酿与发展,至此达到鼎盛。虽然在唐诗的初、盛、中、晚四个阶段中,"盛唐"历时最短,但成就最大。这一时期,波澜壮阔、气象万千,涌现出一大批才华横溢的优秀诗人,如张九龄、孟浩然、王维、王昌龄、高适、岑参等,而其中最引人注目、最动人心弦的无疑是"诗仙"李白。他的代表作主要有乐府诗《蜀道难》、《行路难》、《将进酒》、《梁甫吟》,歌行体诗《扶风豪士歌》、《梦游天姥吟留别》、《庐山谣寄卢侍御虚舟》、《宣州谢朓楼饯别校书叔云》,五言绝句《静夜思》、《玉阶怨》,七言绝句《望庐山瀑布》、《早发白帝城》、《送孟浩然之广陵》、《山中问答》等。

李白的诗歌最集中地体现了泱泱盛唐的时代风貌,其饱满的青春热情、蓬勃的精神活力、积极的理想抱负、强烈的个性色彩,这一切都汇成了中国古代诗歌史上最富有朝气的歌吟。以《行路难》为例:"金樽清酒斗十千,玉盘珍馐直万钱。停杯投箸不能食,拔剑四顾心茫然。欲渡黄河冰塞川,将登太行雪满山。闲来垂钓碧溪上,忽复乘舟梦日边。行路难,行路难,多歧路,今安在。长风破浪会有时,直挂云帆济沧海。"这首诗从语调到气势,都是李白式的,以第一人称的抒怀和议论表达主观感受,突破了传统乐府用赋体叙事的写法。李白的歌行,更是完全打破诗歌创作的一切固有格式,不仅感情一气直下,而且还以句式的长短变化和音节的错落来显示其回旋奔放的节奏旋律。如《梦游天姥吟留别》："我欲因之梦吴越,一夜飞度镜湖月。湖月照我影,送我至剡溪。……且放白鹿青崖间,须行即骑访名山。安能摧眉折腰事权贵,使我不得开心颜。"这种抒情方式和语言方式,似暴风急雨,骤起骤落,如行云流水,一泻千里,轰鸣着盛唐之音。

然而好景不长,唐玄宗天宝十四年安史之乱爆发,沉重地打击了唐代社会的政治、经济发展,使唐朝迅速地由繁荣转入衰乱。李白与杜甫是唐诗世界的双子星座,李白的名作以安史之乱前为多;杜甫的诗则是动乱时代的诗史,忠实地记录了国家的变乱、人民的苦难以及个人的不幸遭遇,博大精深,沉郁顿挫。

在杜甫的诗歌中,有几种类型特别具有独创性,也最能够代表他对中国诗史的贡献。一类是用五言古体形式写成的自叙性的诗篇,《自京赴奉先县咏怀五百字》、《北征》是其中最著名的代表作。这类诗大都篇幅较长,往往是融写景、叙事、抒情、议论于一体,能够表达相当复杂的内容。如《自京赴奉先县咏怀五百字》写作者自长安前往奉先探家,途经唐玄宗与杨贵妃纵情享乐的骊山时忧愤交集:"凌晨过骊山,御榻在嵽嵲。蚩尤塞寒空,蹴踏崖谷滑。瑶池气郁律,羽林相摩戛。君臣留欢娱,乐动殷胶葛。赐浴皆长缨,与宴非短褐。彤庭所分帛,本自寒女出。鞭挞其夫家,聚敛贡城阙。……况闻内金盘,尽在卫霍室。中堂有神仙,烟雾蒙玉质。煖客貂鼠裘,悲管逐清瑟。劝客驼蹄羹,霜橙压香橘。朱门酒肉臭,路有冻死骨。"宋代诗歌有"以文为诗"的倾向,显然受到杜甫这一类作品的影响。还有一类是以《兵车行》、《丽人行》、"三吏"、"三别"为代表的七言、五言古体叙事诗。杜甫打破惯例,不用乐府古题而"即事名篇"(根据所叙事实命名)。这一创造,直接导引了中唐以元稹、白居易为首的"新乐府"运动。从叙事艺术来看,这些诗善于描绘人物形象,尤其是运用对话来表现人物个性,在中国古代叙事诗的发展过程中占有重要的地位。再有一类是律诗,在艺术上达到了唐代近体诗的顶峰。杜甫五律甚多,别开生面,寓变化于整齐之中,名篇有《春望》、《旅夜抒怀》等。杜甫的七律则达到100多首,代表作包括《闻官军收河南河北》、《登高》、《秋兴八首》等。杜甫的律诗具有落笔惊人、出神入化的语言技巧。如《秋兴八首》中的一句"香稻啄余鹦鹉粒,碧梧栖老凤凰枝",凝结着鲜明的色彩和浓郁的香气,剔除了一切虚词,达到了最高的浓缩。这就把六朝以来诗歌语言的演化推向极致,也是对盛唐诗歌艺术集大成的结果。总之,杜甫一方面为盛唐诗歌画上了完美的句号,另一方面又为后世诗歌发展开辟了众多可能的途径。

中唐前期诗歌创作相对来说处于低潮,后期重现繁荣景象。中唐前期的刘长卿和韦应物以山水诗见称,是王维、孟浩然的余绪;卢纶、李益的边塞诗,是高适、岑参的余绪。中唐后期的两大诗派是新乐府派和韩孟诗派。以白居易、元稹为代表的一批诗人,自觉发扬杜甫的写实精神,写下了大量赋咏新题材、运用新语言、标以新诗题的乐府诗,掀起了一场新乐府运动。白居易在《新乐府序》中明确提出"为君、为臣、为民、为物、为事而作"的创作主张,在《与元九书》中强调"文章合为时而著,歌诗合为事而作"。在创作实践方面,以《新乐府》50首、《秦中吟》10首为代表。他笔下"满面尘灰烟火色,两鬓苍苍十指黑"的卖炭翁形象已深入人心,诗中"可怜身上衣正单,心忧炭贱愿天寒"两句尤为精警,先用"可怜"二字倾注无限同情,继以"忧"、"愿"来写卖炭老人的心酸境遇,具有强烈的感染效果。白居易和元稹还努力促使诗歌平民化,增加叙事成分、故事情节,并且注重作品音韵的优美。白居易的《长恨歌》、《琵琶行》和元稹的《连昌宫词》便是这一变革的结晶。韩孟诗派与新乐府派几乎同时出现,以韩愈、孟郊为代表。他们标榜"陈言务去",尚古拙,求奇险,艺术上避熟就生,因难见巧,刻意求新,形成奇崛险怪的风格特色。在两大诗派之外,能够独树一帜,成就较突出的诗人还有刘禹锡、柳宗元、李贺等。

晚唐诗是唐诗的夕阳返照时期。诗坛的整体状况是感伤气息浓重,雕琢风气盛行。晚唐前期极负盛名的诗人是被称为"小李杜"的李商隐和杜牧。杜牧擅长写咏史诗,有的悲悼感慨、寄寓遥深,如"商女不知亡国恨,隔江犹唱后庭花"(《泊秦淮》),有的则借题发挥、表达识见,如"东风不与周郎便,铜雀春深锁二乔"(《赤壁》)。李商隐作有大量政治诗、咏物诗,但还是以爱情诗最能代表其情致缠绵、空灵凄艳、意象朦胧的独特诗风。名篇《锦瑟》中的"沧海月明珠有泪,蓝田日暖玉生烟",烘托出一种可望而不可及的虚幻感;"身无彩凤双飞翼,心有灵犀一点通"(《无题》),描摹了那种目成心许却难得结合的恋情;"春蚕到死丝方尽,蜡炬成灰泪始干"(《无题》),则更是比喻中寓象征,写尽了诗人的离情别恨、泣血苦恋。晚唐后期还出现了以皮日休、聂夷中、杜荀鹤为代表的一批诗人,发扬中唐新乐府派的创作精神,注意反映社会问题和民生疾苦,但艺术成就不高。

宋诗是在唐诗的基础上发展起来的,但又自具特色。其成就虽不如唐,但对后世的影响仍然很大。宋代诗歌依时间先后可以分为六个不同的发展时期。

从北宋开国到宋真宗朝的七八十年的时间里,宋诗基本上沿袭唐风,为"沿袭期"。主要流派有以王禹偁为代表的白居易体(简称白体)、魏野、林逋为代表的晚唐体和杨亿、刘筠、钱惟演为代表的西昆体。

宋仁宗时,欧阳修、梅尧臣、苏舜钦等人,在反对骈文、提倡古文的同时,连带反对杨亿、刘筠片面追求属对精工、不重内容的唱和诗风,上承宋初王禹偁关心现实的精神,主张大量创作以反映国计民生为传统的古体诗,以配合当时的政治改革运动。这一时期为"复古期",宋诗议论化、散文化的独特面目,也在此时初步形成。

11世纪后半期,王安石、苏轼相继主盟诗坛,宋诗创作形成第一个高峰期。王安石的《明妃曲》、《乌江亭》等诗,就传统题材翻出新意,充分发挥了宋诗长于议论的特点,读后耐人回味。苏轼诗歌创作的总体特色是气象宏阔,笔力雄健,与其文有相通之处。苏诗的散文化、议论化倾向,远继韩愈而近启黄庭坚。他把宋诗推进到了"别开生面,成一代之大观"的境界。这一宋诗发展阶段可称为"革新期"。

具体说来,王安石的创作明显分为前后两期。前期以政治诗为主,常借咏史以明志,《明妃曲》是其代表作:"明妃初出汉宫时,泪湿春风鬓脚垂。低徊顾影无颜色,尚得君王不自持。归来却怪丹青手,入眼平生几曾有?意态由来画不成,当时枉杀毛延寿。一去心知更不归,可怜着尽汉宫衣。寄声欲问塞南事,只有年年鸿雁飞。家人万里传消息,好在毡城莫相忆。君不见咫尺长门闭阿娇,人生失意无南北!"唐人咏王昭君多骂毛延寿,多写王之顾恋君恩,而此诗却说王之美貌本非画像所能传达,王昭君流落异域的命运未必比终老汉宫更为不幸,都体现了作者在唐诗之外求新求变的精神。而结尾指出王昭君的悲剧乃是古今宫嫔的共同命运,议论之精警突破前人,充分体现了宋诗长于议论的特征。王安石在退出政治舞台之后,转向绝句创作,取得了世人公认的艺术成就,名篇有《书湖阴先生壁》、《泊船瓜洲》等。

苏轼是宋代文学第一人,其诗冠代,与黄庭坚并称"苏黄",与陆游并称"苏陆"。在苏轼的诗歌中,最多也最为人们喜好的是那些通过描绘日常生活经历和自然景物来抒发人生情怀的作品。如下面两首:

人生到处知何似?应似飞鸿踏雪泥。泥上偶然留指爪,鸿飞那复计东西。老僧已死成新塔,坏壁无由见旧题。往日崎岖还记否?路长人困蹇驴嘶。(《和子由渑池怀旧》)

横看成岭侧成峰,远近高低各不同。不识庐山真面目,只缘身在此山中。(《题西林壁》)

在这类诗中,自然现象已上升为哲理,人生感受也已转化为理性的反思。尤为难能可贵的是,诗中的哲理是通过生动、鲜明的艺术意象自然而然地表达出来,而不是经过逻辑推导或议论分析所得。这样的诗既优美动人,又饶有趣味,是名副其实的理趣诗。"不识庐山真面目"和"雪泥鸿爪"一问世即流行为成语,说明苏轼的理趣诗受到人们的普遍喜爱。在中国古代诗人中,能写这样有兴味的哲理诗的人实在不多。

这一"革新期"的重要诗人还有黄庭坚、陈师道等,都出自苏轼门下,但诗风与苏氏不同。黄庭坚作诗,有所谓"点铁成金"、"脱胎换骨"的方法,目的是"以故为新",仍不失宋诗革新期的首创精神。但后来起而效法者以此为定式,形成在南、北、宋之际影响巨大的"江西诗派",宋诗重新走上了模仿前人,只在文字技巧、声韵格律方面颠来倒去的形式主义道路。宋诗发展进入"凝滞期"。

直到南宋之际,陈与义等人由早期江西诗人对杜诗声律的偏爱转向学习杜甫忧国忧民的精神和苍凉沉郁的风格,在诗歌中反映出民族灾难降临之际知识分子的爱国感情,宋诗停滞不前的局面才有所改变。南宋前期,抗敌、北伐成为诗歌表现的重大主题,爱国诗的大量涌现,使宋诗在这方面成为超越前代并给后世以莫大影响的典范。以陆游为代表的中兴诗人,纷纷从江西诗派的束缚下解脱出来,树立起自己的风格。陆游创作力旺盛,今存诗近万首,其中有许多都是自抒报国壮志和忧时深思的作品,著名的如《书愤》:

早岁那知世事艰,中原北望气如山。楼船夜雪瓜州渡,铁马秋风大散关。塞上长城空自许,镜中衰鬓已先斑。出师一表真名世,千载谁堪伯仲间?

一心报国的英雄却壮志难酬,只能空度岁月,诗人个人的遭遇也是民族命运的缩影。陆游在《金错刀行》中发出"呜呼!楚虽三户能亡秦,岂有堂堂中国空无人"的慨叹。这种悲愤忠烈的感情始终在他心灵中激荡,甚至在睡梦中也会"夜阑卧听风吹雨,铁马冰河入梦来"。清末梁启超评论说:"诗界千年靡靡风,兵魂销尽国魂空。集中十九从军乐,亘古男儿一放翁。"除了陆游的"从军乐",杨万里的"诚斋体"和范成大的田园诗,亦能别开生面,在文学史上占有一席之地。这标志着宋诗发展进入"中兴期"。

南宋后期,再也没有出现比较重要的诗人。先后活跃在诗坛上的"永嘉四灵"和"江湖诗派",作诗宗贾岛、姚合,重新走上了宋初沿袭晚唐诗风的老路,虽也写出一些清新可读的作品,但总的来说,宋诗已是每况愈下。直至宋末文天祥等爱国志士以血泪凝成的正气歌彪炳青史,宋诗才最后迸出了一道亮光。

词,是我国古代诗歌的一种,始于民间,形成于唐而极盛于宋。据《旧唐书》记载:"自开元(唐玄宗年号)以来,歌者杂用胡夷里巷之曲。"由于音乐的广泛流传,当时的都市里有很多以演唱为生的优伶乐师,根据唱词和音乐拍节配合的需要,创作或改编出一些长短句参差的曲词,这便是最早的词。从敦煌曲子词中也能够看出,民间产生的词比出自文人之笔的词要早几十年。唐代的民间词大都是反映爱情相思之类的题材,它们在文人眼里是不登大雅之堂的,被视为诗余小道。只有注重汲取民歌艺术长处的诗人,如白居易、刘禹锡等写的词,具有朴素自然的风格,洋溢着浓厚的生活气息。以脂粉气浓烈、崇尚浓辞艳句而驰名的温庭筠和五代"花间派",在词的发展史上也有一定的位置。南唐李后主被俘虏之后的词作则开拓出一种真挚深沉的艺术境界。

通过宋代柳永和苏轼在创作上的重大突破,词在形式上和内容上都获得了巨大的发展。宋词大体上可分类为婉约派和豪放派。婉约派的词,其风格是典雅委婉、曲尽情态:柳永的"今宵酒醒何处?杨柳岸,晓风残月";晏殊的"无可奈何花落去,似曾相识燕归来";晏几道的"舞低杨柳楼心月,歌尽桃花扇底风"等都是著例。豪放词作以苏轼为典型代表,苏轼的词相比其诗具有更大的艺术创造性。他突破了以往离愁别绪、男女恋情的老套,将咏史、怀旧、记游、说理等诗材皆纳入词的表达范围,赋予词以更深广的意境,一改晚唐五代词家的婉约之风,开创了词的豪放一派。《水调歌头·明月几时有》、《念奴娇·赤壁怀古》一向被认为是最能代表苏词风格的作品。前一阕词从幻想天堂的不胜寂寞凄冷,转向寄情于人间的天长地久。后一阕借赤壁旧址的壮观景象、古人的英雄气概抒发诗人的豪情壮志。这两阕词皆写于作者失意之时,"人生如梦"的低沉之调不免时而可闻,但它毕竟难掩苏词激情奔放、达观洒脱、恢宏阔大的高亢之音。

元代诗歌成就不高。元代的词则很大程度上为散曲所替代。继唐诗、宋词之后,元曲蔚为一时文学之盛。一方面,元曲继承了诗词的清丽婉转;另一方面,元代社会政治专权,社会黑暗,读书人处于"八娼九儒十丐"的地位,因而使元曲放射出极为夺目的战斗光彩,透露出反抗的情绪。关汉卿在著名散曲《一支花·不伏老》中就公然宣称:"我是个蒸不烂、煮不熟、捶不匾、炒不爆、响当当一粒铜豌豆"。元曲创作的锋芒直指社会弊端,直斥"不读书最高,不识字最好,不晓事倒有人夸俏"的社会,直指"人皆嫌命窘,谁不见钱亲"的世风,其中描写爱情的作品也比历代诗词来得泼辣、大胆。这些均足以使元曲永葆其艺术魅力。

明代诗歌比较值得一提的是"公安派"。万历、天启年间,其时学舌"七子"者众,形成"剽窃成风,万口一响"的诗歌创作危机。公安"三袁"则在李贽"童心说"的基础上较为完整地阐明了"独抒性灵"的诗歌理论。他们认为,"出自性灵者为真诗",好诗就是"任性而发"、"从自己胸中流出"(袁宏道《识张幼于箴铭后》)的结果。他们认为自己的诗歌"信腕信口,皆成律度",比那些"弃目前之景,撼腐滥之辞"(袁宏道《雪涛阁集序》)的拟古诗高明得多。这种诗歌理论在清除前后七子复古主义("文必秦汉,诗必盛唐")影响方面起了振聋发聩的作用。公安派不仅从理论上与前后七子相抗衡,而且在创作上也以清新的诗风令人耳目一新。当然,诗歌毕竟需要锤炼,信口而出的诗歌,难免会流于率易。

在明末清初诗坛上,钱谦益是影响最大的诗人。他的诗歌主张是在重"性情"的同时也重"学问",具有向宋诗回归的意味。但清前期成就最高的诗人,应推吴伟业和王士禛。到了乾隆时代,沈德潜倡导以"温柔敦厚"为准则的"格调说",翁方纲倡导重学问、重义理的"肌理说"。从表面上看,一个偏于宗唐,另一个偏于宗宋,其实在束缚个性、提倡儒雅上并无根本区别。而与之相反的主张,则是袁枚所倡导的"性灵说"。袁枚的思想很多地方接受了晚明思潮的影响,有些直接来自于李贽。袁枚的诗歌主张大体就是"公安派"理论的重兴,其核心也是强调真性情的自然流露,重视轻灵活泼的趣味。另外,赵翼、黄景仁也是当时很有个性的诗人,在重视诗中有"我"、重视诗歌艺术的独创性方面,他们与袁枚是一致的。到了嘉庆、道光时期,终于出现了杰出的启蒙思想家兼诗人龚自珍。龚诗被认为领中国近代文学风气之先。

以上简要回顾了悠悠二千载的中国古典诗歌发展史。它们构成了中国人永恒而弥足珍视的文化记忆。

(二) 中国历代诗歌名篇赏析

郑风·将仲子

《郑风·将仲子》选自《诗经》。《诗经》的作者多不可考,其中民歌为劳动人民口头创作,由"行人振木铎徇于路以采诗,献之太师,以其音律、以闻天子",有的是文人"献诗"而得。

【题解】
这是一首春秋时期流行在郑国(今河南新郑一带)的民间情歌。姑娘要求情人不要鲁莽行事、逾墙幽会。

将①仲子兮,无逾我里②,无③折④我树杞⑤。岂敢爱之⑥?畏我父母。仲可怀也,父母之言亦可畏也。

将仲子兮,无逾我墙,无折我树桑。岂敢爱之?畏我诸兄。仲可怀也,诸兄之言亦可畏也。

将仲子兮,无逾我园,无折我树檀。岂敢爱之?畏人之多言。仲可怀也,人之多言亦可畏也。

【注释】
① 将(qiāng):请。
② 里:五家为邻,五邻为里。里外有墙。"逾里"指越过里墙。
③ 无(wù):不要。
④ 折:"折,言伤害也"(《毛传》)。
⑤ 树杞:就是杞树。逾墙就不免攀缘墙边的树,树枝攀折了留下痕迹,逾墙的事也就瞒不了人。所以请仲子勿折杞也就是请他勿逾里的意思。下二章仿此。
⑥ 爱:犹"吝惜"。之:指树杞。

【鉴赏】
这是热恋中的少女赠给心上人的一首情诗,但是后世儒家却作了高度政治化、伦理化的阐释。《毛诗小序》断言说"刺庄公也";《诗集传》作者朱熹则引郑樵的观点认为"此淫奔者之词"。今人阅读这首诗,当然需要还原它的本来面貌。

先秦时代的男女交往,大致经历了从比较宽松到逐渐礼数森严的过程。《周礼》还声称"中春之月,令会男女,于是时也,奔者不禁。"但到了春秋战国之际,男女之防已成为一种普遍的社会意识。这也就是《孟子·滕文公下》所说的"不待父母之命,媒妁之言,钻穴隙相窥,逾墙相从,则父母、国人皆贱之。"连偷看一下,都会遭到指责,翻墙幽会就更不得了。《将仲子》表现的正是一位青年女子在社会舆论压力下又怕又爱,爱且复怕的复杂心态。

这首诗写得既坦率又含蓄,可谓矛盾的统一。单从"无逾我里,无折我树杞"、"无逾我墙,无折我树桑"、"无逾我园,无折我树檀"的表面现象看,似乎这位姑娘拒绝了仲子的求爱,表现得有些冷淡,但在一连三章"仲可怀也"里,却分明包孕着姑娘的火热情怀。"仲可怀也",用我们今天的话说就是"二哥、二哥真想你啊"。这位女子刚做了委婉的规劝,请求情人不要跳墙,马上又申明"我哪敢吝惜杞树枝呀,怕的是我爹和妈呀",显然在自道苦衷,不愿引起对方误解。这首诗的妙处还在于,字面上只见女主人公的独白和呼告,诗行间却历历可见一个为了追求爱情、不惜爬墙逾垣、攀树折枝的粗猛小伙子形象。《将仲子》创造了一种情中见景的高妙诗境。

全诗共三章,是叠章体,即采用章节复沓的形式。每章的词句基本相同,其中只换几个字。这种手法,一是可以使诗的协韵不致单调,二是突出了女主人公再三考虑问题的细致与内心的犹疑、矛盾。

小雅·采薇①

《小雅·采薇》,作者不可考。历代注者对于它的写作年代说法不一。但据此诗的内容和其他历史记载的考订,大约是周宣王时代作品的可能性大些。

【题解】

这是一首描写戍卒生活的诗,为《诗经·小雅》中的名篇。

采薇采薇,薇亦作②止。曰归曰归,岁亦莫③止。靡室靡家④,玁狁⑤之故;不遑启居⑥,玁狁之故。

采薇采薇,薇亦柔⑦止。曰归曰归,心亦忧止。忧心烈烈⑧,载饥载渴。我戍⑨未定,靡使归聘⑩。

采薇采薇,薇亦刚⑪止。曰归曰归,岁亦阳⑫止。王事靡盬,不遑启处⑬。忧心孔疚⑭,我行不来⑮。

彼尔⑯维何?维常⑰之华。彼路斯何⑱?君子之车。戎车⑲既驾,四牡业业⑳。岂敢定居,一月三捷㉑。

驾彼四牡,四牡骙骙㉒。君子所依㉓,小人所腓㉔。四牡翼翼㉕,象弭鱼服㉖。岂不日戒㉗?玁狁孔棘㉘。

昔我往矣,杨柳依依㉙。今我来思,雨雪霏霏㉚。行道迟迟,载渴载饥。我心伤悲,莫知我哀!

【注释】

①薇:豆科植物,野生,可食。又名大巢菜,冬发芽,春长大。一说叫"野豌豆"。
②作:生出。
③莫:通"暮",岁暮,一年将尽的时候。
④靡:无。靡室靡家:言终年在外,和妻子远离,有家等于无家。
⑤玁狁(xiǎn yǔn):一作"猃狁",种族名。到春秋时代称为狄,战国、秦、汉称匈奴。玁狁居住的地方在周之北方。以上两句是说远离家室是为了和玁狁打仗。
⑥遑:退。启居:启是小跪;居是安坐。古人坐和跪都是两膝着席。坐时臀部和脚跟接触,跪时将腰伸直。这句是说奔走不停,没有闲暇坐下来休息。
⑦柔:是说未老而肥嫩。
⑧烈烈:本是火势猛盛的样子,用来形容忧心,等于说忧心如焚。
⑨戍:驻守。这句是说驻防未有定处。
⑩聘:问讯。这句是说没有归聘的使者代我问室家安否。
⑪刚:是说将老而粗硬。
⑫阳:十月为"阳",现代对农历十月还称为"小阳春"。
⑬启处:犹"启居"。
⑭疚:古读如记,病痛。孔疚:等于说很痛苦。
⑮来:古读如厘,慰勉。不来:是说无人慰问。
⑯尔:《说文》引作"薾",音同,花繁盛貌。
⑰常:常棣,棠棣,植物名,花两三朵成一缀,果实像李子。以上两句是以开得很繁盛的棠棣起兴,引到壮盛军容的描写。
⑱路:就是"辂",音同。车的高大为辂。斯:语助词,犹"维"。这句和"彼尔维何"句法相同。
⑲戎车:兵车。
⑳牡:指驾车的雄马。业业:高大貌。
㉑捷:抄行小路为"捷"。三捷:言多次行军,就是不敢定居的意思。
㉒骙骙(kuí):强壮貌。
㉓君子所依:君子指将帅,"依"犹"乘"。
㉔小人所腓(féi):小人指兵士。腓:隐蔽。步卒借戎车遮蔽矢石。
㉕翼翼:闲习貌。
㉖弭(mǐ mǐ):弓两端受弦的地方叫做"弭"。象弭:就是用象牙制成的弭。服:是"箙"的假借字。箙是盛箭的器具。鱼箙,就是用沙鱼皮制成的"箙"。
㉗日戒:每日警备。
㉘棘:急。
㉙依依:杨柳柔弱随风不定之貌。
㉚霏霏:雪飞貌。

【鉴赏】

《采薇》一诗,共分六章,每章八句。作品用士兵的口吻,主要写其在战后归家途中追述行役之苦及思乡之情。

诗的前三章均以"采薇采薇"开头,用一唱三叹的复沓形式反复吟咏,突出"出戍之时采薇以食,而念归期之远"。(朱熹《诗集传》)远离故土,从军远征,疲于奔命,不得温饱,以致采薇而食,对此,难免产生嗟怨之情。但戍卒们也明白,这是由于"玁狁之故",是为对付外敌玁狁的入侵。古人说"小雅怨悱而不怒",确为定评。作品第四、五章主要回顾紧张的战斗生涯。"戎车既驾"意味着即将到来的拼杀;"四牡业业"一句,以驾车雄马的高大,象喻士卒们雄纠纠气昂昂的精神,为烘云托月之法;"岂敢定居,一月三捷",写出了战斗的频度之高。第六章在全诗中别具一格,回忆之中的虚景与眼前的实景交叉描写,充满痛定思痛的悲哀。

《采薇》一诗,在题材上堪称后世边塞诗的鼻祖。此诗在艺术上的一大亮点是创造出了千古传颂的佳句。东晋谢玄认为,"昔我往矣,杨柳依依。今我来思,雨雪霏霏"是《诗经》中首屈一指的名句,很有见地。《采薇》在艺术上的另一成功之处,是新创"以乐景写哀,以哀景写乐"的表现手段,取得了倍增的艺术感染效果。试想当征人离家踏上征途之时,面对"杨柳依依"的美景却无心欣赏,所以这美景不过是形同虚设。春色越美,越能引起生离死别的哀愁,以乐景衬哀情,哀情则更突出和鲜明,反之亦然。

离 骚

屈原

屈原(约公元前340—公元前278年),战国末期楚国人,杰出的政治家和爱国诗人。屈原的作品有《离骚》、《天问》、《九歌》、《九章》、《招魂》等。《离骚》是我国文学史上最长的政治抒情诗。

【题解】

《离骚》是屈原的代表作。离骚两字应作何解释?班固《离骚赞·序》说:"离,犹遭也。骚,忧也。"这里将"离"作为动词,为"遭"义;将"骚"作为名词,为"忧"义。认为《离骚》是屈原抒写自己遭受忧患的诗篇。王逸在《楚辞章句·离骚序》中说:"离,别也;骚,愁也。……言已放逐离别,中心愁思……以风谏君也。"可见,他把"离骚"释为"离别之愁"。近人游国恩又创新说,他认为"离骚"一词有双重含义:从音乐方面说,它"乃是楚国当时一种曲名";从意义方面说,"可能又有牢骚不平的意思"。这个问题学术界聚讼不已,以上是三种主要解释。尽管对于《离骚》题意有不同说法,但主旨不外忠君与爱国。太史公曰:"虽放流,睠顾楚国,系心怀王……一篇之中三致志焉。"

朝发轫①于苍梧兮,夕余至乎县圃②;
欲少留此灵琐兮,日忽忽其将暮;
吾令羲和③弭节④兮,望崦嵫⑤而勿迫;
路曼曼其修远兮,吾将上下而求索;
饮余马于咸池⑥兮,总余辔乎扶桑⑦;
折若木⑧以拂日兮,聊逍遥以相羊;
前望舒⑨使先驱兮,后飞廉⑩使奔属;
鸾皇为余先戒兮,雷师告余以未具;
吾令凤鸟飞腾兮,继之以日夜;
飘风屯其相离兮,帅云霓而来御;
纷总总其离合兮,斑陆离其上下;
吾令帝阍⑪开关兮,倚阊阖⑫而望予;
时暧暧其将罢兮,结幽兰而延伫;
世溷浊而不分兮,好蔽美而嫉妒。

朝吾将济于白水兮,登阆风而绁马;
忽反顾以流涕兮,哀高丘之无女;
溘吾游此春宫兮,折琼枝以继佩;
及荣华之未落兮,相下女之可诒;
吾令丰隆⑬乘云兮,求宓妃⑭之所在;
解佩纕以结言兮,吾令蹇修以为理;
纷总总其离合兮,忽纬繣其难迁⑯;
夕归次于穷石兮,朝濯发乎洧盘;
保厥美以骄傲兮,日康娱以淫游;
虽信美而无礼兮,来违弃而改求;
览相观于四极兮,周流乎天余乃下;
望瑶台之偃蹇兮,见有娀之佚女⑰;
吾令鸩为媒兮,鸩告余以不好;
雄鸠之鸣逝兮,余犹恶其佻巧;
心犹豫而狐疑兮,欲自适而不可;
凤皇既受诒兮,恐高辛⑱之先我;

欲远集而无所止兮,聊浮游以逍遥;
及少康⑲之未家兮,留有虞之二姚⑳;
理弱而媒拙兮,恐导言之不固;
世溷浊而嫉贤兮,好蔽美而称恶;
闺中既已邃远兮,哲王又不寤;
怀朕情而不发兮,余焉能忍与此终古。

【注释】

①发轫:起程。
②县圃:王逸认为在昆仑山上。
③羲和:相传给太阳赶车的神。
④弭节:弭,止;节,旌节。
⑤崦嵫:日入之山。
⑥咸池:日浴之所。
⑦总:系结。扶桑:日所居处。
⑧若木:神话中的树名。
⑨望舒:相传驾月车的神。
⑩飞廉:风伯,风神。
⑪帝阍:上帝的司门。
⑫阊阖:天门。
⑬丰隆:即上文之雷师。
⑭宓妃:相传伏羲之女溺洛水而死,遂为洛神。
⑮纬繣:乖戾不合。
⑯难迁:固执义。
⑰有娀之佚女:谓帝喾之妃,契母简狄。
⑱高辛:即帝喾。
⑲少康:夏代中兴之主。
⑳二姚:有虞国的两位公主。

【赏析】

　　《离骚》从外部结构言之,可划分为三大部分和一个礼辞。第一部分从开头至"虽体解吾犹未变兮,岂余心之可惩",自叙生平,并回首自己为政治理想而不断自我完善,并与群小党人斗争的心灵历程。从"女媭之婵媛兮,申申其詈予"至"怀朕情而不发兮,余焉能忍与此终古"为第二部分。其中写女媭对诗人的指责表明连亲人都不理解他,由此引发向重华陈辞的情节。这是由现实世界向幻想世界的过渡。然后写主人公巡行天上,入天宫不成便下地求女,表现了诗人在政治道路上和精神世界中的苦苦挣扎。从"索藑茅以筳篿兮,命灵氛为余占之"到"仆夫悲余马怀兮,蜷局顾而不行"为第三部分,表现诗人在去留问题上的思想斗争和对祖国的深情。末尾一节为礼辞。"既莫足为美政兮,吾将从彭咸之所居",表明诗人的爱国之情是与他的"美政"理想相联系的。在这个意义上,《离骚》是一曲政治抒情诗。

　　本书选文节自《离骚》的第二部分。诗人描述自己驾龙乘凤赴远方,"路漫漫其修远兮,吾将上下而求索",不顾路途如何遥远,都要执著求索、寻找理想。在这里,屈原充分展示出他那超乎寻常的想象力:命令羲和缓驾太阳车,请来月神望舒为先导,忽而到昆仑山的空中花园暂歇,忽而到咸池水边饮马,忽而又赴天宫叩门。怎奈天宫的守卫不肯打开大门,暗示诗人的政治前途一片黯淡,重获楚王信任的道路已经被彻底堵塞。于是主人公又下地"求女",但那些神话和历史传说中的美女,或"无礼"而"骄傲",或无媒以相通,这表明诗人无法找到理解、帮助自己的知音。这段文字写得意象缤纷、争奇斗艳而又波谲云诡,一下子就把读者带入到一种广阔、神奇的幻境之中。李泽厚认为屈原作品代表了一种根柢深沉的南方神话——巫术的文化体系,是很有道理的。

　　总之,《离骚》把只有在原始神话中才能出现的那种奔放不羁的浪漫想象,与只有在理性觉醒时刻才能有的个体人格与情操,最完美地融合为有机整体。由此,它开创了中国文人抒情诗的真正光辉起点与不可比拟的典范。宋代史家、词人宋祁说得好:"《离骚》为辞赋之祖,后人为之,如至方不能加矩,至圆不能过规。"

古诗十九首·之五

　　汉代无名氏的古诗,原来数量颇多,南朝时尚存六十首。萧统编《文选》,选录了十九首,遂有《古诗十九首》之名。

　　　　西北有高楼,上与浮云齐。
　　　　交疏结绮窗,阿阁三重阶①。
　　　　上有弦歌声,音响一何悲!
　　　　谁能为此曲,无乃杞梁妻②。
　　　　清商随风发,中曲正徘徊。
　　　　一弹再三叹,慷慨有余哀。
　　　　不惜歌者苦,但伤知音稀。
　　　　愿为双鸿鹄,奋翅起高飞。

【注释】

①阿阁三重阶:谓四面有飞檐的高阁,用三重阶梯引上去。

②杞梁妻：《左传·襄公二十三年》载："齐伐莒，杞植战死。"杞植，名梁，春秋时齐国大夫。《礼记·檀弓》里曾子说："杞梁死焉，其妻迎其柩于路，而哭之哀"。西汉刘向的《说苑·善说篇》演为："昔华周、杞梁战而死，其妻悲之，向城而哭，隅为之崩，城为之阤。"

【赏析】

　　汉末文人可谓生不逢时，面对着宦官当道的黑暗时代，建功立业徒成幻影。伯乐离不开千里马，俞伯牙少不了钟子期，他们却是雄心万丈而知音难觅。此诗的作者就是这样一位彷徨在人生道路上的失意人。这种失意当然攸关政治，但在幽幽倾诉之际，却幻化为"高楼听曲"的凄切一幕。

　　从那西北方向，隐隐传来铮铮的弦歌之音。诗人循声而去，蓦然抬头，便见有一座"高楼"矗立眼前。这高楼是如此堂皇，而且在恍惚之间又很眼熟："交疏结绮窗，阿阁三重阶"——镂刻着花纹的木条，交错成绮文的窗格；四周是高翘的阁檐，阶梯又层叠三重，这正是诗人所见过的帝宫气象。正如"西北有高楼"出自诗人的幻觉，那弦歌高楼的佳人也不过是作者的虚拟。不妨这样理解，悲愤的诗人在"抚衷徘徊"之中，竟然会生此奇想：不仅把自身化为高楼的"歌者"，而且又从自身化出另一位"听者"，作为高楼佳人的"知音"而唏嘘感怀、聊相慰藉——通过表面的终获"知音"、"奋翅起高飞"，人们感受到的，恰恰是一种四顾无侣、自歌自听的寂寞与悲情。清人吴淇称《古诗十九首》中，"惟此首最为悲酸。"

　　《古诗十九首》是古代抒情诗的典范，它长于抒情，却不径直言之，而是委曲婉转，反复低徊。《西北有高楼》从空中逸响写起，又以奋翅高飞结束，篇中多想象之词，构成恍惚空灵的诗境。诗人不作艰深之语，无冷僻之词，浅浅寄言，深深道款，形成深衷浅貌的语言风格。这首诗虽为文人作品，却有民歌风味。

饮酒二十首·其八

陶渊明

　　陶渊明（公元365？—427年），东晋末期诗人，字元亮，晚年更名潜。一说名潜，字渊明。自号五柳先生，卒后亲友私谥靖节，世称靖节先生，九江柴桑人。

【题解】

　　《饮酒》诗共20首，非一时之作。诗人在这一组诗的原序中说："余闲居寡欢，兼比夜已长，偶有名酒，无夕不饮。顾影独尽，忽焉复醉。既醉之后，辄题数句自娱。纸墨遂多，辞无铨次。聊命故人书之，以为欢笑尔。"因此，陶渊明的《饮酒》诗大都是在饮酒以后写的，但诗的内容不一定与饮酒之事有关。此诗抒写他悠然自得的隐居生活，以田园诗的形式表达"自然哲学"的内涵。

结庐①在人境,而无车马喧。
问君何能尔②?心远地自偏。
采菊东篱下,悠然见南山。
山气日夕③佳,飞鸟相与还④。
此中有真意,欲辨已忘言⑤。

【注释】

①结庐:建造房屋。
②尔:如此。
③日夕:黄昏之时。
④相与还:成群结伴而还。
⑤真意:自然的意趣和生命的真谛。忘言:不可言说。后两句的意思是,自己从大自然中所获得的活泼的生命感受不能用逻辑性语言加以表述、概括。

【赏析】

  陶渊明是东晋开国元勋陶侃的后代。不过,到了他这一代,这个家族已经衰落了。陶渊明断断续续做过一阵小官,但终因不愿"为五斗米折腰",毅然选择了挂印回家。他主动从官场中退出,当然意味着对于公认的社会价值尺度的否定。这首诗前四句就是表现一种避世的态度,也就是对权位、名利的否定。开头说自己的住所虽然建造在人来人往的环境中,却听不到车马的喧闹。所谓"车马喧"是指有地位的人家门庭若市的情景。陶渊明说来也是贵族后代,但他跟那些沉浮于俗世中的人们却没有什么来往,门前冷寂得很。所以下句自问:你怎么能做到这样?自答——"心远地自偏"。精神上已经对这争名夺利的世界采取疏远、超脱、漠然的态度,所住的地方自然会变得僻静。"心远"是对社会生活轨道的脱离,必然导致与奔逐于这一轨道上的人群的脱离。这就牵涉到陶渊明的"自然"哲学思想。他一方面强调自耕自食、俭朴寡欲的生活方式,另一方面重视人和自然的统一与和谐。从本源上说,人的生命是自然的一部分,只是由于人们把自己从自然中分离出来,在虚幻的权位、名利中竞争、追逐不已,生命才充满了一得一失、喜忧无常的焦虑与矛盾。因而,完美的生命只能在复归自然中求得。

  当然,陶渊明是诗人,而不是哲学家。所以紧接着下面四句,作者还是写人物活动和自然景观,十分注意把哲理寄寓在具体形象之中。诗人写到,自己在庭园中随意地采摘菊花,无意中抬起头来,目光恰与南山(庐山)相会。"悠然见南山",这"悠然"既是人的清淡而闲适的状态,也是山的静穆而自在的情味,似乎在那一瞬间,有一种共同的旋律从人心和山峰中同时发出,融合成一支轻盈的乐曲。所见的南山,飘绕着一层若有若无的岚气,在夕阳的照耀下,显出不可名状的美,而成群的鸟儿,正结伴向山中飞回。这就是自然的平静与完美,它不会像世俗中的人那样焦虑不安,那样拼命追求生命以外的东西。诗人好像完全融化在自然之中了,生命在那一刻达到了完美的境界。最后两句,是全诗的总结:在这里可以领悟到生命的真谛,可是想要把它说出来,却已经找不到合适的语言来表达。也就是说,人与自然的和谐,根本上就是一种生命体验,逻辑的语言不足以表现它的微妙与完整性。

陶渊明的诗,大多在字面上写得很浅,内蕴却很深,需要反复体会。所以,苏轼用"质而实绮,癯而实腴"来评价陶诗,可谓知音者之评。

积雨辋川庄作

王维

王维(公元699—759年),字摩诘,盛唐时代著名诗人。祖籍太原祁(今山西祁县),其父迁家蒲州(今山西永济)。王维诗现存不足400首,其中以描绘山水田园等自然风景和歌咏隐居生活的诗篇最能代表其创作特色。

【题解】

积雨:久雨。辋川庄:即王维在辋川的宅第。此诗写山庄雨景和隐居情趣,有清远、淡穆之风。

积雨空林烟火迟,蒸藜炊黍饷东菑①。
漠漠水田飞白鹭,阴阴夏木啭黄鹂。
山中习静观朝槿②,松下清斋③折露葵④。
野老与人争席罢,海鸥何事更相疑?

【注释】

①饷东菑:往田里送饭。菑,开垦了一年的田地,此泛指田亩。
②朝槿:槿,木槿,落叶灌木,仲夏始花,朝开午萎,故称朝槿。
③清斋:谓素食。
④葵:草本植物,其嫩叶可食。

【赏析】

在这首七律中,诗人把自己幽雅、清淡的禅寂生活与辋川恬静优美的田园风光结合起来描写,创造了一种物我相惬、情景交融的意境。

"积雨空林烟火迟,蒸藜炊黍饷东菑。"首联写田家生活,是诗人山上静观所见:正是连雨时节,空气潮润,静谧的丛林上空,炊烟缓缓升起来,山下农家正烧火做饭,女人蒸藜炊黍,把饭菜准备好,便提携着送往东菑——东面田头。诗人视野所及,先写空林烟火,一个"迟"字,不仅把阴雨天的炊烟写得十分真切传神,而且透露了诗人闲散安逸的心境;再写农家早炊、饷田,展现一系列人物的活动画面,富有生活气息,使人想见农妇田夫那怡然自乐的心情。

颔联写自然景色,同样是诗人静观所得:"漠漠水田飞白鹭,阴阴夏木啭黄鹂。"广漠空蒙、布满积水的平畴上,白鹭翩翩起飞,意态是那样闲静潇洒;远近高低,蔚然深秀的密林中,黄鹂互相唱和,歌喉是那样甜美快活。雪白的白鹭,金黄的黄鹂,在视觉上自有色彩浓淡的差异;白鹭飞行,黄鹂鸣啭,一则取动态,一则取声音;漠漠,形容水田广布,视野苍茫;阴阴,描状夏木茂密,境界幽深。两种景象互相映衬,互相配合,把积雨天气的辋川山野写得画意盎然。所谓"诗中有画",这便是很好的例证。

对于"晚年惟好静,万事不关心"的王维来说,置身于这世外桃源般的辋川山庄,可谓乐得其所。下面两联就是抒写诗人隐居山林的禅寂生活之乐的。"山中习静观朝槿,松下清斋折露葵。"诗人独处空山之中,幽栖松林之下,参木槿而悟人生短暂,采露葵以供清斋素食。"野老与人争席罢,海鸥何事更相疑?"野老是诗人自谓。诗人快慰地宣称:我早已去机心,绝俗念,随缘任遇,于人无碍,与世无争了,还有谁会无端地猜忌我呢?庶几乎可以免除尘世烦恼,悠悠然耽于山林之乐了。《庄子·杂篇·寓言》载:杨朱去从老子学道,路上旅舍主人欢迎他,客人都给他让座;学成归来,旅客们却不再让座,而与他"争席",说明杨朱已得自然之道,与人们没有隔膜了。《列子·黄帝篇》载:海上有人与鸥鸟相亲近,互不猜疑。有一天,父亲要他把海鸥捉回家来,他又到海滨时,海鸥便飞得远远的,心术不正破坏了他和海鸥的亲密关系。这两个充满老庄色彩的典故,一正,一反,两相结合,抒写诗人澹泊自然的心境,而这种心境,正是上联所写"清斋"、"习静"的结果。

这首七律形象鲜明,兴味深远,表现了诗人隐居山林、脱离尘俗的闲情逸致,是王维田园诗的代表作。从前有人把它推为全唐七律的压卷,说成"空古准今"的极至,固然有些出于偏嗜;而有人评为"淡雅幽寂,莫过右丞《积雨》",赞赏这首诗的深邃意境和超迈风格,却还是不错的。

宣州①谢朓楼饯别校书叔云

李白

李白(公元701—762年),盛唐最杰出的诗人,也是我国文学史上继屈原之后又一伟大的浪漫主义诗人。字太白,号青莲居士,又号谪仙人,被后世称为"诗仙",与杜甫并称为"李杜"。他经历坎坷,思想复杂,既是一个天才的诗人,又兼有游侠、剑客、隐士、道人、策士等多重气质。儒家、道家和游侠三种思想,在他身上都有体现。

【题解】

这首诗系天宝二年李白在宣城为饯别其族叔李云而写。谢朓楼是南齐著名诗人谢朓任宣城太守时所建。

弃我去者,昨日之日不可留;
乱我心者,今日之日多烦忧。
长风万里送秋雁,对此可以酣高楼。
蓬莱文章②建安骨③,中间小谢④又清发。
俱怀逸⑤兴壮⑥思飞,欲上青天揽明月。
抽刀断水水更流,举杯销愁愁更愁。
人生在世不称意,明朝散发弄扁舟。

【注释】

①宣州:今安徽宣城。

②蓬莱文章:蓬莱本是传说中的仙山,多藏宝典秘录,东汉时人们称国家藏书处为蓬莱山。这里是用蓬莱文章代指汉代的文章。

③建安骨:指东汉建安年间(公元196—220年)的诗文创作。曹氏父子和王粲等"建安七子"所写诗文内容充实,语言质朴,风格刚健俊爽,后人称之为"建安风骨"。

④小谢:即谢朓,唐人为把谢朓和刘宋时期诗人谢灵运区分开来,称谢灵运为大谢,谢朓为小谢。谢朓诗风清新秀丽,深为李白所欣赏。

⑤逸:超远。

⑥壮:饱满有力。

【赏析】

李白于天宝元年(公元742年)抱着"使寰宇大定,海县清一"的政治理想来到长安,任职于翰林院。两年后,因被谗毁而离开朝廷,内心十分不平,重又开始了漫游生活。在天宝十二载(公元753年)的秋天,李白来到宣州,他的一位官为校书郎的族叔李云将要离去,为饯别行人而写成此诗。诗中并不直言离别,而是重笔抒发自己怀才不遇的牢骚愤懑。

此诗有四个层次,每一层都是感情骤升骤降的一次剧变。前两句为第一层,为全诗发端,直抒流年之忧,情感曲线急剧下降。他说:以前的日子弃我而去已不能挽留,现在的日子只能使我心中充满烦恼忧愁。下面六句为第二层。诗并没有继续写烦说忧,而是笔锋一转展现出另一番天地。诗人先写秋季天高气爽,万里长风中雁群高飞,面对着如此开阔的景致,正可以在高楼上把盏痛饮。在酒酣耳热之际,李白思路大开,他想到了朴拙饱满的汉代文、梗概多气的建安诗,身在谢朓楼,又自然想到在汉、唐之间出现的"小谢"。诗仙李白这里显然并非属意回顾文学传统,而是很自负地用汉文、建安诗与谢朓的艺术成就来称许李云和自己。诗人的情感也随之越发高昂、激越起来,干脆发出"俱怀逸兴壮思飞,欲上青天揽明月"的呼喊,说他们叔侄二人都胸怀壮志豪情,要高飞到天上去摘星取月。前面明明写晴昼秋空,这里却说起明月来,可见后者并非实景,只不过是诗人天真的豪放语。这一惊人之句将昂扬情绪推向最高潮,但作者却又猛然惊醒,重新回到不堪的现实世界中,于是忧从心生,感情曲线二度下沉。"抽刀断水水更流,借酒浇愁愁更愁",苦闷的诗人一下子就跌入痛苦的深渊,只是一旦接近极限,又能很快超拔解脱出来。诗人声称要走出现实禁锢,做个不拘礼法束缚的江湖隐士,泛舟山水沧浪之间,感情曲线二次飞升。

这篇作品极能展示李白的精神气质和创作个性。作者或悲或喜,或歌或哭,或飞天揽月,或抽刀断水,敢于自我反思、自我否定、自我超越,一个活生生的李白跃然纸上。无怪乎杜甫赞叹李白其人其作"笔落惊风雨,诗成泣鬼神"。

哀江头

杜甫

杜甫(公元712—770年),我国唐代伟大的现实主义诗人。字子美,自号少陵野老,世称杜少陵、杜工部。杜甫原籍湖北襄阳,生于河南巩县。杜甫生活在唐朝由盛转衰的历史时期,其诗多涉笔社会动荡、政治黑暗、人民疾苦,被誉为"诗史";其人忧国忧民,人格高尚,诗艺精湛,被奉为"诗圣"。

【题解】

唐肃宗至德元年(公元756年)秋天,杜甫离开鄜州去投奔刚即位的唐肃宗,不巧,被安史叛军抓获,带到沦陷了的长安。第二年春天,诗人沿长安城东南的曲江行走,旧地重来,触景伤怀,不禁感慨万千,哀恸欲绝,《哀江头》就是当时心情的真实记录。

少陵①野老吞声哭,春日潜行曲江曲。
江头宫殿锁千门,细柳新蒲为谁绿?
忆昔霓旌下南苑,苑中万物生颜色。
昭阳殿里第一人,同辇随君侍君侧。

辇前才人带弓箭,白马嚼啮黄金勒。
翻身向天仰射云,一笑正坠双飞翼。
明眸皓齿今何在?血污游魂归不得。
清渭东流剑阁深,去住彼此无消息!
人生有情泪沾臆,江水江花岂终极?
黄昏胡骑尘满城,欲往城南望城北。②

【注释】

①少陵:在长安城东南,杜甫曾在这里住过,故自称"少陵野老"。
②望城北:即"向城北"。

【鉴赏】

这首诗分为三部分。

前四句是第一部分,写长安沦陷后的曲江景象。曲江原是长安有名的游览胜地,经过开元年间疏凿修建,亭台楼阁参差,奇花异卉争芳,真是说不尽的烟柳胜景、富贵风流。但这已经成为历史了,现在是"少陵野老吞声哭,春日潜行曲江曲"。一个泣咽声堵的老人,偷偷行走在曲江的角落里。诗人重复用一个"曲"字,给人一种纡曲难伸、愁肠百结的感觉。仅两句诗,就写出了曲江的萧条和气氛的恐怖,也写出了诗人忧思惶恐、压抑沉痛的心理。

"江头宫殿锁千门,细柳新蒲为谁绿?""千门",极言宫殿之多,说明昔日的繁华,而着一"锁"字,便把昔日的繁华与今日的冷落并摆在一起,构成今昔对比。"细柳新蒲"是说岸上是依依袅袅的柳丝,水中是抽芽返青的新蒲,"为谁绿"三字陡然一转,以乐景反衬哀情,说明江山易主。

"忆昔霓旌下南苑"至"一笑正坠双飞翼"是第二部分,回忆安史之乱前春到曲江的盛况。"同辇随君",事出《汉书·外戚传》。汉成帝游于后宫,曾想与班婕好同辇载。班婕好拒绝说:"观古图画,圣贤之君,皆有名臣在侧,三代末主,乃有嬖女。今欲同辇,得无近似之乎?"汉成帝想做而没有做的事,唐明皇做出来了;当年被班婕好拒绝了的事,杨贵妃正干得自鸣得意。这就清楚地说明,唐玄宗不是什么"贤君",而是"末主"。

"明眸皓齿今何在"以下八句是第三部分,写诗人在曲江头产生的感慨。"血污游魂"点出了杨贵妃死于非命,长安失陷,杨妃身为游魂亦"归不得"。杨玉环埋葬在渭水之滨的马嵬,唐玄宗却经由剑阁深入山路崎岖的蜀道,死生异路,彼此音容渺茫。昔日芙蓉苑里仰射比翼鸟,今日马嵬坡前生死两离分,诗人运用这鲜明的对照,指出了他们佚乐无度与大祸临头的因果关系。"人生有情泪沾臆,江水江花岂终极?"这两句是说,人是有感情的,触景伤怀,泪洒胸襟;大自然是无情的,它不随人世的变化而变化,花自开谢水自流,永无尽头。这是以无情反衬有情,而更见情深。最后两句,用具体的行为动作描写来体现他感慨的深沉和思绪的迷乱。"黄昏胡骑尘满城"一句,把高压恐怖的气氛推向顶点,使开头的"吞声哭"、"潜行"有了着落。黄昏来临,叛军纷纷出动,以致尘土飞扬,笼罩了整个长安城。本来就忧愤交迫的诗人,这时就更加心乱如焚,他想回到长安城南的住处,却走向了城北,心烦意乱竟到了不辨南北的程度,充分而形象地揭示出诗人内心的巨大哀恸。

"哀"字是这首诗的核心。开篇第一句"少陵野老吞声哭"就创造出了强烈的艺术氛围,后面写春日潜行是哀,睹物伤怀还是哀,最后不辨南北更是极度哀伤的表现。全诗可谓哀音满纸,沉郁顿挫,意境深邃。

长 恨 歌

白居易

白居易(公元772—846年),唐代伟大的现实主义诗人。字乐天,号香山居士,晚年官太子少傅,谥号"文",世称白傅、白文公。白居易诗现存近三千首,数量当推为唐代诗人之冠。其诗风格深入浅出,通俗易懂,朴而近古,因此流传极广,对后代产生了深远影响。

【题解】

《长恨歌》是白居易诗作中脍炙人口的名篇,作于元和元年(公元806年),当时诗人正在盩厔县(今陕西周至)任县尉。这首诗是他和友人陈鸿、王质夫同游仙游寺,有感于唐玄宗、杨贵妃的故事而创作的。

汉皇①重色思倾国,御宇②多年求不得。
杨家有女初长成,养在深闺人未识。
天生丽质难自弃,一朝选在君王侧。
回眸一笑百媚生,六宫粉黛无颜色。
春寒赐浴华清池③,温泉水滑洗凝脂④。
侍儿扶起娇无力,始是新承恩泽时。
云鬓⑤花颜金步摇⑥,芙蓉帐暖度春宵。
春宵苦短日高起,从此君王不早朝。
承欢侍宴无闲暇,春从春游夜专夜⑦。
后宫佳丽三千人,三千宠爱在一身。
金屋⑧妆成娇侍夜,玉楼宴罢醉和春。
姊妹弟兄皆列土,可怜⑨光彩生门户。

遂令天下父母心,不重生男重生女。
骊宫⑪高处入青云,仙乐风飘处处闻。
缓歌曼舞凝丝竹,尽日君王看不足。
渔阳鼙鼓动地来,惊破霓裳羽衣曲⑪。
九重城阙⑫烟尘生,千乘万骑西南行。
翠华⑬摇摇行复止,西出都门百余里。
六军⑭不发无奈何,宛转⑮蛾眉⑯马前死。
花钿⑰委地⑱无人收,翠翘金雀玉搔头。
君王掩面救不得,回看血泪相和流。
黄埃散漫风萧索,云栈⑲萦纡登剑阁。
峨嵋山⑳下少人行,旌旗无光日色薄。
蜀江水碧蜀山青,圣主朝朝暮暮情。
行宫见月伤心色,夜雨闻铃肠断声。
天旋地转㉑回龙驭㉒,到此踌躇不能去。
马嵬坡下泥土中,不见玉颜空死处。
君臣相顾尽沾衣,东望都门信马归。
归来池苑皆依旧,太液芙蓉未央柳。
芙蓉如面柳如眉,对此如何不泪垂。
春风桃李花开日,秋雨梧桐叶落时。
西宫南内多秋草,落叶满阶红不扫。
梨园弟子㉓白发新,椒房阿监㉔青娥老。
夕殿萤飞思悄然,孤灯挑尽未成眠。
迟迟㉕钟鼓初长夜,耿耿㉖星河㉗欲曙天。
鸳鸯瓦㉘冷霜华重,翡翠衾寒谁与共。
悠悠生死别经年,魂魄不曾来入梦。
临邛道士鸿都客,能以精诚致㉙魂魄。
为感君王展转㉚思,遂教方士殷勤觅。
排空驭气奔如电,升天入地求之遍。
上穷碧落㉛下黄泉,两处茫茫皆不见。
忽闻海上有仙山,山在虚无缥缈间。
楼阁玲珑五云起,其中绰约多仙子。
中有一人字太真,雪肤花貌参差是。
金阙西厢叩玉扃,转教小玉报双成。
闻道汉家天子使,九华帐里梦魂惊。
揽衣推枕起徘徊,珠箔银屏迤逦开。

云鬓半偏新睡觉,花冠不整下堂来。
风吹仙袂飘飘举,犹似霓裳羽衣舞。
玉容寂寞泪阑干㉒,梨花一枝春带雨。
含情凝睇谢君王,一别音容两渺茫。
昭阳殿里恩爱绝,蓬莱宫中日月长。
回头下望人寰处,不见长安见尘雾。
惟将旧物表深情,钿合金钗寄将去。
钗留一股合一扇,钗擘黄金合分钿。
但教心似金钿坚,天上人间会相见。
临别殷勤重寄词,词中有誓两心知。
七月七日长生殿,夜半无人私语时。
在天愿作比翼鸟,在地愿为连理枝。
天长地久有时尽,此恨绵绵无绝期。

【注释】

① 汉皇:指唐玄宗。
② 御宇:治理天下。
③ 华清池:华清宫温泉,在今陕西临潼。
④ 凝脂:指白嫩光泽的肌肤。
⑤ 云鬓:形容女子鬓发轻盈飘逸。
⑥ 金步摇:金制垂珠头钗,行则摇动。
⑦ 夜专夜:一夜连着一夜,整日整夜。
⑧ 金屋:用汉武帝"金屋藏娇"典,指杨贵妃所居之处。
⑨ 可怜:可羡。
⑩ 骊宫:指骊山华清宫。
⑪ 霓裳羽衣曲:舞曲名。
⑫ 九重城阙:指京城长安;烟尘:烽烟尘土,指战火。
⑬ 翠华:皇帝仪仗用翠鸟羽毛为饰的旗帜。
⑭ 六军:此指皇帝的扈从部队。
⑮ 宛转:缠绵委屈貌。
⑯ 蛾眉:这里指杨贵妃。
⑰ 花钿:金玉制花形首饰。
⑱ 委地:落地。
⑲ 云栈:高耸入云的栈道;萦纡:弯曲盘旋。
⑳ 峨嵋山:在今四川峨嵋县南,此泛指蜀山。
㉑ 天旋地转:形容时局大变。
㉒ 回龙驭:指唐玄宗还京。

㉓梨园弟子:由玄宗执教的官内习艺者。
㉔椒房阿监:后妃宫中的女官。
㉕迟迟:缓慢悠长。
㉖耿耿:明亮貌。
㉗河:指银河。
㉘鸳鸯瓦:指嵌合成对的瓦片。
㉙致:招来。
㉚展转:翻来覆去。
㉛碧落:道家称天界为碧落。
㉜阑干:纵横流淌。

【鉴赏】

　　白居易在这首诗的创作中,打破了写讽喻诗所坚持的"其事核而实"的原则,在叙事过程中大量使用想象、虚构手法,浓烈的抒情贯穿于叙事的全过程,使得全诗风情摇曳,生动流转,极富艺术感染力。

　　白居易在自评其《长恨歌》时曾说:"一篇长恨有风情。""风情",即男女私情。"长恨"是诗歌的主题。恨在何处呢?一个皇帝竟无法保全心爱的女子,马嵬兵变,生死离别,昔日共聚的时光是那么美妙,分离之后的寂寞悲伤也就可想而知了。而唐玄宗本人,既是悲剧的承受者,又是悲剧的制造者。全诗通过精巧独特的艺术构思,讲述了一个哀婉动人的爱情故事,准确把握了人物个性,融叙事、写景、抒情于一体,塑造了唐玄宗、杨贵妃这两个有血有肉、栩栩如生的艺术形象,格调婉转缠绵、凄艳动人。

　　全诗可分五个部分。第一部分从开头到"不重生男重生女"。作品先叙写杨玉环被选入宫,接着从不同的角度写唐玄宗对杨贵妃的宠爱。既有"赐浴"、"侍宴"的人之常情,也有"春宵苦短日高起,从此君王不早朝"的失度荒唐,还有"遂令天下父母心,不重生男重生女"的艺术夸张。第二部分写安禄山起兵后玄宗君臣仓惶逃奔西蜀,杨贵妃被缢死的经过。"花钿委地无人收,翠翘金雀玉搔头。君王掩面救不得,回看血泪相和流",写他们在马嵬坡生离死别的一幕。"六军不发"要求处死杨贵妃,是愤于唐玄宗迷恋女色,祸国殃民。杨贵妃的死在整个故事中是一个关键的情节,在这之后,他们的爱情才成为悲剧。第三部分写唐玄宗对杨贵妃的思念。"归来池苑皆依旧,太液芙蓉未央柳。芙蓉如面柳如眉,对此如何不泪垂。"白日里,唐玄宗看到太液池的芙蓉、未央池的柳就想到杨贵妃的容颜,景物依旧,人却不在了,禁不住潸然泪下。"迟迟钟鼓初长夜,耿耿星河欲曙天",表现夜间唐玄宗被情思萦绕久久不能入眠的情景。第四部分写道士帮唐玄宗到仙境寻找杨贵妃,上天入地终于在虚无缥缈的海外仙山找到了杨贵妃,让她以"花冠不整下堂来"、"梨花一枝春带雨"的形象,殷勤迎接汉家的使者。第五部分极言生离死别之恨难消,"唯将旧物表深情,钿合金钗寄将去"。杨贵妃托物寄词,又重申前誓,照应玄宗对她的思念,进一步渲染"长恨"的主题。"比翼鸟"、"连理枝"的愿望虽然美好,此生却已难以实现,那么剩下来的就只有永难消解的"长恨"了。所以作者最后怀着对美的毁灭的沉重感伤,明确点出全诗主题:"天长地久有时尽,此恨绵绵无绝期!"

一曲《长恨歌》把唐明皇、杨贵妃的生死之恋写得缠绵悱恻、回肠荡气,其崇情倾向与唐代中叶爱情传奇的繁荣有着千丝万缕的联系。它有曲折完整的故事情节,人物外貌的描写与心理的刻画十分细腻,"以易传之事,为绝妙之词,有声有色,可歌可泣"(赵翼《瓯北诗话》卷四)。

赠别二首(其一)

杜牧

杜牧(公元 803—852 年),晚唐杰出诗人,字牧之,号樊川居士,京兆万年(今陕西西安)人,宰相杜佑之孙。杜牧晚年居于长安南樊川别墅,故后世称"杜樊川"。杜牧创作甚富,有《樊川文集》二十卷传世,其中诗四卷,又有宋人补编的《樊川外集》和《樊川别集》各一卷。《全唐诗》收杜牧诗八卷。

【题解】

此诗是诗人赠别一位相好的歌妓,从同题另一首("多情却似总无情")看,彼此感情相当深挚。不过那一首诗重在"惜别",这一首却重在赞美对方的美丽。

娉娉袅袅十三余,豆蔻①梢头二月初。
春风十里扬州路,卷上珠帘总不如。

【注释】

①豆蔻:产于南方,其花成穗时,嫩叶卷之而生,穗头深红,叶渐展开,花渐放出,颜色稍淡。

【鉴赏】

"娉娉袅袅"是形容女子身姿轻盈美好的样子,"十三余"则是说歌女的芳龄。首句七个字就给读者留下完整、鲜明的印象。全诗正面描述女子美丽的只这一句。第二句转而写春花。南方人摘取豆蔻含苞待放者,美其名曰"含胎花",诗人用来比喻"十三余"的小歌女,优美而贴切。花在枝头,随风颤动者,尤为可爱,所以"豆蔻梢头"又暗自照应"娉娉袅袅"四字。作者的比喻十分新颖、精妙,似信手拈来,写出人似花美,花因人艳。

当时诗人正要离开扬州,"赠别"的对象就是他在幕僚失意生活中结识的一位扬州的歌妓。所以第三句写到"扬州路"。唐代的扬州经济文化繁荣,时有"扬一益(成都)二"之称。"春风"句意兴酣畅,渲染出大都会富丽豪华的气派,使人如同目睹车水马龙的十里长街。这里歌台舞榭密集,美女如云。"珠帘"是歌楼房栊的设置,"卷上珠帘"则看得见"高楼红袖"。扬州路上不知有多少珠帘,所有帘下不知有多少红衣翠袖的美人,但"卷上珠帘总不如"。不如谁?谁不如?诗中都未明说,但读者已完全能意会了。诗人不惜压低扬州所有美人来突出一人之美,有众星拱月的效果。《升庵诗话》云:"书生作文,务强此而弱彼,谓之'尊题'。"杜牧此处的修辞就是"尊题格"。由于有前面的妙喻铺垫,此处"强此弱彼"的写法显得十分自然。

杜牧此诗,从意中人写到花,从花写到春城闹市,从闹市写到美人,最后又烘托出意中人。二十八字挥洒自如,游刃有余,不著一个美字而能"尽得风流"。

代赠二首(其一)

李商隐

李商隐(约公元 812 或 813—约 858 年),晚唐诗人。字义山,号玉溪生、樊南生。原籍怀州河内(今河南沁阳市),祖辈迁荥阳(今属河南)。在晚唐文坛,他的文学地位很高,与杜牧合称"小李杜",与温庭筠合称为"温李",其骈文与同时期段成式、温庭筠风格相近,且都在家族中排行十六,故并称为"三十六体"。

【题解】

《代赠》,代拟的赠人之作。此题诗两首,今选第一首。诗以一女子的口吻,写她不能与情人相会的愁思。

楼上黄昏欲望休,玉梯横绝月如钩①。
芭蕉不展丁香结,同向春风各自愁。

【注释】

① 月如钩:一本作"月中沟",意同。

【鉴赏】

诗的开头四个字"楼上黄昏"点明了时间、地点,后面的"欲望休"三字则惟妙惟肖地描摹出女子的行动:她举步走到楼头,想去眺望远处,却又废然而止。这是为什么呢?诗人并不急于作正面说明。诗人通过描绘周遭的景物,来表现女子的情思。南朝江淹《倡妇自悲赋》写汉宫佳人失宠独居,有"青苔积兮银阁涩,网罗生兮玉梯虚"之句。"玉梯虚"是说玉梯虚设,无人来登。这里的"玉梯横绝"则指玉梯横断,无由得上,喻指情人被阻,不能来此相会。此连上句,是说女子渴望见到情人,因此想去眺望;但又蓦然想到他必定来不了,只得止步。欲望还休,把女子复杂矛盾的心理活动和孤寂无聊的失望情态,写得十分逼真。"月如钩"就是说月亮缺而不圆,就像一对情人的不得会合。

这首诗的三、四句仍通过写景进一步揭示女子的内心世界。第二句缺月如钩是女主人公抬头所见远处天上之景,这两句则是女子低头所见近处地上的景物,高下远近,错落有致。这里的芭蕉,是蕉心还未展开的芭蕉;这里的丁香,也不是怒放的丁香,而是缄结不开的花蕾。它们共同面对着黄昏时清冷的春风,哀愁无限。这既是女子眼前实景的真实描绘,同时又是借物写人,以芭蕉喻情人,以丁香喻女子自己,隐喻二人异地同心,都在为不得与对方相会而愁苦。物之愁,诱发、加深了人之愁,是"兴";物之愁,亦即是人之愁,又是"比"。

总之,这首诗景与情、物与人交相辉映,"比"与"兴"融为一体,有意匠经营而无雕琢痕迹,很值得称道。

少年游

柳永

柳永(约公元987—约1053年),字耆卿,原名三变,字景庄。后改名永,字耆卿。排行第七,又称柳七。宋仁宗朝进士,官至屯田员外郎,故世称柳屯田。他自称"奉旨填词柳三变",以毕生精力作词,并以"白衣卿相"自许。有《乐章集》行世。

【题解】

这是一阕小令词,主要描写秋天的萧瑟景色和抒发作者的人生悲慨。

长安古道马迟迟,高柳乱蝉嘶。夕阳鸟外,秋风原上,目断四天垂①。
归云一去无踪迹,何处是前期②?狎兴生疏③,酒徒萧索,不似少年时。

【注释】

①四天垂:天幕低笼着四面八方。
②前期:前约、预约。
③狎兴生疏:冶游之兴已不浓厚。

【鉴赏】

　　这阕小词,与柳永的一些慢词一样,所写的也是秋天的景色,然而在情调上却有着很大的不同。在这阕小词中,柳永失去了飞扬的意兴,也消逝了眷念的情感,全词所弥漫的只是一片低沉萧瑟。

　　开端的"长安"可以有写实与托喻两重含义。就写实而言,柳永确实曾到过陕西的长安。就托喻来说,"长安"原为中国历史上著名古都,前代诗人往往以"长安"借指为首都所在之地,而长安道上来往的车马,便也往往被借指为对功名利禄的角逐。不过柳永在"马"字之下接上"迟迟"两字,这便与前面的"长安道"所可能引起的争逐的联想形成了一种强烈的反差。词人更在"道"前著以一"古"字,暗示长安道上的车马竞逐自古而然,从而使人产生无限沧桑之感。下面的"高柳乱蝉嘶"一句,不仅写出蝉声的密集纷乱,也表现出词人心情的缭乱、纷纭。"夕阳鸟外,秋风原上,目断四天垂"三句,写词人在秋日效野所见萧瑟凄凉的景象。下半阕写对于过去的追思,感慨一切希望与欢乐已不可再得。"归云一去无踪迹",是对一切消逝、不可复返事物的一种象喻。下面三句直写自己今日的落寞状况,"狎兴生疏,酒徒萧索,不似少年时",富于伤昔感怀的悲叹。

　　柳永这阕《少年游》词,前半阕全从景象写起,而悲慨尽在不言之中;后半阕以"归云"为象喻,写一切美好人生期望的落空,最后慨叹自己老大无成。全词情景相生,虚实互应,是一首艺术造诣极高的好词。

念奴娇·赤壁怀古

苏轼

　　苏轼(公元1037—1101年),字子瞻,自号东坡居士,眉山人。南宋时追谥文忠。与其父苏洵、弟苏辙皆以文学名世,世称"三苏"。苏轼在诗、文、词、书、画等方面均取得了登峰造极的成就。

【题解】

　　这篇被誉为"千古绝唱"的名作,是宋词中流传最广、影响最大的作品,也是豪放词最杰出的代表。它写于神宗元丰五年(公元1082年)七月,是苏轼贬居黄州时游黄冈城外赤壁矶时所作。

　　大江东去,浪淘尽,千古风流人物。故垒西边,人道是,三国周郎[①]赤壁。乱石穿空,惊涛拍岸,卷起千堆雪。江山如画,一时多少豪杰!

遥想公瑾当年,小乔②初嫁了,雄姿英发,羽扇纶巾③,谈笑间,樯橹④灰飞烟灭。故国⑤神游,多情应笑我,早生华发⑥。人生如梦,一樽还酹⑦江月。

【注释】

①周郎:周瑜,字公瑾,为吴建威中郎将,时年24岁,吴中皆呼为"周郎"。
②小乔:乔玄的小女儿,嫁给了周瑜为妻。
③羽扇纶巾:羽扇,用鸟羽制成的扇子;纶巾,古代用青丝带做的头巾,又名诸葛巾,为古人扎头的常用装饰。拿着羽毛扇子,戴着青丝绶的头巾,形容态度从容。
④樯橹:船上的桅杆和橹。这里代指曹操的水军战船。
⑤故国:这里指当年的赤壁古战场。
⑥华发:花白的头发。
⑦酹:古人以酒浇在地上祭奠。这里指洒酒酹月,寄托自己的感情。

【鉴赏】

　　这首词的上阕,从滚滚东流的长江着笔,"大江东去,浪淘尽,千古风流人物",设置了一个极为广阔而悠远的时空背景,气魄极大,笔力甚豪。接着用"故垒西边,人道是,三国周郎赤壁"两句,点出这里是传说中的赤壁古战场。随后集中笔力描绘赤壁战场雄奇壮阔的景象。"乱石穿空,惊涛拍岸,卷起千堆雪",写得有声有色,把读者顿时带进了一个奔马轰雷、惊心动魄的奇险境界。"江山如画,一时多少豪杰"两句,总结上文,带起下阕。

　　三国正是人才辈出的时代,有横槊赋诗的曹操,驰马射虎的孙权,隆中定策的诸葛亮,足智多谋的周公瑾等。苏轼在如此众多的英雄人物中,尤其神往那智破强敌的周瑜,所以在下阕一开端就着力刻画周瑜这位杰出人物的英雄形象:"遥想公瑾当年,小乔初嫁了,雄姿英发,羽扇纶巾。谈笑间,樯橹灰飞烟灭。"作者在历史事实的基础上,挑选最能够表现人物个性的素材,经过艺术提炼和加工,把人物写得栩栩如生。在写赤壁之战前,忽插入"小乔初嫁了"一句,既意在烘托周瑜的年轻得意,同时也是在向人们暗示:只有赢得这次抗曹战争的胜利,方能使东吴保有江东,否则难免出现如杜牧所写的"铜雀春深锁二乔"的严重后果。"雄姿英发,羽扇纶巾",是从肖像上描写周瑜的束装儒雅、仪态从容,反映了他对这次战争成竹在胸、稳操胜券。"谈笑间,强虏灰飞烟灭",抓住了水战火攻的特点,只用"灰飞烟灭"四字,就将曹军的惨败情景形容殆尽。然而,当词人一旦从"神游故国"中跌入被贬黄州的现实,就不免自笑多情善感,转而借酒浇愁了。"人生如梦"的调子自然失于低沉,但它终究不能盖过由上文壮丽山河与英雄人物交互辉映所给予人的磅礴气象。

　　这阕《念奴娇》更在北宋词史上第一次以大手笔塑造了英武盖世的人物形象,寄托了词人意图振兴北宋积弱局面的殷切企望,透露了他有志报国、壮志难酬的感慨,为用词体表达重大的社会题材开拓了道路。其境界之宏大,格调之豪壮,气象之峥嵘,都是前所未见的。

南 歌 子

李清照

李清照(公元1084—约1155年),南宋杰出的女词人。号易安居士,齐州章丘(今属山东)人。

【题解】

这阕《南歌子》所作年代不详,但似为流落江南后所作。

天上星河转,人间帘幕垂。凉生枕簟泪痕滋。起解罗衣聊问夜何其①。
翠贴莲蓬小,金销藕叶稀。旧时天气旧时衣,只有情怀不似旧家时!

【注释】

①夜何其:语出《诗·小雅·庭燎》中的"夜如何其?夜未央"、"夜如何其?夜未艾"、"夜如何其?夜绣(向)晨",意思是夜深沉已近清晨。

【鉴赏】

"天上星河转,人间帘幕垂",以景语对句起,而有深情熔铸其中。"星河转"谓银河转动,"帘幕垂"言闺房中密帘遮护。"星河转"冠以"天上",是寻常言语,"帘幕垂"特别标出是"人间"的,却非比寻常。"天上、人间"对举,就有"人天远隔"的含意,气氛顿时沉重起来,词一起笔就先声夺人。此词直述夫妻死别之悲怆,字面上平静无波,内中则暗流汹涌。

枕簟生凉,不单是说秋夜天气,而且将孤寂凄苦之情移于物象。"泪痕滋",所谓"悲从中来,不可断绝"。"起解罗衣聊问夜何其",原本是和衣而卧,到此解衣欲睡。但要睡的时间已经是很晚了,开首的"星河转"已有暗示,这里"聊问夜何其"更明言之。此句描写词人情态,披露隐衷,词转入下片。

"翠贴莲蓬小,金销藕叶稀",接应上片结句"罗衣",描绘衣上的花绣。因解衣欲睡,看到衣上花绣,又生出一番思绪来。"翠贴"、"金销"皆倒装,是贴翠和销金的两种工艺,即以翠羽贴成莲蓬样,以金线嵌绣莲叶纹。这是贵妇人的衣裳,词人一直带着、穿着,而今在夜深之际,不禁逗引起悠悠往事。"旧时天气旧时衣,只有情怀不似旧家时",秋凉天气如旧,金翠罗衣如旧,穿这罗衣的女子也是旧人,只有人的"情怀"不似旧时了! 寻常言语,反复诵读,只觉字字悲咽。

历代研究者对易安词评价颇高。宋人张端义赞易安词"皆以寻常语度入音律。炼句精巧则易,平淡入调者难"。清代李调元甚至说她"不徒俯视巾帼,直欲压倒须眉"。

鹧鸪天

辛弃疾

辛弃疾(公元1140—1207年),南宋爱国词人。原字坦夫,改字幼安,号稼轩,历城(今山东济南)人。

【题解】

这阕词见于四卷本《稼轩词》的甲集,是作者中年时的作品。作者在仕途上已经历不少挫折,因此虽然名为送别,但是真正要表达的是词人的世路艰难之感。

唱彻《阳关》①泪未干,功名馀事且加餐。浮天水送无穷树,带雨云埋一半山。今古恨,几千般,只应离合是悲欢?江头未是风波恶,别有人间行路难。

【注释】

①《阳关》:《阳关三叠》是唐人的送别歌曲。

【鉴赏】

上阕头二句"唱彻《阳关》泪未干,功名馀事且加餐",先言送别,《阳关》加上"唱彻"、"泪未干"五字,使人倍觉伤感。下句忽然宕开说到"功名"之事,作者本和陆游一样,都重视为国家的恢复事业建功。他的《水龙吟》词说"算平戎万里,功名本是,真儒事,公知否",把建立功名看成分内之事;《水调歌头》词又说"功名事,身未老,几时休? 诗书万卷,致身须到古伊周",认为对功名应该执著追求,并且要有远大的目标。这阕词中却把功名看成身外"馀事",乃是不满朝廷对金屈膝求和,自己报国壮志难酬的愤激之辞;"且加餐",运用《古诗十九首》"弃捐勿复道,努力加餐饭"之句,也是愤激语。"浮天水送无穷树,带雨云埋一半山",写送别时翘首遥望之景,而雨中阴云埋掉一半青山的景象,又似乎是在象喻正人君子被奸邪小人遮蔽、压制。

下阕起三句:"今古恨,几千般,只应离合是悲欢?"这里的"离合"和"悲欢"是偏义复词,即"离合",就只取"离"字义,"悲欢"就只取"悲"字义。上阕写送别,下阕抒情本应该是以"别恨"为主调的,但是作者笔锋再次转换,说今古恨事有几千般,岂只离别一事才堪悲,显示出词境将有进一步的开拓。果然,紧接着下文便呼喊出词人的心声:"江头未是风波恶,别有人间行路难"。辛弃疾一生志在恢复中原,做官时筹款练兵,执法如山,因此得罪了投降派和豪强大户,几次被劾去官。这正是人事上的"风波恶"的著例。

这阕小令,篇幅虽短,但笔调深沉,力透纸背,显示出辛词的大家风度。

一支花·不伏老(选)

关汉卿

关汉卿(生卒年不详,约公元1120年—1300年),元代杂剧作家。代表作有《窦娥冤》、《救风尘》、《望江亭》、《拜月亭》、《鲁斋郎》、《单刀会》、《调风月》等。

【题解】

这是关汉卿散曲的代表作。由第一人称"我"直接出面,自我介绍,自我赞赏,自我调侃,体现了"不伏老"的主题。全套由四只曲子组成,今选尾曲。

[尾]我是个蒸不烂、煮不熟、捶不匾、炒不爆、响当当一粒铜豌豆,恁①子弟每谁教你钻入他锄不断、斫不下、解不开、顿不脱、慢腾腾千层锦套头②?我玩的是梁园③月,饮的是东京④酒,赏的是洛阳花⑤,攀的是章台柳⑥。我也会围棋、会蹴踘、会打围、会插科、会歌舞、会吹弹、会咽作、会吟诗、会双陆。你便是落了我牙、歪了我嘴、瘸了我腿、折了我手,天赐与我这几般儿歹症候,尚兀自不肯休。则除是阎王亲自唤,神鬼自来勾,三魂归地府,七魂丧冥幽,天哪,那其间才不向烟花路儿上走。

【注释】

①恁:你们。
②锦套头:表面殷勤内里狠毒的圈套。
③梁园:汉代梁孝王的园子,后来常泛指名胜地方。
④东京:这里指汴京。
⑤洛阳花:洛阳多花,尤以牡丹著名。
⑥章台柳:章台是汉代长安街名,娼妓所居。

【鉴赏】

尾曲是全套曲子最精采的部分。按照曲谱,首句是个七字句,作者竟加了十六个衬字,写成长达二十三字的名句"我是个蒸不烂、煮不熟、捶不匾、炒不爆、响当当一粒铜豌豆",成为全篇点睛之笔。"铜豌豆"给人的突出印象是坚毅不屈。而对那些钻入那"锄不断、斫不下、解不开、顿不脱、慢腾腾千层锦套头"的子弟,则用"谁教你"痛加呵斥。"我玩的是……"一组排句,其中的地名不宜待看,而是说"我"玩的是最好的月,饮的是最好的酒,赏的是最好的花,攀的是最好的柳。"我也会……"一组排句,则说"我"多才多艺,举凡围棋、踢球、打猎、歌舞、吹弹、吟诗,等等,样样皆精。他把以上两组排句所说的玩月、饮酒、赏花、围棋、歌舞、吟诗等一系列爱好和技艺,统统称为"歹症候",坚决表示:任凭受到落牙折手的迫害,也要坚持到底,至死方休。显然,这里许多"歹症候",并不是"烟花"所能囊括的,其中"插科"、"歌舞"、"吹弹"等其实都与杂剧演出密切相关。

这首曲子在艺术上的独创性,在于用第一人称袒露胸怀的方式,塑造了元代社会所特有的市民化了的"书会才人"形象。作品语言泼辣,大量使用排句,随心所欲地加入衬字,形成一种活泼、奔放的气势。

梦中作四截句之一

龚自珍

龚自珍(公元1792—1841年),近代思想家、文学家及改良主义的先驱。字尔玉,又字璱人;更名易简,字伯定;又更名巩祚,号定盦,又号羽琌山民。浙江仁和(今杭州)人。

【题解】

《梦中作四截句》是龚自珍在道光七年(公元1827年)十月十三日夜作的四首短诗。今选的原列第二首,是诗人作于梦中而醒后录出。诗人托言梦境,热切追求精神自由,创造了一个璀璨瑰丽、生气勃勃的艺术世界。

黄金①华发两飘萧②,
六九③童心④尚未消。
叱⑤起海红帘底月,
四厢花影怒于潮。

【注释】

①黄金:谓结客之黄金用尽,鬓边之白发已生,而理想飘零,事业无成。
②飘萧:风吹去貌。
③六九:阴六阳九之省称,指宇宙造化,此处有与生俱来意。
④童心:纯真之心,赤子之心。明李贽有名作《童心说》。
⑤叱(chì斥):喝叱;海红:一种柑橘名,其色红,初产地近海,故称海红。此指帘子的颜色。

【鉴赏】 这首诗一开篇诗人就慨叹"黄金华发两飘萧",指黄金挥尽,白发零落,实则概括了自己一身潦倒、半世蹉跎的坎坷遭际。在那万马齐喑的时代,一切似乎都了无生气,然而诗人却能自豪地宣称自己"童心未泯"。诗的第二句"六九童心尚未消"陡然扬起,振起全篇。"六九"采用的是六九阴阳之义,以指宇宙、造化。"六九童心"就是与生俱来的童心,自然的童心。显然,这里的童心绝非混沌无知的纯自然状态,而是具有特殊的思想意蕴。明代后期杰出思想家李贽说:"夫童心者,绝假纯真,最初一念之本心也。若夫失却童心,便失却真心;失却真心,便失却真人。"(李贽《童心说》)龚自珍与李贽一样,极为推崇童心,实则以纯真的童心反对封建礼教对人性的压抑与束缚。诗人的这种纯真奋进之志在现实世界中是行不通的,只好托之于梦。"叱起海红帘底月,四厢花影怒于潮。"诗人在恍惚的幻觉中感到自己成为一个顶天立地的巨人,具有扭转乾坤的力量,这时一种要冲破这暗夜的强烈渴望喷薄而出,于是他大声叱喝一声,立即叱起那海红色的帘幕高高卷起,叱起那帘底的明月冉冉上升,照耀得百花园一片鲜花盛开,四厢一片参差摇曳的光影,宛如大海中的怒潮汹涌澎湃,瑰丽而壮观。

这一系列心造的幻影,体现了龚自珍作为近代启蒙思想家的开阔胸襟与独特追求。他渴望着自由意志得以发挥,并具备支配人生的行动力量。全诗的想象自由驰骋,境界独辟,拔奇于古人之外。

【思考题】
1. 中国古代诗歌发展的源头是什么?
2. 如何理解汉魏六朝诗的重要历史地位?
3. 结合具体作品谈谈你对"盛唐气象"的理解。
4. 试论宋词的审美特征。
5. 元曲的出现给中国古代诗歌注入了哪些新质?
6. 如何看待清诗的艺术成就?

第二节 散 文

中国是诗歌的王国,同时也是散文的王国,散文的历史和诗歌一样渊远流长。在上起先秦、下至明清几千年的历史长河中,散文始终是与诗歌并驾齐驱的最主要的文学形式,不仅名家辈出、代不乏人,而且在思想内容和表现形式上都不断获得突破和创新,文体众多,流派纷呈,千姿百态,神妙无穷,其发达和繁荣的景象远非其他文体所能比肩。下面就中国古代散文发展的历史进行简单的勾勒和介绍。

(一) 中国古代散文发展概况

中国散文的源头是殷商的甲骨卜辞和商周的铜器铭文,但它们多为片言只语,还不具有结构严谨的篇章,因而只能是散文的萌芽。直至《尚书》的出现,才标志着中国古代散文的正式形成。《尚书》之后,散文分别向偏重于说理的先秦诸子散文和偏重于记事的先秦历史散文两个方向发展。

所谓先秦诸子散文,是指春秋战国之际诸子百家的文章。这个时期是中国历史上的重大变革时期,也是处士横议、百家争鸣的时代,使得论说文获得长足的发展。先秦诸子散文直接源于王官文化,或称史官文化,其代表性典籍便是所谓的"六经"。但在思想性与艺术性上,先秦诸子散文又都有重大的突破与创新,使散文从官方的严格控制下解脱出来,从经学的桎梏中解放出来,成为个人自由表达思想的工具,并与从史官文化中分化出来的先秦史传文学一道开创了中国散文第一个辉煌的黄金时代。

先秦诸子包括儒、墨、道、法、兵、农、名、阴阳、纵横、杂等数家,各家著述繁多,现今传世者主要有儒家的《论语》、《孟子》、《荀子》,道家的《老子》、《庄子》,墨家的《墨子》,法家的《商君书》、《韩非子》,兵家的《孙子兵法》,杂家的《吕氏春秋》。这些著作就其文体而言,春秋时期以语录对话体为主,到了战国时期则逐渐演变为专题论说文。《论语》是语录体散文的典型代表,后来的《孟子》、《墨子》、《庄子》也在不同程度上保留着对话体的特征,但已不再是《论语》那样单纯的语录形式,而是采用对话和论辩的形式,每篇围绕一个中心展开,以论辩的形式对论题进行深入详尽地讨论和阐释,体现了语录对话体散文向专题论说文的过渡和转化。到了战国后期,《荀子》、《韩非子》的出现,才完全摆脱对话语录体,成为完全意义的专题论说文,标志着先秦论说文的完全成熟。

先秦诸子散文大多讲究文采,注重修辞,具有很强的文学性。《庄子》、《韩非子》尤其长于运用寓言说理,大大增加了形象性和文学色彩。具体说来,《论语》言简意赅,富于哲理,多警句、格言;《墨子》语言质朴,结构严谨,长于逻辑推理;《孟子》长于论辩,善用比喻,气势充沛,说服力强;《庄子》辞藻瑰丽,想象丰富,汪洋恣肆,极富才情,充满浪漫色彩;《荀子》论证缜密,条理清晰,逻辑性强,取譬精当;《韩非子》语言犀利,风格峻峭,论事析理透彻入微。在先秦文学的园地中,诸子散文可谓千姿百态,异彩纷呈。

与先秦诸子散文大体同步发展起来的,是先秦历史散文,或称史传散文。春秋战国时期的历史散文主要有《左传》、《国语》、《战国策》等。《左传》是一部记载春秋时期历史的编年体史书,《国语》和《战国策》则是两部分别记载春秋和战国史事的国别体史书。在写作上,《左传》长于叙事,尤其以叙写战争和刻画人物而著称,具有很高的文学价值。《国语》则长于记言,在艺术上较《左传》虽略逊一筹,但也时有精彩的篇章。《战国策》长于铺叙,其叙事更连贯、更集中,写人时往往能抓住人物的主要特征,使其精神面貌鲜明突出而富于个性。

秦代是个短暂的时代,又实行过"焚书坑儒"等文化钳制政策,因而在散文创作上除李斯之外,基本无所建树。"秦之文章,李斯一人而已。"李斯的《谏逐客书》是秦代散文的代表作,也是整个秦代文学的唯一亮点。

汉代是继先秦之后中国古代散文发展的又一个高峰期。汉代散文的成就主要体现在政论文、史传散文和赋体散文几个方面。

西汉初年,出于总结秦亡的历史教训、巩固汉王朝政治统治的需要,政论散文迅猛发展,并取得了突出的成就。贾谊和晁错作为汉初两个重要的政论家,其文章也理所当然地成为这一时期政论文的光辉代表。贾谊的《过秦论》、晁错的《论贵粟疏》均是千古传颂的名篇。鲁迅在《汉文学史纲要》中曾称他们的作品为"西汉鸿文",誉之为"沾溉后人,其泽甚远"。西汉中后期政论散文的成就比之汉初稍嫌逊色,但桓宽的《盐铁论》一书,则不仅是研究西汉中期政治、经济的不可多得的重要著作,也是一部不可多得的政论佳作。东汉中叶以后,政论散文也比较流行,一些名家的作品继承西汉初年的传统,能够针砭时弊,反映当时各种社会矛盾和激烈的政治斗争,其代表作品有王符的《潜夫论》、崔寔的《政论》和仲长统的《昌言》等。

汉代的政论散文家从现实政治斗争与社会生活的实际需要出发立论命意,其作品具有鲜明的时代感和具体的实用性。他们的创作奠定了两汉散文务实求真的现实主义基础,并使政论散文这一文学样式臻于完美,成为中国散文史上的又一座里程碑。

史传散文方面,出现了西汉司马迁的《史记》和东汉班固的《汉书》这两部伟大的著作。司马迁的《史记》继承了先秦以来历史散文的优良传统,开创了具有历史意义的纪传体,开后世纪传史书的先河。《史记》在思想性与文学性方面均取得了后世史籍难以企及的成就,实现了史学与文学的完美结合,鲁迅在《汉文学史纲要》中称其为"史家之绝唱,无韵之离骚",是毫不过分的。除《史记》之外,司马迁的《报任安书》也是一篇感人肺腑的优秀散文,它和《史记》一样,体现了司马迁行文"笔端常带感情"的鲜明风格,并被誉为《古文观止》的压卷之作。相比之下,班固的《汉书》在思想内容和文学成就上虽不如《史记》,却也具有深远的影响和巨大的艺术价值。作为我国第一部纪传体断代史,它的体例被以后各代的正史所取法,更是具有不可磨灭的功绩。

西汉时代,随着国力日臻强盛,开始出现了一种与之相适应的新的文学样式,这就是独具特色的汉大赋。汉赋的突出特点是铺张扬厉、雍容典雅,讲究辞藻和夸饰。在形式上则采用主客问答的方式,散韵结合,骈散结合,非诗非文,亦诗亦文,虽介乎诗文之间,但更近于文。其代表性作家作品有枚乘的《七发》,司马相如的《子虚赋》、《上林赋》等。到了东汉,这种"体物而流亮"的大赋,又逐渐演变为抒情小赋,这是赋体散文的又一发展。张衡的《归田赋》、赵壹的《刺世疾邪赋》是其代表作。

魏晋是我国散文发生重大转折的时期。随着汉帝国统一局面的结束,作为社会统治思想的儒家学说也急剧衰落,反映在文学创作上,也出现了新变化和新特点。到三国曹魏时期,形成了以清峻通脱、质朴简约为特征的"建安文学",其代表人物是"三曹"父子和"建安七子"。"三曹"是指曹操、曹丕、曹植父子三人,"七子"是指孔融、王粲、徐干、阮瑀、应玚、刘桢、陈琳七人。"三曹七子"不仅是曹魏时期的杰出文学家,也是整个魏晋时期的代表性作家。在散文创作方面,曹操的代表作有《让县自明本志令》;曹丕以书札见长,清丽卓约,富有情韵,其代表作有《与吴质书》等;曹植的散文则抒情味最浓,且多含哀怨,辞藻华美,在三曹散文中成就最高,《求自试表》、《与吴季重书》等均是其代表作。此外,曹植的《洛神赋》则是一篇脍炙人口的赋体佳作。三曹之外,"建安七子"在散文创作上也各有千秋:孔融的散文多寓讥刺;陈琳的檄文最为出色;王粲的《登楼赋》则是一篇感伤乱离、抒写个人怀抱的传世佳作。与三曹相比,七子的散文更注重辞彩,对偶句式和典故的运用明显增多,因而文人气息更加浓厚。汉魏古文演变为六朝骈文,七子文章起了重要的过渡作用。

曹魏文人集团的作品之外,祢衡的《鹦鹉赋》、诸葛亮的《出师表》等,也是三国时期有影响的散文名篇。

"建安文学"之后,魏晋文学的发展进入到"正始文学"时期。这时正值魏晋易代之际,随着司马氏政治恐怖的加剧,文人们不得其志,不满时政,却又有话不敢直说,致使文风又发生明显转变。在散文创作方面,主要有阮籍和嵇康两位代表作家。阮籍的《大人先生传》充满了批判精神且富于艺术讽刺性,嵇康的《与山巨源绝交书》则不啻是一篇蔑弃封建礼教、誓与司马氏决裂的政治宣言。二人的散文均显示出卓越的文学才华和独特的思想气质。

入晋以后,由于散文日益向骈偶化方向发展,情辞并茂的散文作品渐少。西晋初年,李密的《陈情表》以骈散兼行的形式抒发了作者对祖母的无限深情,是西晋散文中不多见的成功之作。

东晋的散文,王羲之与陶渊明二人取得了较优异的成绩。前者的《兰亭集序》情景交融,记叙、议论、抒情完美地结合在一起。后者的《桃花源记》、《五柳先生传》、《归去来兮辞》,均为脍炙人口的散文名篇,特别是《归去来兮辞》,神思飘然,词义潇洒,无风尘俗态,是一篇后人模拟不得的自然真率的文章。除此以外,还有一些以托物言志、写景抒情为主的抒情小赋,如张华的《鹪鹩赋》,潘岳的《秋兴赋》、《闲居赋》等,郭璞的《江赋》和孙绰的《天台山赋》等,也都写得姿态横生,颇有情趣。

北朝的散文总体成就不如南朝，但也不乏名篇佳制，如郦道元的《水经注》和杨衒之的《洛阳伽蓝记》二书，就分别以其对山水景物形象逼真的描绘和对中国古代建筑艺术的生动记录而著称于世。此外，像颜之推的《颜氏家训》也多有佳篇。

两晋南北朝是骈体文盛行的时期。两晋时，骈体文几乎应用到所有的写作领域。南北朝时，"四声八病"说引入骈文写作，骈偶、辞采、用典和声律成为骈文的基本要素和构成标志，骈体文进入了全盛时期。骈文每句字数以四、六为主，即所谓"骈四俪六"，故又称为"四六文"。随着这种文体的盛行，涌现出一大批代表性的作家作品。如晋代陆机的《叹逝赋并序》、《吊魏武帝文》，潘岳《哀永逝文》等，均是当时极负盛名的代表作。后人将二人并称为"陆海潘江"，用以形容其横溢的才华。南北朝骈文的代表作家作品则有南朝鲍照的《芜城赋》、《登大雷岸与妹书》，江淹的《恨赋》、《别赋》，谢惠连的《雪赋》，谢庄的《月赋》，陶弘景的《答谢中书书》，吴均的《与宋元思书》、丘迟的《与陈伯之书》等。此外，刘峻的《辩命论》、《广绝交论》，孔稚圭的《北山移文》等，也是脍炙人口的骈文佳作。而徐陵、庾信则是南北朝后期最卓越的两位骈文大家。徐陵的代表作有《玉台新咏序》，庾信的代表作有《哀江南赋并序》、《小园赋》、《枯树赋》等。

唐代的散文，是在反对齐、梁以来柔靡浮艳的骈体文的过程中繁荣发展起来的。初唐的散文仍以骈体文为主，王勃的《滕王阁序》和骆宾王的《讨武曌檄》都是用骈体文写成的名篇。武则天时，陈子昂开始有意识地反对骈文而倡导古文，在当时虽然成效甚微，却成为后来中唐"古文运动"的前驱和先声。中唐时期，韩愈、柳宗元等古文家高举古文运动的大旗，彻底扫荡了六朝以来的骈俪文风。所谓"古文运动"的内容主要包括两个方面：一是革新文章体式，以"古文"（先秦两汉散文）代替骈文；二是革新文章内容，强调文以载道，文道合一，赋予古文以儒学的内涵。韩愈和柳宗元不仅是"古文运动"的领袖，也是这一运动中最有成就的杰出散文家。

韩愈的散文风格雄健奔放，气势充沛，说理透辟，观点鲜明，语言精练，结构谨严。韩愈是运用语言的巨匠，善于创造性地运用古代词语并吸收当时的口语入文，故而其散文词汇丰富，文从字顺，句式灵活，结构多变，具有"闳中肆外"的独特风格。韩愈在学习和总结中国古代散文写作正、反两方面经验的基础上，以高度的文学自觉意识把各种不同的应用文体变成文学散文，创造出各种不同体裁的富有生命力的优秀篇章，丰富并引领着中国古代散文的创作。其代表作有《师说》、《李愿归盘谷序》、《进学解》、《毛颖传》、《张中丞传后叙》等。由于韩愈在散文方面的卓越贡献与成就，苏轼称他"文起八代之衰"，后世又尊其为"唐宋八大家"之首。

柳宗元的散文成就与韩愈齐名。柳文的基本风格是雄深雅健。其文内容丰富，体裁多样，大体可以分为论说文、传记文、寓言和山水游记四类，其中尤以寓言和山水游记最为后世称道。在寓言创作方面，以《三戒》为代表的一系列作品，把先秦诸子散文中的寓言片断，发展成为独立的文学样式，构思精巧，短小精悍，冷峻犀利,发人深思,在幽默讽刺中显出极强的现实针对性和战斗性。在山水游记创作方面,以《永州八记》为代表的一系列作品,不仅刻画细致,而且寄托深远,往往寓情于景,情景交融,具有极高的艺术性,被后人誉为"游记之祖"。在传记文和论说文方面,柳宗元也有不少优秀的传世名作,前者如《捕蛇者说》、《童区寄传》和《段太尉逸事状》等,后者如《封建论》等。

尽管韩、柳二人在古文方面取得了不朽的成就,但是二人死后,古文创作又复趋衰落。降及晚唐,骈文势力重新崛起于文坛,出现了像杜牧《阿房宫赋》那样的佳作。此外,皮日休、陆龟蒙、罗隐等人所创作的闪烁着锐利锋芒的政治小品文,也在晚唐文坛上形成了一道亮丽的风景线。

五代至宋初,骈俪浮艳的文风依然盛行于文坛。作为这种文风的对立面,宋初的柳开、王禹偁、尹洙、范仲淹等重又走上提倡古文的道路,出现了像王禹偁的《待漏院记》、《黄冈竹楼记》,范仲淹的名篇《岳阳楼记》那样的杰出篇章。到了北宋中期,在欧阳修倡导下,文坛再度掀起诗文革新运动的高潮,彻底扫荡了自晚唐五代以来的浮靡文风,确定了散文在文坛上的统治地位,最终完成了由中唐开始的古文运动。

宋代散文无论内容、形式、语言、风格都比唐代散文有新的开拓。宋代散文大家辈出,其风格虽不尽相同,却都继承和发展了唐代韩愈"文从字顺"的一面。北宋散文最杰出的代表是宋文六大家:欧阳修、王安石、曾巩和苏洵、苏轼、苏辙,后世将他们和唐代的韩愈、柳宗元并称为"唐宋八大家"。欧阳修的散文情韵优美,纡徐畅达;王安石的散文简劲精洁,深刻峻峭;曾巩的散文醇厚典重,平实谨严;苏洵的散文博辩宏伟,奔腾驰骤;苏轼的散文笔力奔放,文思开阔,变化多姿,收纵自如;苏辙的散文委曲明畅,才气纵横。他们以绚丽多姿的创作成就,开创了韩愈、柳宗元之后散文发展的新局面。

南宋时期,道学兴盛,散文创作的成就总体来说不如北宋。但这一时期由于民族矛盾和阶级矛盾的空前尖锐,促使以指陈时弊和挽救危亡为特色的政论文获得了长足发展。这些文章感情充沛,激昂慷慨,义正辞严,足以追踪北宋。代表人物有胡铨、陈亮、叶适、朱熹、吕祖谦等。南宋末年,面对兵戈扰攘、家国灭亡的不幸,不少士大夫以散文抒写爱国之情和黍离之悲,如谢枋得《江东运司策问》,文天祥《指南录后序》、《正气歌序》,郑思肖《文丞相叙》等,均写得辞意恳切,悲凉慷慨,感人至深。

与宋代散文的辉煌成就相比,金、元两代散文创作就显得黯然失色。尽管也有元好问、刘因、揭傒斯等一批文学家,但总的来看,由于金、元两代以武立国、不重文教,甚至对文人儒士采取歧视摧残政策,导致了包括文学创作在内的文化创造的全面衰退。直到明朝建立后,散文创作才又重新出现蓬勃发展的气象。

明代初年,文学创作还处在复苏期,代表作家有宋濂、刘基。宋濂的散文以传记小品和记叙性散文成就较高,如《王冕传》、《送东阳马生序》等。刘基的散文则以寓言体散文最为出色,代表作有《卖柑者言》等。明中叶以后,文学创作开始进入繁荣活跃的阶段,先后出现了以李东阳为首的"茶陵派",以李梦阳、何景明为首的"前七子",以李攀龙、王世贞为首的"后七子",以王慎中、唐顺之、茅坤、归有光等人为代表的"唐宋派"等众多文学流派,各派之间互争雄长,客观上促进了散文创作的蓬勃发展。其中最值得一提的是"唐宋派",他们的散文创作成就不仅在当时是最为突出的,而且对后来的"公安派"和清代"桐城派"也有着直接而巨大的影响。尤其是被誉为"明文第一"的归有光,在"唐宋派"中更是卓尔不群,成就斐然,其文不事雕琢而自有风味,《项脊轩志》、《寒花葬志》等文均是脍炙人口的传世名篇。明代后期,又先后出现了"公安派"和"竟陵派",在散文创作上各有千秋,也各有不足。"公安派"的代表人物是号为"三袁"的袁宗道、袁宏道、袁中道兄弟,其中以袁宏道的成就最高。后者以钟惺、谭元春为代表,他们偏重于抒发自己的"孤怀"、"孤诣",以致有时隐晦艰涩,脱离社会实际。此外,明末散文值得一提的还有徐宏祖的《徐霞客游记》等。

明清易代之际,在散文创作方面比较重要的作家有张岱、钱谦益、黄宗羲、顾炎武、侯方域等。他们大多是由明入清的汉族知识分子,在满汉民族矛盾尖锐的时代,他们或隐或仕,政治态度虽不尽相同,却都以各自的文学创作活动肩负起延续文学命脉的历史使命。在此基础上,到了清中叶,一个著名的散文流派——桐城派便应运而生。桐城派因其代表人物方苞、刘大櫆、姚鼐都是安徽桐城人而得名,是清代最重要、影响最大的散文流派。其基本特征是以程朱理学为思想基础,以服务清朝政权为目的,以先秦、两汉和唐宋八大家的古文为楷模,在文章体制和做法上均有一整套系统化的散文理论。这一学派由于得到官方的支持,不仅长期占据统治地位,而且在整个清代都产生了极大的影响。方苞的《狱中杂记》、姚鼐的《登泰山记》是其中的代表作。

清代散文发展的又一个特点是骈文的重新崛起。清代骈文不仅作者众多,而且流派纷呈。著名的骈文作家在清初有陈维崧,清中叶有袁枚、洪亮吉、汪中。他们的创作取法齐梁,不拘守骈四俪六的对偶句式,能以闲适委婉之笔,道出气贯长虹之胸臆,代表了清代骈文的最高成就。

鸦片战争前期,经世致用思潮风靡士林。士人们的危机意识、批判意识空前强烈,以文章概论天下事,涌现出像龚自珍、魏源这样的名家。他们的散文,不仅在思想上突破了儒家思想的樊篱,形式上也有新的变化,开创了近代散文的先河。尤其是龚自珍,其影响之深,在五十余年后的清末仍有反响。鸦片战争后梁启超、谭嗣同等人所提倡的新文体,则为"五四"时期的白话文运动做好了理论和实践上的准备。

中国古代散文发展的历史,大体如上所述。概而言之,古代散文自殷商时萌其芽,至先秦时初具规模,中经两汉魏晋的演化,再由唐宋古文运动的激荡,到明清时继续发展,直至五四新文化运动而告终结。前后绵延数千年,如长河跃波,源远流长,其间流派纷呈,佳作辈出,更如群星布空,璀璨绚烂。

(二) 先秦汉魏六朝散文名篇赏析

论语·子路曾皙冉有公西华侍坐

孔子

孔子(公元前551—公元前479年),名丘,字仲尼,春秋时期鲁国人。他是我国古代伟大的政治家、思想家和教育家,儒家学派创始人。出生于鲁国陬邑昌平乡(今山东省曲阜市东南鲁源村),葬于曲阜城北泗水之上,即今日孔林所在地。孔子的言行思想主要载于语录体散文集《论语》。

子路、曾皙、冉有、公西华侍坐①。子曰:"以吾一日长乎尔②,毋吾以也③。"居则曰④:"'不吾知也!'如或知尔,则何以哉⑤?"

子路率尔而对曰:"千乘之国,摄乎大国之间⑥,加之以师旅,因之以饥馑。由也为之,比及三年,可使有勇,且知方也⑦。"

夫子哂之⑧。

"求,尔何如?"

对曰:"方六七十,如五六十⑨,求也为之,比及三年,可使足民。如其礼乐,以俟君子。"

"赤,尔何如?"

对曰:"非曰能之,愿学焉。宗庙之事,如会同⑩,端章甫⑪,愿为小相焉⑫。"

"点,尔何如?"

鼓瑟希⑬,铿尔,舍瑟而作⑭,对曰:"异乎三子者之撰⑮。"

子曰:"何伤乎?亦各言其志也!"

曰:"莫春者⑯,春服既成,冠者五六人⑰,童子六七人,浴乎沂⑱,风乎舞雩⑲,咏而归⑳。"

夫子喟然叹曰:"吾与点也㉑!"

三子者出,曾皙后㉒。曾皙曰:"夫三子者之言何如?"

子曰:"亦各言其志也已矣!"

曰:"夫子何哂由也?"

曰:"为国以礼,其言不让㉓,是故哂之。唯求则非邦也与㉔?安见方六七十如五六十而非邦也者?唯赤则非邦也与㉕?宗庙会同,非诸侯而何㉖?赤也为之小,孰能为之大㉗?"

【注释】

　　①曾晳(xī):名点,曾参的父亲。冉有:名求,字子有。公西华:名赤,字子华。公西是复姓。皆孔子弟子。侍坐:陪伴长者坐着。
　　②因为我比你们年纪大一些。以:因为。一日:一两天,表示年岁大的一种谦虚说法。长(zhǎng):年长。尔:你们。
　　③不要因为我而不敢讲话了。以:因为。
　　④居:闲居,指平时。
　　⑤何以:用什么方法治理国家呢。
　　⑥摄:夹。
　　⑦方:方向,引申为标准,准则。
　　⑧哂(shěn):微笑,有轻蔑之意。
　　⑨方六七十:方圆六七十里。如:连词,或者。下文"如会同"的"如"用法相同。
　　⑩会同:诸侯之间会盟和诸侯共同朝见天子一类的事。
　　⑪端:古代用整幅布做的礼服。章甫:一种礼帽。端章甫,都用作动词,即穿着礼服,戴着礼帽。
　　⑫相(xiàng):古代祭祀或会盟时主持赞礼和司仪的人,分大相和小相,公西华愿做小相,是谦词。
　　⑬希:即"稀"。鼓瑟的声音稀疏,说明已近尾声。
　　⑭铿尔:象声词,描写推开瑟时的声音。舍:这里是放下、推开的意思。作:起立。
　　⑮撰:才能,才干。
　　⑯莫(mù)春:晚春,指三月。莫,通"暮"。
　　⑰冠(guàn)者:成年人。古时男子到了二十岁要行冠礼,表示已到成年,故用冠者表示成年人。
　　⑱沂:沂水。
　　⑲风:吹风,乘凉,用作动词。舞雩(yú):古时求雨的坛,在曲阜县城东南。
　　⑳咏:唱歌。
　　㉑喟(kuì)然:长叹的样子。与(yù):同意,赞成。
　　㉒后:动词,后出来。
　　㉓让:谦虚。
　　㉔难道冉求说的就不是治理国家吗?唯:句首语气词。求:冉求。邦:国家。
　　㉕难道公西赤说的就不是治理国家吗?赤,即公西华。
　　㉖宗庙会同一类的事,不是诸侯之事又是什么呢?诸侯:指国家。意思是公西华做的也是国家的事。
　　㉗为之小:给诸侯做小相。为,动词。之,代词,指代诸侯。小,小相。大,大相。

【赏析】

　　本篇选自《论语·先进》,是《论语》中篇幅较长、艺术性较高的一篇。它记录了孔子与弟子共坐论志的一段谈话,通过孔子对曾皙的肯定和赞赏,形象而委婉地表达了他对于礼乐太平之世的不懈追求和不慕荣利、安分乐道的人生志向。文中的孔子是一位平易近人、和蔼可亲、极具民主作风的良师形象。他唯恐学生在自己面前拘谨害怕而不敢畅言各自的理想和志愿,一开始便以"以吾一日长乎尔,毋吾以也"的话语为学生解除心理负担,接着才要求弟子"各言尔志"。在弟子发言时,孔子认真聆听,从未打断弟子的话,也不急着作出评价。等到弟子全部发言完毕,孔子才以"吾与点也"四字简单地表明自己的态度。孔子的这种态度使得整个对话的气氛轻松愉悦,也使得弟子们能够在老师面前直言无隐,率性而谈,师生之间的交流显然是坦诚无忌的,丝毫不见隔膜之感。尤其值得注意的是这样一个富有诗意的细节:当其他几位弟子发言时,另一位弟子曾皙却一直像局外人似的在自己的座位上独自鼓瑟,直到孔子问到他,他才慢慢地停止演奏起身作答。这就将整场对话的轻松气氛写得跃然纸上,生动传神,令读者仿佛亲临其境,逼真地感受到孔门教学既树德又习艺的教育风范。在悠扬的乐声中,师生们亲密无间地娓娓而谈,这时的孔门与其说是传道授业的课堂,不如说是春风怡荡的乐园。不仅如此,从孔子对弟子的不同态度中,还可以看出他是多么善于因材施教。子路为人朴鲁率直,勇于有为,所以面对孔子的提问,当仁不让地率先作答,孔子因其不够谦虚而仅报以微微的冷笑,以此稍挫其锋芒和锐气。冉有、公西华的回答比较谦虚,孔子则报以不同的反应。对曾皙的回答,孔子虽最感满意,但他仅从正面表明对曾皙的赞赏态度,却无一个字当面批评其他三人,直到三人出去之后,才在曾皙的追问下道出了自己对几人的回答采取不同态度的原因。既注意因材施教,又能够坚持正面诱导的原则,孔子循循善诱的教学风格在此得到了淋漓尽致的展现。除对孔子形象的刻画外,文章还借助人物对话和举止神态的描写,刻画了孔子弟子各自不同的性格特点。子路的逞能率直,冉有的审慎谦让,公西华的婉转谦逊,曾皙的潇洒超脱,无不通过其言行神态而呈现出来。

孟子·齐桓晋文之事

孟子

孟子(约公元前372—公元前289年),战国时期伟大的思想家,儒家学派的主要代表之一。名轲,邹(今山东邹城市)人。约生于周烈王四年,卒于周赧王二十六年。

齐宣王问曰:"齐桓、晋文之事,可得闻乎?"

孟子对曰:"仲尼之徒无道桓文之事者,是以后世无传焉,臣未之闻也。无以①,则王乎②?"

曰:"德何如,则可以王矣?"

曰:"保民而王,莫之能御也。"

曰:"若寡人者,可以保民乎哉?"

曰:"可。"

曰:"何由知吾可也?"

曰:"臣闻之胡龁曰:'王坐于堂上,有牵牛而过堂下者。王见之,曰:'牛何之?'对曰:'将以衅钟。'③王曰:'舍之!吾不忍其觳觫④,若无罪而就死地。'对曰:'然则废衅钟与?'曰:'何可废也?以羊易之。'不识有诸?"

曰:"有之。"

曰:"是心足以王矣。百姓皆以王为爱也,臣固知王之不忍也。"

王曰:"然,诚有百姓者。齐国虽褊小,吾何爱一牛?即不忍其觳觫,若无罪而就死地,故以羊易之也。"

曰:"王无异于百姓之以王为爱也⑤。以小易大,彼恶知之?王若隐其无罪而就死地,则牛羊何择焉?"

王笑曰:"是诚何心哉!我非爱其财而易之以羊也,宜乎百姓之谓我爱也。"

曰:"无伤也,是乃仁术也,见牛未见羊也。君子之于禽兽也:见其生,不忍见其死;闻其声,不忍食其肉。是以君子远庖厨也。⑥"

王说,曰:"诗云:'他人有心,予忖度之⑦。'夫子之谓也。夫我乃行之,反而求之,不得吾心;夫子言之,于我心有戚戚焉⑧。此心之所以合于王者,何也?"

曰:"有复于王者曰:'吾力足以举百钧,而不足以举一羽;明足以察秋毫之末,而不见舆薪。'则王许之乎?"

曰:"否。"

"今恩足以及禽兽,而功不至于百姓者,独何与?然则一羽之不举,为不用力焉;舆薪之不见,为不用明焉;百姓之不见保,为不用恩焉。故王之不王,不为也,非不能也。"

曰:"不为者与不能者之形,何以异?"

曰:"挟太山以超北海⑨,语人曰:'我不能。'是诚不能也。为长者折枝,语人曰:'我不能。'是不为也,非不能也。故王之不王,非挟太山以超北海之类也;王之不王,是折枝之类也。老吾老,以及人之老;幼吾幼,以及人之幼:天下可运于掌。诗云:'刑于寡妻,至于兄弟,以御于家邦。'⑩言举斯心加诸彼而已。故推恩足以保四海,不推恩无以保妻子;古之人所以大过人者无他焉,善推其所为而已矣。今恩足以及禽兽,而功不至于百姓者,独何与?权,然后知轻重;度,然后知长短;物皆然,心为甚。王请度之!抑王兴甲兵,危士臣,构怨于诸侯,然后快于心与?"

王曰:"否,吾何快于是,将以求吾所大欲也。"

曰:"王之所大欲,可得闻与?"

王笑而不言。

曰:"为肥甘不足于口与?轻暖⑪不足于体与?抑为采色⑫不足视于目与?声音不足听于耳与?便嬖⑬不足使令于前与?王之诸臣皆足以供之,而王岂为是哉?"

曰:"否,吾不为是也。"

曰:"然则王之所大欲可知已:欲辟土地,朝秦楚⑭,莅中国⑮而抚四夷也。以若所为,求若所欲,犹缘木而求鱼也。⑯"

王曰:"若是其甚与?"

曰:"殆有甚焉。缘木求鱼,虽不得鱼,无后灾;以若所为,求若所欲,尽心力而为之,后必有灾。"

曰:"可得闻与?"

曰:"邹人与楚人战,则王以为孰胜?"

曰:"楚人胜。"

曰:"然则小固不可以敌大,寡固不可以敌众,弱固不可以敌强。海内之地,方千里者九,齐集有其一;以一服八,何以异于邹敌楚哉?盖亦反其本矣⑰!今王发政施仁,使天下仕者皆欲立于王之朝,耕者皆欲耕于王之野,商贾皆欲藏于王之市,行旅皆欲出于王之涂,天下之欲疾其君者,皆欲赴愬于王⑱;其若是,孰能御之?"

王曰:"吾惛⑲,不能进于是矣。愿夫子辅吾志,明以教我。我虽不敏,请尝试之。"

曰:"无恒产而有恒心者⑳,惟士为能;若民,则无恒产,因无恒心。苟无恒心,放辟邪侈㉑,无不为已。及陷于罪,然后从而刑之,是罔民㉒也。焉有仁人在位罔民而可为也?是故明君制民之产㉓,必使仰足以事父母,俯足以畜妻子;乐岁终身饱,凶年免于死亡;然后驱而之善,故民之从之也轻㉔。今也制民之产,仰不足以事父母,俯不足以畜妻子;乐岁终身苦,凶年不免于死亡。此惟救死而恐不赡㉕,奚暇治礼义哉!王欲行之,则盍反其本矣!

五亩之宅,树之以桑,五十者可以衣帛矣;鸡、豚、狗、彘之畜㉖,无失其时,七十者可以食肉矣;百亩之田,勿夺其时,八口之家可以无饥矣;谨庠序之教㉗,申之以孝悌之义,颁㉘白者不负戴于道路矣。老者衣帛食肉,黎民不饥不寒,然而不王者,未之有也。"

【注释】

① 无以:即无已,无休止,不罢休。
② 则王乎:那么就谈谈统治天下的道理吧。王,动词,称王,统治的意思。
③ 衅钟:一种祭祀仪式,杀牲取血,涂抹在钟隙中,并用牲体设祭。
④ 觳觫(hú sù):战栗恐惧的样子。
⑤ 爱:吝惜。
⑥ 庖厨:厨房。

⑦"他人有心"二句,见《诗经·小雅·巧言》。忖度(duó):揣测。
⑧戚戚:心动的样子。
⑨超:跨越。
⑩"刑于寡妻"三句:见《诗经·大雅·思齐》。刑,同"型",即示范。寡妻:寡德之妻,谦称。
⑪轻暖:轻柔暖和的衣服。
⑫采:即"彩"。
⑬便嬖:亲近宠幸之人。
⑭朝:使……来朝。
⑮莅:监临。中国:中原地区。
⑯缘:攀缘,沿……攀登。
⑰盍:何不。反:同"返"。
⑱赴愬:跑来告诉。
⑲惛:同"昏"。
⑳恒产:固定产业。恒心:长久不变之心。
㉑放辟邪侈:行为放荡不正、肆无忌惮的意思。
㉒罔民:对百姓张设罗网,使之陷于罪。罔,同"网"。
㉓制:规定。
㉔轻:容易。
㉕赡:足。
㉖豚:小猪。彘:大猪。
㉗谨:认真,重视。庠序:泛指学校。
㉘颁:同"斑"。

【赏析】

　　本文选自《孟子·梁惠王上》。文章比较集中地表达了孟子"施仁政、行王道"的政治主张。首先,孟子认为,王道政治的实施,有赖于君主的"不忍"之心,也就是仁爱之心,具备了这种仁爱之心,也就具备了施行王道的基本前提条件。针对齐宣王面对觳觫之牛所引起的恻隐之心,孟子因势利导地告诉齐宣王说,施行王道政治并不困难,只要能把这种对牛的"不忍"之心推广扩充开去,施诸天下百姓,就是王道政治的开始。其次,孟子认为,施行王道政治,必须"制民之产",即满足老百姓最起码的物质生活条件。那么如何"制民之产"呢?孟子提出了"五亩之宅树之以桑"、"百亩之田勿夺其时"等一系列具体措施,要求君主为百姓修养生息、发展农业生产提供保障,通过"养民"而达到王道之治。最后,孟子认为,施行王道政治不仅要注意"养民",还要"教民",即通过"谨庠序之教"等一系列文治教化措施来教育百姓,提高整个社会的道德水准。不难看出,孟子的王道思想是全面而系统的,其中既包括物质文明建设的内容,又包括精神文明建设的内容。但他将实施这一理想的根本希望完全寄托在君主身上,显然是不现实的。尽管如此,他能够站在维护普通民众最起码的生存权的角度,向君主提出养民、保民的政治要求,这在当时饿殍遍野、杀人盈城的残酷现实下,还是有巨大的进步意义的。

文章显示出高超的论辩艺术。孟子思想的核心是反对暴虐政治,主张以民为本、保民养民,施行仁政,但是战国时期诸侯兼并战争的现实却使得当时的统治者惯于穷兵黩武、不顾百姓死活,孟子的政治主张显然难以引起他们的兴趣。面对这样的现实,孟子在向齐宣王这样的君主宣传自己的主张时,便不能不格外注重其游说技巧。因此我们看到,孟子特别注意把自己的主张说得简单易行,同时十分强调,"王道"政治与齐宣王的"大欲"非但不矛盾,反而是其获得满足的必要条件。整篇文章的总体说理特点是因势利导、循循善诱。最为精彩的是,孟子先从齐宣王以羊易牛一事说起,一边为齐宣王开脱,一边把这件小事与"仁政"的大原则联系起来,从而不动声色地将对方引入自己的论题中,在轻松愉快、充满体谅的谈话中,将"仁政"主张水到渠成地和盘托出。

文章的语言也很有特点。文中许多比喻和寓言运用得生动贴切而极富表现力,如"缘木求鱼"、"挟泰山以超北海"、"明察秋毫,不见舆薪"等,已成为后世习用的成语。此外,逼真的对话语气,大量的排比反诘句式,都使得文章气势充沛,犀利流畅。

庄子·逍遥游

庄子

庄子(约公元前369—公元前286年),名周,字子休(一说"子沐"),战国时代宋国蒙人(今安徽省蒙城县)。他是著名的思想家、哲学家、文学家,道家学派的代表人物,老子哲学思想的继承和发展者,先秦庄子学派的创始人。庄子学说的根本精神归依于老子的哲学,后世将他与老子并称为"老庄",将其哲学称为"老庄哲学"。

北冥有鱼①,其名为鲲。鲲之大,不知其几千里也;化而为鸟,其名为鹏。鹏之背,不知其几千里也;怒而飞②,其翼若垂天之云③。是鸟也,海运则将徙于南冥④,南冥者,天池也。

《齐谐》者⑤,志怪者也⑥。《谐》之言曰:"鹏之徙于南冥也,水击三千里,抟扶摇而上者九万里⑦,去以六月息者也⑧。"野马也⑨,尘埃也,生物之以息相吹也⑩。天之苍苍,其正色邪?其远而无所至极邪?其视下也,亦若是则已矣。

且夫水之积也不厚⑪,则其负大舟也无力。覆杯水于坳堂之上⑫,则芥为之舟⑬;置杯焉则胶,水浅而舟大也。风之积也不厚,则其负大翼也无力。故九万里,则风斯在下矣,而后乃今培风⑭;背负青天而莫之夭阏者⑮,而后乃今将图南。

蜩与学鸠笑之曰⑯："我决起而飞⑰，抢榆枋⑱，时则不至，而控于地而已矣。奚以之九万里而南为⑲？"适莽苍者⑳，三飡而反㉑，腹犹果然㉒。适百里者，宿舂粮㉓；适千里者，三月聚粮。之二虫又何知。

小知不及大知㉔，小年不及大年㉕。奚以知其然也？朝菌不知晦朔㉖，蟪蛄不知春秋㉗，此小年也。楚之南有冥灵者㉘，以五百岁为春，五百岁为秋；上古有大椿者，以八千岁为春，八千岁为秋，此大年也。而彭祖乃今以久特闻㉙，众之匹之㉚，不亦悲乎！

汤之问棘也是已㉛。汤问棘曰："上下四方有极乎？"棘曰："无极之外，复无极也㉜。穷发之北㉝有冥海者，天池也。有鱼焉，其广数千里，未有知其修者，其名为鲲。有鸟焉，其名为鹏。背若泰山，翼若垂天之云；抟扶摇羊角而上者九万里㉞，绝云气㉟，负青天，然后图南且适南冥也。斥鴳笑之曰㊱：'彼且奚适也！我腾跃而上，不过数仞而下㊲，翱翔蓬蒿之间，此亦飞之至也。而彼且奚适也。'"此小大之辩也㊳。

故夫知效一官㊴，行比一乡㊵，德合一君㊶，而征一国者㊷，其自视，亦若此矣。而宋荣子犹然笑之㊸。且举世而誉之而不加劝，举世而非之而不加沮㊹，定乎内外之分㊺，辩乎荣辱之境㊻，斯已矣。彼其于世，未数数然也㊼。虽然，犹有未树也。

夫列子御风而行㊽，泠然善也㊾。旬有五日而后反㊿。彼于致福者51，未数数然也。此虽免乎行，犹有所待者也。若夫乘天地之正52，而御六气之辩53，以游无穷者54，彼且恶乎待哉！故曰：至人无己，神人无功，圣人无名。

尧让天下于许由55，曰："日月出矣，而爝火不息56；其于光也，不亦难乎！时雨降矣，而犹浸灌；其于泽也，不亦劳乎！夫子立而天下治57，而我犹尸之58，吾自视缺然59，请致天下60。"

许由曰："子治天下，天下既已治也；而我犹代子，吾将为名乎？名者，实之宾也61；吾将为宾乎？鹪鹩巢于深林62，不过一枝；偃鼠饮河63，不过满腹。归休乎君64，予无所用天下为！庖人虽不治庖65，尸祝不越樽俎而代之矣66。"

肩吾问于连叔曰67："吾闻言于接舆68：大而无当，往而不反；吾惊怖其言，犹河汉而无极也69；大有迳庭，不近人情焉。"连叔曰："其言谓何哉？"曰："藐姑射之山70，有神人居焉。肌肤若冰雪，淖约若处子71；不食五谷，吸风饮露，乘云气，御飞龙，而游乎四海之外；其神凝，使物不疵疠而年谷熟。吾以是狂而不信也72。"连叔曰："然。瞽者无以与乎文章之观73，聋者无以与乎钟鼓之声，岂唯形骸有聋盲哉！夫知亦有之74。是其言也，犹时女也75。之人也，之德也，将旁礴万物以为一，世蕲乎乱76，孰弊弊焉以天下为事77！之人也，物莫之伤：大浸稽天而不溺78，大旱金石流、土山焦而不热。是其尘垢秕糠将犹陶铸尧、舜者也79，孰肯以物为事！

宋人资章甫而适诸越80，越人断发文身，无所用之。尧治天下之民，平海内之政，往见四子藐姑射之山、汾水之阳，杳然丧其天下焉81。"

惠子谓庄子曰82："魏王贻我大瓠之种83，我树之成而实五石84。以盛水浆，其坚不能自举也。剖之以为瓢,则瓠落无所容⑬。非不呺然大也⑪,吾为其无用而掊之⑫。"

庄子曰:"夫子固拙于用大矣!宋人有善为不龟手之药者⑬,世世以洴澼絖为事⑭。客闻之,请买其方百金⑮。聚族而谋曰:'我世世为洴澼絖,不过数金;今一朝而鬻技百金⑯,请与之。'客得之,以说吴王。越有难,吴王使之将,冬与越人水战,大败越人,裂地而封之。能不龟手一也;或以封,或不免于洴澼絖,则所用之异也。今子有五石之瓠,何不虑以为大樽而浮于江湖⑰,而忧其瓠落无所容,则夫子犹有蓬之心也夫⑱!"

惠子谓庄子曰:"吾有大树,人谓之樗⑲;其大本拥肿而不中绳墨⑳,其小枝卷曲而不中规矩㉑。立之涂㉒,匠者不顾。今子之言,大而无用,众所同去也。"庄子曰:"子独不见狸狌乎㉓?卑身而伏,以候敖者㉔;东西跳梁㉕,不辟高下㉖;中于机辟㉗,死于罔罟㉘。今夫斄牛㉙,其大若垂天之云;此能为大矣,而不能执鼠。今子有大树,患其无用,何不树之于无何有之乡㉚,广莫之野,彷徨乎无为其侧㉛,逍遥乎寝卧其下。不夭斤斧㉜,物无害者,无所可用,安所困苦哉!"

【注释】

① 北冥:北海。冥:一作"溟",海水深黑为溟。

② 怒:振奋。这里指鼓动翅膀。

③ 垂天:犹言天边。垂同"陲",边际。

④ 海运:海波翻腾。旧说海动时必有大风,这里意为鹏乘此风而徙于南海。

⑤ 《齐谐》:书名,内容多记怪异事物。

⑥ 志:同"誌",记载。

⑦ 抟(tuán):环绕。一作"搏,拍,拊"。扶摇:风名,即"飙",一种从地面盘旋而上升的暴风。

⑧ 六月息:即"六月海动"时的大风。息:气息,指风。

⑨ 野马:指春天野外林泽中的雾气。春天阳气发动,远望林莽沼泽之中,水气蒸腾,有如奔马,故曰野马。

⑩ 相吹:向上升动。

⑪ 且夫:表示递进的连词。

⑫ 坳(āo)堂:堂上低洼之处。

⑬ 芥:小草。

⑭ 培风:乘风。培,通"凭"。

⑮ 夭阏(è):受阻拦。

⑯ 蜩(tiáo):蝉。学鸠:小鸟名。

⑰ 决:同"赽",迅疾貌。

⑱ 抢:突过,穿越。枋(fāng):檀树。

⑲ 奚:何。以:用。为:疑问语气词。

⑳ 莽苍:郊外林野之色,此指近效。

㉑飡:同"餐"。反:同返。

㉒果然:饱的样子。

㉓宿舂(chōng)粮:隔夜捣米准备粮食。

㉔知:同"智"。

㉕年:寿命。小年、大年,即短寿、长寿。

㉖朝菌:朝生暮死的一种菌。《列子·汤问》:"朽壤之上,有菌芝者,生于朝,死于晦。"

㉗蟪蛄(huì gū):即寒蝉。旧说它春生夏死,夏生秋死。

㉘冥灵:木名。一说指灵龟。下文"大椿"亦木名。

㉙彭祖:传说中的长寿的人,姓钱,名铿,曾为尧臣,封于彭城,历舜、夏、商三代,年七百余岁。

㉚匹:比。

㉛汤:商王成汤。棘:棘子,汤时大夫。是已:犹言"是也",表示赞同语气。

㉜"汤问棘曰:'上下四方有极乎?'棘曰:'无极之外,复无极也。'"此句原缺。据闻一多《庄子内篇校释·古典新义》之说,据唐僧神清《北山录》引增补。

㉝穷发:不毛之地。指上古传说中的北极荒远地带。

㉞羊角:风名,其风旋转而上似羊角。

㉟绝:穿越,穿透。

㊱斥:据清郭庆藩《庄子集释》,"斥"通"尺"。斥鴳(yàn):犹小雀。一说,斥指小池泽。斥鴳,小泽中的雀。

㊲仞:长度单位。古时八尺曰仞。一说,七尺曰仞。

㊳辩:同辨,区别。

㊴效:效能,引申作"胜任"解。

㊵比:适合。一说"比"即"庇"。

㊶合:投合。

㊷而:古代与"能"字音近义同,作能力、才能解。征:信。

㊸宋荣子:即宋钘,先秦思想家,思想近于墨家。犹然:笑貌。

㊹沮:沮丧,丧气。

㊺内:指自身的内在修养。外:指待人接物。

㊻境:境界。

㊼数数然:急切追求的样子。

㊽列子:名御寇,战国初期郑国人,相传其曾遇仙人,习法术,故能乘风而行。

㊾泠(líng)然:轻妙的样子。善,指御风技高超。

㊿旬有(yòu)五日:十五天。有,通"又"。

㉛致福:求福。

㉜若夫:至于。乘:顺应。天地:指天地间万象万物。正:指自然界的正常现象。

㉝六气:即阴、阳、风、雨、晦、明。辩:同"变"。

㉞无穷:指时空的无始无终、无边无际。

㉟许由:字武仲,颍川人,上古传说中的高士。相传尧让天下给他,他不受,逃隐箕山,农耕而食。尧又召为九州长,他不欲闻,洗耳于颍水之滨。

㊱爝(jué)火:小火把。此指光之小者。

(57)夫子：指许由。

(58)尸：古时享祭的神主，引申为无其实而空居名位的人。

(59)缺然：不足。

(60)致：送，给予。

(61)宾：与“主”相对，指附属之物。

(62)鹪鹩(jiāo liáo)：善于筑巢的小鸟，喜居树林深处。

(63)偃鼠：即鼹鼠，常穿行耕地中，好饮河水。

(64)归休乎君：是“君归休乎”的倒装句。君：指尧。

(65)庖人：厨工。不治庖：不下厨。

(66)祝：执掌祭祀的官。因其对神主(尸)而祝，故称“尸祝”。樽：酒器。俎：盛肉之器。越樽俎而代之：比喻超越权限代替别人办事。今作“越俎代庖”。

(67)肩吾、连叔：二人当是庄子虚构的有道之人。

(68)接舆：春秋时楚国隐士，佯狂避世，与孔子同时。

(69)河汉：银河。

(70)藐姑射(yè)之山：传说中的仙山。

(71)淖约：同“绰约”，体态柔美的样子。处子：处女。

(72)凝：精神专注。

(73)疵疠(lì)：恶疾。

(74)是：此，指接舆的话。

(75)瞽(gǔ)者：盲人。与：参与。文章：文采。

(76)知：同“智”。

(77)时：同“是”。女：同“汝”。

(78)旁礴(bó)：形容无所不包、无所不及。蕲(qí 奇)：同“祈”，求。乱：这里意为“治”。

(79)弊弊：惨淡经营，疲惫不堪。

(80)大浸：大水。稽：至。

(81)粃糠：亦作秕糠。谷不熟为粃谷皮为糠。比喻琐细无用之物，犹言糟粕、渣滓。陶铸：烧制瓦器和熔铸金属的模具。这里是培植、造就的意思。

(82)资：购买。章甫：礼冠。诸：之于。

(83)断发：剪断长发。文身：身刺花纹。

(84)四子：相传指王倪、啮缺、被衣、许由。《庄子》书中视之为得道者。

(85)汾水之阳：汾水之北。指今山西平阳县，相传尧曾建都于此。

(86)窅(yǎo)然：怅然。丧：忘。

(87)惠子：即惠施，宋人，战国时的思想家。曾任魏国相，与庄子同时。

(88)瓠(hù)：葫芦。

(89)树：种植。实：容纳。五石：言葫芦之大可容五石。

(90)瓠落：廓落，大而平浅。无所容：无法容纳东西。

(91)呺(xiāo)然：虚大的样子。

(92)掊(pǒu)：击破。

(93)龟(jūn)：同“皲”，皮肤因受冻而裂。不龟手之药：防止皮肤冻裂的药。

⑨洴澼(píngpì):漂洗。絖(kuàng):细棉絮。
⑨金:古代金大一方寸、重一斤为一金。
⑨鬻(yù):卖,售。技:指制药的技能。
⑨虑:通"摅",挖空。一说,作结缚解。大樽:即腰舟,形如酒器缚在身上,浮于江湖。
⑨蓬:蓬蒿,茎短而曲。有蓬之心:喻指惠子见解迂曲狭隘。
⑨樗(chū):即臭椿,树干高大而木质粗劣。
⑩拥肿:同臃肿,指树干多赘瘤。中(zhòng):合。绳墨:木匠用以取直的工具。
⑩卷:同"蜷"。规:木匠用以求圆的工具。矩:木匠用以求方的工具。
⑩涂:同"途"。
⑩狸:同"猫",野猫。狌(shēng):俗名黄鼠狼。
⑩敖:同"遨"。敖者,即游者,指来来往往的鸡鼠之类动物。
⑩跳梁:同"跳踉",跳跃。
⑩辟:同"避"。
⑩机:弩机。辟:陷阱。
⑩罔:同"网"。罟(gǔ):网的通称。
⑩斄(lí)牛:即旄牛。
⑩无何有之乡:庄子所幻想的超越时空、一无所有、绝对自由的境界。
⑩无为:无所事,无所用心。
⑩夭:夭折。斤:大斧。

【赏析】

本篇选自《庄子》,是该书的第一篇,也是在思想内容和艺术形式上最能体现庄子独特风格的一篇。从思想内容来说,本篇所要探讨的是庄子人生哲学中最重要的问题之一,即如何达到无所依赖、绝对自由的逍遥之境的问题。文章一开始,庄子就用他诙诡奇谲的笔触,描绘了一幅令人叹为观止的壮观图景:天地之间的各种事物,大到扶摇直上九万里的鲲鹏,小到浮游野外的尘埃草芥;从志向短小的鸟雀,到御风而行的高人;从八千岁为春秋的上古大椿,到不知晦朔的小小昆虫……表面看去,好像是"万类霜天竞自由",宇宙间万事万物,都在各尽其性命之理。其实却恰恰相反,他们哪一个也没有摆脱对外物的依赖,哪一个也没有真正达到绝对自由的"无所待"的境界。那么真正的自由如何获得呢?庄子提出了"无名"、"无功"、"无己"的标准,必须彻底做到这三点,才能真正获得自由。当然,这里所说的"无名"、"无功"、"无己",都只是一种抽象的精神境界,即一种超越于人的肉体存在之外的主观意志。庄子的意思是说,人的肉体的存在、人的物质生命虽然不可能获得自由,但只要在精神上、思想意识上达到"无名"、"无功"、"无己"的境界,人就能超越物质生命的束缚和限制,达到精神上的绝对自由。作者在文中特意讲到"尧让天下于许由"等三则寓言,通过许由等几位高明之士对名、功、己的态度,反复启迪人们,真正的自由之境,只有在完全抛弃了世俗的功名利禄等观念,不为自身及一切世俗的东西所累,才有可能达到。很显然,庄子所提倡的绝对自由,不是人的肉体生命的自由,而是精神的自由,因而获取这种精神自由的途径和办法,也不是通过对外在的客观物质世界的征服和超越,而是通过对内在的自我精神世界的征服和超越而达到的。这种强调内在超越、注重对主观精神世界的完善与改造的思想,是中国传统人文精神的一个突出特征。

　　本文在艺术上也取得了巨大的成功。为了表达不受羁绊的绝对自由的境界,行文伊始,庄子便以他特有的想象力,描绘了一个万物并存、各有所待的世界,恢宏阔大,气象万千,形成一种足以慑人心魄、开拓胸襟的独特魅力。作者的文思显然是令人叹服的,丰富的神话,生动的寓言,层出不穷的奇妙比喻,纷然万状的各种事物,如泉涌涛奔一般联翩而起,纷至沓来,令人目不暇接,加以出人意料的时空变幻,读来真有一种天马行空、河汉无极的感觉。文章的语言更是极具魅力,不仅辞采富赡,笔力超迈,变化无穷,更重要的是,作者本来要讲的是十分抽象的哲学道理,全篇却不见一句抽象的议论,而是完全借助具体的故事和形象的语言来表现,从而使这篇哲学论文具有了纯粹文学作品的形式特征,极富才情和艺术感染力。总之,文章典型地体现了庄子散文的一贯风格,不仅是《庄子》一书的代表作,也是整个先秦诸子散文中最具文学色彩的名篇佳作。

左传·郑伯克段于鄢

左丘明

　　左丘明(约公元前556—公元前451年),姓左,名丘明(一说复姓左丘,名明;也有说姓丘,名明),春秋末期鲁国人。

　　初①,郑武公娶于申②,曰武姜③。生庄公及共叔段④。庄公寤生⑤,惊姜氏,故名曰"寤生",遂恶之⑥。爱共叔段,欲立之,亟请于武公⑦,公弗许。

　　及庄公即位,为之请制⑧。公曰:"制,岩邑也⑨,虢叔死焉⑩,佗邑唯命⑪。"请京⑫,使居之,谓之"京城大叔"。

　　祭仲曰⑬:"都城过百雉⑭,国之害也。先王之制:大都,不过参国之一⑮;中,五之一;小,九之一。今京不度,非制也,君将不堪⑯。"公曰:"姜氏欲之,焉辟害⑰?"对曰:"姜氏何厌之有⑱?不如早为之所⑲,无使滋蔓。蔓,难图也⑳。"蔓草犹不可除,况君之宠弟乎?"公曰:"多行不义,必自毙㉑,子姑待之!"

　　既而大叔命西鄙、北鄙贰于己㉒。公子吕曰㉓:"国不堪贰,君将若之何㉔?欲与大叔,臣请事之;若弗与,则请除之,无生民心。"公曰:"无庸㉕,将自及。"大叔又收贰以为己邑,至于廪延㉖。子封曰:"可矣。厚将得众。"公曰:"不义不昵㉗",厚将崩。"

　　大叔完聚②,缮甲兵,具卒乘㉚,将袭郑。夫人将启之㉛。公闻其期,曰:"可矣!"命子封帅车二百乘以伐京㉜。京叛大叔段。段入于鄢㉝。公伐诸鄢。五月辛丑㉞,大叔出奔共。

　　遂置姜氏于城颍㉟,而誓之曰:"不及黄泉,无相见也㊱。"既而悔之。颍考叔为颍谷封人㊲,闻之,有献于公。公赐之食。食舍肉㊳。公问之,对曰:"小人有母,皆尝小人之食矣,未尝君之羹㊴,请以遗之㊵。"公曰:"尔有母遗,繄我独无㊶!"颍考叔曰:"敢问何谓也?"公语之故,且告之悔。对曰:"君何患焉?若阙地及泉㊷,隧而相见㊸,其谁曰不然?"公从之。公入而赋㊹:"大隧之中,其乐也融融㊺!"姜出而赋:"大隧之外,其乐也泄泄㊻!"遂为母子如初。

　　君子曰㊼:"颍考叔,纯孝也。爱其母,施及庄公㊽。《诗》曰:'孝子不匮,永锡尔类㊾。'其是之谓乎?"

【注释】

①初:当初,从前。故事开头时用语。
②郑武公:春秋时诸侯国郑国(在今河南新郑)国君,姓姬,名掘突,"武"为谥号。申:诸侯国名,在今河南南阳,姜姓。
③武姜:武是郑武公谥号,姜是娘家姓。
④庄公:即郑庄公。共(gōng)叔段:共是国名,叔为兄弟排行居后,段是名。
⑤寤(wù)生:逆生,倒生,即难产。
⑥恶(wù):不喜欢。
⑦亟(qì):多次,屡次。
⑧制:郑国邑名,在今河南荥阳县虎牢关。
⑨岩邑:险要的城邑。
⑩虢(guó)叔:东虢国国君。
⑪佗:同"他"。唯命:"唯命是从"的省略。
⑫京:郑国邑名,在今河南荥阳县东南。
⑬祭(zhài)仲:郑国大夫,字足。
⑭雉:古时建筑计量单位,长三丈,高一丈。
⑮参:同"三"。国:国都。
⑯堪:经受得起。
⑰焉:哪里。辟:同"避"。
⑱何厌之有:有何厌。厌:满足。
⑲所:安置,处理。
⑳图:谋,治。
㉑毙:扑倒,倒下去。
㉒鄙:边境上的城邑。贰于己:同时属于庄公和自己。
㉓公子吕:郑国大夫,字子封。

㉔若之何:对他怎么办。
㉕庸:用。
㉖廪延:郑国邑名,在今河南延津北。
㉗昵:亲近。
㉘完:修缮。聚:积聚。
㉙缮:修整。甲:铠甲。兵:武器。具:备齐。卒:步兵。乘(shèng):兵车。
㉚夫人:指武姜。启之:为他打开城门。
㉛帅:率领。乘:一车四马为一乘。车一乘配甲士三人,步卒七十二人。
㉜鄢:郑国邑名,在陵境内。
㉝五月辛丑:五月二十三日。古人记日用天干和地支搭配。
㉞城颍:地名,在今河南省临颍县西北。
㉟黄泉:黄土下的泉水。这里指墓穴。
㊱颍考叔:郑国大夫。颍谷:郑国邑名,在今河南登封西南。封人:管理边界的官。
㊲舍肉:把肉放在旁边不吃。
㊳羹:调和五味做成的带汁的肉。
㊴遗(wèi):赠送。
㊵繄(yī):语气助词。没有实义。
㊶阙:同"掘",挖。
㊷隧:地道。这里的意思是挖隧道。
㊸赋:指作诗。
㊹融融:快乐自得的样子。
㊺泄泄(yì):快乐舒畅的样子。
㊻君子:作者自托。《左传》作者常用这种方式发表评论。
㊼施(yì):延及、扩展。
㊽这两句诗出自《诗•大雅•既醉》。匮:穷尽。锡:同"赐",给予。

【赏析】

本文选自《左传•隐公元年》。文章记述了春秋初期郑国王室内部的一场斗争,通过郑庄公与其弟共叔段为争权夺利而勾心斗角以至兵戎相见的历史事件,揭露了当时统治阶级的残酷无情和虚伪卑鄙。

文章在刻画人物和叙事方面均颇为成功,很能体现《左传》的艺术特点。在人物塑造方面,作者围绕郑庄公与共叔段争权这一中心,将各种人物置于尖锐复杂的矛盾冲突之中进行描写,通过人物的不同言行刻画其不同的性格,从而使郑庄公的阴险狠毒、老谋深算,共叔段的贪婪狂妄、愚昧无知,姜氏的褊狭任性、昏愦短见、以私情干政,以及祭仲的老成持重、公子吕的直率急躁、颍考叔的聪慧机敏等,都表现得鲜明生动。在刻画人物时,作者不仅能通过人物的言行举止来揭示其各自不同的内心世界,从而将人物形象塑造得更显立体化、更加深刻和丰满,而且还善于运用人物之间的对比映衬来突出人物形象,将主要人物郑庄公置于中心位置,以共叔段、姜氏二人为映衬,以祭仲、公子吕、颖考叔等为烘托,从而使人物性格在相互映衬比照中显得更加鲜明。

在史料的剪裁和安排上,本文也体现了《左传》叙事详略得当、轻重分明的一贯特色。文章并未将重点放在"郑伯克段于鄢"这场战争本身,而是以大量的篇幅浓墨重彩地交待战争的起因及郑庄公母子兄弟之间矛盾不断激化的详细过程,至于战争本身则仅以短短几十字一笔带过。这种详写矛盾的发生发展、略写战争的史料剪裁方式,显然是为了突出文章旨在揭示统治阶级内部矛盾的主题。此外,文章在细节描写方面也十分成功。"庄公寤生"、颖考叔"食舍肉"、姜氏和庄公"隧而相见"等生活细节,均写得栩栩如生,对表现人物、深化主题起到了重要作用。而"多行不义必自毙"这句话,更是成为后世家喻户晓的一句名言。

谏逐客书

李斯

李斯(公元前280—公元前208年),姓李,名斯,字通古,楚国上蔡人,秦代著名的政治家、文学家和书法家。

臣闻吏议逐客,窃以为过矣①。昔穆公求士②,西取由余于戎③,东得百里奚于宛④,迎蹇叔于宋⑤,求丕豹、公孙支于晋⑥。此五人者,不产于秦,而穆公用之,并国二十,遂霸西戎⑦。孝公用商鞅之法⑧,移风易俗,民以殷盛,国以富强,百姓乐用,诸侯亲服,获楚、魏之师,举地千里⑨,至今治强。惠王用张仪之计⑩,拔三川之地,西并巴蜀⑪,北收上郡⑫,南取汉中,包九夷,制鄢、郢⑬,东据成皋之险⑭,割膏腴之壤,遂散六国之从,使之西面事秦,功施到今。昭王得范雎⑮,废穰侯,逐华阳⑯,强公室,杜私门,蚕食诸侯,使秦成帝业。此四君者,皆以客之功。由此观之,客何负于秦哉!向使四君却客而不内⑰,疏士而不用,是使国无富利之实,而秦无强大之名也。

今陛下致昆山之玉,有随和之宝,垂明月之珠⑱,服太阿之剑,乘纤离之马,建翠凤之旗,树灵鼍之鼓⑲。此数宝者,秦不生一焉,而陛下说之⑳,何也?必秦国之所生然后可,则是夜光之璧不饰朝廷,犀象之器不为玩好,郑魏之女不充后宫,而骏马駃騠不实外厩㉑,江南金锡不为用,西蜀丹青不为采。所以饰后宫、充下陈㉒、娱心意、说耳目者,必出于秦然后可,则是宛珠之簪、傅玑之珥、阿缟之衣、锦绣之饰不进于前㉓,而随俗雅化㉔、佳冶窈窕赵女不立于侧也。夫击瓮叩缶、弹筝搏髀而歌呼呜呜快耳目者㉕,真秦之声也。郑、卫、桑间、韶虞、武象者㉖,异国之乐也。今弃击瓮而就郑、卫,退弹筝而取韶虞,若是者何也?快意当前适观而已矣。

今取人则不然,不问可否,不论曲直,非秦者去,为客者逐,然则是所重者在乎色乐珠玉,而所轻者在乎人民也,此非所以跨海内制诸侯之术也。臣闻地广者粟多,国大者人众,兵强则士勇。是以泰山不让土壤,故能成其大;河海不择细流,故能就其深;王者不却众庶,故能明其德。是以地无四方,民无异国,四时充美,鬼神降福,此五帝三王之所以无敌也㉗。今乃弃黔首以资敌国,却宾客以业诸侯,使天下之士,退而不敢西向,裹足不入秦,此所谓藉寇兵而赍盗粮者也㉘。夫物不产于秦可宝者多,士不产于秦而愿忠者众。今逐客以资敌国,损民以益仇,内自虚而外树怨于诸侯,求国之无危,不可得也。

【注释】

①过:错。

②穆公:春秋秦君,姓嬴,名任好,都雍(今陕西凤翔县)。在位三十九年。

③由余:春秋晋人。入戎,戎王命出使秦国,为秦穆公所用。献策攻戎,开境千里,使穆公称霸。

④百里奚:春秋楚人,字井伯,为虞大夫。虞亡,走宛,为楚人所执。秦穆公闻其名,以五羖(公羊)皮赎他,用为相。

⑤蹇叔:春秋时人,居宋,穆公迎为大夫。穆公出兵袭郑,蹇叔谏阻,不听。秦军为晋军在殽地击败。

⑥丕豹:春秋晋人,父丕郑为晋惠公所杀,因奔秦,穆公用为大夫。公孙支:秦人,游晋,后归秦,穆公用为大夫。荐孟明于穆公,为人所称。

⑦并国二十:指用由余而攻占的西戎二十部落。

⑧孝公:战国秦君,名渠梁。在位二十四年。商鞅:即公孙鞅,战国卫人,仕魏为中庶子。入秦,说孝公变法,为左庶长。定变法令,废井田,开阡陌,倡农战,使国富兵强。封于商,称商君。孝公死,为惠王所杀。

⑨获楚魏之师:商鞅率兵攻魏,房公子卬,大破魏军。魏献河西地于秦。商鞅获楚师事不详。

⑩惠王:秦孝公子,名驷。用张仪为相,使司马错灭蜀,又夺取楚汉中地六百里,始称王,在位二十七年。张仪:战国魏人,与苏秦同师鬼谷子,同为纵横家。苏秦主合纵,合六国拒秦。张仪相秦惠王,主连横,散六国合纵,使六国西向事秦。惠王卒,仪到魏为相卒。

⑪拔三川之地,西并巴蜀:张仪与司马错争论,张仪主张取三川,司马错主张取蜀,惠王用司马错取蜀。当时张仪为相,故归功张仪。惠王死,武王立。命甘茂取宜阳,通三川,也归功张仪。三川,东周以伊水、洛水、黄河为三川。巴蜀,指今四川省。

⑫北收上郡:惠王十年,魏献上郡(今陕西省北部)十五县。

⑬南取汉中:惠王十三年,攻楚汉中,取地六百里。汉中,今陕西南部。九夷:楚地的各种夷族。鄢郢:在今湖北宜城县。

⑭成皋:在今河南汜水县。

⑮昭王:战国秦武王弟,名稷。并西周,用范雎为相。范雎:参前《范雎说秦王》篇。

⑯穰侯:魏冉,秦昭王母宣太后的异父同母弟。昭王即位,年少,宣太后用冉执政,封为穰

侯。华阳：芈戎，宣太后弟，封华阳君。华阳，在今陕西商县。

⑰内：同"纳"。

⑱昆山：即昆冈，出宝玉，在于阗（今属新疆）。随和之宝：相传春秋时随侯救了受伤的大蛇，后蛇于江中衔大珠以报，称随珠。春秋时楚人卞和得璞，剖璞得宝玉，琢为璧，称和氏璧。明月之珠：即夜光珠。

⑲太阿：春秋时楚王命欧冶子、干将铸龙渊、太阿、工布三宝剑。纤离：良马名。翠凤：用翠羽毛作成凤形装饰的旗子。灵鼍（tuó）之鼓：用扬子鳄皮制成的鼓。

⑳说：同"悦"。

㉑駃騠（juétí）：北狄良马。

㉒下陈：犹后列。

㉓宛珠之簪：用宛（今河南南阳县）地的珠来装饰的簪。簪，定发髻的长针。傅玑之珥：装有玑的耳饰。玑，不圆的珠。阿缟：东阿（在今山东）出产的丝织品。

㉔随俗雅化：随着世俗使俗变为雅。

㉕搏髀（bì）：拍大腿以节歌。

㉖郑卫桑间：《礼·乐记》："郑卫之音，乱世之音也，比于慢矣。桑间濮上之音，亡国之音也。桑间，卫国濮水上的地名。以上指当时民间的音乐。韶虞武象：韶是虞舜时的音乐。武是周武王时的乐舞，故称武象。以上指当时的雅乐。

㉗五帝：《史记·五帝本纪》以黄帝、颛顼、帝喾、尧、舜为五帝。三王：指夏禹、商汤、周文王和周武王。

㉘黔首：以黑巾裹头，指平民。业：立功业。赍（jī）：给。

【赏析】

这是李斯在战国末期写给秦王的一篇奏疏。正如作者曾对中国历史的进程产生过巨大影响一样，这篇文章也是一篇曾对中国历史产生过重大影响的不容忽视的历史文献。其写作背景是：弱小的韩国派遣水工郑国入秦行间，劝秦王大兴水利工程建设，企图以此来消耗秦国的人力、物力、财力，使之不能对韩国用兵。事情败露后，秦国朝廷上舆论哗然，纷纷劝秦王下令逐客，掀起了"吏议逐客"的高潮。身为客卿的李斯首当其冲，应在被逐之列。为保护自身在秦的既得利益，他便向秦王上了这封奏疏，并最终成功劝说秦王放弃了错误的逐客之举。

然则文章的巨大说服力从何而来？本文的说理究竟有何特点？第一，逐客之议起于韩国间谍事件，而文章对此却只字不提；李斯谏止逐客显然怀有个人的动机，而文章对此也只字不提。整篇文章处处着眼于逐客之举对秦国的利害关系，这就不仅回避了当时极为敏感的间谍事件，而且在总体上使人感到，作者的议论完全是在为秦国国家的利益着想，毫无计较个人得失之嫌。这是一种极为高明的说服策略。唯其如此，才能使行文处处披肝沥胆，显示出对秦国的一片忠诚，从而消除了秦王对作者客卿身份的疑忌之心，其议论自然就容易为秦王所接受。第二，文章的强大说服力还来自于，作者在行文中能够始终紧紧抓住秦王急于统一天下的心理,从是否有利于统一天下这点出发,晓以利害,故而能够字字说到秦王心坎上,使其产生巨大的心理震动,意识到逐客之举将与其统一天下的目标背道而驰。第三,文章通篇采用正反对比说理法,围绕着"驱逐客卿是错误的"这一论点反复展开正反对比论证。正面强调纳客之利,反面论证逐客之害。正反对比,利害并陈,一经对照,便显得利害分明,从而使文章自始至终贯穿着一种强大的逻辑力量。第四,在论据的选择上,文章从秦国历史和秦王自身的生活实际入手,采用极力铺陈的手法,大量列举种种事实作为依据,使作者的议论处处落在实处,证据确凿,令人信服,更产生了一种事实胜于雄辩的说服力量。第五,在结构安排和语言运用上,文章开门见山,直奔主题,反复对比,观点鲜明,行文干净利索,毫无枝蔓,并大量运用铺陈排比对偶句式,形成排山倒海、无可驳辩的语言气势,这些都大大增强了文章的艺术感染力。

总之,李斯的《谏逐客书》不仅是一篇不朽的历史文献,同时也以其杰出的艺术成就而成为中国文学上脍炙人口的散文名篇。

史记·项羽本纪(节选)

司马迁

司马迁(约公元前145—公元前90年),字子长,西汉伟大的史学家、文学家、思想家,所著《史记》是中国第一部纪传体通史,被誉为"史家之绝唱,无韵之《离骚》"。

项籍者,下相人也,字羽。初起时,年二十四。其季父项梁①,梁父即楚将项燕,为秦将王翦所戮者也。项氏世世为楚将,封于项,故姓项氏。

项籍少时,学书不成,去②学剑,又不成,项梁怒之。籍曰:"书足以记名姓而已。剑一人敌,不足学,学万人敌。"于是项梁乃教籍兵法,籍大喜,略知其意,又不肯竟学③。项梁尝有栎阳逮④,乃请蕲狱掾曹咎书抵栎阳狱掾司马欣⑤,以故事得已⑥。项梁杀人,与籍避仇于吴中。吴中贤士大夫皆出项梁下⑦。每吴中有大繇役及丧⑧,项梁常为主办,阴以兵法部勒宾客及子弟⑨,以是知其能。秦始皇帝游会稽,渡浙江,梁与籍俱观。籍曰:"彼可取而代也。"梁掩其口,曰:"毋妄言,族矣⑩!"梁以此奇籍。籍长八尺余,力能扛鼎,才气过人,虽吴中子弟皆已惮籍矣。

秦二世元年七月⑪,陈涉等起大泽中。其九月,会稽守通⑫谓梁曰:"江西皆反,此亦天亡秦之时也。吾闻先即制人,后则为人所制。吾欲发兵,使公及桓楚将⑬。"是时桓楚亡在泽中⑭。梁曰:"桓楚亡,人莫知其处,独籍知之耳。"梁乃出,诫籍持剑居外待。梁复入,与守坐,曰:"请召籍,使受命召桓楚。"守曰:"诺。"梁召籍入。须臾,梁眴籍曰⑮:"可行矣!"于是籍遂拔剑斩守头。项梁持守头,佩其印绶。门下大惊,扰乱⑯,籍所击杀数十百人。一府中皆慴伏⑰,莫敢起。梁乃召故所知豪吏,谕以所为起大事⑱,遂举吴中兵⑲。使人收下县⑳,得精兵八千人。梁部署㉑吴中豪杰为校尉、候、司马。有一人不得用,自言于梁。梁曰:"前时某丧使公主某事,不能办,以此不任用公。"众乃皆伏。于是梁为会稽守,籍为裨将㉒,徇下县㉓。

广陵人召平于是为陈王徇广陵㉔,未能下。闻陈王败走,秦兵又且至,乃渡江矫陈王命,拜梁为楚王上柱国。曰:"江东已定,急引兵西击秦。"项梁乃以八千人渡江而西。闻陈婴已下东阳,使使欲与连和俱西㉕。陈婴者,故东阳令史,居县中,素信谨㉖),称为长者。东阳少年杀其令,相聚数千人,欲置长,无适用,乃请陈婴。婴谢不能㉗,遂强立婴为长,县中从者得二万人。少年欲立婴便为王㉘,异军苍头特起㉙。陈婴母谓婴曰:"自我为汝家妇,未尝闻汝先古之有贵者㉚。今暴得大名㉜,不祥。不如有所属㉝,事成犹得封侯,事败易以亡,非世所指名也㉞。"婴乃不敢为王。谓其军吏曰:"项氏世世将家,有名于楚。今欲举大事,将非其人不可。我倚名族,亡秦必矣。"于是众从其言,以兵属项梁。项梁渡淮,黥布、蒲将军亦以兵属焉。凡六七万人,军下邳㉟。

当是时,秦嘉已立景驹为楚王,军彭城东,欲距项梁㊱。项梁谓军吏曰:"陈王先首事㊲,战不利,未闻所在。今秦嘉倍陈王而立景驹㊳,逆无道。"乃进兵击秦嘉。秦嘉军败走,追之至胡陵。嘉还战一日,嘉死,军降。景驹走死梁地。项梁已并秦嘉军,军胡陵,将引军而西。章邯军至栗,项梁使别将朱鸡石、馀樊君与战。馀樊君死。朱鸡石军败,亡走胡陵。项梁乃引兵入薛,诛鸡石。项梁前使项羽别攻襄城,襄城坚守不下。已拔,皆阬之㊴。还报项梁。项梁闻陈王定死㊵,召诸别将会薛计事㊶。此时沛公亦起沛往焉。

居鄜人范增,年七十,素居家,好奇计,往说项梁曰:"陈胜败固当㊷。夫秦灭六国,楚最无罪。自怀王入秦不反㊸,楚人怜之至今,故楚南公㊹曰'楚虽三户,亡秦必楚'也。今陈胜首事,不立楚后而自立,其势不长。今君起江东,楚蠭午之将皆争附君者㊺,以君世世楚将,为能复立楚之后也。"于是项梁然其言,乃求楚怀王孙心民间㊻,为人牧羊,立以为楚怀王,从民所望也㊼。陈婴为楚上柱国,封五县,与怀王都盱台。项梁自号为武信君。

……

章邯已破项梁军,则以为楚地兵不足忧,乃渡河击赵,大破之。当此时,赵歇为王,陈馀为将,张耳为相,皆走入钜鹿城。章邯令王离、涉间围钜鹿,章邯军其南,筑甬道而输之粟。陈馀为将,将卒数万人而军钜鹿之比,此所谓河北之军也。

……

初,宋义所遇齐使者高陵君显在楚军,见楚王曰:"宋义论武信君之军必败,居数日,军果败。兵未战而先见败征㊽,此可谓知兵矣。"王召宋义与计事而大说之㊾,因置以为上将军;项羽为鲁公,为次将,范增为末将,救赵。诸别将皆属宋义,号为卿子冠军。行至安阳,留四十六日不进。项羽曰:"吾闻秦军围赵王钜鹿,疾引兵渡河,楚击其外,赵应其内,破秦军必矣。"宋义曰:"不然。夫搏牛之虻不可以破虮虱⑳。今秦攻赵,战胜则兵罢㉑,我承其敝;不胜,则我引兵鼓行而西㉒,必举秦矣㉓。故不如先斗秦、赵㉔。夫被坚执锐,义不如公;坐而运策,公不如义。"因下令军中曰:"猛如虎,很如羊㉕,贪如狼,强不可使者㉖,皆斩之。"乃遣其子宋襄相齐,身送之至无盐,饮酒高会㉗。天寒大雨,士卒冻饥。项羽曰:"将戮力而攻秦㉘,久留不行。今岁饥民贫㉙,士卒食芋菽,军无见粮㉚,乃饮酒高会;不引兵渡河因赵食㉛,与赵并力攻秦,乃曰'承其敝'。夫以秦之强,攻新造之赵㉜,其势必举赵。赵举而秦强,何敝之承!且国兵新破,王坐不安席,埽境内而专属于将军㉝,国家安危,在此一举。今不恤士卒而徇其私㉞,非社稷之臣。"项羽晨朝上将军宋义㉟,即其帐中斩宋义头㊱,出令军中曰:"宋义与齐谋反楚,楚王阴令羽诛之。"当是时,诸将皆慴服,莫敢枝梧㊲。皆曰:"首立楚者,将军家也。今将军诛乱。"乃相与共立羽为假上将军㊳。使人追宋义子,及之齐,杀之。使桓楚报命于怀王㊴。怀王因使项羽为上将军,当阳君、蒲将军皆属项羽。

项羽已杀卿子冠军,威震楚国,名闻诸侯。乃遣当阳君、蒲将军将卒二万渡河㊵,救钜鹿。战少利㊶,陈余复请兵。项羽乃悉引兵渡河,皆沈船,破釜甑㊷,烧庐舍,持三日粮,以示士卒必死,无一还心。于是至则围王离,与秦军遇,九战,绝其甬道,大破之,杀苏角,虏王离。涉间不降楚,自烧杀。当是时,楚兵冠诸侯㊸。诸侯军救钜鹿下者十余壁㊹,莫敢纵兵。及楚击秦,诸将皆从壁上观。楚战士无不一以当十,楚兵呼声动天,诸侯军无不人人慴恐。于是已破秦军,项羽召见诸侯将,入辕门,无不膝行而前,莫敢仰视。项羽由是始为诸侯上将军,诸侯皆属焉。

章邯军棘原,项羽军漳南,相持未战。秦军数却,二世使人让章邯㊺。章邯恐,使长史欣请事㊻。至咸阳,留司马门三日㊼,赵高不见,有不信之心。长史欣恐,还走其军,不敢出故道。赵高果使人追之,不及。欣至军,报曰:"赵高用事于中㊽,下无可为者。今战能胜,高必疾妒吾功;战不能胜,不免于死。愿将军孰计之㊾。"……章邯使人见项羽,欲约。项羽召军吏谋曰:"粮少,欲听其约。"军吏皆曰:"善。"项羽乃与期洹水南殷墟上。已盟㊿,章邯见项羽而流涕,为言赵高。项羽乃立章邯为雍王,置楚军中,使长史欣为上将军,将秦军为前行。

……

【注释】

①季父:父之幼弟,即小叔父。"季",兄弟中排行最小的。
②去:放弃,丢下。
③竟学:学到底。"竟",终于,完毕。
④逮:及,指有罪相连及。
⑤请:求,要。书:信。抵:到达,这里是送达的意思。

⑥以故:因此。已:止,了结。

⑦皆出项梁下:意思是都不如项梁。

⑧䍂:同"徭"。

⑨阴:暗中。部勒:部署,组织。宾客:指客居吴中依附项梁的人。子弟:指吴中的年轻人。

⑩族:灭族,满门抄斩。

⑪秦二世元年:即公元前209年。

⑫会稽守通:会稽郡郡守殷通。

⑬将:带兵。

⑭亡:逃亡,避匿。

⑮眴:目动,眨眼,使眼色。

⑯扰乱:乱,混乱。"扰"也是乱的意思。

⑰慑伏:因惧怕而服从。"慑",恐惧。"伏",同"服"。

⑱谕:晓喻,告诉。所为:等于说所以。

⑲举:发动。

⑳下县:指会稽郡下属各县。

㉑部署:安排,布置。

㉒裨将:副将。

㉓徇:带兵巡行占领地方。

㉔于是:在此时。

㉕使使:派使者。后一"使"字是名词,使者的意思。与连和:跟陈婴联合在一起。

㉖素:平素,一向。信谨:老实谨慎。

㉗置长:推举首领。"置",设立。

㉘谢:推辞。

㉙便:立即。

㉚异军:与众不同的军队。苍头:指以青色包头巾裹头。特起:独起,就是独树一帜的意思。

㉛先古:祖先。

㉜暴:突然。大名:指称王之名。

㉝有所属:有所归属,有所依附。

㉞"非世"句:意思是因为你不是世人所指说的人物。"指名",指着称名。

㉟军:驻扎,扎营。

㊱距:同"拒"。

㊲先首事:最先领头起事。

㊳倍:同"背",背叛。

㊴阬(kēng):同"坑",活埋,坑埋。

㊵定:确实。

㊶会:会聚,集合。

㊷固:本来。当:应当,应该。

㊸怀王入秦不反:楚怀王熊槐被秦昭王骗至武关会盟,结果被扣留,死在那里。"反",同"返"。

㊹南公：战国时一位善预言的老人。

㊺蠭午：蜂起。“蠭”，同“蜂”。“午”，纵横交错的样子。

㊻心：熊心，楚怀王之孙名心。

㊼“立以为”二句：立熊心为楚怀王，是为了顺从民众的心愿。“怀王”本是熊心祖父的谥号，立心为怀王，于理不当，但这是合于“楚人怜之至今”的心情的。

㊽征：征兆，兆头。

㊾说：同“悦”。

㊿“夫搏”句，意思是能够叮咬大牛的牛虻并不能破牛身上小小的虱子，比喻钜鹿城虽小，但很坚固，秦兵不能马上攻破它。“搏”，抓取，这里指叮咬。“虻”，牛虻。“虮”，虱卵。

(51)罢：通“疲”。

(52)承：趁，利用。敝：疲惫。

(53)鼓行而西：敲着鼓行进，向西攻秦。

(54)举：攻取，占领。

(55)斗秦、赵：使秦国和赵国互相争斗。

(56)被：同“披”。坚：指坚甲。锐：指锐利的兵器。

(57)运策：运用谋略。

(58)很：同“狠”，不听从，执拗。

(59)强：倔强。

(60)高会：大会宾客。

(61)戮力：合力，并力。“戮”通“勠”。

(62)岁饥：年荒，年成不好。

(63)芋(yù)：芋头，这里指薯类。菽：豆类。

(64)见：同“现”，现成的，原有的。

(65)因赵食：依靠赵国的粮食来食用。“因”，凭借。

(66)新造：刚刚建立的。

(67)埽：同“扫”，尽，这里是全部集中的意思。专属(zhǔ)于将军：都托付给你了。

(68)徇：谋求。

(69)社稷之臣：指国家大臣。“社稷”，本为社稷坛，古代天子诸侯祭祀土神和谷神的地方，后来代指国家。

(70)朝：参见。

(71)即：就在。

(72)枝梧：抵抗、抗拒。

(73)假：代理。

(74)报命：复命，回朝报告。

(75)河：这里指漳河。

(76)少利：胜利不多。

(77)釜：锅。甑(zèng)：做饭用的一种瓦器。

(78)冠诸侯：在诸侯军当中居第一。

(79)壁：壁垒，营垒。

⑧⓪让：责备，责问。
⑧①请事：请示有关事情。
⑧②司马门：皇宫的外门，常有武官司马把守，故称司马门。
⑧③出故道：走来时所走的路。"故道"，原路。
⑧④用事：掌权，擅权。中：指朝廷。
⑧⑤疾：同"嫉"。
⑧⑥孰计：仔细考虑。"孰"，同"熟"。
⑧⑦盟：立誓约。

【赏析】

　　本篇选自《史记》，是该书最为精彩的动人篇章之一。文章以饱含同情和惋惜的笔调，通过一系列重大军事斗争和政治事件，生动展现了项羽从崛起到失败的轰轰烈烈的历史过程，深刻揭示了项羽的思想矛盾，刻画了其悲剧性格，既热烈歌颂了他在推翻秦朝残暴统治的伟大斗争中的重大作用，也对他性格上的弱点和政治、军事方面的一系列错误举措提出了中肯的批评。

　　《史记》一书最大的特点是作者出色而完美地将历史笔法和文学笔法结合起来，使得这部伟大的史学著作同时具有不朽的文学价值。《项羽本纪》便很好地体现了这一点。在文中，作者不仅关注历史事件，而且关注历史人物本身，关注人物的性格和命运。从项羽"学万人敌"开始，一直到乌江自刎时的"无颜见江东父老"，处处体现出司马迁对人物性格的准确把握。在不违背大的历史真实的前提下，作者还特别对某些历史事件过程的细节，进行了绘声绘色的描写。这些笔墨，对于增强作品的文学色彩，对于突出人物性格，均起到十分重要的作用。尤其是"垓下之战"到"乌江自刎"一段对项羽一系列行为的描写，既酣畅淋漓又悲壮感人，而项羽不肯过江时"吾独不愧乎"的一番话语，更是表现出其性格中令人敬佩的一面。文中许多场面的描写精彩生动，读之令人如身临其境，如对巨鹿之战的渲染，对鸿门宴的铺陈等，都堪称神来之笔，表现出司马迁过人的文学天赋。

　　本篇在艺术上的最大成功，还在于塑造了项羽这个血肉丰满的人物形象。他是楚国旧贵族的后代，年轻时因亡国而失去贵族地位，与秦朝有着家仇国恨，故而后来积极参加反秦斗争，成为西楚霸王，在亡秦战争中作出了不可磨灭的卓越贡献。他胸怀大志，才气过人，作战勇敢，在亡秦战争中所向披靡，以"力拔山兮气盖世"的气概横扫秦军。他性情刚烈，为人豪爽，敢作敢当。所有这些，都是他性格和为人中受人喜爱的一面。但另一方面，他身上也有一些致命的弱点，如为人粗俗、刚愎自用、少谋寡断、高傲狂妄、爱面子、讲尊严、缺乏政治远见等，所有这些，都是导致他日后与刘邦争夺天下时遭遇失败的原因。尤其重要的是，楚国旧贵族的身份，使他天然地存在着较多的不合时宜的陈旧观念，从而在推翻秦朝以后，不能确定正确的政治方向，错误地大封诸侯，违背历史潮流，从而也就无法把握历史的走向。在与刘邦的斗争中,项羽最严重的失误,如鸿门宴上放走刘邦,以及放弃关中要地而还都彭城等,归根结底都与他旧贵族的陈旧观念有着直接或间接的联系。总而言之,这是一个个性鲜明而又十分复杂的历史人物,其性格如暴风骤雨,对于旧事物有着摧枯拉朽的破坏性力量,但在建设新秩序方面却毫无建树。大约正因如此,在秦汉易代之际,他所起的作用仅限于扫荡暴秦、为新王朝的建立扫清障碍而已。随着秦朝的覆灭,他的历史使命也已完成,其盛极而衰、直至彻底消失于历史舞台的命运也就在情理之中。他是一个充满悲剧色彩的英雄,在《项羽本纪》中,司马迁以其生花妙笔将这一人物形象定形、放大,使之成为不朽的艺术典型。

登 楼 赋

王 粲

王粲(公元177—217年),字仲宣,山阳高平(今山东邹城)人,东汉末年著名文学家,"建安七子"之一。

登兹楼以四望兮①,聊暇日以销忧②。览斯宇之所处兮,实显敞而寡仇。挟清漳之通浦兮③,倚曲沮之长洲④。背坟衍之广陆兮⑤,临皋隰之沃流⑥。北弥陶牧⑦,西接昭丘⑧。华实蔽野,黍稷盈畴。虽信美而非吾土兮,曾何足以少留!

遭纷浊而迁逝兮,漫逾纪以迄今⑨。情眷眷而怀归兮,孰忧思之可任?凭轩槛以遥望兮,向北风而开襟⑩。平原远而极目兮,蔽荆山之高岑⑪。路逶迤而修迥兮,川既漾而济深。悲旧乡之壅隔兮,涕横坠而弗禁。昔尼父之在陈兮,有"归欤"之叹音⑫。钟仪幽而楚奏兮⑬,庄舄显而越吟⑭。人情同于怀土兮,岂穷达而异心?

惟日月之逾迈兮,俟河清其未极⑮。冀王道之一平兮,假高衢而骋力。惧匏瓜之徒悬兮⑯,畏井渫之莫食⑰。步栖迟以徙倚兮,白日忽其将匿。风萧瑟而并兴兮,天惨惨而无色。兽狂顾以求群兮,鸟相鸣而举翼。原野阒其无人兮⑱,征夫行而未息。心悽怆以感发兮,意忉怛而憯恻⑲。循阶除而下降兮,气交愤于胸臆。夜参半而不寐兮,怅盘桓以反侧。

【注释】

①兹楼:指麦城城楼。关于王粲所登何楼,向有异说。《文选》李善注引盛弘之《荆州记》,以为是当阳城楼。《文选》刘良注则说为江陵城楼。按赋中所述"挟清漳之通浦兮,倚曲沮之长洲"和"西接昭丘"的位置,应为当阳东南、漳沮二水之间的麦城城楼。

②暇:通"假",借。

③漳:漳水,在今湖北当阳县境内。浦:大水有小口别通曰浦。

④沮(jū):沮水,也在当阳境内,与漳水会合南流入长江。

⑤坟衍:地势高起为坟,广平为衍。
⑥皋隰(xí):水边之地为皋,低湿之地为隰。
⑦陶:乡名,传说是陶朱公范蠡的葬地。牧:郊野。
⑧昭丘:楚昭王坟墓,在当阳县郊。据《左传·哀公六年》记载,楚昭王是春秋时深知用人之道的明君。
⑨纪:一纪为十二年。
⑩向北风:王粲家乡山阳高平在麦城之北,故云。
⑪荆山:在今湖北省南漳县,漳水发源于此。
⑫昔尼父两句:尼父,即孔子。孔子在陈绝粮,曾叹息说:"归欤!归欤!"(见《论语·公冶长》)
⑬钟仪句:钟仪,楚国乐官,被晋所俘,晋侯使之弹琴,仍操楚国乐调。《左传·成公九年》:"乐操土风,不忘旧也。"
⑭庄舄(xì)句:据《史记·陈轸传》,越人庄舄在楚国做大官,病中思乡,仍发出越国的语音。
⑮河清:据《左传·襄公八年》,逸《诗》有云:"俟河之清,人寿几何?"古以黄河水清喻时世太平。
⑯惧匏(páo)瓜句:《论语·阳货》:"(子曰)吾岂匏瓜也哉,焉能系而不食?"以匏瓜徒悬喻不为世用。
⑰畏井渫(xiè)句:《周易·井卦》:"井渫不食,为我心恻。"渫,除去井中污浊。井渫莫食喻己虽洁其志而不为世用。
⑱阒(qù):寂静。
⑲忉(dāo)怛(dá):悲痛。憯(cǎn惨)恻:悽伤。

【赏析】

这是一篇感人至深的抒情小赋。作者王粲,是三国时期杰出的文学家,也是"建安七子"中最负才名的人物。他出身世家,少获令名,长而有志,可惜生不逢时,遭遇汉末乱离之世,为避战乱而不得不南下荆州投奔刘表,本以为可以有机会一展才华,却不料所托非人,十五年间未获重用,因而内心十分痛苦。这首赋便是在这样的背景下写成的。赋中由登楼远眺所见的自然景色写起,触景生情,自然地过渡到作者内心思想情感的抒发。在抒情时,又先写故乡之思,再写乱离之感和怀才不遇之悲。全文过渡自然,一气呵成,既条理清析,层次分明,又情景交融,浑然一体,表现出极高的艺术性。

寓情于景、情景交融是本文最大的艺术特色。文中忠实地记录了作者登楼所见的景色,以及由此而引起的情绪变化的过程。由美景所带来的愉悦到怀远思乡之忧,再到前途渺茫的苦闷和绝望,情感发展的脉络非常清晰。在这一过程中,景色由白日的明丽,逐渐变化为日暮时的萧条孤寂,与作者感情的发展变化有机地融合为一个整体,景与情相互渲染,相互推进,共同营造了一个多层次的情景相生、和谐统一的艺术境界,大大增强了全文的抒情效果。

善于用典、借典故抒情是本文在艺术上的又一大成功之处。全文多处用典,莫不贴切自如。以孔子在陈、钟仪楚奏、庄舄越吟等典故,形象地说明了不论是圣人还是普通人,不论富贵显达还是贫贱穷困,都会有怀恋乡土的人之常情,从而贴切自然地表达了自己怀念故土的思想感情。而"匏瓜徒悬"、"井渫不食"等典故,则又曲折含蓄地表达了作者感时伤世、怀才不遇的忧愁苦闷情怀。这些典故的运用,巧妙地将现实与历史结合起来,使作者的现实苦闷在往古的历史中找到了回响,因而更显得忧愤深广,极大地增加了文章表达的思想情感的深度和广度。

洛 神 赋

曹植

曹植(公元192—232年),三国时魏国诗人,沛国谯(今安徽省亳州市)人,字子建,是曹操与武宣卞皇后所生第三子。卒谥思,故后人称之为"陈王"或"陈思王"。

黄初三年①,余朝京师②,还济洛川③。古人有言,斯水之神,名曰宓妃④。感宋玉对楚王说神女之事⑤,遂作斯赋。其词曰:

余从京域⑥,言归东藩⑦,背伊阙⑧,越轘辕⑨,经通谷⑩,陵景山⑪。日既西倾,车殆马烦⑫。尔乃税驾乎蘅皋⑬,秣驷乎芝田⑭,容与乎阳林⑮,流眄乎洛川⑯。于是精移神骇⑰,忽焉思散⑱。俯则未察,仰以殊观⑲。睹一丽人,于岩之畔。乃援御者而告之曰:"尔有觌于彼者乎⑳?彼何人斯,若此之艳也!"御者对曰:"臣闻河洛之神,名曰宓妃。然则君王之所见也,无乃是乎㉑!其状若何?臣愿闻之。"

余告之曰:其形也,翩若惊鸿㉒,婉若游龙㉓。荣曜秋菊,华茂春松㉔。仿佛兮若轻云之蔽月,飘飖兮若流风之回雪㉕。远而望之,皎若太阳升朝霞;迫而察之,灼若芙蓉出渌波㉖。秾纤得中,修短合度㉗。肩若削成,腰如束素。延颈秀项㉘,皓质呈露㉙。芳泽无加,铅华弗御。云髻峨峨㉚,修眉连娟㉛。丹唇外朗,皓齿内鲜㉜。明眸善睐㉝,靥辅承权㉞。瑰姿艳逸㉟,仪静体闲㊵。柔情绰态,媚于语言。奇服旷世㊸,骨像应图㊹。披罗衣之璀璨兮,珥瑶碧之华琚。戴金翠之首饰㊺,缀明珠以耀躯。践远游之文履㊿,曳雾绡之轻裾㊿。微幽兰之芳蔼兮,步踟蹰于山隅㊿。于是忽焉纵体,以遨以嬉。左倚采旄,右阴桂旗。攘皓腕于神浒兮㊿,采湍濑之玄芝㊿。

余情悦其淑美兮,心振荡而不怡㊿。无良媒以接欢兮,托微波而通辞。愿诚素之先达兮㊿,解玉珮以要之㊿。嗟佳人之信修兮㊿,羌习礼而明诗㊿。抗琼珶以和予兮㊿,指潜渊而为期㊿。执眷眷之款实兮㊿,惧斯灵之我欺㊿。感交甫之弃言兮㊿,

怅犹豫而狐疑㉘。收和颜而静志兮㉙，申礼防以自持㉚。

于是洛灵感焉，徙倚彷徨㉛。神光离合㉜，乍阴乍阳。竦轻躯以鹤立㉝，若将飞而未翔。践椒途之郁烈㉞，步蘅薄而流芳。超长吟以永慕兮㉞，声哀厉而弥长㉞。

尔乃众灵杂沓㉙，命俦啸侣㉚。或戏清流，或翔神渚㉛，或采明珠，或拾翠羽㉜。从南湘之二妃㉝，携汉滨之游女。叹匏瓜之无匹兮㉞，咏牵牛之独处㉞。扬轻袿之猗靡兮㉗，翳修袖以延伫。体迅飞凫㉘，飘忽若神。凌波微步，罗袜生尘㉙。动无常则，若危若安；进止难期㉚，若往若还。转眄流精㉒，光润玉颜。含辞未吐，气若幽兰㉓。华容婀娜㉔，令我忘餐。

于是屏翳收风㉕，川后静波。冯夷鸣鼓㉗，女娲清歌㉘。腾文鱼以警乘㉙，鸣玉銮以偕逝㉚。六龙俨其齐首㉑，载云车之容裔㉒。鲸鲵踊而夹毂㉓，水禽翔而为卫㉔。于是越北沚㉕，过南冈，纡素领，回清扬。动朱唇以徐言，陈交接之大纲㉖。恨人神之道殊兮，怨盛年之莫当㉗。抗罗袂以掩涕兮，泪流襟之浪浪㉘。悼良会之永绝兮，哀一逝而异乡。无微情以效爱兮，献江南之明珰㉙。虽潜处于太阴，长寄心于君王。忽不悟其所舍㉚，怅神宵而蔽光㉑。

于是背下陵高㉒，足往神留。遗情想像，顾望怀愁。冀灵体之复形㉓，御轻舟而上溯㉔。浮长川而忘反，思绵绵而增慕㉕。夜耿耿而不寐，沾繁霜而至曙。命仆夫而就驾，吾将归乎东路㉖。揽騑辔以抗策㉗，怅盘桓而不能去㉘。

【注释】

①黄初：魏文帝曹丕年号，公元220—226年。
②京师：京城，指魏都洛阳。按曹植黄初三年朝京师事不见史载，《文选》李善注以为系四年之误。
③济：渡。洛川：即洛水，源出陕西，东南入河南，经洛阳。
④斯水：指洛川。宓妃：相传为宓羲氏之女，溺死于洛水为神。《离骚》："我令丰隆乘云兮，求宓妃之所在。"
⑤"感宋玉"句：宋玉有《高唐》、《神女》二赋，皆言与楚襄王对答梦遇巫山神女事。
⑥京域：京都（指洛阳）地区。
⑦言：发语词。东藩：古代天子封建诸侯，如藩篱之卫皇室，因称诸侯国为藩国。《魏志》本传："（黄初）三年，立为鄄城王。"鄄城（今山东鄄城县）在洛阳东北，故称东藩。
⑧伊阙：山名，即阙塞山、龙门山。《水经注·伊水注》："昔大禹疏以通水，两山相对，望之若阙，伊水历其间北流，故谓之伊阙矣。"山在洛阳南，曹植东北行，故曰背。
⑨轘辕：山名，在今河南偃师县东南。《元和郡县志》："道路险阻，凡十二曲，将去复还，故曰轘辕。"
⑩通谷：山谷名。华延《洛阳记》："城南五十里有大谷，旧名通谷。"
⑪陵：登。景山：山名，在今河南偃师县南。
⑫殆：通"怠"，懈怠。《商君书·农战》："农者殆则土地荒。"烦：疲乏。

⑬尔乃：承接连词，犹言"于是就"。税驾：犹停车。税，舍，置。驾，车乘总称。蘅皋：生着杜蘅(香草)的河岸。

⑭秣驷：喂马。驷，一车四马，此泛指驾车之马。芝田：《十洲记》："钟山在北海，仙家数千万，耕田种芝草。"一说为地名，即河南巩县西南的芝田镇。

⑮容与：悠然安闲貌。阳林：地名，一作"杨林"，因多生杨树而名。

⑯流盼：目光流转顾盼。盼一作"眄"，旁视。

⑰精移神骇：谓神情恍惚。移，变。骇，散。

⑱忽焉：急速貌。

⑲以：而。殊观：所见殊异。

⑳援：以手牵引。御者：车夫。

㉑觌(dí)：看见。

㉒无乃：犹言莫非。

㉓翩：鸟疾飞貌，此引申为飘忽摇曳。惊鸿：惊飞的鸿雁。

㉔婉：蜿蜒曲折。此句本宋玉《神女赋》："婉若游龙乘云翔。"

㉕荣：丰盛。华：华美。二句形容洛神容光焕发，肌体丰盈。

㉖飘飖：动荡不定。回：旋转。

㉗皎：洁白光亮。

㉘迫：靠近。灼：鲜明灿烂。芙蓉：一作"芙蕖"，荷花。渌(lù)：水清貌。

㉙秾：花木繁盛。此指人体丰腴。纤：细小。此指人体苗条。

㉚修：长。度：标准。此句即宋玉《登徒子好色赋》所谓"增之一分则太长，减之一分则太短"之意。

㉛素：白细丝织品。句本宋玉《登徒子好色赋》。

㉜延、秀：均指长。项：后颈。

㉝皓：洁白。句本司马相如《美人赋》。

㉞铅华：粉。古代烧铅成粉，故称铅华。弗御：不施。御，进。

㉟云髻：发髻如云。峨峨：高耸貌。

㊱连娟：又作"联娟"，微曲貌。

㊲朗：明润。鲜：光洁。

㊳眸：目瞳子。睐：顾盼。

㊴靥(yè)辅：一作"辅靥"，即今所谓酒窝。权：颧骨。《淮南子·说林》："靥辅在颊则好。"

㊵瑰：同瓌，奇妙。宋玉《神女赋》："瓌姿玮态。"艳逸：艳丽飘逸。

㊶仪：仪态。闲：娴雅。宋玉《神女赋》："志解泰而体闲。"

㊷绰：宽缓。

㊸奇服：奇丽的服饰。屈原《九章·涉江》："余幼好此奇服兮，年既老而不衰。"旷世：犹言举世无匹。旷，空。

㊹骨像：骨格形貌。应图：指与画中人相当。

㊺璀璨：鲜明貌。一说为衣动声。

㊻珥：珠玉耳饰。此用作动词，作佩戴解。瑶碧：美玉。华琚：刻有花纹的佩玉。

㊼翠：翡翠。首饰：指钗簪一类饰物。

75

(48)践：穿，着。远游：鞋名。繁钦《定情诗》："何以消滞忧，足下双远游。"文履：饰有花纹图案的鞋。刘桢《鲁都赋》："纤纤丝履，灿烂鲜新；表以文组，缀以朱蠙。"疑即咏此。

(49)曳：拖。雾绡：轻薄如雾的绡。绡：生丝。裾：裙边。

(50)微：隐。芳蔼：芳香浓郁。

(51)踟蹰：徘徊。隅：角。

(52)纵体：轻举貌。遨：游。

(53)采旄：采旗。旄，旗竿上旄牛尾饰物。

(54)桂旗：以桂木为竿之旗。屈原《九歌·山鬼》："辛夷车兮结桂旗。"

(55)攘：此指揎袖伸出。神浒：为神所游之水边地。浒，水边泽畔。

(56)湍濑：石上急流。玄芝：黑芝草。《抱朴子·仙药》："芝生于海隅名山及岛屿之涯……黑者如泽漆。"

(57)振荡：形容心动荡不安。怡：悦。

(58)微波：一说指目光，亦通。

(59)诚素：真诚的情意。素，同愫。

(60)要(yāo)：同邀，约请。

(61)信修：确实美好。张衡《思玄赋》："伊中情之信修兮，慕古人之贞节。"

(62)羌：发语词。习礼：懂得礼法。明诗：善于言辞。

(63)抗：举起。琼珶：美玉。和：应答。

(64)潜渊：深渊，指洛神所居之地。期：会。

(65)眷眷：通"睠睠"，依恋貌。款实：诚实。

(66)斯灵：此神，指宓妃。我欺：即欺我。

(67)交甫：郑交甫。《神仙传》："切仙一出，游于江滨，逢郑交甫。交甫不知何人也，目而挑之，女遂解佩与之。交甫行数步，空怀无佩，女亦不见。"弃言：背弃信言。

(68)狐疑：疑虑不定。相传狐性多疑，渡水时且听且过，因称狐疑。

(69)收和颜：收敛笑容。静志：镇定情志。

(70)申：施展。礼防：《礼记·坊记》："夫礼坊民所淫……故男女无媒不交，无币不相见，恐男女无别也。"坊与防通。防，障。自持：自我约束。

(71)徙倚：犹低回。

(72)神光：围绕于神四周的光芒。

(73)乍阴乍阳：忽暗忽明。此承上句而言，离则阴，合则阳。

(74)竦(sǒng)：耸。鹤立：形容身躯轻盈飘举，如鹤之立。

(75)椒途：涂有椒泥的道路。椒，花椒，有浓香。

(76)蘅薄：杜蘅丛生地。

(77)超：惆怅。永慕：长久思慕。

(78)厉：疾。弥：久。

(79)杂沓：众多貌。

(80)命俦啸侣：犹呼朋唤友。俦，伙伴、同类。

(81)渚：水中高地。

(82)翠羽：翠鸟的羽毛。古人多用以为饰。

㊣南湘之二妃:指娥皇和女英。据刘向《列女传》载,尧以长女娥皇和次女女英嫁舜,后舜南巡,死于苍梧。二妃往寻,死江湘间,为湘水之神。

㉞汉滨之游女:汉水之神。《诗·周南·汉广》:"汉有游女,不可求思。"薛君《韩诗章句》:"游女,汉神也。"

㉟匏瓜:星名,又名天鸡,在河鼓星东。无匹:无偶。阮瑀《止欲赋》:"伤匏瓜之无偶,悲织女之独勤。"

㊱牵牛:星名,又名天鼓,与织女星各处河鼓之旁。相传每年七月七日乃得一会。

㊲袿:今作褂。刘熙《释名》:"妇人上服曰袿。其下垂者,上广下狭如刀圭也。"猗靡:随风飘动貌。

㊳翳:遮蔽。延伫:久立。

㊴凫:野鸭。

㊵陵:踏。尘:指细微四散的水沫。

㊶难期:难料。

㊷盼:《文选》作"眄",斜视。流精:形容目光流转而有光彩。

㊸幽兰:形容气息香馨如兰。

㊹婀娜:轻盈柔美貌。

㊺屏翳:传说中的众神之一,司职说法不一,或以为是云师(《吕氏春秋》),或以为是雷师(韦昭),或以为是雨师(《山海经》、王逸等)。而曹植认为是风神,其《诰咎文》云"河伯典泽,屏翳司风"。

㊻川后:旧说即河伯,似有误,俟考。

㊼冯夷:河伯名。《青令传》:"河伯,华阴潼乡人也,姓冯名夷。"又《楚辞》王逸注引《抱朴子·释鬼》:"冯夷以八月上庚日渡河溺死,天帝署为河伯。"

㊽女娲:传说中的女神,《世本》谓其始作笙簧,故此曰"女娲清歌"。

㊾文鱼:《山海经·西山经》:"秦器之山,灌水出焉……是多鳐鱼,状如鲤鱼,鱼身而鸟翼,苍文而白首,赤喙,常行西海,游于东海,以夜飞。"惊:当从《文选》作"警"。《文选》李善注:"警,戒也。文鱼有翅能飞,故使警乘。"

⑩玉銮:鸾鸟形玉制车铃,动则发声。偕逝:俱往。

⑪六龙:相传神出游多驾六龙。俨:矜持庄重貌。齐首:谓六龙齐头并进。

⑫云车:相传神以云为车。《博物志》:"汉武帝好道,七月七日夜漏七刻,西王母乘紫云车来。"容裔:舒缓安详貌。

⑬鲸鲵(ní):即鲸鱼。水栖哺乳动物,雄曰鲸,雌曰鲵。毂(gú):车轮中用以贯轴的圆木。此指车。

⑭为卫:作为护卫。

⑮沚:水中小块陆地。

⑯纡:回。素领:白皙的颈项。清扬:形容女性清秀的眉目。扬一作"阳"。《诗·郑风·野有蔓草》:"有美一人,清阳婉兮。"

⑰交接:结交往来。

⑱莫当:无匹,无偶。《汉书·司马相如传》颜师古注:"当,对偶也。"

⑲抗:举。袂:袖。曹植《叙愁赋》:"扬罗袖而掩涕",与此句同意。

⑩浪浪:水流不断貌。
⑪效爱:致爱慕之意。
⑫明珰:以明月珠作的耳珰。《古诗为焦仲卿妻作》:"耳著明月珰。"
⑬太阴:众神所居之处,与上文"潜渊"义近。
⑭不悟:不知。舍:止。
⑮宵:通"消",消失。一作"霄"。蔽光:隐去光彩。
⑯背下:离开低地。陵高:登上高处。
⑰灵体:指洛神。
⑱上溯:逆流而上。
⑲绵绵:连续不断貌。
⑳耿耿:心绪不安貌。
㉑东路:回归东藩之路。
㉒骖:车旁之马。古代驾车称辕外之马为骖或骑,此泛指驾车之马。辔:马缰绳。抗策:犹举鞭。
㉓盘桓:徘徊不进貌。

【赏析】

　　这是曹植所写的一篇脍炙人口的抒情小赋。它借助人神恋爱的神话传说,曲折含蓄地表达了作者的身世之悲。

　　曹植一生才华横溢,抱负远大,却无端受到其兄魏文帝曹丕的猜忌,因此常有明珠暗投,无人赏识的悲哀。这种感受,再加上一生辛苦漂泊,身如转蓬,更使他深切感受到生命的孤苦凄凉。因此,强烈的自我意识和对知音的渴望,便成为他在这篇美丽的人神恋爱故事中曲折传达的一个主题。在这篇赋中,曹植着意刻画了河神宓妃艳丽、美好的绰约风姿,描摹了女神对自己的柔情相约,以及离别时的深情留恋。在这个两情相悦的理想境界中,作者充分表达了自己喜获知音的欢娱,使自己长期孤寂的灵魂暂时得到一丝慰藉。但是"人神道殊"的悲惨结局,最终又将作者从这种虚幻的境界中拉回到残酷的现实,因而在赋的结尾部分,我们能够感到作者对现实世界深深的绝望,以及他内心深处的不屈和挣扎。整篇赋借虚构的神话故事曲折隐微地抒写个人的苦闷伤心怀抱,措辞幽微,寄托深远,读之令人凄然泪下。

　　《洛神赋》充分显示了曹植过人的文学才华。赋中讲述了一个神奇虚幻的故事,创造出一个瑰丽奇异、扑朔迷离的艺术世界,散发出浓郁的浪漫情调。作者赋予这一神奇的故事以真切深挚的情感,细致地刻画出恋爱双方顾盼、依恋之态,以及离别时的悲怆、凄切之情,生动地演绎了一个悲欢离合的悲剧故事,具有强烈的艺术震撼力。作者对洛神的刻画,从其风姿、神态、服饰、动作、情感各方面次第落笔,无不惟妙惟肖,独具风韵,尤其见出艺术功力。全文语言华丽优美,多用比兴,结构流转自如,声韵婉转飞扬,达到了近乎完美的艺术境界。

归去来兮辞

陶渊明

余家贫,耕植不足以自给。幼稚盈室①,瓶无储粟②,生生所资③,未见其术④。亲故多劝余为长吏⑤,脱然有怀⑥,求之靡途⑦。会有四方之事,诸侯以惠爱为德⑨,家叔以余贫苦⑩,遂见用于小邑。于时风波未静⑪,心惮远役。彭泽去家百里⑫,公田之利,足以为酒,故便求之。及少日,眷然有归欤之情⑬。何则?质性自然⑭,非矫厉所得;饥冻虽切,违己交病⑮。尝从人事⑯,皆口腹自役⑰;于是怅然慷慨,深愧平生之志。犹望一稔⑱,当敛裳宵逝⑲。寻程氏妹丧于武昌,情在骏奔⑳,自免去职。仲秋至冬㉒,在官八十余日。因事顺心,命篇曰《归去来兮》。乙巳岁十一月也㉓。

归去来兮,田园将芜胡不归㉔!既自以心为形役㉕,奚惆怅而独悲?悟已往之不谏,知来者之可追㉖。实迷途其未远,觉今是而昨非。
舟遥遥以轻飏㉗,风飘飘而吹衣。问征夫以前路,恨晨光之熹微。乃瞻衡宇㉘,载欣载奔㉙。僮仆欢迎,稚子候门。三径就荒,松菊犹存。携幼入室,有酒盈樽。引壶觞以自酌,眄庭柯以怡颜㉛。倚南窗以寄傲㉜,审容膝之易安㉝。园日涉以成趣,门虽设而长关。策扶老以流憩㉞,时矫首而遐观㉟。云无心以出岫㊱,鸟倦飞而知还。景翳翳以将入㊲,抚孤松而盘桓。

归去来兮,请息交以绝游。世与我而相违,复驾言兮焉求㊳!悦亲戚之情话,乐琴书以消忧。农人告余以春及,将有事于西畴㊴。或命巾车㊵,或棹孤舟。既窈窕以寻壑㊶,亦崎岖而经丘。木欣欣以向荣,泉涓涓而始流。善万物之得时㊷,感吾生之行休㊸。

已矣乎㊹!寓形宇内复几时㊺,曷不委心任去留㊻?胡为乎遑遑欲何之㊼?富贵非吾愿,帝乡不可期㊽。怀良辰以孤往,或植杖而耘耔㊾。登东皋以舒啸㊿,临清流而赋诗。聊乘化以归尽㉛,乐夫天命复奚疑!

【注释】
①幼稚:指孩童。
②瓶:指盛米用的陶制容器,如甏、瓮之类。
③生生:犹言维持生计。前一"生"字为动词,后一"生"字为名词。
④术:方法。
⑤长吏:较高职位的县吏。指小官。
⑥脱然:犹言豁然。有怀:有做官的念头。

⑦靡途:没有门路。
⑧四方之事:指出使外地的事情。
⑨诸侯:指州郡长官。
⑩家叔:指陶夔,曾任太常卿。
⑪风波:指军阀混战。
⑫彭泽:县名。在今江西省湖口县东。
⑬眷然:依恋的样子。归欤之情:回去的心情。语本《论语·公冶长》:"子在陈曰:'归与,归与!吾党之小人狂简,斐然成章,不知所以裁之。'"
⑭质性:本性。
⑮违己:违反自己本心。交病:指思想上遭受痛苦。
⑯从人事:从事于仕途中的人事交往。指做官。
⑰口腹自役:为了满足口腹的需要而驱使自己。
⑱一稔(rěn):公田收获一次。稔,谷物成熟。
⑲敛裳:收拾行装。
⑳寻:不久。程氏妹:嫁给程家的妹妹。武昌:今湖北省鄂城县。
㉑骏奔:急着前去奔丧。
㉒仲秋:农历八月。
㉓乙巳岁:晋安帝义熙元年(公元405年)。
㉔胡:何,为什么。
㉕以心为形役:让心志被形体所驱使。
㉖"悟已往"二句:语本《论语·微子》:"楚狂接舆歌而过孔子曰:'凤兮,凤兮!何德之衰!往者不可谏,来者犹可追。已而,已而,今之从政者殆而!'"谏:止,挽救。来者:指未来的事情。追:来得及弥补。
㉗遥遥:漂荡。飏(yáng):飘扬。形容船驶行轻快。
㉘瞻:望见。衡宇:犹衡门。横木为门,形容房屋简陋。
㉙载:语助词,有"且"、"乃"的意思。
㉚三径:汉代蒋诩隐居后,在屋前竹下开了三条小路,只与隐士求仲、羊仲二人交往。
㉛眄(miàn):斜视。柯:树枝。
㉜寄傲:寄托傲世的情绪。
㉝审:明白,深知。容膝:形容居室狭小,仅能容膝。
㉞策:拄着。扶老:手杖。流:周游。
㉟矫首:抬头。遐(xiá)观:远望。
㊱岫(xiù):山峰。
㊲景:日光。翳(yì)翳:阴暗的样子。
㊳言:语助词。焉求:何求。
㊴畴(chóu):田地。
㊵巾车:有篷幕的车子。
㊶窈窕(yǎo tiǎo):幽深的样子。
㊷善:羡慕。

㊸行休：将要终止。指死亡。

㊹已矣乎：犹言算了吧。

㊺寓形宇内：寄身于天地之间。

㊻曷不：何不。委心：随自己的心意。去留：指生死。

㊼遑遑：心神不定的样子。何之：到哪里去。

㊽帝乡：天帝之乡。指仙境。

㊾植杖：把手杖放在旁边。耘（yún）：田地里除草。耔（zǐ）：在苗根培土。

㊿皋（gāo）：水边高地。舒啸：放声长啸。“啸”是撮口发出长而清越的声音。

(51)乘化：随着大自然的运转变化。归尽：归向死亡。

【赏析】

这也是一篇脍炙人口的抒情小赋。作者陶渊明，东晋人，我国古代伟大的田园诗人。他本是东晋贵族陶侃的后代，早年曾为了生计而混迹仕途十三年，陆续做过一些地方小官。后来因为忍受不了官场生活对自己身心的束缚，在彭泽县令任上愤而辞官归隐，留下了“不为五斗米折腰”的千古佳话。《归去来兮辞》即写于作者辞官归隐之际，表达了他摆脱官场、重获自由的由衷喜悦之情。

文章一开始，陶渊明就旗帜鲜明地表达了自己厌弃官场、渴望自由的强烈情感。他首先总结自己“误落尘网中，一去三十年”的官场生活，是“心为形役”，不堪其苦，从而得出了“悟以往之不谏，知来者之可追”的感悟，决意弃官归隐，重新开始新的人生。接着写他摆脱官场的束缚，回归自然之后的轻松愉快，情不自已地发出“实迷途其未远，觉今是而昨非”的心声。从这里不难看出他对世俗官场的深恶痛绝和与之彻底决裂的坚定态度。接下来纵笔描述归乡的轻松和急切，以及家园的安宁和温馨：“舟遥遥以轻飏，风飘飘而吹衣”，“乃瞻衡宇，载欣载奔”。而还乡之初引觞自酌、涉园流观的日常生活，更是在作者笔下显出无尽的安逸和悠闲，传达出他在经历困惑后终于找到人生归宿的惬意和满足。其中“云无心以出岫，鸟倦飞而知还”两句，既是对自然景物的诗意描绘，也是对自己出仕和归隐经历的绝妙象征，韵味悠然，历来为人称道。在朴素自然、无拘无束的田园生活中，作者体会到了充实和安宁，体会到了万物得时、生生不息的大欢乐。在他看来，虽然人生短暂，“吾生行休”，但只要能够以顺乎自然、乐天知命的态度来对待人生，就能使自己充分领悟生命的真谛，享受灵魂的宁静和愉悦。“聊乘化以归尽，乐夫天命复奚疑?”文章在这种彻悟人生、返朴归真的境界中潇洒地结束，作者超凡脱俗的高风逸韵也表露无遗。

文章在结构上流转自然，一气呵成。抒情与议论的转换自然和谐，对往事的沉痛反省和对田园生活的欣悦体验相互映衬并有机地交织在一起，深化了文章的主题。全文语言朴素、构句精美、音韵和谐、辞意畅达、用典贴切，既有骈文的整饬精练，又有散文的平易流畅，显示了极高的美学价值。欧阳修说：“晋无文章，惟陶渊明《归去来兮辞》一篇而已。”此文为后世所称赏，于此可见一斑。

(三) 唐宋明清散文名篇赏析

代李敬业传檄天下文

骆宾王

骆宾王(约公元640—684年),姓骆,字观光,名宾王,婺州义乌人(今浙江义乌)人,唐朝初期的诗人,与王勃、杨炯、卢照邻合称"初唐四杰"。

伪临朝武氏者①,人非温顺,地实寒微②。昔充太宗下陈③,尝以更衣入侍④。洎乎晚节⑤,秽乱春宫⑥。密隐先帝之私⑦,阴图后庭之嬖⑧。入门见嫉,蛾眉不肯让人⑨;掩袖工谗⑩,狐媚偏能惑主⑪。践元后于翚翟⑫,陷吾君于聚麀⑬。加以虺蜴为心⑭,豺狼成性,近狎邪僻,残害忠良⑮,杀姊屠兄⑯,弑君鸩母⑰。神人之所共疾,天地之所不容。犹复包藏祸心,窥窃神器⑱。君之爱子,幽之于别宫⑲;贼之宗盟⑳,委之以重任。呜呼!霍子孟之不作㉒,朱虚侯之已亡㉓。燕啄皇孙,知汉祚之将尽㉔;龙漦帝后,识夏庭之遽衰㉕。

敬业皇唐旧臣,公侯冢子㉖。奉先帝之遗训㉗,荷本朝之厚恩。宋微子之兴悲㉘,良有以也;桓君山之流涕㉙,岂徒然哉!是用气愤风云,志安社稷㉚。因天下之失望,顺宇内之推心㉛,爰举义旗㉜,誓清妖孽。南连百越,北尽三河,铁骑成群,玉轴相接㉝。海陵红粟,仓储之积靡穷;江浦黄旗㉞,匡复之功何远。班声动而北风起㉟,剑气冲而南斗平。喑呜则山岳崩颓,叱咤则风云变色㊱。以此制敌,何敌不摧?以此攻城,何城不克?

公等或家传汉爵㊷,或地协周亲㊸,或膺重寄于爪牙㊹,或受顾命于宣室㊺。言犹在耳,忠岂忘心?一抔之土未干,六尺之孤安在㊻?傥能转祸为福㊼,送往事居㊽,共立勤王之勋,无废旧君之命,凡诸爵赏,同指山河㊾。若其眷恋穷城㊿,徘徊歧路,坐昧先几之兆㊶,必贻后至之诛㊷。

请看今日之域中,竟是谁家之天下!移檄州郡,咸使知闻。

【注释】

① 伪:指非法的,表示不为正统所承认的意思。临朝:莅临朝廷掌握政权。
② 地:指家庭、家族的社会地位。
③ 下陈:古人宾主相互馈赠礼物,陈列在堂下,称为"下陈"。因而,古代统治者充实于府库、内宫的财物、妾婢,亦称"下陈"。这里指武则天曾充当过唐太宗的才人。
④ 更衣:换衣。古人在宴会中常以此作为离席休息或入厕的托言。《汉书》记载:歌女卫子

夫乘汉武帝更衣时入侍而得宠幸。这里借以说明武则天以不光彩的手段得到唐太宗的宠幸。

⑤泊(jì):及,到。晚节:后来。

⑥春宫:亦称东宫,是太子居住的地方,后人常借指太子。

⑦私:宠幸。

⑧嬖(bì):宠爱。

⑨蛾眉:原以蚕蛾的触须比喻女子修长而美丽的眉毛,这里借指美女。

⑩掩袖工谗:说武则天善于进谗害人。《战国策》记载:楚王夫人郑袖对楚王所爱美女说:"楚王喜欢你的美貌,但讨厌你的鼻子,以后见到楚王,要掩住你的鼻子。"美女照办,楚王因而发怒,割去美女的鼻子。这里借此暗指武则天曾偷窒息亲生女儿,而嫁祸于王皇后,使皇后失宠的事(见《新唐书·后妃传》)。

⑪狐媚:唐代迷信狐仙,认为狐狸能迷惑害人,所以称用手段迷人为狐媚。

⑫元后:正宫皇后。翚翟(huī dí):用美丽鸟羽织成的衣服,指皇后的礼服。翚,五彩雉鸡。翟,长尾山鸡。

⑬聚麀(yōu):多匹牡鹿共有一匹牝鹿。麀,母鹿。语出《礼记·曲礼上》:"夫惟禽兽无礼,故父子聚麀。"这句意谓武则天原是唐太宗的姬妾,现在当上高宗的皇后,使高宗乱伦。

⑭虺蜴(huǐ yì):指毒物。虺,毒蛇。蜴,蜥蜴,古人以为有毒。

⑮狎:亲近。邪僻:指不正派的人。

⑯忠良:指因反对武后而先后被杀的长孙无忌、上官仪、褚遂良等大臣。

⑰杀姊屠兄:据《旧唐书·外戚传》记载:武则天被册立为皇后之后,陆续杀死侄儿武惟良、武怀远和姊女贺兰氏。兄武元庆、武元爽也被贬谪而死。

⑱弑君鸩(zhèn振)母:谋杀君王、毒死母亲。其实史书中并无武后谋杀唐高宗和毒死母亲的记载。弑,臣下杀死君王。鸩,传说中的一种鸟,用其羽毛浸酒能毒死人。

⑲窥窃神器:阴谋取得帝位。神器,指皇位。

⑳君之爱子,幽之于别官:指唐高宗死后,中宗李显继位,旋被武后废为庐陵王,改立睿宗李旦为帝,但实际上是被幽禁起来(事见《新唐书·后妃传》)。二句为下文"六尺之孤何在"张本。

㉑宗盟:家属和党羽。

㉒霍子孟:名霍光,西汉大臣,受汉武帝遗诏,辅助幼主汉昭帝;昭帝死后,昌邑王刘贺继位,荒嬉无道,霍光又废刘贺,更立宣帝,是安定西汉王朝的重臣(事见《汉书·霍光传》)。作:兴起。

㉓朱虚侯:汉高祖子齐惠王肥的次子,名刘章,封朱虚侯。高祖死后,吕后专政,重用吕氏,危及刘氏天下,刘章与丞相陈平、太尉周勃等合谋,诛灭吕氏,拥立文帝,稳定了西汉王朝(事见《汉书·高五王传》)。

㉔"燕啄皇孙"二句:《汉书·五行志》记载:汉成帝时有童谣说"燕飞来,啄皇孙"。后赵飞燕入宫为皇后,因无子而妒杀了许多皇子,汉成帝因此无后嗣。不久,王莽篡政,西汉灭亡。这里借汉朝故事,指斥武则天先后废杀太子李忠、李弘、李贤,致使唐室倾危。祚,指皇位,国统。

㉕"龙漦(lí)帝后"二句:据《史记·周本纪》记载:当夏王朝衰落时,有两条神龙降临宫庭中,夏帝把龙的唾涎用木盒藏起来,到周厉王时,木盒开启,龙漦溢出,化为玄鼋流入后宫,一宫女感而有孕,生褒姒。后幽王为其所惑,废太子,西周终于灭亡。漦,涎沫。

㉖冢子:嫡长子。

㉗先帝:指刚死去的唐高宗。

㉘宋微子：微子名启，是殷纣王的庶兄，被封于宋，所以称“宋微子”。殷亡后，微子去朝见周王，路过荒废了的殷旧都，作《麦秀歌》来寄托自己亡国的悲哀（见《尚书大传》）。这里是李敬业的自喻。

㉙良：确实、真的。以：缘因。

㉚桓君山：东汉人，名谭，光武帝时为给事中，因反对当时盛行的谶纬神学，而被贬为六安县丞，忧郁而死（事见《后汉书·桓谭传》）。

㉛社稷：原为帝王所祭祀的土神和谷神，后借指国家。

㉜宇内：天下。推心：指人心所推重。

㉝爰：于是。

㉞百越：通“百粤”。古代越族有百种，故称“百越”。这里指越人所居的偏远的东南沿海。

㉟三河：洛阳附近河东、河内、河南三郡，是当时政治中心所在的中原之地。

㊱玉轴：战车的美称。

㊲海陵：古县名，治所在今江苏省泰州市，地在扬州附近，汉代曾在此置粮仓。红粟：米因久藏而发酵变成红色。靡：无，不。

㊳江浦：长江沿岸。浦，水边的平地。黄旗：指王者之旗。

㊴班声：马嘶鸣声。

㊵喑（yīn）：呜。叱咤（zhà）：发怒时的喝叫声。

㊶公等：诸位。家传汉爵：拥有世代传袭的爵位。汉初曾大封功臣以爵位，可世代传下去，所以称“汉爵”。

㊷地协周亲：指身份地位都是皇家的宗室或姻亲。协，相配，相合。周亲，至亲。

㊸膺（应）：承受。爪牙：喻武将。

㊹顾命：君王临死时的遗命。宣室：汉宫中有宣室殿，是皇帝斋戒的地方，汉文帝曾在此召见并咨问贾谊，后借指皇帝郑重召问大臣之处。

㊺一抔（póu）之土：语出《史记·张释之传》：“假令愚民取长陵（汉高祖陵）一抔土，陛下将何法以加之乎？”这里借指皇帝的陵墓。六尺之孤：指继承皇位的新君。安在：有本作“何托”。参阅前注⑳。

㊻傥：通“倘”，倘若，或者。

㊼送往事居：送走死去的，侍奉在生的。往，死者，指高宗。居，在生者，指中宗。

㊽勤王：指臣下起兵救援王室。

㊾旧君：指已死的皇帝，一作“大君”，义近。

㊿“同指山河”二句：语出《史记》，汉初大封功臣，誓词云：“使河如带，泰山若厉。国以永宁，爰及苗裔。”这里意为有功者授予爵位，子孙永享，可以指山河为誓。

(51)穷城：指孤立无援的城邑。

(52)昧：不分明。幾（jī）：迹象。

(53)贻（yí）：遗下，留下。后至之诛：意思说迟疑不响应，一定要加以惩治。语见《周礼·大司马》，原句为“比军众，诛后至者。”

【赏析】

这篇著名的檄文，又简称《讨武曌檄》。文章写于唐睿宗光宅元年，当时武则天以母后的身份临朝称制,专断跋扈,擅行废立,严重危及李唐的天下,引起一部分宗室和元老大臣的强烈不满。李敬业趁机起兵,声讨武氏,骆宾王当时正在李敬业幕中,遂受命而作此文,其核心目的是要以君臣大义来倡率天下,声讨罪逆,从而维护李唐王朝的正统地位。文中历数武氏的种种罪恶,虽不尽是事实,但也基本上反映了武则天的为人特征。

檄文是军事行动中声讨敌方罪行的一种文体,刘勰曾指出这种文体要素是"必事昭而理辨,气盛而辞断"。本文充分体现了这一文体特征。文章一上来便以先声夺人的姿态,劈头历数武则天的种种劣迹丑行,痛斥其残害忠良、弑君鸩母等令人发指的罪恶,揭示其妄图觊觎皇位、篡夺天下的险恶用心,并对朝中大臣微露讥责之意。接着笔锋一转,标举李敬业出身高贵,忠于皇室,其兴师讨逆、志存社稷的正义之举,顺乎天意,合乎人心,加以兵精粮足,军容整肃,兵锋所向,势不可当,必将扫清妖孽,成就匡复之功。最后号召朝廷及天下忠臣义士,认清顺逆存亡之势,从速响应讨逆义举,共立勤王之功。纵观全文,词锋凌厉,义正辞严,声情慷慨,极富煽动性,不愧为檄文中的杰作。

檄文一般采用骈体,讲究声律对仗,束缚较多,不易自由表达感情。但这篇骈文在思想情感的表达上却丝毫不受体式的限制。文章气势咄咄逼人,笔底如挟风雷,爱憎褒贬的情感异常鲜明而强烈,叙事说理,透辟畅达。尤善运用夸张之辞,造成不容辩驳的语言气势,辞采飞扬,语句铿锵,收尾一句"请看今日之域中,竟是谁家之天下",更是雄拔健劲,振聋发聩,具有强烈的震撼力。骆宾王不愧是才气纵横的大手笔,本文的成功充分展示了他惊人的艺术才华。

滕 王 阁 序

王 勃

王勃(公元649或650—675或676年),初唐文学家,字子安,绛州龙门(今山西河律县)人,"初唐四杰"之一。他以才及第,又因文而失意,并累及其父,省父途中溺水惊悸而亡。

豫章故郡①,洪都新府②。星分翼轸③,地接衡庐④。襟三江而带五湖⑤,控蛮荆而引瓯越⑥。物华天宝,龙光射牛斗之墟⑦;人杰地灵,徐孺下陈蕃之榻⑧。雄州雾列,俊采星驰⑨。台隍枕夷夏之交,宾主尽东南之美。都督阎公之雅望,棨戟遥临⑩;宇文新州之懿范,襜帷暂驻⑪。十旬休假,胜友如云⑫;千里逢迎,高朋满座。腾蛟起凤,孟学士之词宗⑬;紫电青霜,王将军之武库⑭。家君作宰,路出名区;童子何知,躬逢胜饯。

时维九月,序属三秋⑭。潦水尽而寒潭清,烟光凝而暮山紫。俨骖𬴂于上路,访风景于崇阿。临帝子之长洲,得天人之旧馆⑮。层台耸翠,上出重霄;飞阁流丹,下临无地。鹤汀凫渚,穷岛屿之萦回;桂殿兰宫,列冈峦之体势。

披绣闼,俯雕甍;山原旷其盈视,川泽纡其骇瞩。闾阎扑地,钟鸣鼎食之家⑰;舸舰迷津,青雀黄龙之轴⑱。云销雨霁,彩彻区明。落霞与孤鹜齐飞,秋水共长天一色。渔舟唱晚,响穷彭蠡之滨⑲;雁阵惊寒,声断衡阳之浦⑳。

遥襟甫畅㉑,逸兴遄飞。爽籁发而清风生㉒,纤歌凝而白云遏。睢园绿竹㉓,气凌彭泽之樽㉔;邺水朱华㉕,光照临川之笔㉖。四美具,二难并㉗。穷睇眄于中天,极娱游于暇日。天高地迥,觉宇宙之无穷;兴尽悲来,识盈虚之有数。望长安于日下㉘,目吴会于云间㉙。地势极而南溟深,天柱高而北辰远㉚。关山难越,谁悲失路之人;萍水相逢,尽是他乡之客。怀帝阍而不见㉛,奉宣室以何年㉜。

嗟乎!时运不齐,命途多舛;冯唐易老㉝,李广难封㉞。屈贾谊于长沙,非无圣主㉟;窜梁鸿于海曲,岂乏明时㊱。所赖君子见机㊲,达人知命㊳。老当益壮,宁移白首之心;穷且益坚,不坠青云之志㊴。酌贪泉而觉爽㊵,处涸辙而犹欢㊶。北海虽赊,扶摇可接㊷;东隅已逝,桑榆非晚㊸。孟尝高洁,空余报国之情㊹;阮籍猖狂,岂效穷途之哭㊺!

勃,三尺微命㊻,一介书生。无路请缨,等终军之弱冠㊼;有怀投笔,慕宗悫之长风㊽。舍簪笏于百龄,奉晨昏于万里㊾。非谢家之宝树,接孟氏之芳邻㊿。他日趋庭,叨陪鲤对㊀;今兹捧袂,喜托龙门㊁。杨意不逢,抚凌云而自惜;钟期既遇,奏流水以何惭㊂。

呜呼!胜地不常,盛筵难再;兰亭已矣㊃,梓泽丘墟㊄。临别赠言,幸承恩于伟饯;登高作赋,是所望于群公。敢竭鄙怀,恭疏短引;一言均赋,四韵俱成。请洒潘江,各倾陆海云尔㊅。

【注释】

①豫章:滕王阁在今江西省南昌市。南昌,为汉豫章郡治。

②洪都:汉豫章郡,唐改为洪州,设都督府。

③星分翼轸(zhěn):古人习惯以天上星宿与地上区域对应,称为"某地在某星之分野"。据《晋书·天文志》,豫章属吴地,吴越扬州当牛斗二星的分野,与翼轸二星相邻。翼、轸,星宿名,属二十八宿。

④衡庐:衡,衡山,此代指衡州(治所在今湖南省衡阳市)。庐,庐山,此代指江州(治所在今江西省九江市)。

⑤三江:泛指长江中下游的江河。五湖:南方大湖的总称。

⑥蛮荆:古楚地,今湖北、湖南一带。瓯越:古越地,即今浙江地区。古东越王建都于东瓯(今浙江省永嘉县)。

⑦物华二句:据《晋书·张华传》,晋初,牛、斗二星之间常有紫气照射,据说是宝剑之精,上

彻于天。张华命人寻找,果然在丰城(今江西省丰城县,古属豫章郡)牢狱的地下,掘出龙泉、太阿二剑。后这对宝剑入水化为双龙。

⑧徐孺句:据《后汉书·徐稚传》,东汉名士陈蕃为豫章太守,不接宾客,惟徐稚来访时,才设一睡榻,徐稚去后又悬置起来。徐孺,徐孺子的省称。徐孺子名稚,东汉豫章南昌人,当时隐士。

⑨栾:通"案",官吏。

⑩都督:掌管督察诸州军事的官员,唐代分上、中、下三等。阎公:名未详。棨(qǐ)戟:外有赤黑色缯作套的木戟,古代大官出行时用。这里代指仪仗。

⑪宇文新州:复姓宇文的新州(在今广东境内)刺史,名未详。襜(chān)帷:车上的帷幕,这里代指车马。

⑫十旬休假:唐制,十日为一旬,遇旬日则官员休沐,称为"旬休"。假通"暇",空闲。

⑬腾蛟起凤:《西京杂记》:"董仲舒梦蛟龙入怀,乃作《春秋繁露》。"又:"扬雄著《太玄经》,梦吐凤凰集《玄》之上,顷而灭。"孟学士:名未详。

⑭紫电青霜:《古今注》:"吴大皇帝(孙权)有宝剑六,二曰紫电。"《西京杂记》:"高祖(刘邦)斩白蛇剑,刃上常带霜雪。"王将军:名未详。

⑮三秋:古人称七、八、九月为孟秋、仲秋、季秋,三秋即季秋,九月。

⑯帝子、天人:都指滕王李元婴。

⑰闾阎:里门,这里代指房屋。钟鸣鼎食:古代贵族鸣钟列鼎而食。

⑱舸(gě):《方言》:"南楚江、湘,凡船大者谓之舸。"青雀黄龙:船的装饰形状。轴:通"舳(zhú)",船尾把舵处,这里代指船只。

⑲彩:虹。彻:通贯。

⑳彭蠡:古大泽名,即今鄱阳湖。

㉑衡阳:今属湖南省,境内有回雁峰,相传秋雁到此就不再南飞,待春而返。

㉒甫:方才。

㉓爽籁:管子参差不齐的排箫。

㉔白云遏:形容音响优美,能驻行云。《列子·汤问》:"薛谭学讴于秦青,未穷青之技,自谓尽之,遂辞归。秦青弗止,饯于郊衢。抚节悲歌,声振林木,响遏行云。"

㉕睢(suī)园绿林:睢园,即汉梁孝王菟园。《水经注》:"睢水又东南流,历于竹圃……世人言梁王竹园也。"

㉖彭泽:县名,在今江西湖口县东。陶渊明曾官彭泽县令,世称陶彭泽。樽:酒器。陶渊明《归去来兮辞》有"有酒盈樽"之句。

㉗邺水:在邺下(今河北省临漳县)。邺下是曹魏兴起的地方。朱华:荷花。曹植《公宴诗》:"秋兰被长坂,朱华冒绿池。"

㉘光照句:临川,郡名,治所在今江西省抚州市。这里指代谢灵运。谢曾任临川内史,《宋书》本传称他"文章之美,江左莫逮"。

㉙四美:指良辰、美景、赏心、乐事。二难:指贤主、嘉宾难得。

㉚望长安:《世说新语·夙惠》:"晋明帝数岁,坐元帝膝上。有人从长安来,元帝因问明帝:'汝意谓长安何如日远?'答曰:'日远,不闻人从日边来,居然可知。'元帝异之。明日集群臣宴会,告以此意,更重问之,乃答曰:'日近。'元帝失色曰:'尔何故异昨日之言邪?'答曰:'举目见日,不见长安。'"

㉛吴会：吴郡，治所在今江苏省苏州市。云间：江苏松江县（古华亭）的古称。《世说新语·排调》：陆云（字士龙）华亭人，未识荀隐，张华使其相互介绍而不作常语，"云因抗手曰：'云间陆士龙。'"

㉜天柱：《神异经》："昆仑之山，有铜柱焉。其高入天，所谓天柱也。"北辰：《论语·为政》："为政以德，譬如北辰，居其所而众星共（拱）之。"

㉝帝阍（hūn 昏）：天帝的守门人。屈原《离骚》："吾令帝阍开关兮，倚阊阖而望予。"

㉞奉宣室句：贾谊迁谪长沙四年后，汉文帝复召他回长安，于宣室中问鬼神之事。宣室，汉未央宫正殿，为皇帝召见大臣议事之处。

㉟冯唐易老：《史记·冯唐列传》："（冯）唐以孝著，为中郎署长，事文帝。……拜唐为车骑都尉，主中尉及郡国车士。七年，景帝立，以唐为楚相，免。武帝立，求贤良，举冯唐。唐时年九十余，不能复为官。"

㊱李广难封：李广，汉武帝时名将，多次与匈奴作战，军功卓著，却始终未获封爵。

㊲屈贾谊句：贾谊在汉文帝时被贬为长沙王太傅。圣主：指汉文帝。

㊳窜梁鸿句：梁鸿，东汉人，因得罪章帝，避居齐鲁、吴中。明时：指章帝时代。

㊴君子见机：《易·系辞下》："君子见几（机）而作。"

㊵达人知命：《易·系辞上》："乐天知命故不忧。"

㊶老当益壮：《后汉书·马援传》："丈夫为志，穷当益坚，老当益壮。"

㊷青云之志：《续逸民传》："嵇康早有青云之志。"

㊸酌贪泉句：据《晋书·吴隐之传》，廉官吴隐之赴广州刺史任，饮贪泉之水，并作诗说："古人云此水，一歃怀千金。试使（伯）夷（叔）齐饮，终当不易心。"贪泉，在广州附近的石门，传说饮此水会贪得无厌。

㊹处涸辙：《庄子·外物》有鲋鱼处涸辙的故事。涸辙比喻困厄的处境。

㊺北海二句：语意本《庄子·逍遥游》。

㊻东隅二句：《后汉书·冯异传》："失之东隅，收之桑榆。"东隅，日出处，表示早晨。桑榆，日落处，表示傍晚。

㊼孟尝二句：孟尝字伯周，东汉会稽上虞人。曾任合浦太守，以廉洁奉公著称，后因病隐居。桓帝时，虽有人屡次荐举，终不见用。事见《后汉书·孟尝传》。

㊼阮籍二句：阮籍，字嗣宗，晋代名士。《晋书·阮籍传》：籍"时率意独驾，不由径路。车迹所穷，辄恸哭而反。"

㊾三尺：指幼小。

㊿无路二句：据《汉书·终军传》，终军字子云，汉代济南人。武帝时出使南越，自请"愿受长缨，必羁南越王而致之阙下"，时仅二十余岁。等，相同，用作动词。弱冠，古人二十岁行冠礼，表示成年，称"弱冠"。

(51)投笔：用汉班超投笔从戎的故事，事见《后汉书·班超传》。慕宗悫（què）句：宗悫字元干，南朝宋南阳人，年少时向叔父自述志向，云"愿乘长风破万里浪"。事见《宋书·宗悫传》。

(52)簪笏（hù）：冠簪、手版。官吏用物，这里代指官职地位。百龄：百年，犹"一生"。

(53)奉晨昏：《礼记·曲礼上》："凡为人子之礼……昏定而晨省。"

(54)非谢家句：《世说新语·言语》："谢太傅（安）问诸子侄'子弟亦何预人事，而正欲使其佳？'诸人莫有言者。车骑（谢玄）答曰：'譬如芝兰玉树，欲使其生于庭阶耳。'"

(55)接孟氏句：据说孟轲的母亲为教育儿子而三迁择邻，最后定居于学官附近。事见刘向《列女传·母仪篇》。

(56)他日二句：《论语·季氏》："（孔子）尝独立，（孔）鲤趋而过庭。（子）曰：'学诗乎？'对曰：'未也。''不学诗，无以言。'鲤退而学诗。他日，又独立，鲤趋而过庭。（子）曰：'学礼乎？'对曰：'未也。''不学礼，无以立。'鲤退而学礼。"鲤，孔鲤，孔子之子。

(57)捧袂（mèi）：举起双袖，表示恭敬的姿势。喜托龙门：《后汉书·李膺传》："膺以声名自高，士有被其容接者，名为登龙门。"

(58)杨意二句：据《史记·司马相如列传》，司马相如经蜀人杨得意引荐，方能入朝见汉武帝。又云："相如既奏《大人》之颂，天子大悦，飘飘有凌云之气。"杨意，杨得意的省称。凌云，指司马相如作《大人赋》。

(59)钟期二句：《列子·汤问》："伯牙善鼓琴，钟子期善听。伯牙鼓琴……志在流水，钟子期曰：'善哉！洋洋兮若江河。'"钟期，钟子期的省称。

(60)兰亭：在今浙江省绍兴市附近。晋穆帝永和九年（353年）三月三日上巳节，王羲之与群贤宴集于此，行修禊礼，祓除不祥。

(61)梓泽：即晋石崇的金谷园，故址在今河南省洛阳市西北。

(62)请洒二句：钟嵘《诗品》："陆（机）才如海，潘（岳）才如江。"

【赏析】

这是一篇以骈文形式写成的赠序，简称《滕王阁序》。文章作于唐高宗上元二年，记叙了作者南行省父途中在洪州参加的一次盛宴，描写了滕王阁的胜景，抒发了作者志向远大却怀才不遇的孤愤之情。文中虽然流露出宿命论的思想，但却没有多少沉沦之意，而是抒发了作者面对人生困厄时"老当益壮、穷且益坚"、乐观通达的态度和积极进取的人生品格。

文章在情感的表达上不落俗套，颇有新意。首先，宴会本为乐事，但因"盛地不常，盛筵难再"，常令人乐极生悲，大发人生短暂之悲慨。王勃此文，大体上也是由乐而悲。但作者的悲慨显然与以往文人作品中常见的生命短暂的情感有所不同。"天高地迥，觉宇宙之无穷；兴尽悲来，识盈虚之有数"数句，不仅表现出作者清醒廓大的宇宙意识，境界开阔，富含思辨色彩，而且悲慨之中有通达，感伤之中有超脱。其次，怀才不遇往往是文人作品中常见的主题，王勃此文也不例外，但他并没有仅仅停留在这一层面上，而是进行了更为深刻的思考："屈贾谊于长沙，非无圣主；窜梁鸿于海曲，岂乏明时？"这就启发人们意识到，即使在圣主贤君统治的时期，仍然会有人怀才不遇、遭受冤屈和打击，既然如此，人们似乎就不必为个人的不幸遭际而牢骚满腹、怨天尤人，而应以一种坦然释然的态度去面对。

在艺术上，文章更取得了突出的成就。首先，在结构布局上，全文形式严整，内容虽多，却始终紧紧围绕着题目而展开，层层转进，收放自如，将叙事、写景、议论、抒情完美无间地融为一体，表现出作者杰出的艺术匠心。其次，用典精当，驱遣自如。文中大量的典故，沟通了历史与现实，形成时空交错之感，既巧妙地表达了作者的思想，又极大地丰富了文章的内涵。最后，语言华美流畅，气势奔放，写景状物绘声绘色、生动形象，也是本文的一大特色。其中如"潦水尽而寒潭清，烟光凝而暮山紫"、"落霞与孤鹜齐飞，秋水共长天一色"等皆是备受后人推崇的写景名句，而"落霞"一联以其属对工整、流丽生动、境界阔大、色彩富艳、诗意盎然，尤称千古绝唱。其他如物华天宝、人杰地灵、胜友如云、高朋满座、下临无地、渔舟唱晚、雁阵惊寒、萍水相逢、老当益壮等许多词语，后世也都成为人们习用的成语。满篇珠玑，文彩富赡，仅就语言一项，本文也堪称奇绝，读来真足以令人赏心悦目，有美不胜收之叹。

毛颖传

韩愈

韩愈（公元768—824年），唐代大文学家，字退之，河阳（今河南省焦作孟州市）人，祖籍河北昌黎，世称韩昌黎。晚年任吏部侍郎，又称韩吏部。谥号"文"，又称韩文公。他是唐代古文运动的倡导者，主张学习先秦两汉的散文语言，破骈为散，扩大文言文的表达功能。著有《韩昌黎集》四十卷、《外集》十卷、《师说》等。

毛颖①者，中山②人也。其先明眎③，佐禹治东方土，养万物有功，因封于卯地④，死为十二神。尝曰："吾子孙神明之后，不可与物同，当吐而生⑥。"已而果然。明眎八世孙䨲⑦，世传当殷时居中山，得神仙之术，能匿光使物⑧，窃妲娥、骑蟾蜍入月⑨，其后代逐隐不仕云。居东郭者曰䨲⑩，狡而善走，与韩卢争能⑪，卢不及。卢怒，与宋鹊谋而杀之⑫，醢其家⑬。

秦始皇时，蒙将军恬南伐楚⑭，次中山⑮，将大猎以惧楚。召左右庶长与军尉，以连山筮之⑯，得天与人文之兆⑰，筮者贺曰："今日之获，不角不牙⑱，衣褐之徒⑲，缺口而长须⑳，八窍而趺居㉑，独取其髦，简牍是资㉒，天下其同书㉓。秦其遂兼诸侯乎？"遂猎，围毛氏之族，拔其豪，载颖而归，献俘于章台宫㉔，聚其族而加束缚焉。秦皇帝使恬赐之汤沐㉕，而封诸管城㉖，号曰管城子，日见亲宠任事。

颖为人强记而便敏，自结绳之代㉗，以及秦事，无不纂录；阴阳、卜筮、占相、医方、族氏、山经、地志、字书、图画、九流㉘百家、天人之书，及至浮图㉙、老子、外国之说，皆所详悉；又通于当代之务，官府簿书，市井货钱注记，惟上所使。自秦皇帝及太子扶苏、胡亥、丞相斯、中车府令高，下及国人，无不爱重。又善随人意。正直邪曲巧拙，一随其人。虽见废弃，终默不泄。惟不喜武士，然见请亦时往。上亲决事，虽宫人不得立左右，独颖与执烛者常侍，上休方罢。颖与绛人陈玄㉚、弘农陶泓及会稽褚先生友善㉛，相推致，其出处必偕。上召颖，三人者不待诏，辄俱往，上未尝怪焉。

后因进见,上将有任使;拂拭之,因免冠谢㉝。上见其发秃,又所摹画不能称上意。上嘻笑曰:"中书君老而秃㉞,不任吾用,吾尝谓君中书,君今不中书㉟邪?"对曰:"臣所谓尽心㊱者。"因不复召。归封邑,终于管城。其子孙甚多,散处中国夷狄,皆冒管城,惟居中山者能继父祖业。

太史公曰:毛氏有两族。其一姬姓,文王之子封于毛㊲,所谓鲁、卫、毛、聃者也㊳,战国时有毛公、毛遂。独中山之族,不知其本所出,子孙最为蕃昌。《春秋》之成,见绝于孔子,而非其罪㊴。及蒙将军拔中山之豪,始皇封诸管城,世遂有名,而姬姓之毛无闻。颖始以俘见,卒见任使,秦之灭诸侯,颖与有功,赏不酬劳,以老见疏,秦真少恩哉!

【注释】

①毛颖:指笔。古时笔以兔毫制成,有锋颖,因此借作姓名称毛颖。
②中山:今江苏溧水县东南的独山。相传此山有白兔,其毛制笔最佳。
③明:兔的别名。
④"佐禹"三句:十二生肖与十二地支相配,卯属兔。十二支的卯位在东方,四时中的春也在东方,东方春能生万物,所以有养万物、封卯地之说。
⑤十二神:十二生肖。
⑥吐而生:古代传说,兔生子由口里吐出。
⑦嬔:音 nuò。
⑧匿光:藏于阳光之下使人看不见。使物:能役使鬼物。
⑨"窃姮娥"二句:传说后羿从西王母求得不死之药,其妻姮娥(嫦娥)窃而奔月。传说月宫中有蟾蜍和白兔。
⑩㕙:兔名,战国时的狡兔。
⑪韩卢:狗名。古代韩国的一种黑色良犬。
⑫宋鹊:狗名,古代宋国的一种白色良犬。
⑬醢:肉酱。此处用作动词。
⑭蒙将军恬:旧说秦国大将蒙恬首先制笔,但实际制笔早已开始。
⑮次:驻扎。
⑯连山:相传夏代的《易经》称作《连山》。筮之:卜筮,用蓍草占卜。
⑰得天与人文之兆:得到上天与人文的预兆。
⑱不角不牙:兔不生角,也无犬齿。
⑲衣褐之徒:褐是粗麻织成的衣服。兔有毛,所以说衣褐之徒。
⑳缺口:兔唇上缺。
㉑八窍:古人认为兔子只有八窍。趺居:盘腿蹲踞。
㉒简牍:在发明纸以前,竹简木板,都是用于书写的。资:依赖。
㉓天下其同书:即"书同文",指秦始皇统一文字。
㉔章台宫:秦时官名。
㉕汤沐:沐浴,即洗热水澡。汤:热水。

㉖管城:今河南郑县。
㉗结绳:上古未有文字,用结绳来记事。
㉘九流:指儒、墨、名、法、道、阴阳、纵横、农、杂九家。
㉙浮图:佛家。
㉚中书令:传宣诏命、草拟诏书的官。
㉛衡石自程:每日批阅公文,用衡石计量,日夜有限度,不满不休息。衡,秤杆。石,一百二十斤。
㉜绛人陈玄:陈玄指墨。墨越陈越好。玄,黑色。唐代绛州(今山西绛县)贡墨。
㉝弘农陶泓:陶泓指砚。砚烧土(陶)制成。泓,取其能容水。唐代虢州(弘农郡,今河南灵宝县)贡砚。会稽褚先生:褚先生指纸。纸本是楮木捣烂浸水制成。唐代会稽(今浙江绍兴)贡纸。
㉞免冠谢:脱冠谢罪。冠,笔帽。
㉟老而秃:笔久用而毫毛脱落。
㊱中书:得心应手,书写合宜。
㊲尽心:双关语,言笔心的长毫已经用尽。
㊳毛:古国名,在今陕西扶风。
㊴鲁、卫、毛、聃:指周文王四个儿子的封地。
㊵毛公:名字不详,隐居不仕,后为信陵君门客。毛遂:平原君门客。
㊶"春秋之成"两句:传说孔子作《春秋》,绝笔于获麟。

【赏析】

　　这是唐代著名古文家韩愈所写的一篇传记文。毛颖并非真人,而是作者给毛笔所起的化名。因而文章记叙毛颖的祖先、出生、才能、性格和仕途经历,实际上就是对毛笔的产生经过、制作方法、社会功用和使用特点的形象化展现。这是一种新颖而独特的写法,由于作者自始到终采用拟人化的手法,通过为人作传的规格、方式、笔法和语言来为毛笔立传,赋予它以人的身世地位和仕途命运,使之具有人的才能、行为、性格和心态,这就使得本来可能枯燥乏味的一篇诠释性说明文,变成了一篇充满生命活力的人物传记,从而收到了形象生动、妙趣横生的奇特艺术效果。

　　但是本文的用意显然并不在于单纯地介绍毛笔。在文中,作者多处采用了语意双关、象征寄托的表现手法,使得毛颖的生平,始终相关着毛笔和文人士子两个方面,表面上像在写毛笔,实际上则是在写人。如说毛笔的制作是"取其髦"、"拔其豪"、"聚其族"、"加束缚"、"赐汤沐"等,显然对应着统治者对文人士子的选拔、集中、控制和礼遇;说毛笔的功能和特点是"无不纂录"、"通于当代之务"、"善随人意"、"正直、邪曲、巧拙一随其人"等,则又显然关联着文人士子的社会作用和某些习性;说毛颖"日见亲宠任事"、"累拜中书令,与上益狎"、"日夜常侍"等,显然象征着那些得志士子的腾达受宠;说毛颖"赏不酬劳、以老见疏",则又显然寄托着作者对文人士子一生遭际的感慨。这些语意象双关、象征寄托之处,使得文中的毛颖实质上成为封建时代知识分子的缩影和化身。从这个意义上来说,这篇传记文又带有鲜明的寓言色彩,通过毛颖的生平,隐隐地流露出作者对包括自己在内的封建文人士子"南柯梦"式的遭际命运的悲慨与关注,对统治者"刻薄寡恩"嘴脸的揭露与嘲讽。

总而言之,这是一篇十分精彩的寓言性传记文。作品的成功,首先在于作者独特的艺术构思、大胆的想象虚构,以及拟人化手法和象征寄托手法的出色运用,使得文章既新颖活泼、生动有趣、引人入胜,又意在言外,含蕴丰厚,回味无穷。此外,作品熔毛笔知识、仕途写照、史实掌故、神话传说于一炉,见识广博,内容丰富,既事事有出处、力求质实,又善于灵活变通、想象虚构,充分体现了韩愈散文既严谨又恣肆、既扎实又空灵的风采。

种树郭橐驼传

柳宗元

柳宗元(公元773—819年),字子厚,唐代文学家、哲学家,"唐宋八大家"之一。祖籍河东(今山西省永济市西文学村柳家巷),后迁长安(今陕西西安)。与韩愈共同倡导古文运动,并称"韩柳"。因为他是河东人,终于柳州刺史任上,所以人称柳河东或柳柳州。有《柳河东集》。

郭橐驼①,不知始何名。病偻②,隆然伏行③,有类橐驼者,故乡人号之"驼"。驼闻之曰:"甚善,名我固当。"因舍其名,亦自谓"橐驼"云。

其乡曰丰乐乡,在长安西。驼业种树,凡长安豪富人为观游及卖果者④,皆争迎取养,视驼所种树,或移徙,无不活,且硕茂、早实以蕃⑤。他植者虽窥伺效慕,莫能如也。

有问之,对曰:"橐驼非能使木寿且孳也⑥,能顺木之天以致其性焉尔。凡植木之性:其本欲舒,其培欲平,其土欲故,其筑欲密。既然已,勿动勿虑,去不复顾。其莳也若子⑦,其置也若弃,则其天者全而其性得矣。故吾不害其长而已,非有能硕茂之也;不抑耗其实而已,非有能早而蕃之也。他植者则不然。根拳而土易⑧,其培之也,若不过焉则不及。苟有能反是者,则又爱之太殷,忧之太勤,旦视而暮抚,已去而复顾。甚者爪其肤以验其生枯,摇其本以观其疏密,而木之性日以离⑨矣。虽曰爱之,其实害之;虽曰忧之,其实仇之;故不我若也。吾又何能为哉!"

问者曰:"以子之道,移之官理⑩,可乎?"驼曰:"我知种树而已,理,非吾业也。然吾居乡,见长人者好烦其令⑪,若甚怜焉⑫,而卒以祸。旦暮吏来而呼曰:'官命促尔耕,勖尔植⑬,督尔获;早缫而绪⑭,早织而缕⑮;字而幼孩⑯,遂而鸡豚⑰。'鸣鼓而聚之,击木而召之。吾小人辍飧饔以劳吏者⑱,且不得暇,又何以蕃吾生而安吾性耶?故病且怠⑲。若是,则与吾业者,其亦有类乎?"

问者嘻曰:"不亦善夫!吾问养树,得养人术。"传其事以为官戒也。

【注释】

①橐(tuó)驼:骆驼。

②偻(lǚ):脊背弯曲,驼背。

③隆然:高高突起的样子。

④为观游:修建观赏游览的园林。

⑤蕃:繁多。

⑥孳(zī):生长得快。

⑦莳(shì):移栽。

⑧土易:换了新土。

⑨离:丧失。

⑩官理:为官治民。唐人避高宗名讳,改"治"为"理"。

⑪长(zhǎng)人者:指治理人民的官长。

⑫怜:爱。

⑬勖(xù):勉励。

⑭缫(sāo):煮茧抽丝。而:通"尔",你。

⑮缕:线,这里指纺线织布。

⑯字:养育。

⑰遂:长,喂大。豚(tún):小猪。

⑱飧(sūn):晚饭。饔(yōng):早饭。

⑲病:困苦。

【赏析】

这也是一篇借为人物立传的形式生发议论的寓言性传记文。作者柳宗元,曾写下大量脍炙人口的寓言作品,本文即是他的代表性作品之一。文章通过对郭橐驼其人其事的记述,揭露了当时统治者"好烦其令"的社会弊端,阐发了作者"养民"治国的进步思想。

寓言在表现手法上的基本特点是以小见大,通过小故事的讲述来说明深刻的道理,在说理时,则又常常采用言在此而意在彼、彼与此相类比的手法。本文在写作手法上也是如此。从郭橐驼种树讲起,最后引出的竟是如何养民的大问题。可谓落笔于小,着眼于大,深得小中见大之妙。而在说明如何养民这一大问题时,又处处采用类比手法:用种树者类比统治者,用树类比百姓,用种树类比养民,用种树要"顺木之天以致其性"类比养民要"顺民之天以致民之性",用种树要"其莳也若子"类比做官要爱民如子,用种树要"其置也若弃"类比治国要让百姓休养生息,用"他植者"种树"爱之太殷,忧之太勤"类比"长人者好烦其令"……如此层层类比,环环相应,通过如何种树这件小事,便把如何养民治国的道理说得清楚明白、详尽透辟。

除此之外,文章在阐述种树的道理时,则采用对比的手法。郭橐驼种树和"他植者"种树,在原理、态度、方法和结果诸方面都形成了鲜明对比。通过这一系列对比,将种树过程中的是与非、对与错、利与弊、得与失等都揭示得十分清晰。

在材料的剪裁和安排上,本文也颇具艺术匠心。如在写"他植者"种树的两种错误态度时,作者将重点放在"爱之太殷,忧之太勤"方面,而关于态度马虎方面则一笔带过。这显然是为了服务于本文的主旨,即揭示"长人者好烦其令"的社会弊端的需要,体现了作者善于围绕文章中心选材,行文详略得当、轻重分明、脉络前后照应贯通的艺术特点。

最后,文章的语言质朴生动,峻爽雅洁,也颇能体现柳文一贯的独特语言风格。

黄州新建小竹楼记

王禹偁

王禹偁(公元954—1001年),宋代诗人、散文家,字元之,济州巨野(今山东省巨野县)人。晚年被贬于黄州,世称王黄州。

黄冈之地多竹,大者如椽①,竹工破之,刳②去其节,用代陶瓦。比屋③皆然,以其价廉而工省也。

子城④西北隅,雉堞圮毁⑤,蓁莽荒秽,因作小楼二间,与月波楼⑥通,远吞山光,平挹江濑⑦。幽阒辽夐⑧,不可具状。夏宜急雨,有瀑布声;冬宜密雪,有碎玉声;宜鼓琴,琴调虚畅;宜咏诗,诗韵清绝;宜围棋,子声丁丁然;宜投壶⑨,矢声铮铮然:皆竹楼之所助也。

公退之暇,披鹤氅⑩,戴华阳巾⑪,手执《周易》一卷,焚香默坐,清遣世虑。江山之外,第见风帆沙鸟、烟云竹树而已。待其酒力醒,茶烟歇,送夕阳,迎素月,亦谪居之胜概也。彼齐云、落星⑫,高则高矣;井幹、丽谯⑬,华则华矣,止于贮妓女、藏歌舞,非骚人⑭之事,吾所不取。

吾闻竹工云:"竹之为瓦仅十稔,若重覆之,得二十稔⑮。"噫!吾以至道乙未岁⑯,自翰林出滁⑰上,丙申移广陵⑱,丁酉又入西掖⑲,戊戌岁除日⑳,有齐安㉑之命,己亥㉒闰三月到郡。四年之间,奔走不暇,未知明年又在何处,岂惧竹楼之易朽乎!幸后之人与我同志,嗣而葺之,庶斯楼之不朽也。

咸平二年八月十五日记。

【注释】

①椽(chuán):房椽。

②刳:挖空。
③比屋:家家户户。
④子城:附属于大城的小城。
⑤雉堞:城上的矮墙,呈凹凸型,又称女墙。圮毁:塌毁。
⑥月波楼:楼名,在黄冈城西北,王禹偁修。
⑦挹:汲取。瀬:从沙滩上流过的水。
⑧阒:寂静。敻:遥远。
⑨投壶:古代宴会上的一种游戏。
⑩鹤氅:用鸟羽毛做成的披风。
⑪华阳巾:道士所戴的头巾。
⑫齐云:楼名,在江苏吴县,相传为五代韩浦建造。落星:楼名,在南京东北,三国时吴国孙权建造。
⑬井幹:楼名,在长安,汉武帝刘彻建造。丽谯:楼名,三国时曹操建造。
⑭骚人:诗人。
⑮稔:庄稼成熟。谷一年一熟,故一稔即一年。
⑯至道:宋太宗年号。乙未:至道元年(公元995年)。
⑰滁:即滁州,今安徽滁县。
⑱丙申:至道二年(公元996年)。广陵:扬州。
⑲丁酉:至道三年(公元997年)。西掖:中书省的别称。
⑳戊戌:宋真宗咸平元年(公元998年)。除日:除夕。
㉑齐安:即黄州。
㉒己亥:咸平二年(公元999年)。

【赏析】

　　本文是北宋古文运动的先驱王禹偁的代表作。宋真宗咸平二年,王禹偁被贬为黄州刺史,本文即写于其时。文章虽以竹楼为题,实际上却通过写楼来写人,用竹楼周围的四时胜景来抒写自己的旷达情怀,用饮酒烹茶、送夕阳、迎素月的楼内生活来抒写自己的清白之志,用竹瓦易朽但不及人事播迁之速来抒写自己屡遭贬谪、身如飘蓬的际遇感慨,用竹楼的简陋清贫与帝王殿堂的豪华奢靡相对比,来抒写自己嗤鄙富贵、安贫乐道的坚贞气节。凡此等等,无不巧妙地将自己的谪居生活、志趣追求、人生品格等与竹楼的建筑特点及周围的四时景物融为一体,使人与楼、情与景相互辉映,极具审美价值,读来引人入胜。

　　在写作手法上,文章特别善于捕捉视听形象,描写竹楼的诗意环境,并以此烘托出一个性格鲜明的抒情主人公形象。如写竹楼的位置及其四围远景时说:"远吞山光,平挹江瀬,幽阒辽敻,不可具状",突出的是视觉效果。而写楼内的生活情趣时,一口气列举听雨声、听雪、鼓琴、咏诗、围棋、投壶之趣,则又纯是听觉之趣。视觉之趣在一静字,听觉之趣在一动字。动静相衬,视听结合,这就将作者的生活与楼的四时环境交织起来，浑然一体，构成一幅令人神往的生活图画。在这样诗情画意的环境中，作者的生活情况是"手执《周易》一卷，焚香默坐"，是看"风帆沙鸟，烟云竹树"，是"送夕阳，迎素月"，宁静淡泊，闲适自安，其高雅绝俗的情趣和风流坦荡的胸怀，不着一字，即已跃然纸上。

秋声赋

欧阳修

欧阳修（公元1007—1072年），北宋文学家、史学家，字永叔，号醉翁、六一居士，吉州吉水（今属江西）人。

欧阳子①夜读书，闻有声自西南来者，悚然②而听之，曰："异哉！"初淅沥以萧飒③，忽奔腾而砰湃，如波涛夜惊，风雨骤至。其触于物也，鏦鏦铮铮④，金铁皆鸣。又如赴敌之兵，衔枚疾走⑤，不闻号令，但闻人马之行声。余谓童子："此何声也？汝出视之。"童子曰："星月皎洁，明河⑥在天，四无人声，声在树间。"

余曰："噫嘻悲哉⑦！此秋声也，胡为⑧而来哉？盖夫秋之为状也，其色惨淡⑨，烟霏云敛⑩；其容清明，天高日晶⑪；其气栗冽⑫，砭⑬人肌骨；其意萧条，山川寂寥。故其为声也，凄凄切切，呼号愤发。丰草绿缛⑭而争茂，佳木葱笼而可悦；草拂之⑮而色变，木遭之而叶脱；其所以摧败零落者，乃其一气之余烈⑯。"

夫秋，刑官也⑰，于时为阴⑱；又兵象也，于行用金⑲；是谓天地之义气⑳，常以肃杀而为心。天之于物，春生秋实。故其在乐也，商声主西方之音㉑，夷则为七月之律㉒。商，伤也㉓，物既老而悲伤；夷，戮也㉔，物过盛而当杀。

"嗟乎！草木无情，有时飘零。人为动物，惟物之灵；百忧感其心，万事劳其形；有动于中，必摇其精㉕。而况思其力之所不及，忧其智之所不能；宜其渥然丹者㉖为槁木，黟然黑者为星星㉗。奈何以非金石之质，欲与草木而争荣？念谁为之戕贼㉘，亦何恨乎秋声！"

童子莫对，垂头而睡。但闻四壁虫声唧唧，如助予之叹息。

【注释】

①欧阳子：欧阳修自称。
②悚然：惊惧的样子。
③淅沥：细雨声。萧飒(sà)：风声。
④鏦鏦(cōng)铮铮：金属撞击声。
⑤衔枚疾走：衔枚，古代行军时常令士兵口中衔枚，防止喧哗。枚，一种形似筷子的小棒，两端有带可系在颈上。

⑥明河:即银河。
⑦噫嘻悲哉:噫嘻,叹息声。悲哉,出自宋玉的《九辩》:"悲哉!秋之为气也,萧瑟兮草木摇落而变衰。"
⑧胡为:何为,即"为何"。
⑨惨淡:指秋天草木枯黄,阴暗无色。
⑩烟霏云敛:烟霏,烟气。敛,消失。
⑪日晶:阳光灿烂。
⑫慄冽:寒冷的样子。
⑬砭(biān):针刺。
⑭缛(rù):繁密。
⑮拂:挨,触。之:指秋气。草拂之:即绿草一接触到秋气。
⑯余烈:余威。
⑰夫秋,刑官也:掌管刑法、狱讼的司寇,周朝称为秋官。审决死囚也在秋天。
⑱于时为阴:时,指一年四季。阴,古时以阴阳配四时,春夏属阳,秋冬属阴。
⑲又兵象也,于行为金:兵象,用兵的象征,古代征伐多在秋天,故言。于行为金,古人认为四季变化是五行相生的结果,秋天在五行中属金。五行,指金、木、水、火、土。
⑳义气:义气也是杀气。《吕氏春秋·仲秋》:"杀气浸盛,阳气日衰。"《礼记·乡饮酒义》:"天地严凝之气,始于西南,而盛于西北,此天地之尊严气也,此天地之义气也。"
㉑商声主西方之音:商声,宫、商、角、徵、羽五声之一。五声与四时相配,商声属秋,与四方相配,商声属西方。
㉒夷则为七月之律:夷则,古时十二律(黄钟、大吕、太簇、夹钟、姑洗、中吕、蕤宾、林钟、夷则、南吕、无射、应钟)之一。古人将十二律配十二个月,夷则为七月。
㉓商,伤也:商、伤音义同。这是对上句意思的引申。
㉔夷,戮也:《太平御览》卷二十四引《释名》:"七月谓之夷则,何?夷者,伤也。则者,法也。言万物始伤被刑法也。"
㉕必摇其精:必定损伤精气。
㉖渥然丹者:红润有光,喻年轻。
㉗黟然:黑貌,形容乌黑的头发。星星:鬓发花白。
㉘戕贼:伤害。

【赏析】

　　这是一篇体物言志的文赋,作于宋仁宗嘉祐四年。当时欧阳修已经五十三岁,虽然在朝任官,位居显要,但是几十年宦海沉浮的风霜磨砺,已使他失去少年时雄姿英发的风貌和气概,对人生世事有了更多的体味和感慨。这篇《秋声赋》即是作者感物伤怀、抒写个人生命体验的一篇佳作。文章通过秋声、秋色的描绘,着力揭示秋天对自然草木"摧败零落"的力量,并由草木之秋联想到人生之秋,从而引发对人生易老、世路多艰的深沉感叹。文末"亦何恨乎秋声"等语,虽然在一定程度上流露出在彻悟生老病死、盛衰荣枯的生命规律后的超脱和自慰,但主要还是抒写对这一自然规律无法抗拒的痛心和无奈。因而全文的情感基调是悲慨凄凉、悱恻动人。

文章善于寓抽象的情感于鲜明独特的艺术形象,对秋声的出色描绘尤显得极富才情。作者先用风雨、波涛、金铁、军马四种事物作喻,接着又从色、容、气、意四个方面对其进行仔细描摹,把无形的秋声写得有声有色、有意有形,从而将一个独特的"秋声"形象展现在读者面前。它个性鲜明,情感丰富,性格多变,时而文静,时而暴怒;时而"凄凄切切",淅沥萧飒,时而奔腾澎湃,呼号愤发;其色苍凉,其容清明,其气凛冽,其意萧条。在作者的笔下,它的形象既悲又美,令人叫绝。

文章结构流转自如,层次分明。全文以秋声起,以虫声止,首尾以写景相呼应,由听秋声、状秋声,到议秋声、叹秋声,有描写、有议论、有抒情,既层次井然,手法多变,又浑然一体,相互交融。在形式上,则又能将骈文句式与散文句法糅为一体,骈散相间,灵活洒脱,情韵优美,音节和谐。作品文彩飞扬,笔力雄健,可谓是描写秋声的千古绝唱。

读孟尝君传

王安石

王安石(公元1021—1086年),字介甫,晚号半山,小字獾郎,封荆国公,世人又称王荆公。抚州临川人,北宋杰出的政治家、思想家、文学家。

世皆称孟尝君能得士,士以故归之,而卒赖其力,以脱于虎豹之秦①。嗟乎!孟尝君特②鸡鸣狗盗之雄耳,岂足以言得士?不然,擅③齐之强,得一士焉,宜可以南面④而制秦,尚⑤何取鸡鸣狗盗之力哉?夫鸡鸣狗盗之出其门,此士之所以不至也⑥。

【注释】

①卒:最终。赖其力:孟尝君在秦时,秦昭王要杀他,孟尝君的一个门客扮狗夜入秦宫,偷得原来已经献给秦昭王的狐白裘,送给秦昭王的宠姬,借其力而得释。逃离秦国途中,夜半过函谷关,又靠一个门客学鸡叫,骗得守关人开关放行,才幸免被昭王追兵抓获。

②特:只是。

③擅:据有。

④南面:国君坐北朝南,此指使秦国服从齐国。

⑤尚:还。

⑥"此士"句:这便是为什么士不投奔他的缘故,意为孟尝君门客虽多,没有一个能够称得上是真正的士。

【赏析】

这是一篇短小精悍、见解新颖的读史札记。孟尝君素来以"善得士"而著称,本文却一反前人之说,指出孟尝君所养之士皆鸡鸣狗盗之徒,根本不能算得士。观点新颖,见解独特,且言之成理,持之有据,处处表现出作者的真知灼见,与那些专为标新立异而故作耸人听闻之论的一般翻案文章不可同日而语。

　　作为一篇读史札记,本文历来为人称道,其持久不衰的魅力不仅来自于与众不同的见解,还来自于文章精警峭拔的语言风格和高超的论辩技巧。全文不足九十字,却写得吞吐抑扬,波澜起伏,极尽曲折变化之妙。文章一上来便揭出世俗观点:"世皆称孟尝君能得士,士以故归之,而卒赖其力以脱于虎豹之秦。"接着即以凌厉的笔势从各个方面痛加批驳。先从正面指出孟尝君不过是"鸡鸣狗盗之雄耳,岂足以言得士";再从反面推论,假设其真能"得一士",则"擅齐之强",足以南面而制秦,"尚何取鸡鸣狗盗之力哉";最后又返回正面,以一句简短的结论指出其不能得士的原因:"夫鸡鸣狗盗之出其门,此士之所以不至也。"全文不过四句,却每句一层意思,每层一个转折,层层推进,步步紧逼,论析深刻,逻辑谨严,笔力劲健,气势逼人。清人沈德潜曾评此文说:"语语转,笔笔紧,千秋绝调。"该评深得其妙,可谓不易之论。

前赤壁赋①

苏轼

　　壬戌②之秋,七月既望③,苏子与客泛舟游于赤壁之下。清风徐④来,水波不兴⑤。举酒属⑥客,诵明月之诗⑦,歌窈窕之章⑧。少焉⑨,月出于东山之上,徘徊于斗牛⑩之间。白露⑪横江,水光接天。纵一苇之所如,凌万顷之茫然⑫。浩浩乎如冯虚御风⑬,而不知其所止;飘飘乎如遗世独立⑭,羽化⑮而登仙。

　　于是饮酒乐甚,扣舷⑯而歌之。歌曰:"桂棹⑰兮兰桨,击空明⑱兮溯流光。渺渺⑲兮予怀,望美人⑳兮天一方。"客有吹洞箫者,倚歌㉑而和之。其声呜呜然,如怨㉒如慕,如泣如诉;余音袅袅㉓,不绝如缕㉔。舞幽壑之潜蛟,泣孤舟之嫠妇㉕。

　　苏子愀然㉖,正襟危坐而问客曰:"何为其然也?㉗"客曰:"月明星稀,乌鹊南飞,此非曹孟德之诗乎?西望夏口㉚,东望武昌,山川相缪㉛,郁㉜乎苍苍,此非孟德之困于周郎者乎?方其破荆州,下江陵,顺流而东也㉝,舳舻㉞千里,旌旗蔽空,酾㉟酒临江,横槊㊱赋诗,固一世之雄也,而今安在哉!况吾与子渔樵于江渚之上,侣㊲鱼虾而友麋鹿,驾一叶之扁舟,举匏尊㊳以相属;寄蜉蝣于天地,渺沧海之一粟㊴。哀吾生之须臾㊵,羡长江之无穷;挟飞仙以遨游,抱明月而长终㊶;知不可乎骤㊷得,托遗响于悲风㊸。"

　　苏子曰:"客亦知夫水与月乎?逝者如斯㊽,而未尝往也;盈虚者如彼㊾,而卒莫消长也㊿。盖将自其变者而观之,而天地曾不能以一瞬㈤;自其不变者而观之,则物与我皆无尽也。而又何羡乎!且夫天地之间,物各有主,苟非吾之所有,虽一毫而莫取。惟江上之清风,与山间之明月,耳得之而为声,目遇之而成色,取之无禁,用之不竭。是造物者之无尽藏也㉝,而吾与子之所共适㉞。"

客喜而笑,洗盏更酌㉟。肴核既尽㊱,杯盘狼藉㊲。相与枕藉㊳乎舟中,不知东方之既白。

【注释】

①这篇散文是宋神宗元丰五年(公元1082年)苏轼贬谪黄州(今湖北黄冈)时所作。因后来还写过一篇同题的赋,故称此篇为《前赤壁赋》,十月十五日写的那篇为《后赤壁赋》。赤壁:实为黄州赤鼻矶,并不是三国时期赤壁之战的旧址,当地人因音近亦称之为赤壁,苏轼知道这一点,将错就错,借景以抒发自己的情怀。

②壬戌:宋神宗元丰五年,岁次壬戌。

③既望:农历每月十五日为"望日",十六日为"既望"。

④徐:舒缓地。

⑤兴:起,作。

⑥属(zhǔ):倾注,引申为劝酒。

⑦明月之诗:指《诗经·陈风·月出》,详见下注。

⑧窈窕之章:《月出》诗首章为:"月出皎兮,佼人僚兮,舒窈纠兮,劳心悄兮。""窈纠"同"窈窕"。

⑨少焉:一会儿。

⑩斗牛:星座名,即斗宿(南斗)、牛宿。

⑪白露:白茫茫的水气。横江:笼罩江面。

⑫此二句意谓:任凭小船在宽广的江面上飘荡。纵:任凭。一苇:比喻极小的船。《诗经·卫风·河广》:"谁谓河广,一苇杭(航)之。"如:往。凌:越过。万顷:形容江面极为宽阔。

⑬冯虚御风:乘风腾空而遨游。冯:通"凭"。虚:太空。御:驾御。

⑭遗世独立:出离尘世,超然独立。

⑮羽化:道教把成仙叫作"羽化",认为成仙后能够飞升。登仙:登上仙境。

⑯扣舷:敲打着船边,指打节拍。

⑰桂棹(zhào)兰桨:用兰、桂香木制成的船桨。

⑱空明:月亮倒映水中的澄明之色。溯:同"泝",逆流而上。流光:在水波上闪动的月光。

⑲渺渺:悠远的样子。

⑳美人:比喻内心思慕的贤人。

㉑倚歌:按照歌曲的声调节拍。

㉒怨:哀怨。慕:眷恋。

㉓余音:尾声。袅袅:形容声音婉转悠长。

㉔缕:细丝。

㉕幽壑:深谷,这里指深渊。此句意谓:潜藏在深渊里的蛟龙为之起舞。

㉖嫠(lí)妇:孤居的妇女。白居易《琵琶行》写孤居的商人妻云:"去来江口守空船,绕舱明月

江水寒。夜深忽梦少年事,梦啼妆泪红阑干。"这里化用其事。

㉗ 愀(qiǎo)然:忧愁变色。

㉘ 正襟危坐:整理衣襟,严肃地端坐着。

㉙ 何为其然也:箫声为什么会这么悲凉呢?

㉚ 所引是曹操《短歌行》中的诗句。

㉛ 夏口:故城在今湖北武昌。

㉜ 武昌:今湖北鄂城县。

㉝ 缪:通"缭"(liǎo),环绕。

㉞ 郁:茂盛的样子。

㉟ 孟德之困于周郎:指汉献帝建安十三年(公元208年),吴将周瑜在赤壁之战中击溃曹操号称八十万的大军。周郎:周瑜二十四岁为中郎将,吴中皆呼为周郎。

㊱ 以上三句指建安十三年刘琮率众向曹操投降,曹军不战而占领荆州、江陵。方:当。荆州:辖南阳、江夏、长沙等八郡,今湖南、湖北一带。江陵:当时的荆州首府,今湖北县名。

㊲ 舳舻(zhú lú):战船前后相接。

㊳ 酾(shī)酒:斟酒。

㊴ 横槊(shuò):横执长矛。

㊵ 侣:伴侣,这里用作动词。麋(mí):鹿的一种。

㊶ 扁(piān)舟:小舟。

㊷ 匏尊:酒葫芦。

㊸ 寄:寓托。蜉蝣:一种朝生暮死的昆虫。此句比喻人生之短暂。

㊹ 渺:小。沧海:大海。此句比喻人类在天地之间极为渺小。

㊺ 须臾:片刻,时间极短。

㊻ 长终:至于永远。

㊼ 骤:突然。

㊽ 遗响:馀音,指箫声。悲风:秋风。

㊾ 逝者如斯:语出《论语·子罕》,"子在川上曰:'逝者如斯夫,不舍昼夜。'"逝:往。斯:此,指水。

㊿ 盈虚者如彼:指月亮的圆缺。

㉛ 卒:最终。消长:增减。

㉜ 曾:语气副词。一瞬:一眨眼的工夫。

㉝ 是:这。造物者:天地自然。无尽藏(zàng):无穷无尽的宝藏。

㉞ 适:享用。

㉟ 更酌:再次斟酒。

㊱ 肴核:荤菜和果品。既:已经。

㊲ 狼藉:凌乱。

㊳ 枕藉:相互枕靠。

【赏析】

宋神宗元丰二年,苏轼因"乌台诗案"被捕入狱,险获死罪,后来虽被赦免,贬谪为黄州团练副使,却又受到监视,生活艰难,极不自由。在如此重大的打击面前,作者内心苦闷沉重之极,只好借游山玩水来自我排遣,以求精神解脱。写于元丰五年的这篇《前赤壁赋》就是在这样的背景下产生的。文中所说的赤壁实际上是黄州赤鼻矶,并非三国时赤壁之战的古战场,当地人因其音近而误称为"赤壁"。苏轼明知其误,却故意将错就错,借凭吊历史来抒写个人的情怀。文章通过泛游赤壁的所见所感,以及主客之间的朴素辩驳,展现了作者由故作旷达到陷于苦闷,又由苦闷到解脱的思想过程,表达了他内心深处的思想矛盾,以及身处逆境仍热爱生活的积极乐观的人生态度。一个封建社会的知识分子在极端失意时能忘怀得失,处之坦然,是十分难能可贵的。

文章以作者感情的变化为贯串全文的内在线索,先写因泛舟江上而产生的"遗世独立"之乐,再写因听到箫声呜咽而引发的人生无常之悲,最后经过主与客的相互辩难,终于统一认识,转悲为喜,超然解脱。在表现手法上,文章继承并发展了赋体的传统表现手法——主客对话、抑客伸主。文中的主客对话,实际上代表了作者思想中两个不同侧面的矛盾斗争。通过客人的话来宣泄作者内心的苦闷和失意,又通过主人的话来表现作者乐观旷达的情怀。客人最终被主人说服,则表明作者思想中积极乐观的一面战胜了消极悲观的一面。在展开说理的过程中,作者又始终注意将写景、抒情与说理融会统一,借用自然界的江水、明月、清风等景物,来抒发自己寄情山水、超然解脱的乐观旷达之情,阐明事物具有变与不变的两重性。所以本文虽然颇具哲理意味,却丝毫不嫌枯寂抽象,而是情景交融,情理交融,极富诗情画意,具有很高的美学价值。

文章在语言上也很有特点,句式骈散相间,用韵疏密有致,既有骈文讲究声律对仗的形式之美,又有散文挥洒自如的神韵之美,使全文在整齐工稳中显出灵动变化,如行云流水般平易自然。而文中对洞箫声的精彩描写,更是极见艺术功力。

项 脊 轩 志^①

归有光

归有光(公元 1506—1571 年),明代散文家,字熙甫,又字开甫,别号震川,又号项脊生,曾讲学于嘉定,人称"震川先生"。

项脊轩,旧南阁子也。室仅方丈^②,可容一人居。百年老屋,尘泥渗漉^③,雨泽下注;每移案,顾视无可置者。又北向,不能得日,日过午已昏。余稍为修葺,使不上漏。前辟四窗,垣墙周庭,以当南日^④,日影反照,室始洞然^⑤。又杂植兰桂竹木于庭,旧时栏楯,亦遂增胜。借书满架,偃仰啸歌,冥然兀坐,万籁有声^⑥;而庭阶寂寂，小鸟时来啄食，人至不去。三五之夜，明月半墙，桂影斑驳，风移影动，珊珊可爱。⑦

然余居于此，多可喜，亦多可悲。先是⑧，庭中通南北为一。迨诸父异爨⑨，内外多置小门，墙往往而是。东犬西吠，客逾庖而宴⑩，鸡栖于厅。庭中始为篱，已为墙，凡再变矣⑪。家有老妪，尝居于此。妪，先大母婢也，乳二世⑫，先妣抚之甚厚。室西连于中闺⑬，先妣尝一至，妪每谓余曰："某所，而母立于兹⑭。"妪又曰："汝姊在吾怀，呱呱而泣；娘以指叩门扉曰：'儿寒乎？欲食乎？'吾从板外相为应答⑮。"语未毕，余泣，妪亦泣。余自束发读书轩中⑯，一日，大母过余曰："吾儿，久不见若影，何竟日默默在此，大类女郎也⑰？"比去⑱，以手阖门，自语曰："吾家读书久不效⑲，儿之成，则可待乎！"顷之，持一象笏至，曰："此吾祖太常公宣德间执此以朝⑳，他日汝当用之！"瞻顾遗迹，如在昨日，令人长号不自禁。

轩东故尝为厨㉑，人往，从轩前过。余扃牖而居㉒，久之，能以足音辨人。轩凡四遭火，得不焚，殆有神护者㉓。

余既为此志，后五年，吾妻来归㉔，时至轩中，从余问古事，或凭几学书。吾妻归宁㉕，述诸小妹语曰："闻姊家有阁子，且何谓阁子也？"其后六年，吾妻死，室坏不修。其后二年，余久卧病无聊，乃使人复葺南阁子，其制㉖稍异于前。然自后余多在外，不常居。庭有枇杷树，吾妻死之年所手植也，今已亭亭如盖㉗矣。

【注释】

①项脊轩：归有光年轻时读书的书斋名。作者先祖宋代归道隆居昆山项脊泾，以地名轩，含不忘祖先之意。

②方丈：一丈见方。

③渗漉(lù)：渗漏。

④垣墙：短墙。周：用作动词，环绕，围绕。当：对着。

⑤洞然：敞亮。

⑥借：一作"积"。偃仰：俯仰。冥然兀坐：默默地端坐。万籁：指自然界的一切声响。

⑦三五之夜：农历十五日之夜。珊珊：摇曳之态。

⑧先是：此前，早先。

⑨迨：等到。诸父：伯父、叔父。异爨：各起炉灶，指分家。

⑩逾庖：穿过厨房。

⑪已：已而，不久。再：两次。

⑫先大母：去世的祖母。乳二世：喂养过二代人。

⑬中闺：妇女住的内室，此指母亲卧室。

⑭而：你。兹：此。

⑮板外：门外。

⑯束发：古人十五岁将头发束起盘在头顶以示成童。

⑰过余：来看我。若：你。竟日：整天。

⑱比去：等到离开。
⑲久不效：很久没有成效，指无人取得功名。
⑳顷之：一会儿。象笏：象牙制的长方形手版。又称象简。古时大臣朝见君主时手执之物。太常公：归有光祖母之祖父夏昶，字仲昭，昆山人，永乐进士，官至太常寺卿。宣德：明宣宗年号。
㉑故：早先，以前。
㉒扃牖：关上窗户。
㉓殆：似乎，大概。
㉔来归：嫁到男家。古时女子出嫁曰归。
㉕归宁：回娘家看望父母。
㉖制：格局。
㉗盖：伞。

【赏析】

　　这是一篇朴实生动、情真意切的记事散文。作者归有光，明代著名散文家，项脊轩是他年轻时书斋的名称。文章记叙了项脊轩数十年的历史变化及与之有关的家庭人事变迁，抚今追昔，伤悼自怜，表达了作者对家庭兴衰的无限感慨，对祖母、母亲和妻子的深切怀念之情。

　　文章写得脍炙人口，艺术上取得了巨大成就。首先，在结构布置上，全文以项脊轩为线索，将人事变迁、家道坎壈等一系列纷杂的内容，巨细无遗地尽皆纳入文中，巧妙地一一展现。这些内容事件，表面看去似乎散漫无序，各不相关，但因都与项脊轩有关，从而借助这一线索贯穿起来，成为一个有机的整体，形散而神不散，显示了作者高超的艺术匠心。其次，文章在回忆往事、刻画人物时，特别善于从日常生活中选取富有表现力的细节，写得笔触细腻，生动传神。如对母亲的回忆，只通过扣石扉、问饥寒两个细节，寥寥数笔，就把一个疼爱儿女的慈母形象写得真切感人。对祖母，只通过其三言两语和简单的动作，便生动地再现了她对作者关切、期待和勉励的复杂心情。写亡妻时，也是将几个生活片断信手拈来，略加点染，便写出了往日夫妻生活的伉俪情深，而全文结尾处对枇杷树的描绘，更是语短情长，含蓄不尽。再次，文章感情真挚饱满，含蓄蕴藉，深沉感人。这种情感又多半不是直接抒发，而是与写景、叙事结合起来，无论描绘景物、回忆往事，或是刻画人物，都渗透着浓郁的抒情色彩。唯其如此，才显得文章所抒之情深沉而不浅露、含蓄而有节制、真实而无矫饰、自然而不做作，从而产生了一种特殊的以情动人的力量。最后，文章的语言也极富特色，写景叙事，简洁准确，娓娓道来，自然亲切，朴实无华，神韵流畅。清代文学家方苞曾评论此文说："不俟修饰而情辞并得。"大概正由于语言上不事修饰，才更显出情真意长。本文之能够为人传诵，历久不衰，与其出色的语言魅力是分不开的。

报刘一丈书①

宗臣

宗臣(公元1525—1560年),明代文学家,字子相,号方城山人,为"后七子"之一。

数千里外,得长者时赐一书,以慰长想②,即亦甚幸矣,何至更辱馈遗③,则不才益将何以报焉?

书中情意甚殷④,即长者之不忘老父⑤,知老父之念长者深也。至以"上下相孚,才德称位"语不才⑥,则不才有深感焉。夫才德不称,固自知之矣;至于不孚之病,则尤不才为甚。

且今世之所谓孚者何哉?日夕策马候权者之门,门者故不入⑦,则甘言媚词作妇人状,袖金以私之⑧。即门者持刺入⑨,而主者又不即出见,立厩中仆马之间,恶气袭衣裾,即饥寒毒热不可忍,不去也。抵暮,则前所受赠金者出,报客曰:"相公倦⑩,谢客矣。客请明日来。"即明日,又不敢不来。夜披衣坐,闻鸡鸣即起盥栉,走马抵门⑪。门者怒曰:"为谁?"则曰:"昨日之客来。"则又怒曰:"何客之勤也!岂有相公此时出见客乎?"客心耻之,强忍而与言曰:"亡奈何矣⑫,姑容我入。"门者又得所赠金,则起而入之,又立向所立厩中。幸主者出,南面召见⑬,则惊走匍匐阶下⑭。主者曰:"进。"则再拜,故迟不起,起则上所上寿金⑮。主者故不受,则固请。主者故固不受,则又固请;然后命吏纳之。则又再拜,又故迟不起,起则五六揖始出。出揖门者曰:"官人幸顾我⑯;他日来,幸亡阻我也。"门者答揖。大喜,奔出。马上遇所交识,即扬鞭语曰:"适自相公家来,相公厚我,厚我!"且虚言状⑰。即所交识,亦心畏相公厚之矣。相公又稍稍语人曰:"某也贤,某也贤。"闻者亦心计交赞之⑱。此世所谓上下相孚也。长者谓仆能之乎?

前所谓权门者,自岁时伏腊一刺之外⑲,即经年不往也。间道经其门⑳,则亦掩耳闭目,跃马疾走过之,若有所追逐者。斯则仆之褊哉㉑。以此常不见悦于长吏㉒,仆则愈益不顾也。每大言曰:"人生有命,吾惟守分尔矣㉓。"长者闻此,得无厌其为迂乎㉔?

乡园多故㉕,不能不动客子之愁。至于长者之抱才而困㉖,则又令我怆然有感。天之与先生者甚厚,亡论长者不欲轻弃之㉗,即天意亦不欲长者之轻弃之也,幸宁心哉㉘!

【注释】

①刘一丈是宗臣父亲宗周友人,名玠,字国珍,号墀石,"一"是其排行,"丈"是对长辈的尊

称。此信以叙代议,摹写朝中钻营者奔走权门,卑躬屈膝,摇尾乞怜之丑态,形神毕现于纸上。
② 长想:长久的思念。
③ 馈遗(kuìwèi):赠送礼品。
④ 殷:深切。
⑤ 老父:宗臣父宗周,字维翰,号履庵。初仕山东金乡,官至四川马湖府太守。
⑥ "至以"句:"上下相孚,才德称位",当为刘一丈信中勉励作者的话。孚,信任。才德称(chèn)位,才干品德和职位相符。称,适合,相符。不才,对自己的谦称。
⑦ 门者:看门的仆役。故不入:故意不让进去。
⑧ "袖金"句:意谓向门者行贿。古人携带小物品、少数银钱都装在袖子里,故说"袖金"。私,给门者一点好处。
⑨ 即:即使。刺:名片。古代削木以书姓名,供相互拜见时投送用,称刺。明代改用红纸书写,叫名帖。
⑩ 相公:旧时对人的尊称。这里指宰相严嵩。
⑪ "闻鸡鸣"二句:盥栉(guànzhì),洗面梳头。走马:骑马小跑。
⑫ 亡:通"无"。
⑬ 南面召见:古时以面南为尊位。
⑭ 惊走:惶恐地小跑。匍匐:双手着地,膝行而前。
⑮ 上寿金:以祝寿为名进献金钱。
⑯ 官人:唐时称做官的人为官人,引申为有地位的人。这里称门者。幸顾:垂顾。
⑰ 虚言状:虚夸地讲述进见权贵的情况。
⑱ 心计交赞:心领神会地交口称赞。
⑲ 岁时伏腊:逢年过节。岁时:年节。伏腊:夏伏与冬腊,古时两个节日名。
⑳ 间(jiàn):偶或,有时。
㉑ 褊(biǎn):偏狭,心胸狭隘。
㉒ 见悦于长吏:被上级喜欢。
㉓ 守分:守本分。
㉔ 得无:该不会。迂:迂腐,不通世故。
㉕ 多故:多灾,多变故。
㉖ 抱才而困:刘一丈少负隽才,曾多次参加科举考试,均落选,以布衣而终,故云。
㉗ 亡论:不用说。
㉘ 幸宁心:希望安心等待时机。

【赏析】

　　这是一封书信,也是一篇针砭时弊的批判性文章。文章的内容取材于明朝嘉靖年间的社会现实,当时权奸严嵩把持朝政,政出私门,士大夫中的无耻之徒,为求取富贵利达而不惜污节降志、竞相奔走钻营于严府门下,趋炎附势,丑态百出。本文借助某人投奔权门、谄媚取宠的典型事件,对这种现象进行了深刻地揭露和抨击。文中人物与事件在当时虽都有明确的现实影射对象,但因作者所揭示的社会问题并非明朝所特有,而是中国古代历史长河中长期存在的社会现象,故而这篇文章也就具有了超越其时代的恒久而普遍的社会批判价值。因此,不仅清人曾称其为"有关世教之文",即使在今天,人们仍然可以深切感受到它强烈的现实意义。

文章在写作手法上很有特点,写人叙事纯用白描,不假辞藻典故。尤善运用夸张式的漫画笔法,将各色人物的言行丑态刻画得惟妙惟肖、生动传神,于冷峻摹写之中尽收揶揄嘲讽之效。故而前人每读此文,未尝不击节叹赏其奇妙,一则云"小说耶?传奇耶?令人绝倒",再则云"字字堪入笑林"。其喜剧魅力之深厚、讽刺艺术之高超,于此可见一斑。

文章在人物形象的刻画上极为成功。作者的文笔仿佛是一面照妖镜,不仅刻画出各色人等的言行丑态,而且刻画出其各式各样的龌龊心理和卑鄙灵魂,使得他们的嘴脸心态,各各纤毫毕露,无所隐遁。作者还善于运用对比反衬手法,在强烈的对比反差和映照反衬中去凸显人物形象。文中权要者的贪婪虚伪、装腔作势,干谒者的寡廉鲜耻、奴颜婢膝,守门人的敲诈勒索、狐假虎威,相映成趣,对比分明,这是一层对比关系。干谒者的奔走权门之态与作者自己鄙夷权势、傲视权门的风骨,又是一层对比关系。干谒者求谒权门时的奴颜媚骨、低声下气与干谒成功后的张狂得意、忘乎所以,又是一层对比关系。层层对比,既使人物性格分外鲜明,又有力地揭示了文章的主旨。

晚游六桥待月记①

袁宏道

袁宏道(公元1568—1610年),明代文学家,字中郎,号石公,湖广公安(今属湖北)人。他与兄宗道、弟中道,并称"三袁",为公安派创始者,文学成就居"三袁"之首。

西湖最盛,为春为月②。一日之盛,为朝烟,为夕岚③。今岁春雪甚盛,梅花为寒所勒,与杏桃相次开发,尤为奇观。石篑④数为余言:"傅金吾⑤园中梅,张功甫⑥玉照堂故物也,急往观之。"余时为桃花所恋,竟不忍去湖上。

湖上由断桥至苏堤一带,绿烟红雾,弥漫二十余里。歌吹为风⑦,粉汗为雨⑧,罗纨之盛⑨,多于堤畔之草,艳冶⑩极矣。

然杭人游湖,止午未申三时⑪。其实湖光染翠之工,山岚设色之妙,皆在朝日始出,夕舂⑫未下,始极其浓媚。月景尤不可言,花态柳情,山容水意,别是一种趣味。此乐留与山僧游客受用,安可为俗士道哉!

【注释】

① 六桥：西湖苏堤上的六座桥，由南向北依次名为映波、锁澜、望山、压堤、东浦、跨虹。
② 为春为月：意为是春天月夜。
③ 夕岚：傍晚山里的雾气。
④ 石篑：即陶望龄，字周望，号石篑。明万历年进士，袁宏道的朋友，"公安派"作家。
⑤ 傅金吾：姓傅的宫廷宿卫，明代禁军中有金吾卫。
⑥ 张功甫：南宋将领张峻的孙子，玉照堂是其园林，有名贵梅花四寻址。
⑦ 歌吹为风：美妙的音乐随风飘扬。
⑧ 粉汗为雨：带粉香的汗水如雨流淌。
⑨ 罗纨(wán)之盛：罗纨，这里是指穿罗纨制作的衣服的人。
⑩ 艳冶：艳丽妖冶。
⑪ 午未申：指午时、未时、申时三个时辰，相当于现在从上午十一时至下午五时的这一段时间。
⑫ 夕舂(chōng)：夕阳。

【赏析】

　　这是一篇描写西湖景物的游记。作者袁宏道，字中郎，明代文学家，是"公安派"中最有成就的代表人物。袁宏道关于西湖的游记作品共有十六篇，本文是其中的第二篇。文章篇幅短小，构思独特，极具艺术匠心。题为"待月记"，却基本未及月夜之景。先写西湖之春群芳竞开，梅花与桃杏争艳的奇观；再写桃花之盛："绿烟红雾，弥漫二十余里"；又写游人之盛："歌吹为风，粉汗为雨，罗纨之盛，多于堤畔之草"；接着写为一般游人忽略不见的朝烟、夕岚。在经过这样的层层铺垫、渲染之后，总算写到了月景，然而作者却仅以"花态柳情，山容水意，别是一种趣味"一句匆匆带过，随后便戛然而止，结束全篇。大概是确如作者所说，月景之美只可意会、不可言传吧，故而才用此笔法，尚未开始便遽然收束，以免描摹不得的难堪。其实纵观全文，何止写月如此，前面写梅花、桃花，写朝烟、夕岚，又何尝不然？作者仿佛极为吝惜笔墨，故而将眼中妙景，只作疏略写意，绝不工笔细描；又仿佛故意撩人情思，故而将览胜之趣，只反复泛泛提及，点到为止，总不肯具陈情状，曲尽其妙。惟其如此，文章才格外显得空灵幻变，辞浅意深，情韵悠长。张岱曾说："古人记山水手，太上郦道元，其次柳子厚，近时则袁中郎。"诚非过誉。

左忠毅公①逸事

方苞

　　方苞（公元1668—1749年），清代散文家，字凤九，一字灵皋，号望溪，桐城（今属安徽）人，著有《望溪先生文集》18卷，《集外文》10卷，《集外文补遗》2卷。方苞是清代桐城派散文的创始人。

先君子尝言②：乡先辈左忠毅公视学京畿③，一日，风雪严寒，从数骑出，微行入古寺。庑下一生伏案卧④，文方成草。公阅毕，即解貂覆生⑤，为掩户。叩之寺僧，则史公可法也⑥。及试，吏呼名至史公，公瞿然注视⑦，呈卷，即面署第一。召入，使拜夫人，曰："吾诸儿碌碌，他日继吾志者，惟此生耳。"

及左公下厂狱⑧，史朝夕狱门外，逆阉防伺甚严，虽家仆不得近。久之，闻左公被炮烙⑨，旦夕且死；持五十金，涕泣谋于禁卒，卒感焉。一日，使史更敝衣草屦，背筐，手长镵⑩，为除不洁者。引入，微指左公处，则席地倚墙而坐，面额焦烂不可辨，左膝以下，筋骨尽脱矣。史前跪，抱公膝而呜咽。公辨其声而目不可开，乃奋臂以指拨眦，目光如炬，怒曰："庸奴！此何地也？而汝来前！国家之事，糜烂至此。老夫已矣，汝复轻身而昧大义⑪，天下事谁可支柱者！不速去，无俟奸人构陷，吾今即扑杀汝！"因摸地上刑械，作投击势。史噤不敢发声，趋而出。后常流涕述其事，以语人曰："吾师肺肝，皆铁石所铸造也！"

崇祯末，流贼张献忠出没蕲、黄、潜、桐间⑫。史公以凤庐道奉檄守御⑬。每有警，辄数月不就寝，使壮士更休，而自坐幄幕外。择健卒十人，令二人蹲踞而背倚之，漏鼓移⑭则番代⑮。每寒夜起立，振衣裳，甲上冰霜迸落，铿然有声。或劝以少休，公曰："吾上恐负朝廷，下恐愧吾师也。"

史公治兵，往来桐城，必躬造左公第⑯，候太公、太母起居⑰，拜夫人于堂上。

余宗老涂山⑱，左公甥也，与先君子善，谓狱中语，乃亲得之于史公云。

【注释】

①左忠毅：即左光斗，字遗直，安徽桐城人。万历进士，官至左佥都御史。天启四年，因上疏弹劾魏忠贤，被诬下狱，备受酷刑，死于狱中。弘光时追谥"忠毅"。文记左光斗奖掖、爱护史可法，及史可法克承师志事，重在具体细节，味淡而淳。叙事有章法，有史迁之风。

②先君子：作者称已去世之父亲方仲舒。

③视学京畿：负责京城附近地区的学政。京畿，指京城所辖地区。

④庑(wǔ)下：廊屋下。

⑤解貂：脱下貂皮外衣。

⑥史可法：字宪之，又字道邻，明末祥符（今河南开封）人。崇祯年间进士，历任西安府推官、右佥都御史、南京兵部尚书。南明弘光时，开府扬州，以身殉城。

⑦瞿然：惊视貌。

⑧厂狱：明代东厂监狱。东厂是明代特务机构，由亲信太监掌管。

⑨炮烙：用烧红的铁烙犯人的酷刑。

⑩手长镵(chǎn)：手持长柄铲子。镵，同"铲"。

⑪昧：不明，糊涂。

⑫张献忠：明末农民起义领袖。崇祯三年在陕西起事，转战中原各省，后进军四川，建立大西政权。清顺治三年战死。蕲(qí)：今湖北蕲春。黄：今湖北黄冈。潜：今安徽潜山。桐：今安徽桐城。

⑬风庐道:统辖凤阳府、庐州府的道员。檄:用于讨伐或征召的文书。
⑭漏鼓移:指过了一个更次。漏,计时的漏壶。鼓,军中报时的更鼓。
⑮番代:替换。
⑯躬造:亲自拜访。躬:身体,引申为亲身。造:拜访。
⑰"候太公"句:指问候左光斗父母。饮食寝兴等日常生活状况。
⑱宗老:同宗中的前辈。涂山:方文,字尔止,号涂山,明遗民。方苞族祖父。

【赏析】

这是一篇记人散文。本篇文章记叙了明末著名东林党人左光斗的两件逸事,生动地表现了他珍爱人才、以国事为重的可贵品质,是方苞散文中较有代表性的名篇。

文章体现了作者在文学创作上的一贯主张,严谨简炼而又朴实生动,很有艺术特色。左光斗作为明末东林党的一面旗帜,为人正派,节操挺特,不畏权奸,其一生可书之事甚多。本篇在塑造人物时,并没有面面俱到,着眼于全面记述左光斗的一生事迹,而是选取其一生中的两件琐事,来深入挖掘和展现其性格品质。这就体现出作者善于选材、以小见大、深入开掘的艺术匠心。在结构上,文章从"忠毅"二字入手,以此为核心来选择和安排材料,布局紧凑,线索分明。在人物描写方面,则采取正面描写与侧面描写相结合的方法,一方面从正面直接写左光斗本人的言行举止,另一方面则以史可法来作间接陪衬,从而使两人的形象相互辉映,相得益彰。在语言上,本文笔墨简洁明净,细腻传神。如对人物的描写,仅用极少词语,便能细致入微地揭示其内心活动和精神气质。左光斗下狱受刑,"筋骨尽脱",然犹"席地倚墙而坐",表现出他虽外受酷刑却内秉坚贞。史可法前跪鸣咽,他则"历臂以指拨眦","目光如炬",怒叱史"轻身而昧大义",并"摸地上刑械,作投击势",逐其"速去"。寥寥数语,几个动词,就把他疾恶如仇、慷慨愤激的个性气质揭示得淋漓尽致。

病 梅 馆 记

龚自珍

江宁之龙蟠①,苏州之邓尉②,杭州之西溪③,皆产梅。或曰:"梅以曲为美,直则无姿;以欹④为美,正则无景;以疏为美,密则无态。"固也⑤。此文人画士心知其意,未可明诏大号⑥,以绳⑦天下之梅也;又不可以使天下之民,斫⑧直、删密、锄正,以夭⑨梅、病梅为业以求钱也。梅之欹、之疏、之曲,又非蠢蠢求钱之民能以其智力为也。有以文人画士孤癖之隐⑩,明告鬻⑪梅者,斫其正,养其旁条,删其密,夭其稚枝,锄其直,遏其生气⑫,以求重价,而江、浙之梅皆病。文人画士之祸之烈至此哉!

予购三百盆,皆病者,无一完者。既泣之三日,乃誓疗之、纵之、顺之⑬,毁其盆,悉埋于地,解其棕缚⑭;以五年为期,必复之全之。予本非文人画士,甘受诟厉⑮,辟病梅之馆以贮⑯之。

呜呼！安得使予多暇日，又多闲田，以广贮江宁、杭州、苏州之病梅，穷予生之光阴以疗梅也哉！

【注释】

①江宁：今江苏南京市。龙蟠（pán）：指钟山，即紫金山，在今南京中山门外。
②邓尉：山名，在今苏州西南。
③西溪：地名，在今杭州灵隐寺山西北。
④欹（qī）：倾斜。
⑤固也：是啊（意即固然有其道理）。
⑥明诏（zhào）大号：明白地宣布，大声地号召。
⑦绳：衡量，束缚。
⑧斫（zhuó）：砍。
⑨夭（yāo）：夭，短折，早死。
⑩孤僻之隐：个人内心的奇特嗜好。隐，隐衷。
⑪鬻（yù）：卖。
⑫遏（è）其生气：阻抑它的生机。遏，阻止。
⑬纵之，顺之：解散了它，让它顺着自己的本性生长。
⑭棕：棕绳。
⑮诟（gòu）厉：辱骂。
⑯辟：开辟。贮（zhù）：收藏。这里指安置。

【赏析】

　　这是一篇带有寓言性质的散文小品。作者龚自珍，是晚清最杰出的思想家和文学家之一。本文写于作者道光十九年辞官归乡之后，当时中国已是封建社会的末世，正在面临巨大的社会变革，而清廷的封建统治却严重地束缚思想，摧残人才，阻碍中国社会的进步发展。作者有感于此，遂以梅为喻，写下了这篇《病梅馆记》。

　　文章表面上通过花圃艺匠受文人画士的影响，破坏自然之美，致使梅花皆成病态一事，表达了作者对这种病态的审美情趣的深恶痛疾，实则是借梅喻人，流露出作者对封建统治思想对人的个性的压抑和束缚的不满，表达了作者对人才的自由发展和精神解放的强烈愿望。作者托物言志，寓深刻道理于寻常琐事之中，表现出敏锐的思想和深刻的批判锋芒。文章也因此而显得含蓄隽永，启人深思。全文语言畅达明快，风格刚健有力，充分展现出作者驾驭文字的才能。而结尾的"安得"一叹，则似杜甫《茅屋为秋风所破歌》的结尾一般，情感真挚浓烈，尤富艺术感染力。

【思考题】

1. 先秦散文可以分为哪两个方面？各有哪些代表性作品？
2. 汉代政论散文和史传散文各有哪些名家名作？

3. 六朝时期占统治地位的文体是哪一种？

4. 唐代古文运动和宋代古文运动的情况如何？"唐宋八大家"是指哪几位作家？

5. 明、清两代有哪些重要的散文流派？

6. 试分析欧阳修《秋声赋》、苏轼《前赤壁赋》二文的思想内容和艺术成就，并比较它们的形式特征。

第三节 小　　说

（一）中国古代小说的发展概况

作为中国古代文学的重要组成部分，中国古代小说具有其独特的发生、发展、演变的历史。从先秦的孕育到汉代的命名，经历了汉魏六朝杂史、志怪的成长，唐宋元明传奇、话本的壮大，最后在明清章回小说中展示出生命的辉煌。其历史概况可以用下表表示：

时代	发展阶段	小说形态	代表作品
先秦	源头	神话	《山海经》、《穆天子传》
		史传	《左传》、《国语》、《战国策》
		诸子	《论语》、《孟子》、《庄子》
魏晋南北朝	发展	志怪小说	《搜神记》
		轶事小说	《世说新语》
唐	繁荣	传奇	《任氏传》、《李娃传》
宋明	新阶段	话本、拟话本	三言、二拍、一型
		历史演义	《三国演义》
		英雄传奇	《水浒传》
		神魔小说	《西游记》
		世情小说	《金瓶梅》
		志怪小说	《聊斋志异》
		讽刺小说	《儒林外史》
		现实主义小说	《红楼梦》

(1) 小说的渊源

中国古典小说的发展有一个长期的历史演变过程,最早可以溯源到中国文化最富于创造力和影响力的战国时期,其源头有三:神话、史传和诸子。明人胡应麟曾说,神话是"古今小说之祖"。神话故事以神为中心,历史传说虽然有现实人物为根据,也往往被涂上神异的色彩,它们是我国志怪小说的源头。我国先秦古籍中保存神话最多的是《山海经》,《穆天子传》中也有一些。古代神话对小说的影响主要体现在三个方面:一是题材,二是幻想的方式,三是情节结构。魏晋志怪小说《神异经》、《十洲记》固然是摹仿《山海经》,但如《汉武帝故事》、《汉武帝内传》讲武帝与西王母故事,则显然是从《穆天子传》中穆王"宾于西王母"的情节发展而来。这些都说明了神话与小说的渊源关系。

史传的第三人称全知视角叙事对小说叙事方式的影响十分深刻。《左传》、《国语》基本采用第三人称全知视角叙事的方式,这为小说叙事提供了范例。最早的杂史小说《穆天子传》就套用这种方式来展开具体的叙述过程。后世小说也大体如此。这种叙事方式使叙述者超越时空限制,自由出入于叙述所及的任何时刻、任何场景,这一方面构成了全方位叙事,同时也使叙述者成为一个无所不在的全知全能者,这就要求叙述者即便是进行历史叙事也必须展开想象,以弥补实际素材的种种不足。正是想象,使历史叙事顺利过渡为小说叙事。另外,我国先秦史书如《左传》、《国语》、《战国策》等,都具体记述人物的言行,多情节完整、场面突出、对话精彩的段落,往往为后世小说视为渊源和楷模。尤其是《战国策》,其中许多篇章具有明显的虚构成分,被当作最初的小说体裁之一——杂史小说的开端。"杂史"中记载的人物、故事大都有史实根据,写法也与史传相似,但往往加入了许多想象和附会成分,情节更为曲折,由此描写也更为细致,颇富小说意味。《隋书·经籍志》将《战国策》列为"杂史"之首,并下启《吴越春秋》、《越绝书》等汉代杂史小说,可以看出史传与小说有着明显的亲缘关系。先秦子书如《论语》、《孟子》、《庄子》等,也杂有不少记事成分,写出了一些思想家及其门徒的言论行动。它们都对魏晋以后记录人物琐事的小说有直接的启发和影响。

小说的命名始于汉代。班固《汉书·艺文志》说:"小说家者流,盖出于稗官,街谈巷语,道听途说者之所造也。"此处所指始近于小说。《汉书》曾著录小说家书十五种,一千三百八十篇,这是我国文学史上最早见于著录的小说作品。

(2) 小说的发展

到魏晋南北朝时期,小说开始初具规模,这时,写作小说几乎成为一种风气,不仅作品的数量多,而且内容丰富,出现了前代所没有的盛况。这个时期的小说,就其内容来说,大体可以分为两类:一类是谈鬼神怪异的"志怪小说";另一类是记录人物轶闻琐事的"轶事小说"。它们对后世文言小说的写作,不论是在题材内容、人物塑造上，还是在艺术手法、叙事模式上，都产生了深远的影响。

魏晋南北朝时期志怪小说的大量产生，是有其现实社会原因的。这一方面是由于当时盛行的宗教迷信思想。"中国本信巫，秦汉以来，神仙之说盛行，汉末又大畅其风，而鬼道愈炽；会小乘佛教亦入中土，渐见流传，凡此，皆张皇鬼神，称道灵异，故自晋迄隋，特多鬼神志怪之书。"（鲁迅《中国小说史略》）这段论述很简明扼要。魏晋南北朝时期，社会动荡不安，战乱频繁，宗教迷信思想最易传播。腐朽的士族阶级不敢正视现实，妄想羽化成仙，多信神仙道术之事；有的则信仰佛教，寻求精神安慰；劳动人民渴望摆脱贫困、饥饿和死亡，但是在统治阶级的压迫和愚弄之下，也只能把寻求安宁和幸福的希望寄托于不现实的幻想当中，所以鬼神故事也就不断产生。另一方面，广大人民在极端困迫的生活中，也用各种方式向压迫、剥削他们的反动统治阶级展开了英勇的斗争。他们常常把强烈的反抗意志和对理想的追求，通过大胆的幻想，用神鬼故事曲折地表现出来。志怪小说中有不少思想内容积极健康的作品，就是这些故事的记录和加工。

干宝的《搜神记》是志怪小说的代表作。其中有直接揭露封建统治者的凶残，表现人民对统治者坚决斗争的决心，如《干将莫邪》篇，记述了春秋时代，工匠莫邪为楚王铸剑，历尽千辛万苦铸成雌雄两剑后被楚王杀死，其子赤为父报仇的故事。它不仅揭露了暴君残害人民的血腥罪行，而且突出地表现了我国古代劳动人民反抗压迫的英雄行为。山中行客见义勇为、自我牺牲为子赤复仇的豪侠气概，也体现了劳动人民在反抗压迫斗争中的团结友爱。书中写行客持子赤头见楚王一段，尤其惊心动魄：

客持头往见楚王，王大喜。客曰："此乃勇士头也，当于汤镬煮之。"王如其言煮头，三日三夕不烂。头踔出汤中，瞋目大怒。客曰："此儿头不烂，愿王自往临视之，是必烂也。"王即临之，客以剑拟王，王头随堕汤中，客亦自拟己头，头复堕汤中。三首俱烂，不可识别，乃分其汤肉葬之，故通名三王墓。

情节看来虽似离奇荒诞，却深刻地表现了在暴君统治下被迫害人民反抗的决心。这篇小说悲壮感人，情节一波三折。同时，楚王的贪婪残暴，子赤和行客的勇敢卓绝和顽强斗争的英勇气概跃然纸上。鲁迅先生曾以此为题材写了《铸剑》。又如《韩凭夫妇》，同样令人荡气回肠：宋康王霸占韩凭的妻子何氏，韩悲愤自杀，何氏趁着与康王登台赏景时跳台自尽，留下遗书要求与韩合葬。康王大怒，下令不许合葬。但一夜之间，两座坟墓各长出一棵大树，枝叶交错一起，并有一对鸳鸯交颈哀鸣。这幕悲剧暴露了封建统治者荒淫和凶残的本性，歌颂了韩凭夫妇生死不渝的爱情，尤其是何氏不慕富贵，不畏强暴的刚强意志，体现了劳动人民贫贱不移、威武不屈的高尚品质。另一篇《紫玉韩重》则是反映封建婚姻制度下青年男女为争取爱情、幸福而斗争的故事。小说写吴王夫差的女儿紫玉与穷人家的韩重相爱并私定终身,吴王不许,紫玉含恨而死。韩重在墓前痛哭,紫玉灵魂出现,和他在墓中结为夫妻。写出了封建时期青年男女爱情生活的不自由,也歌颂了坚贞不渝的爱情及其令人"生而死,死而生"的伟大力量,对后世的文学创作产生了深远的影响。而《李寄斩蛇》以其简朴有力的语言、紧张生动的情节、丰富完整的结构和引人入胜的美学效果赞颂了少年女英雄李寄勇敢机智、侠义聪慧、为民除害的精神。

总的说来,这些志怪小说在内容上折射了时代的黑暗腐朽,抨击了统治阶级的专横跋扈及祸国殃民的罪行,对处于水深火热之中的黎民百姓寄予了深深的同情,表现出作者鲜明的爱憎倾向,具有深刻的社会思想意义。在艺术上,它们有着丰富奇特的想象幻想、鲜明生动的人物形象和完整曲折的故事情节,其构思奇幻惊人,文笔细腻迷人,情致哀婉动人。作者运用多种艺术手段,增强叙事的艺术性,有意识地渲染细节,使人物形神兼备,增强了艺术感染力。

记录人物逸闻轶事的小说在魏晋南北朝也很盛行。轶事小说的兴盛除了文本自身的演变原因外,还与汉末清议和品评人物之风有密切的关系。士大夫故标清高疏放,宗法老庄,不以世俗之务萦心,追求放诞任性,并以清议形式高谈玄理,于是在污浊的现实上营造出一个精神的象牙之塔。刘义庆的《世说新语》是轶事小说的代表作,它主要是掇拾汉末至东晋的士族阶层的逸闻轶事,形象生动地描绘了"魏晋风度"与"名士风流"的真实面貌与生活情景。士族名士们崇尚"自然",主张适意而行,不受任何拘束,如《任诞》中的"王子猷雪夜访戴安道"、《雅量》中谢安与顾雍的故事。他们标榜清高雅致,追求清谈玄远,《文学篇》中记述了大量清谈、玄谈的故事。

《世说新语》的一些记载还暴露了当时社会和政治的黑暗,对统治阶级和豪门世族的贪婪残暴、穷奢极欲和悭吝狠毒给予了不遗余力的谴责和抨击,如《汰侈》中王恺与石崇斗富夸豪,《方正》中何充驳斥王敦等。《言语篇》"新亭对泣"则表现了爱国思想,写南渡士人触景生情,新亭对泣,悲悼故国沦陷,念念不忘收复故土的爱国情怀:过江诸人每至关日,辄相邀新亭,借卉饮宴。周侯中坐而叹曰:"风景不殊,正自有河山之异。"皆相视流泪。唯王丞相愀然变色曰:"当共戮力王室,克复神州,何至作楚囚相对!"

《世说新语》在艺术上具有较高的成就。鲁迅说它"记言则玄远冷峻,记行则高简瑰奇",可以视作此书在艺术上的总特色。它善于通过富有特征的细节勾勒人物的性格和精神面貌,使之栩栩如生。如《忿狷篇》写王蓝田性急,吃鸡子时"以筯刺之,不得,便大怒,举以掷地。鸡子于地圆转不止。仍下地以屐碾之,又不得甚,复于地取纳口中,吃破即吐之。"通过几个小动作就把王蓝田的性急绘声绘色地刻画出来了。善于把记言记事结合,也是《世说新语》在艺术上的重要特色。与此相应,其语言精练含蓄,隽永传神,寥寥数语就写出了一个人的音容笑貌,使人过目不忘。另外,它还善于将口语和富有生活气息的语言写入小说,增强了小说的艺术感染力。书中的许多故事、寓言还在后世变成了成语或典故,如"望梅止渴"、"一往情深"、"咄咄怪事"、"难兄难弟"等。《世说新语》是记叙轶闻隽语的笔记小说的先驱,也是后来小品文的典范,对后世文学有深远的影响。

(3) 文言小说的高峰

中国小说发展到唐代进入了一个新的阶段,唐人小说称为"传奇"。唐代传奇小说是文言小说发展史上的里程碑,代表着早期文言小说艺术的最高成就。初盛唐时期,传奇小说初步发展,《古镜记》是现存唐传奇中最早的一篇。中唐时期是传奇小说的黄金时代,作品增多,内容丰富多彩。反映现实生活的作品占据了主要地位,即使谈神说怪,也往往具有社会现实内容,如《枕中记》和《南柯太守传》。以爱情为主题的作品如《任氏传》、《柳毅传》、《霍小玉传》、《李娃传》、《莺莺传》等,在唐传奇中成就最高。其中,《任氏传》和《李娃传》都是具有神怪色彩的爱情小说,而又充满人间社会的清新气息,是对六朝志怪传统的创新。它们大都歌颂坚贞不渝的爱情,谴责封建礼教和门阀制度对妇女的迫害;并且经常运用写实手法来刻画人物性格和环境气氛,创造了一系列优美的妇女形象,而且第一次将娼妓婢妾推为赞颂的主角。《无双传》是晚唐爱情传奇中最好的一篇,它在社会变乱动荡的背景下,突出描写了一对青年男女悲欢离合的故事。

唐代传奇的产生,标志着我国小说的发展已渐趋于成熟。从此,小说正式形成了自己的规模和特点,成为一种独立的文学样式。它在内容的丰富性、题材的多样性、人物的形象性、故事的艺术性和文笔的生动性等方面,都是六朝小说所无可比拟的。它揭开了我国现实主义小说的序幕,反映了城市社会生活的繁荣复杂,把反对封建门阀制度和礼教压迫当作表现的基本主题,一些优秀的作品则往往兼有浪漫主义的精神,对后世小说、戏剧有着深远的影响。

(4) 小说发展的新阶段

宋元时期,小说主要是话本和拟话本。话本小说源于唐代的佛教讲经及其"俗讲"活动,后来民间艺人借来讲史或演说时事等。这种说书人的底本及其草拟"说话"的书面故事,就成了话本小说。现存的话本以爱情和公案居多,直接取材于现实生活,表达了市民的心声。爱情题材的作品有《碾玉观音》、《闹樊楼多情周胜仙》、《快嘴李翠莲记》和《志诚张主管》,公案类代表性的有《错斩崔宁》、《宋四公大闹禁魂张》。

拟话本是文人介入话本小说领域,加工改造或模仿话本风格而创作出的小说。"三言二拍一型"是拟话本的代表作,也是我国古代白话短篇小说创作的高峰。

(5) 小说发展的高峰

明清时期,中国小说发展达到了前所未有的高度。唐有诗,宋有词,元有曲,小说则成为明清时期的代表性文体。作家们继承并发扬了魏晋志怪小说、唐宋传奇、宋元话本的进步传统,创作了历史演义《三国演义》、英雄传奇《水浒传》、神魔小说《西游记》、世情小说《金瓶梅》、志怪小说《聊斋志异》、讽刺小说《儒林外史》以及现实主义集大成小说《红楼梦》等著名的作品。这些作品在思想和艺术上都达到了很高的成就,成为中国古典小说创作的最高峰。

综上所述,伴随着中国文学的发展,中国古典小说经历了一个从孕育、发生、发展到繁荣,最后达到高峰的历史过程,在中国文学的花园里,绽放出其独特的绚丽光彩。

(二)中国古代小说名著赏析

儒林外史(节选)

吴敬梓

吴敬梓(公元1701—1754年),安徽人,字敏轩,自号秦淮客,晚年又称文木老人。吴敬梓怀着愤世嫉俗的心情创作了《儒林外史》这部卓绝的讽刺小说,堪称中国讽刺文学的集大成者。

第十四回:蘧公孙书坊送良友　马秀才山洞遇神仙

马二先生上船,一直来到断河头。问文楼的书坊,乃是文海楼一家。到那里去住,住了几日,没有甚么文章选。腰里带了几个钱,要到西湖上走走。

这西湖,乃是天下第一个真山真水的景致!且不说那灵隐的幽深、天竺的清雅,只这出了钱塘门,过圣因寺,上了苏堤,中间是金沙港,转过去就望见雷峰塔,到了净慈寺,有十多里路,真乃五步一楼,十步一阁!一处是金粉楼台,一处是竹篱茅舍,一处是桃柳争妍,一处是桑麻遍野。那些卖酒的青帘高扬,卖茶的红炭满炉。士女游人,络绎不绝。真不数"三十六家花酒店,七十二座管弦楼"。

马二先生独自一个,带了几个钱,步出钱塘门。在茶亭里,吃了几碗茶,到西湖沿上,牌楼跟前坐下。见那一船一船乡下妇女来烧香的,都梳着挑鬓头。也有穿蓝的,也有穿青绿衣裳的,年纪小的都穿些红绸单裙子。也有模样生的好些的,都是一个大团白脸,两个大高颧骨。也有许多疤、麻、疥、癞的。一顿饭时,就来了有五六船。那些女人后面,都跟着自己的汉子,据着一把伞,手里拿着一个衣包。上了岸,散往各庙里去了。马二先生看了一遍,不在意里,起来又走了里把多路。望着湖沿上接连着几个酒店,挂着透肥的羊肉,柜台上盘子里,盛着滚热的蹄子、海参、糟鸭,鲜鱼,锅里煮着馄饨,蒸笼上蒸着极大的馒头。马二先生没有钱买了吃,喉咙里咽唾沫,只得走进一个面店,十六个钱吃了一碗面。肚里不饱,又走到间壁一个茶室吃了一碗茶,买了两个钱处片嚼嚼,倒觉得有些滋味。

吃完了出来,看见西湖沿上柳阴下系着两只船。那船上女客在那里换衣裳:一个脱去元色外套,换了一件水田披风;一个脱去天青外套,换了一件玉色绣的八团衣服;一个中年的脱去宝蓝缎衫,换了一件天青缎二色金的绣衫。那些跟从的女客,十几个人,也都换了衣裳。这三位女客,一位跟前一个丫环,手持黑纱团香扇,替他遮着日头,缓步上岸。那头上珍珠的白光,直射多远;裙上环佩,叮叮当当地响。马二先生低着头走了过去,不曾仰视。

往前走过了六桥,转个弯,便像些村乡地方,又有人家的棺材厝基。中间走了一二里多路,走也走不清,甚是可厌。马二先生欲待回家,遇着一走路的,问道:"前面可还有好顽的所在?"那人道:"转过去便是净慈、雷峰,怎么不好顽?"马二先生又往前走。走到半里路,见一座楼台,盖在水中间,隔着一道板桥。马二先生从桥上走过去,门口也是个茶室。吃了一碗茶。里面的门锁着,马二先生要进去看。管门的问他要了一个钱,开了门,放进去。里面是三间大楼,楼上供的是仁宗皇帝的御书。马二先生吓了一跳,慌忙整一整头巾,理一理宝蓝直裰,在靴桶内拿出一把扇子来当了笏板,恭恭敬敬,朝着楼上扬尘舞蹈,拜了五拜。拜毕起来,定一定神,照旧在茶桌子上坐下。旁边有个花园,卖茶的人说,是布政司房里的人在此请客,不好进去。那厨房却在外面,那热腾腾的燕窝、海参,一碗碗在跟前捧过去,马二先生又羡慕了一番。

出来过了雷峰,远远望见:高高下下许多房子,盖着琉璃瓦,曲曲折折无数的朱红栏杆。马二先生走到跟前,看见一个极高的山门,一个直厦,金字,上写着"敕净慈禅寺"。山门旁边一个小门,马二先生走了进去。一个大宽展的院落,地下都是水磨的砖。才进二道山门,两边廊上,都是几十层极高的阶级。那些富贵人家的女客,成群逐队,里里外外,来往不绝。都穿的是锦绣衣服,风吹起来,身上的香,一阵阵的扑人鼻子。马二先生身子又长,戴一顶高方巾,一幅乌黑的脸,腆着大肚子,穿着一双厚底破靴,横着身子乱踅,只管在人窝子里撞。女人也不看他,他也不看女人。前前后后跑了一交,又出来坐在那茶亭内(上面一个横匾,金书"南屏"两字)吃了一碗茶。柜上摆着许多碟子:桔饼、芝麻糖、粽子、烧饼、处片、黑枣、煮栗子。马二先生每样买了几个钱的,不论好歹,吃了一饱。马二先生也倦了,直着脚跑进清波门。到了下处,关门睡了。因为走多了路,在下处睡了一天。

第三日起来,要到城隍山走走。城隍山就是吴山,就在城中。马二先生走不多远,已到了山脚下。望着几十层阶级,走了上去。横过来,又是几十层阶级,马二先生一气走上,不觉气喘。看见一个大庙,门前卖茶,吃了一碗。进去见是吴相国伍公之庙,马二先生作了个揖,逐细的把匾联看了一遍。又走上去,就像没有路的一般。左边一个门,门上钉着一个匾,匾上"片石居"三个字,里面也想是个花园,有些楼阁。马二先生步了进去,看见窗棂关着。马二先生在门外望里张了一张,见几个人围着一张桌子,摆着一座香炉,众人围着,像是请仙的意思。马二先生想道:"这是他们请仙判断功名大事。我也进去问一问。"站了一会,望见那人磕头起来,旁边人道:"请了一个才女来了。"马二先生听了暗笑。又一会,一个问道:"可是李清照?"又一个问道:"可是苏若兰?"又一个拍手道:"原来是朱淑真!"马二先生道:"这些甚么人?料想不是管功名的了,我不如去罢。"

又转过两个弯,上了几层阶级。只见平坦的一条大街,左边靠着山,一路有几个庙宇,右边一路,一间一间的房子,都有两进。屋后一进,窗子大开着,空空阔阔,一眼隐隐望得见钱塘江。那房子,也有卖酒的、也有卖耍货的、也有卖饺儿的、也有卖面的、也有卖茶的、也有测字算命的。庙门口都摆的是茶桌子。这一条街,单是卖茶,就有三十多处,十分热闹。马二先生正走着,见茶铺子里一个油头粉面的女人招呼他吃茶。马二先生别转头来就走,到间壁一个茶室泡了一碗茶。看见有卖的蓑衣饼,叫打了十二个钱的饼吃了,略觉有些意思。走上去,一个大庙甚是巍峨,便是城隍庙。他便一直走进去,瞻仰了一番。

过了城隍庙,又是一个弯。又是一条小街,街上酒楼、面店都有。还有几个簇新的书店,店里贴着报单,上写:"处州马纯上先生精选《三科程墨持运》于此发卖"。马二先生见了欢喜,走进书店坐坐,取过一本来看,问个价钱。又问:"这书可还行?"书店人道:"墨卷只行得一时,那里比得古书?"

马二先生起身出来,因略歇了一歇脚,就又往上走。过这一条街,上面无房子了,是极高的个山冈。一步步上去,走到山冈上,左边望着钱塘江,明明白白。那日,江上无风,水平如镜。过江的船,船上有轿子,都看得明白。再走上些,右边又看得见西湖、雷峰一带,湖心亭都望见。那西湖里打鱼船,一个一个,如小鸭子浮在水面。马二先生心旷神怡,只管走了上去。又看见一个大庙门,摆着茶桌子卖茶。马二先生两脚酸了,且坐吃茶。吃着,两边一望:一边是江,一边是湖。又有那山色一转围着,又遥见隔江的山,高高低低,忽隐忽现。马二先生叹道:"真乃'载华岳而不重,振河海而不泄,万物载焉'!"吃了两碗茶,肚里正饿,思量要回去路上吃饭。恰好一个乡里人捧着许多烫面薄饼来卖,又有一篮子煮熟的牛肉。马二先生大喜,买了几十文饼和牛肉。就在茶桌子上尽兴一吃。

【赏析】

闲斋老人的《儒林外史序》说:"其书以功名富贵为一篇之骨。有心艳功名富贵而媚人下人者;有倚仗功名富贵而骄人傲人者;有假托无意功名富贵,自以为高,被人看破耻笑者;终乃以辞却功名富贵,品地最上一层为中流砥柱。"这段话说明了小说的思想主题。作品正是以反对科举和功名富贵为中心并旁及当时官僚制度、人伦关系以至整个社会风尚。它将批判的锋芒指向封建科举制度,并通过封建文士追求功名富贵的卑劣行径和他们在科举桎梏下悲哀惨绝的人生,来揭露科举制度的腐败及其对人性的戕害。

　　作者一开始就通过周进、范进中举前后的悲喜剧,揭示出一代知识分子在科举制度的毒害下心灵的扭曲和变态。周进六十多岁未曾进学,受尽世人嘲弄,当他见到贡院号板,悲从中来,心酸不已,一头撞在号板上,号啕大哭,以致口吐鲜血不省人事。而当商人们答应替他买个监生,以便取得参加乡试的资格,他竟爬到地上磕头说:"若得如此,便是重生父母,我周进变驴变马也要报效!"这一次他竟然高中了,于是境况大变,曾经嘲笑奚落过他的人反拜他为师,不是亲戚的也来认他为亲戚,荣华富贵一下子都有了,他顿时成为人上人。作者通过中与不中的天壤之别,暴露出科举制度的荒唐可笑。范进也是如此,范进突然听到中举的消息后,竟喜极而疯,被丈人一巴掌方才打醒。作者抓住了他在中举美梦实现的高潮时刻的反常表现,生动揭示了科举戕害下读书人心灵的变态。他们被科举折磨得或悲极轻生,或喜极发疯,既可怜又可悲。

　　作品还写了一群考取科名的读书人,他们出仕则为贪官污吏,居乡则为土豪劣绅,从而进一步暴露了科举制度的罪恶,同时也反映了当时社会的腐败。如科举出身的王惠,一上任就做了一把头号的戥子。老百姓被他打得魂飞魄散,连做梦都害怕,但他却步步高升。又如严监生,他狠毒蛮横,强关了邻居的猪,反让人拿钱来赎;没有借给人钱,反讹诈别人利息;坐船赖船钱,反诬陷船工是贼……就是这样一个仗着贡生、举人的特权,勾结官府,敲诈勒索,劣迹累累的恶霸却被保举为"优贡"。

　　在讽刺举业中人物的同时,作品还用了大量的篇幅刻画了那些"假托无意功名富贵,自以为高"的人物。他们大都是科名蹭蹬的读书人,以风流自居,过着无聊的寄生生活。如娄三公子、娄四公子,作品通过他们所谓的诗酒风流的生活和招摇撞骗的行径,从另一方面反映了封建文士们的真实生活,指责了科举给社会带来的不良后果。

　　《儒林外史》除塑造了儒林群丑外,还揭示了一些承平表象下的黑暗现实。"钱到公事办,火到猪头烂","有了钱就是官",官府衙门从上到下贪污成风。如万青山由假中书变成了真中书,潘三为非作歹,把持官府,鱼肉人民。而清廉官吏却没有好的结果,广大纯朴善良的人民生活更是痛苦。小说中有投水自杀的农民,有无法安葬父母的裁缝,有卖了儿子的倪老爹,作者对他们都寄予了深切的同情。

　　除此而外,小说还写了寄托作者理想的正面人物。他们"既不藉藉于富贵,也不戚戚于贫贱","越名教而任自然"。王冕、杜少卿、沈琼枝就是作家心目中的理想人物。他们有真才实学,鄙视功名富贵,对科举嗤之以鼻。还有四位市井奇人,分别精通琴棋书画,有一技之长,能自食其力,与那些一心追求科举功名的读书人形成鲜明的对比。这说明吴敬梓的目光已超越了儒林,对市井细民给予了关注,并从他们身上看到了拯救科弊的曙光。

作为中国古代文学史上第一部优秀的长篇讽刺小说,它的艺术成就是十分突出的。它继承并发扬了古代讽刺艺术的传统,并将其推进到一个新的高度。它的讽刺艺术特点有二:一是以喜剧的形式表现悲剧的内涵,二者的融合构成小说"戚而能谐"的讽刺特质。对一代知识分子异化心态的描绘,绝不仅仅是为了让人们看到他们的喜剧表演,而是在于展示这一喜剧表演的悲剧底蕴。它所引发的不是愉快的体验,而是心灵的震颤,揭示出了一代士子与功名富贵的价值观念之间具有悲剧色彩的喜剧冲突。所以深极悲哀,力透纸背,把讽刺艺术推到了批判现实主义的高峰。二是"直书其事,不加断语",从客观的写实中透出讽刺的意味,形成小说"婉而多讽"的讽刺特征。如范进之母死后,在筵席上大谈居丧守孝,连象牙筷子都不肯用,却拣了个大虾元子放到嘴里。这些地方,作家不出面,只通过人物言行的自相矛盾,自己出自己的洋相,就将主人公虚伪做作的面目暴露无遗,收到了一石二鸟的讽刺效果。《儒林外史》的讽刺艺术奠定了我国古典讽刺小说的基础,为以后讽刺小说的发展开辟了广阔的道路。

在结构上,《儒林外史》也独具特色,"虽云长篇,颇同短制",是典型的连环式章回小说。小说只有贯穿全书的中心线索,即通过世人对待功名富贵的态度,表达了反科举、反封建的主题,而没有贯穿始终的人物主角,只是在自成单元的故事中,由前一故事的主角在完成其故事后,又有一个新的主角来完成他的新故事。

在语言风格上,《儒林外史》行文幽默诙谐,妙趣横生,白描手法笔力超群。它锤炼出的纯粹的书面白话叙述达到了炉火纯青的地步,可与《红楼梦》相媲美。

红楼梦(节选)

曹雪芹

《红楼梦》的原作者曹雪芹(约 1715—1764 年),名霑,字梦阮,号雪芹、芹圃、芹溪,是我国最伟大的现实主义作家。他生于钟鸣鼎食的江宁织造之家。从康熙二年到雍正五年,曹玺、曹寅、曹颙、曹頫,曹家三代四个人,共当了五十多年的江宁织造。康熙六次南巡,四次住在曹家,足见曹家的煊赫及与皇帝的亲密关系。曹雪芹的祖父曹寅是当时的"名士",能写诗、词、戏曲,又是有名的藏书家,有着深厚的文化修养。这样的家庭传统对培养曹雪芹的文艺才能起到重要作用。少年时,曹雪芹曾经历一段炊金馔玉、锦衣玉食的繁华生活。但不久曹𬭎(曹𬭎是曹雪芹的父亲还是叔父,尚无定论)获罪革职,全家被抄,被迫由南京迁往北京,过着朝不保夕的穷苦生活。后来流落西郊,家徒四壁,过着"举家食粥酒常赊"的日子,连爱子生病也无钱医治。不平常的经历使他有机会接触更广阔的社会现实,对社会上种种黑暗和罪恶的认识比别人更全面、更深刻,对人世无常、青春易逝的感受也比别人更深切,这些为他的创作提供了坚实的生活和思想基础。

第五回　贾宝玉神游太虚境　警幻仙曲演红楼梦

一时宝玉倦怠,欲睡中觉,贾母命人好生哄着,歇一回再来。贾蓉之妻秦氏便忙笑回道:"我们这里有给宝叔收拾下的屋子,老祖宗放心,只管交与我就是了。"又向宝玉的奶娘丫鬟等道:"嬷嬷、姐姐们,请宝叔随我这里来。"贾母素知秦氏是个极妥当的人,生的袅娜纤巧,行事又温柔和平,乃重孙媳中第一个得意之人,见他去安置宝玉,自是安稳的。

当下秦氏引了一簇人来至上房内间。宝玉抬头看见一幅画贴在上面,画的人物固好,其故事乃是《燃藜图》,也不看系何人所画,心中便有些不快。又有一幅对联,写的是:

世事洞明皆学问,人情练达即文章。

及看了这两句,纵然室宇精美,铺陈华丽,亦断断不肯在这里了,忙说:"快出去!快出去!"秦氏听了笑道:"这里还不好,可往那里去呢?不然往我屋里去吧。"宝玉点头微笑。有一个嬷嬷说道:"那里有个叔叔往侄儿房里睡觉的理?"秦氏笑道:"嗳哟哟,不怕他恼。他能多大呢,就忌讳这些个!上月你没看见我那个兄弟来了,虽然与宝叔同年,两个人若站在一处,只怕那个还高些呢。"宝玉道:"我怎么没见过? 你带他来我瞧瞧。"众人笑道:"隔着二三十里,往那里带去,见的日子有呢。"说着大家来至秦氏房中。刚至房门,便有一股细细的甜香袭人而来。宝玉觉得眼饧骨软,连说"好香!"入房向壁上看时,有唐伯虎画的《海棠春睡图》,两边有宋学士秦太虚写的一副对联,其联云:

嫩寒锁梦因春冷,芳气笼人是酒香。

案上设着武则天当日镜室中设的宝镜,一边摆着飞燕立着舞过的金盘,盘内盛着安禄山掷过伤了太真乳的木瓜。上面设着寿昌公主于含章殿下卧的榻,悬的是同昌公主制的联珠帐。宝玉含笑连说:"这里好!"秦氏笑道:"我这屋子大约神仙也可以住得了。"说着亲自展开了西子浣过的纱衾,移了红娘抱过的鸳枕。于是众奶母伏侍宝玉卧好,款款散了,只留袭人、媚人、晴雯廊檐下看着猫儿狗儿打架。

那宝玉刚合上眼,便惚惚的睡去,犹似秦氏在前,遂悠悠荡荡,随了秦氏,至一所在。但见朱栏白石,绿树清溪,真是人迹希逢,飞尘不到。宝玉在梦中欢喜,想道:"这个去处有趣,我就在这里过一生,纵然失了家也愿意,强如天天被父母师傅管束呢。"正胡思之间,忽听山后有人作歌曰:

春梦随云散,飞花逐水流。

寄言众儿女,何必觅闲愁!

宝玉听了是女子的声音。歌声未息,早见那边走出一个人来,蹁跹袅娜,端的与人不同。宝玉见是一个仙姑,喜的忙来作揖问道:"神仙姐姐不知从哪里来,如今要往哪里去?也不知这是何处,望乞携带携带。"那仙姑笑道:"吾居离恨天之上,灌愁海之中,乃放春山遣香洞太虚幻境警幻仙姑是也;司人间之风情月债,掌尘世之女怨男痴。因近来风流冤孽,缠绵于此处,是以前来访察机会,布散相思。今忽与尔相逢,亦非偶然。此离吾境不远,别无他物,仅有自采仙茗一盏,亲酿美酒一瓮,素练魔舞歌姬数人,新填《红楼梦》仙曲十二支,试随吾一游否?"宝玉听说,便忘了秦氏在何处,竟随了仙姑,至一所在,有石牌横建,上书"太虚幻境"四个大字,两边一副对联,乃是:

假作真时真亦假,无为有处有还无。

转过牌坊,便是一座宫门,上面横书四个大字,道是:"孽海情天"。又有一副对联,大书云:

厚地高天,堪叹古今情不尽;

痴男怨女,可怜风月债难偿。

宝玉看了,心下自思道:"原来如此。但不知何为'古今之情',何为'风月之债'?从今倒要领略领略。"宝玉只顾如此一想,不料早把些邪魔招入膏肓了。当下随了仙姑进入二层门内,至两边配殿,皆有匾额对联,一时看不尽许多,惟见有几处写的是:"痴情司","结怨司","朝啼司","夜怨司","春感司","秋悲司"。看了,因向仙姑道:"敢烦仙姑引我到那各司中游玩游玩,不知可使得?"仙姑道:"此各司中皆贮的是普天之下所有的女子过去未来的簿册,尔凡眼尘躯,未便先知的。"宝玉听了,那里肯依,复央之再四。仙姑无奈,说:"也罢,就在此司内略随喜随喜罢了。"宝玉喜不自胜,抬头看这司的匾上,乃是"薄命司"三字,两边对联写的是:

春恨秋悲皆自惹,花容月貌为谁妍?

宝玉看了,便知感叹。进入门来,只见有十数个大厨,皆用封条封着。看那封条上,皆是各省的地名。宝玉一心只拣自己的家乡封条看,遂无心看别省的了。只见那边厨上封条上大书七字云:"金陵十二钗正册"。宝玉问道:"何为'金陵十二钗正册'?"警幻道:"即贵省中十二冠首女子之册,故为'正册'。"宝玉道:"常听人说,金陵极大,怎么只十二个女子?如今单我家里,上上下下,就有几百女孩子呢。"警幻冷笑道："贵省女子固多,不过择其紧要者录之。下边二厨则又次之。余者庸常之辈,则无册可录矣。"宝玉听说,再看下首二厨上,果然写着"金陵十二钗副册",又一个写着"金陵十二钗又副册"。宝玉便伸手先将"又副册"厨开了,拿出一本册来,揭开一看,只见这首页上画着一幅画,又非人物,也无山水,不过是水墨滃染的满纸乌云浊雾而已。后有几行字迹,写的是:

霁月难逢,彩云易散。心比天高,身为下贱。风流灵巧招人怨。寿夭多因毁谤生,多情公子空牵念。

宝玉看了,又见后面画着一簇鲜花,一床破席,也有几句言词,写道是:

枉自温柔和顺,空云似桂如兰,堪羡优伶有福,谁知公子无缘。

……

宝玉还欲看时,那仙姑知他天分高明,性情颖慧,恐把仙机泄漏,遂掩了卷册,笑向宝玉道:"且随我去游玩奇景,何必在此打这闷葫芦!"

宝玉恍恍惚惚,不觉弃了卷册,又随了警幻来至后面。但见珠帘绣幕,画栋雕檐,说不尽那光摇朱户金铺地,雪照琼窗玉作宫。更见仙花馥郁,异草芬芳,真好个所在。又听警幻笑道:"你们快出来迎接贵客!"一语未了,只见房中又走出几个仙子来,皆是荷袂翩跹,羽衣飘舞,姣若春花,媚如秋月。一见了宝玉,都怨谤警幻道:"我们不知系何'贵客',忙的接了出来!姐姐曾说今日今时必有绛珠妹子的生魂前来游玩,故我等久待。何故反引这浊物来污染这清净女儿之境?"

宝玉听如此说,便吓得欲退不能退,果觉自形污秽不堪。警幻忙携住宝玉的手,向众姊妹道:"你等不知原委:今日原欲往荣府去接绛珠,适从宁府所过,偶遇宁荣二公之灵,嘱吾云:'吾家自国朝定鼎以来,功名奕世,富贵传流,虽历百年,奈运终数尽,不可挽回者。故遗之子孙虽多,竟无可以继业。其中惟嫡孙宝玉一人,禀性乖张,生性怪谲,虽聪明灵慧,略可望成,无奈吾家运数合终,恐无人规引入正。幸仙姑偶来,万望先以情欲声色等事警其痴顽,或能使彼跳出迷人圈子,然后入于正路,亦吾兄弟之幸矣。'如此嘱吾,故发慈心,引彼至此。先以彼家上中下三等女子之终身册籍,令彼熟玩,尚未觉悟;故引彼再至此处,令其再历饮馔声色之幻,或冀将来一悟,亦未可知也。"

说毕,携了宝玉入室。但闻一缕幽香,竟不知其所焚何物。宝玉遂不禁相问。警幻冷笑道:"此香尘世中既无,尔何能知!此香乃系诸名山胜境内初生异卉之精,合各种宝林珠树之油所制,名'群芳髓'。"宝玉听了,自是羡慕而已。大家入座,小丫鬟捧上茶来。宝玉自觉清香异味,纯美非常,因又问何名。警幻道:"此茶出在放春山遣香洞,又以仙花灵叶上所带之宿露而烹,此茶名曰'千红一窟'。"宝玉听了,点头称赏。因看房内,瑶琴、宝鼎、古画、新诗,无所不有,更喜窗下亦有唾绒,奁间时渍粉污。壁上也见悬着一副对联,书云:

幽微灵秀地,无可奈何天。

宝玉看毕,无不羡慕。因又请问众仙姑姓名:一名痴梦仙姑,一名钟情大士,一名引愁金女,一名度恨菩提,各各道号不一。少刻,有小丫鬟来调桌安椅,设摆酒馔。真是:琼浆满泛玻璃盏,玉液浓斟琥珀杯。更不用再说那肴馔之盛。宝玉因闻得此酒清香甘冽,异乎寻常,又不禁相问。警幻道:"此酒乃以百花之蕊,万木之汁,加以麟髓之醅,凤乳之曲酿成,因名为'万艳同杯'。"宝玉称赏不迭。

【赏析】

曹雪芹创作《红楼梦》的过程十分艰苦。小说第一回说:"曹雪芹于悼红轩中,披阅十载,增删五次",真是"字字看来皆是血,十年辛苦不寻常"。可惜没有完稿,就因爱子夭折、感伤成疾,还不到五十岁,就在贫病交迫中搁笔长逝了。一般认为,曹雪芹只完成了八十回,后四十回是高鹗续成的。

《红楼梦》和《儒林外史》出现于同一时期的所谓"乾隆盛世"。这段时期从表面看来,好像太平无事,但骨子里各种社会矛盾正在加剧发展,整个王朝已经到了盛极而衰的转折点。曹雪芹受到明末以来新兴思想的影响,敏锐地感到时代风雨的来临,在自己丰富生活经验的基础上,创作了这部不朽的巨著,全面而深刻地反映了时代的特征,并写出了对人类生存方式的终极思考。他以直面人生的勇气,真实地描绘了一个贵族大家庭和社会上各种人的美丑同归的彻底毁灭:"乱哄哄你方唱罢我登场,反认他乡是故乡。甚荒唐,到头来都是为他人作嫁衣裳!好似食尽鸟投林,落了片白白茫茫大地真干净!"《红楼梦》以宝黛爱情悲剧和贾府的家庭悲剧为中心,描写了贾、史、王、薛四大家族由盛转衰的命运。其中又以贾府为中心,广泛暴露了人类社会的种种矛盾和罪恶,及其不可克服的内在矛盾。小说改变了传统的大团圆结局,深刻揭示了美与青春必然毁灭的宇宙规律,以及人类精神与肉体的永恒矛盾。同时,小说还通过对追求诗意生活者的歌颂,突破了庸俗的"有用"与"无用"观念,挣脱了物质与肉体的桎梏和束缚,表达了新的朦胧的理想,在世俗的重重铁幕中透出一道追求精神世界的灵光。

在《红楼梦》中作者写出了各种各样的矛盾和冲突,如贵族地主和农民的矛盾、贵族统治者和广大奴婢的矛盾、世俗卫道者和世俗叛逆者之间的矛盾以及社会统治阶层内部的矛盾等。其中最主要的矛盾是以林黛玉、贾宝玉为代表的追求美、追求诗意、追求精神自由的超脱世俗者与污浊不堪的物质现实之间的矛盾,以及超脱者的软弱和世俗力量的强大之间的冲突。它实质上反映了人类现有并必然如此的生存方式的根本缺陷。

小说中追求诗意人生的代表之一就是男主人公贾宝玉。他是贾府的嫡传孙子,生长在珠围翠绕、锦衣玉食的环境中,一生下来,家庭就给他安排下一条功名富贵、荣宗耀祖的道路，但贾母的纵容娇惯使他得以生活在大观园女儿国里，不问俗事，每日只管吟风弄月，作养脂粉，过着逍遥而诗意的人生。贾宝玉性格上很明显的特点是把他的全部热情和理想寄托在那些被侮辱、被损害的女孩子身上。他认为"天地间灵淑之气只钟于女子，男儿们不过是些渣滓浊物而已"，又说："女儿是水做的骨肉，男人是泥做的骨肉，我见了女儿便清爽，见了男子便觉得浊臭逼人。"这种看法的本质是对不陷入尘俗的清净纯真的女儿本性的珍惜。宝玉追求自由的性格还表现在对世俗功名的厌弃上。贾政要他刻苦攻读，结交官场人物，把重振家业的希望寄托在他身上，可是他偏偏看不起科举仕宦，认为这只是"须眉浊物"、"国贼禄蠹"之流用以沽名钓誉的手段。他极力抨击程朱理学和时文制度，指责后世对先秦孔孟思想的扭曲和庸俗化，鄙弃世俗功名，对周围男子的虚伪造作和精神沦丧深恶痛绝。他追求美丽、青春、诗性生活和个性解放。他的理想是可以使人类获得精神自主的终极理想。

　　林黛玉与宝玉一样不屑于庸俗的仕途经济，全身心地投入到对精神解脱和诗意栖居的追求上，是美的化身。她多愁善感，葬落花，埋香冢，泣残红，悲秋雨，迎风洒泪，见花伤情，美丽博学，才华横溢。她的形象有着丰富的文化内涵，不但经常与斑竹、芙蓉、桃花等美丽的意象结合，同时也折射出中国古代文人士大夫追求真理、孤标傲世的风骨。出于和宝玉一致的性格与追求，她认自幼耳鬓厮磨的宝玉是人生的唯一知己。她和宝玉之间的真挚而深刻的爱情，来自于惺惺相惜的知音之情。他们的人生观和价值取向都高度一致，因此达到心灵的高度默契。宝黛之间的爱情具有现代意义，超脱于世俗的柴米油盐之上，也并不以婚姻为最后的旨归。他们的爱是孤独者对孤独者的发现，是先觉者与先觉者的携手，充满了诗性的柔情和升华。但黛玉病弱的身体象征着尘世中美丽的脆弱，她的死亡也象征着人间美丽的短暂和美之毁灭的必然。

　　薛宝钗是书中和林黛玉对举的形象，在她身上体现了世俗主义的理想和人生道路。她出生于"珍珠如土金如铁"的皇商家庭，为待选入宫而进京。她受世俗影响很深，表面是"罕言寡语，安分随时"，实际上有她的"青云"之志。她熟谙世故，成熟圆滑，善于用理性控制感情，总是温雅大方、含蓄有礼。她服膺世俗的礼法，最根本的原因是她的性格偏于理性。所以，在人事关系复杂、彼此勾心斗角的贾府里，她常以"不关己事不开门，一问摇头三不知"的态度，与周围人物相处得水乳交融。她对宝玉也有感情，但对他的"痴"、"狂"不以为然，说他是"无事忙"、"富贵闲人"。她一有机会就要劝他学些应酬世务、讲些仕途经济，便于日后博取功名富贵。但在深陷世俗的同时，作者又说她是"山中高士晶莹雪"，同时反映出宝钗心中也有傲岸不群的一面。薛宝钗这个形象充满了矛盾和对立，又奇妙而恰到火候地融合为一。她最大悲剧在于，她所追求的道德境界只不过是被世俗熏染过的人为秩序，本身就有一定的虚假性,这必然造成她精神世界的萎缩和人格的庸俗化。她与黛玉最根本的对立是性格上的对立。

《红楼梦》不仅是爱情的悲剧,也是一曲女性的悲歌,是人生和生命的绝唱,是青春和美的悲剧。在它之前,没有一部作品以如此细腻的笔触揭示女性的美好心灵和纯洁性情。"千红一哭","万艳同悲",大观园中那些有命无运的贵族小姐,那些纯洁善良、热情直率的丫环,甚至掌握大权的王熙凤,都没有逃脱悲剧的结局。元春名为贵妃,却自认处在不得见人的去处,省亲时只是呜咽对泣;迎春做了五千两银子的抵押品,落入虎狼般的丈夫之手,朝夕挨着打骂,不及一年就一命呜呼;大观园里的"改革家"探春远嫁;年幼的惜春,在家破人亡的前夕,做了尼姑,与黄卷青灯为伴,虽生犹死;湘云父母早逝,丈夫夭亡,孤身无依;其他如李纨、宝钗、黛玉等更是难逃悲剧的命运。

《红楼梦》在展开爱情悲剧的同时,揭露了贾、薛、王、史等世家大族的腐朽和罪恶,以及从烈火烹油向家破人亡滑落的不可挽回的颓势:"忽喇喇似大厦倾,昏惨惨似灯将尽"。作者对自己的家族不是全然没有感情,或者只有恨意,而是在厌恶的同时充满了无法自拔的依赖和同情。作者对家族衰落的描写带上了深深的自传色彩(但不能把贾府等同于曹家),苦苦思索其原因而不可得,又找不到解决问题的有效办法,因此归结于命定前生,充满了宿命感和虚无感。

《红楼梦》的创作达到了中国古典小说的艺术创作高峰,它的艺术成就突出地表现在以下几个方面。

一是曹雪芹以十年辛勤的劳动,对生活素材进行了严格的挑选,把自己观察、体验到的丰富的社会生活作了高度的加工、提炼,创作出《红楼梦》这样典型、这样集中、这样完美地反映社会生活的作品。它像生活本身那样丰富、复杂而且天然浑成,表现了现实主义创作方法的高度成就。

二是曹雪芹在广阔的社会背景上,以精雕细刻的工夫,描绘了一大批活生生的典型形象。他们如同真实的存在一般,没有完美的,没有完全正面的,也少有完全反面的;主次分明,却个个鲜活逼真。在曹雪芹之前,众多小说中多为类型化、平面化的人物性格,《红楼梦》则继承和发扬了《金瓶梅》所开创的人物塑造方法,塑造出血肉丰满、多侧面、立体化的典型形象,决非"千人一面,千人一腔",或好人绝对好,坏人绝对坏,从而使人物性格塑造站到了古典小说的最高点上。作者善于在那些性别相同,年龄、性格又十分相近的人物中,把他们细微的性格差别明显地表现出来,如妙玉的孤高和黛玉的孤高不同,史湘云的豪爽和尤三姐的豪爽有别。平儿的温顺中透露出善良,袭人的温顺中表现出世故。凤姐的泼辣中暗藏着狡诈,探春的泼辣中体现着严正。而且,在我国古典小说中向来不大重视人物的内心描写,但在《红楼梦》中则有许多地方描写得极为深入、细腻,成地揭示了人物的精神面貌和他们的内心秘密。另外,曹雪芹将诗词和人物、故事紧紧糅合在一起,使诗词熔铸在整个艺术形象中,从而对人物性格的塑造,起了相当重要的作用。黛玉《葬花词》、《秋窗风雨夕》和柳絮词,都出色地表现了这个少女的多愁善感和孤芳自赏。宝玉的《芙蓉女儿诔》则反映了他对纯良人性的珍惜,和与世俗环境对抗的精神。

三是在结构上,《红楼梦》采用了纵横交织的网状结构,展现出一个万象纷呈的世界。小说为了表现十分丰富复杂的社会生活以及服从作品中矛盾斗争和人物性格发展的要求,全书以贾宝玉与林黛玉的爱情和贾府的由盛而衰为线索,把众多人物和复杂、纷繁的事件组织在一起,这些人物、事件交错发展,彼此制约,构成了一个巨大的艺术结构。这个结构的内部百面贯通,筋络相连,纵横交错,但又主次分明,有条不紊,它使我们感到生活的河流在波澜壮阔、汹涌澎湃地前进。

【思考题】

1. 中国古典小说的源头是什么?
2. 唐传奇在小说发展史上有何地位?
3. 明清时期为什么会成为中国小说发展的高峰?
4. 《儒林外史》的讽刺艺术有何特点?
5. 《红楼梦》有何艺术成就?为什么说它是中国古典小说发展史上的艺术高峰?

第二章 中国现当代文学

第一节 概 述

中国现当代文学也称为中国 20 世纪文学,是指"五四"以来中国的现代白话文学,包括文学史上所划分的中国现代文学和中国当代文学。对于中国 20 世纪文学的学习和理解应该建立在以下三点认识的基础上:首先,中国 20 世纪文学是以现代汉语来表达现代中国人的感情及其审美精神的文学。当代大学生们要提高自己的语言表达能力和审美情操,首先要读的就是现代语言艺术大师们创作的文学作品,通过大师们精练的语言来认识本民族所拥有的美好情操和传统文化积淀;其次,中国 20 世纪文学的历史也深刻地反映了现代中国知识分子在时代变迁中追求、奋斗和反思的精神历程,可以说整个文学史也是一部可歌可泣的知识分子的梦想史、奋斗史和血泪史;最后,中国 20 世纪文学史是在中国由古代向现代转型的宏大社会历史背景下发生的,它以文学的方式与其他现代人文学科一起承担了重塑人文传统的责任和使命。

(一)中国现代文学的发展概况

中国现代文学是指从 1917 年的"五四"文学革命到 1949 年新中国成立这一历史阶段的白话文学。与风云变幻的中国现代历史相适应,这一阶段的文学呈现出与中国传统文学截然不同的特征。在内容上表现出强烈的反对封建主义和帝国主义的政治色彩,具有强烈的无产阶级革命的思想倾向。在形式上则致力于打破中国传统文学的体裁束缚,在叙述角度、表达方式、表现手段及结构上都呈现出新的特征。中国现代文学大致经历了 1917—1927 年、1927—1937 年、1937—1949 年三个发展阶段。在其发展过程中,我们可以大致梳理出一个这样的发展轨迹:从内容的角度来说大致是从启蒙主义的文学到革命文学的转变,从形式的角度来说则是以追求创新和大众化为基本特征。

1. 1917—1927 年

中国现代文学正式发端于"五四"新文化运动中的文学革命。在 19 世纪末 20 世纪初,中国的封建主义日益走向没落,帝国主义乘机加紧入侵,内忧外患,民族危机日益加重,而旧文化和旧思想又严重地阻碍着民族意识的觉醒。在这种历史情况下,当时一批接受了西方新思潮影响的先进知识分子开始奔走呼号,致力于新的思想启蒙工作,以唤醒民众,挽救民族危亡的局面,从而爆发了以反帝反封建、追求民主与科学的启蒙主义为主题的"五四"新文化运动。在这一运动中,文学成为他们批判旧道德、传播新文化的有力工具。因此,"五四"新文学革命成为其主要组成部分。"五四"运动前夕,文学领域同当时整个文化思想领域一样陷入低谷。以黑幕、艳情、武侠、侦探、宫闱为基本题材的黑幕派、鸳鸯蝴蝶派小说风行一时。在这种情况下,"五四"文学革命的倡导者们提出了新的文学主张。在内容上,他们要求文学要面对现实生活,要书写人生,启蒙大众。在形式上,他们提倡要改革僵化的旧的文学形式,使其适应表达新的内容的需要。

　　1918年,鲁迅的小说《狂人日记》在《新青年》上发表,开始了对封建制度的猛烈批判。在其后陆续发表的一系列作品中,鲁迅先生以严峻的现实主义笔法,深刻地揭露了"旧社会的病根",从革命民主主义思想的高度提出了农民、妇女、知识分子的出路等一系列重大问题。此外,不少文学作品如刘半农的诗歌《相隔一层纸》、叶绍钧的小说《这也是一个人?》等也都从现实人生取材,揭露阶级压迫和阶级对立,对生活在底层的人民寄予深切的同情,体现了新时期崭新的思想特色。在1918年以后,更多的人接受了文学"为人生"、"表现人生"的主张,现实主义的文学思想逐渐取得优势。五四运动爆发以后,当时流行的"社会改造"、"妇女解放"、"劳工神圣"等思想,更成为新文学作品所要表现的重要主题,如郭沫若的《凤凰涅槃》、《匪徒颂》等诗,表现出了强烈的叛逆精神以及对新的社会制度的向往。许多新文学作品所充满的这种民主主义思想和朦胧的社会主义倾向,正是时代精神所赋予的特色。它不仅使新文学以其巨大的生命力逐渐取代思想陈腐、内容反动的旧文学,而且清楚地显示了新文学和中国近代一切进步文学的根本区别。

　　伴随着文学内容的革新,文学的语言形式也必须而且确实获得了解放。白话文在这个时期逐步得到推广,各种文体形式的创新也如火如荼地开展着。鲁迅的《狂人日记》是中国现代文学史上第一篇真正的白话小说;胡适是新诗、话剧等的倡导者,其发表于1919年3月的独幕话剧《终身大事》是文学史上第一个正式发表的话剧剧本,1920年3月出版的《尝试集》也是现代文学史上第一部新诗集。此后,随着文学研究会、创造社、"新月派"等众多文学社团及相关流派的诞生,大量新作家涌现出来,如朱自清、郁达夫、徐志摩、冰心、叶绍钧等,他们在小说、诗歌、散文等方面都作出了自己的贡献。他们的作品一方面从启蒙主义的观点出发表现了新的内容,另一方面从追求形式的大解放出发实现了文体革命,确立了新的"形式规范"——各种与传统文学相异的文学样式。从此,中国诗歌从古典诗词走向新诗即现代白话诗,小说由故事性极强的章回体情节小说、文言笔记小说走向了注重刻画人物性格和心理的现代性格小说和心理小说,戏剧从内容陈旧、形式规范的传统戏曲走向具有创新意识的现代话剧,散文由主要注重载道言志的文言文走向现代白话杂文和美文。

2. 1927—1937年

1927年随着第一次国内革命战争的失败,中国进入了由无产阶级独立领导的第二次国内革命战争时期。因此,由中国共产党领导的文化革命也获得了深入发展。在哲学社会科学领域和文学艺术领域内,无产阶级的政治思想影响不断增大。1929年前后出现了翻译和出版马克思主义理论书籍的热潮。1930年起,许多革命知识分子在党的领导下成立中国左翼文化总同盟,形成了文化革命的浩大声势。在整个左翼文化运动中,左翼文学运动是一个很重要的组成部分。

这一时期的文学创作在小说、诗歌、话剧、散文等方面也取得了出色的成就。在"五四"时期或稍后开始文学活动的作家们,受到新的革命斗争的洗礼后世界观发生了变化,作品的面貌也随之有了改变。在内容上由"五四"时期对个体的启蒙向着更宽泛的"人民"的层面转移,精神上也由改良走向革命。在创作形式的探索上则进一步成熟,涌现出了一批优秀的长篇小说、诗歌和话剧作品。如鲁迅的杂感和历史小说《故事新编》,在思想上、艺术上都有新的探索和进展,他的杂文在紧张的政治斗争中更显示了锐利的战斗锋芒和巨大的批判力量。茅盾的《子夜》成为这一时期小说创作的重要收获。臧克家等人也写了很多优秀的诗歌作品,田汉等人的话剧创作也产生了较大的影响。此外,农村革命根据地的文艺运动也开展得如火如荼。这个时期文学创作最显著的变化,是出现了许多新的具有重大社会意义的革命题材和主题。革命者和工人群众在白色恐怖下的英勇斗争成为很多作家努力描写的内容。随着农村革命的深入,农村生活和斗争的题材也逐渐进入作家的创作视野。此外,19世纪30年代动荡不安的城市生活,也在文学作品里有比较真实、集中的描写。"九·一八"、"一·二八"以后,反映人民抗日救亡要求的作品逐渐增多。所有这些作品,大多具有强烈的战斗性、高昂的激情和充沛的乐观主义精神,体现着鲜明的时代特色。

在这一时期,除无产阶级革命文学运动以外,还有革命的或者进步的民主主义作家的文学活动,他们在某种程度上仍然继承着"五四"新文学运动的启蒙传统。这些作家没有形成像"左联"这样的严密组织,他们往往由一些文学见解比较一致的作家一起,出版刊物,编辑丛书,由此集合一批作家共同进行活动。这一时期出现了像巴金的《家》、曹禺的《雷雨》和《日出》、老舍的《骆驼祥子》等杰出的作品。他们创作的内容多是揭露批判旧中国的黑暗现实,着重于抨击上层社会的腐败和堕落,描写下层人民的不幸和苦难;有的作品还表达了对于光明未来的憧憬与追求。他们的作品,不仅具有较高的艺术成就,而且就其反映现实的广度和深度,就其所具有的社会意义而言,较之"五四"时期许多作品都有了明显的进步。

3. 1937—1949年

1937年抗日战争爆发,中国历史进入到民族解放运动时期。这一时期民族危机空前紧张,民族内部的矛盾也日益加深,中国出现了解放区、国统区、沦陷区并存的政治形势,与此相应,其文学创作也呈现出不同的面貌。现代文学史的研究专家陈思和教授提出,在中国20世纪文学史上,抗战应该是一个重要的分水岭。因为除了在地域的分布上相应于政治格局而分为上述三大区域外,文化价值结构上也由"五四"时期单一的知识分子启蒙文化取向分成了国家权力意识形态、知识分子的现实战斗精神传统以及民间文化形态三分天下的格局。表现在文学上,这种格局就是共产党领导的抗日民主根据地和解放区的文学、国民党统治区的文学以及沦陷区的殖民地文学。

在国统区,抗战爆发初期以上海为中心的文艺界出现了广泛的抗日文艺活动,出现了许多为人民大众乐于接受的大量小型抗日作品,如戏剧演出、战地通讯、报告文学、街头诗、朗诵诗、通俗文学等。上海失守后,武汉一度成为内地的文艺活动中心。但是随着日本侵略方针的调整和国民党反动政策的推行,国民党政府开始在国统区限制与取缔各种抗日活动,因此,国统区的文艺运动开始显得沉寂,但不少进步作家在共产党的领导下,依然发扬"五四"时期知识分子的现实战斗精神,坚持以讽刺和社会批判为主题的文学创作,如《寒夜》、《围城》、《雾重庆》、《腐蚀》和《屈原》等作品,分别以现实和历史题材,揭露、抨击国统区的黑暗现实以及国民党反人民的法西斯统治,取得了引人注目的成就,成为国统区文学的主要代表。此外,也有许多戏剧创作者们积极利用舞台,通过话剧、历史剧、外国进步戏剧等,颂扬抗击外敌侵略的民族英雄,以史喻今,宣传民族意识和爱国主义,起到了振奋人心的教育作用。如于伶的《夜上海》、《花溅泪》和历史剧《大明英烈传》,阿英的历史剧《明末遗恨》等都产生了广泛的政治影响。另外,在这个特殊环境里,杂文创作也风行一时,成为揭露与讽刺黑暗现实的有力武器。

在沦陷区,进步的文艺运动受到限制,一些作家纷纷转移到抗日根据地,在文学创作上较有影响的则是一些描写市民生活的作品。这些作家往往没有投身革命的经历或欲望,自己也多住在租界内,生活相对安逸,因而其作品往往关注对日常生活情景和精神状态的描写,有的在艺术上达到了相当的造诣,如当时颇有影响的作家张爱玲、苏青等。此外,还有一部分作家如梁实秋、沈从文等人明确反对文艺与政治的紧密关系,就抗日作品的艺术性提出了批评,他们自己的作品也表现出远离政治的立场,如梁实秋的散文和小说多描写市民生活情趣,而沈从文则擅长描写淳朴的湘西风情,表现出一种民间形态的文学传统。

在中国共产党领导的解放区,由于文艺事业受到党组织的领导,因此表现出较强的服务于革命的宣传色彩。在内容上主要以宣传抗日和颂扬新制度为主,在形式上也开始创造出一些群众喜闻乐见的新形式,如抗日的街头诗、传单诗、枪杆诗以及抗战歌曲在延安和一些根据地十分流行。1942年5月,党中央在延安邀集文艺工作者举行座谈会,这次座谈会是整个文艺整风运动的开始。在整风运动中,批判了文艺界开始出现的小资产阶级倾向,提出文艺创作要为工农兵服务的总方针,从此揭开了中国文艺运动史上的新篇章,此后的文艺创作开始沿着文艺大众化的方向前进,并取得了一系列新的成果。

工农兵群众诗歌及戏剧创作是解放区群众性文艺活动中最为活跃的一个方面,数量极其丰富,形式也非常多样。这些作品都是工农群众在解放斗争中和子弟兵在激烈的战斗中创作出来的。虽然一些作品显得比较粗糙简单,但都是出于作者的切身感受,因而真挚朴实、生动感人。其中也出现了一批艺术水平较高的诗歌及戏剧作品。如民间诗人李有源编的《东方红》广泛流传;李季的长篇叙事诗《王贵与李香香》采用"信天游"的形式创作了一个优美的故事,被誉为诗歌创作的一个丰硕成果。此外,阮章竞的《漳河水》也是非常优秀的作品,是从民歌和群众语言的土壤中孕育出来的一朵艺术之花。除诗歌外,在当时颇有影响的还有群众的新秧歌运动和新歌剧运动,著名歌剧《白毛女》就是在这一时期创作的。在这一时期的散文创作中,战地通讯报告作品得到了发展。刘白羽、吴伯箫等都是积极写作通讯作品的作家,孙犁在这一时期除写作报告及通讯文学以外,还创作了大量优美的抒情散文,反映了冀中地区人民群众的英勇斗争。

在小说创作方面,延安文艺座谈会以后小说的面貌也发生了深刻的变化。由于深入工农兵的实际斗争,从中激起创作的热情,汲取作品的素材,进行艺术的构思,丁玲、欧阳山、周立波、刘白羽等作家,纷纷突破了原先的风格,取得了新的进展。此外,大批初露头角的新人也以自己的作品带来了新的内容、新的格调和色彩。现代文学史上迎来了一个小说创作活跃、繁荣的时期。最能代表这个时期小说创作的成就和特点的,是在内容上反映农村生活,在形式上致力于民族化、群众化的作品。赵树理在这些方面作出了杰出的贡献。他的作品如《小二黑结婚》、《李有才板话》等语言通俗易懂,人物形象鲜明,形式上融合了中国古典文学和"五四"以来新文学的长处,吸收了民间文艺的形式,开创了独树一帜、具有民族特色的艺术风格,成为这一时期小说创作的代表作品。

(二)中国当代文学的发展概况

中国当代文学是指中华人民共和国成立之后反映新的社会制度下的现实生活或理想的现代白话文学。中国现代文学和中国当代文学虽然各有自己的历史面貌,但二者具有内在的延续性。可以说,中国当代文学是中国"五四"以来的新文学运动发展到社会主义历史阶段以后所产生的文学现象和文学过程,它延续了"五四"以来的新文学传统。有学者认为,抗战后形成的解放区文学、国统区文学、沦陷区文学的传统并没有改变,只是地域上有所变化。随着政权的建立,解放区文学转变为大陆文学,而国统区文学的阵地转向台湾,沦陷区文学的传统则在香港得到发展。但是我们所说的中国当代文学主要是就中国大陆的文学而言的。概括而言,这一阶段的文学在内容上由初期的"人民的文学"向着"人的文学"再次转化,在形式上则由规范统一向着"形式的解放"再度转变。中国当代文学的发展可以划分为三个阶段。

第一阶段:1949—1978年

1949年新中国正式成立,由于当时中国共产党面对的是巩固新政权的历史使命,因而开始片面强调阶级斗争,文化上也出现了左倾化的倾向,提出文艺要无条件地"为工农兵服务"、"为政治服务"的主张。新中国成立后在重新确立文化规范的过程中,反思、批判、改造成为这个时代的主题。在文学领域中,来自国统区的一批具有民主主义精神的作家开始受到批评,如沈从文、朱光潜、萧乾、钱钟书、臧克家、李广田等人,此外坚持知识分子的启蒙和批判立场的胡风及其支持者所组成的"胡风集团"也受到了严厉的批判。经过一系列的政治批判和思想整合,五四新文学传统的积极内涵受到抑制,作家们的创作开始为政府意识形态所主导,一些还保持独立精神的作家则不得不转入隐性写作的状态,从总体上说文学创作失去了宽松自由的环境。在二十世纪五六十年代,国家决策者开始有意识地从阶级斗争向着经济建设的方向调整,在文艺上也提出了"百花齐放,百家争鸣"的"双百方针"。但在当时缺乏党内民主的情况下,这些努力没有产生多少积极的效果,最终无法阻止历史的车轮陷入"文化大革命"的泥淖之中。

中华人民共和国的成立,不仅标志着中国社会发展进入新的时期,同样也标志着20世纪的中国文学发展进入了新的阶段,文学作品具有了新的范式。新中国成立初期,大多数作家在胜利的鼓舞下热情讴歌时代精神,强调英雄主义和革命乐观主义,因此,文坛上盛行的是歌颂性的作品。新中国成立后文学范式的特征首先在诗歌创作上得到鲜明的体现,这一时期的诗歌以颂歌和战歌为主,在内容上以思想正确为先导,在形式上追求为群众所喜闻乐见。如郭沫若的《新华颂》等诗歌热情歌颂了新中国的成立。这一时期取得较大成就的代表性诗人应推郭小川。他的诗虽然避免不了时代政治潮流的烙印,但在内容上表现出了一个革命战士在不同的政治形势下,对于人生的真诚思索,对于理想的执著追求,重要的是他仍然保留了一个诗人的气质和对诗歌艺术特征的重视。此外,贺敬之也是这一时期有着重大影响的诗人,闻捷、公刘、蔡其矫、流沙河、李瑛等也是这时期有相当影响的诗人。此外,艾青、冯至、何其芳、卞之琳等人在这一时期的创作,也反映了新诗从五四传统向"革命话语"的转向。

除诗歌创作外,在小说创作上也表现出战歌与颂歌式的新范式特征。这一时期的小说大多有着鲜明的政治主题,多表现为对往日胜利的歌颂和对现实政策的宣传,在人物上往往有着二元对立的模式,努力塑造正面人物、英雄人物,暴露和批判反面人物;故事进程可以有曲折,但发展方向总是朝向胜利,充满理想主义、英雄主义的基调。1956年,"百花齐放,百家争鸣"的政策给中国当代文学带来了新的生机,文坛上出现了一批眼光敏锐、关注社会问题的青年作家,产生了一批揭露社会弊端的小说,如王蒙《组织部新来的年轻人》等。不久,随着"反右"斗争扩大化,这些青年作家遭到严厉的批判,他们的作品被彻底否定。"文革"结束后,这些作品因其在题材、主题和人物描写上的开拓性、开放性、丰富性与深刻性,又重新得到承认,1979年上海文艺出版社将其结集为《重放的鲜花》出版。但总体上说,代表这一时期小说成就的还是被称为"三红一创、保山青林"的红色经典作品。"三红一创"包括《红日》、《红岩》、《红旗谱》和《创业史》,这一批作品出版于1959年,是向新中国成立10周年献礼的代表之作。"保山青林"包括《保卫延安》、《山乡巨变》、《青春之歌》和《林海雪原》。总的来说,这八部红色经典表现的是中国共产党成长壮大的历史过程和功绩,其中既有革命历史题材,也有表现新中国农村建设的作品,这些红色经典作品对战歌与颂歌式文学范式的建立和巩固起了重要的作用。

这一时期的散文创作也呈现出政治化的倾向,无论是叙事性、抒情性还是哲理性的散文,都呈现出鲜明的时代特色。这一时期著名的散文作家要数杨朔、秦牧、刘白羽等。其中,杨朔的散文在当时乃至后来都产生了广泛而深刻的影响。杨朔的散文题材比较广泛,有反映抗美援朝时期中朝友谊和志愿军斗争生活的,如《英雄时代》、《平常的人》等;有反映国外生活的,如《印度情思》、《生命泉》等;但杨朔写得最多、影响最大的还是那些表现新中国革命和建设、描写美丽的自然风光、歌颂劳动人民的优秀品质的作品,如《画山秀水》、《海市》、《香山红叶》、《茶花赋》、《雪浪花》等。这类作品集中地反映了他创作的思想内容和艺术追求,他的作品属于颂歌式的散文,在内容上以颂扬为主调,在艺术上追求诗意特征。他的作品一度被当作典范而赢得了广泛的赞誉,对这一时期散文发展产生了极大的影响。他的散文一度被选入中学语文教材中,但当前的文艺评论界中有人批评他的散文在内容上有粉饰和造作之嫌,在艺术结构上也较为单调,对散文创作有模式化的影响。

这一时期的话剧创作取得的成绩非常值得一提。20世纪50年代后期,田汉创作的《关汉卿》和老舍创作的《茶馆》,不仅代表着共和国时期话剧文学的最高成就,而且也是20世纪中国话剧文学的经典作品。在"双百方针"提出后,历史题材的作品一度出现了繁荣局面,如戏剧《蔡文姬》、《武则天》、《海瑞罢官》,话剧《关汉卿》等。但是随着历史剧《海瑞罢官》中"清官"形象引起的论争,逐渐使学术讨论变成了政治斗争的工具,直接揭开了给中国人民带来深重灾难的"文化大革命"的序幕。

总体而言,这一时期的创作在数量及质量上均有所下降。不仅巴金、曹禺、叶圣陶、冯至、臧克家等老一代作家均没有创作出力作,即使是左翼文艺运动中的重要作家如茅盾、艾青、丁玲、夏衍等的创作也乏善可陈。应该说,这不是作家个人的原因,而要归咎于这个时代的文化困境,即"五四"新文学传统所给予作家们的思想、感情和审美语言无法适应这个新时代的文化规范,从而导致了作家集体的失语症状。因此除个别作家在特定条件下创作出了较好的作品外,绝大部分作家失去了艺术的生命力,他们的抒情显得空洞无力,他们的写实成了对时事的图解。相反,真正继承并体现出"五四"精神传统的,倒是许多在当时私下里进行的潜在写作。在"文革"前和"文革"当中,中国大陆的当代文学一直存在着潜在的创作,包括历次政治运动中被剥夺了写作权利的知识分子,仍然在用笔表达内心的理想之歌和感情世界。如二十世纪五六十年代绿原、曾卓、牛汉、穆旦等的诗歌、张中晓的随笔、丰子恺的散文、沈从文和傅雷等人的家书等。此外,还有被剥夺了写作权利的"七月派"和"中国新诗派"诗人的创作、无名氏所创作的多卷本长篇小说《无名书》等。尽管他们的个人遭遇、思想倾向和创作风格并不一样,但仍然保持了一种连贯的知识分子精神。这些作品在当时的环境下是不可能发表的,但在今天看来却成了那个时代最有特色的文学创作。

第二阶段:1978—1989年

"文革"的浩劫结束后,在思想领域发起了"实践是检验真理的唯一标准"的大讨论,稍后不久中国共产党第十一届三中全会作出了"全党工作重点转移到社会主义现代化建设"的决定,从此中国真正进入了和平经济建设时期,思想领域的解放路线和经济领域的改革路线相辅相成,共同开启了中国向现代化目标发展的历史进程。与思想领域的解放相适应,在文学领域中政府也在积极调整政策,文学的艺术特征开始得到尊重,文学终于从政治任务的束缚中解脱出来。一个比较宽松的文学环境和一种新的以经济建设为特征的文化规范正在逐渐形成,预示着中国文学史迎来了文学创作的又一个繁荣时期。

在文学创作上,随着"文革"的结束,长期遭受压抑的知识分子的精英意识和"五四"新文学的传统开始得到复苏。首先,"五四"新文学传统中的现实战斗精神重新回归。这种回归在老中青三代作家的创作中都得到了表现。在从"五四"走来的一批老作家中,巴金率先发表了反思"文革"和总结自我教训的《随想录》。在其影响之下,一大批老作家都自觉地开始了对"文革"历史的严肃反思,如冰心、萧乾、王西彦、柯灵、杨绛等人,他们以各自不同的创作个性展现出对"文革"的历史反思。另外在20世纪50年代成长起来的作家,如王蒙、公刘、流沙河、邵燕祥、张贤亮、高晓声、陆文夫、李国文、丛维熙等,虽然他们中的大多数人在"反右"运动中遭到不公正的批判和打击,并在社会底层度过了苦难的岁月,遭受过理想主义幻灭的磨难,但苦尽甘来的平反昭雪反而坚定了他们对待历史和现实的理性主义态度。因此他们自觉充当人民的代言人,作品中充满现实批判精神和理想主义的信念。此外,这种现实战斗精神在"文革"中成长起来的青年作家身上也有鲜明的表现。"文革"后是他们率先表达了这场历史灾难所造成的强烈的心理创伤和感受,成为"伤痕文学"中的先导力量,如卢新华的《伤痕》、刘心武的《班主任》等。与80年代中国的改革进程相适应,继"伤痕文学"和"反思文学"的潮流之后,"改革文学"迅速兴起并吸引了大批中青年作家,如蒋子龙的《乔厂长上任记》、张洁的《沉重的翅膀》等。作为一种潮流,改革文学是知识分子现实关怀与政治热情的又一次具体体现。

"五四"新文学一直存在着两种启蒙的传统,一种是"启蒙的文学",另一种则是"文学的启蒙"。前者强调思想艺术的深刻性,并主张文学要与历史的现代化进程同步;后者则是以文学如何建立现代汉语的审美价值为目标,常常依托民间风土来表达自己的理想境界。新文学史上周作人、废名、沈从文、老舍、萧红等作家的散文、小说,断断续续地延续了这一传统。当20世纪80年代的文学创作一步步地恢复和发扬现代知识分子的启蒙主义和现实战斗精神的时候,"五四"新文学的另一个传统,即以构建现代审美原则为宗旨的"文学的启蒙"传统也在悄悄崛起。这些作家、诗人、散文家的精神气质多少带着一点儿浪漫性,他们常常远离现实政治,不约而同地对中国本土文化采取了比较温和、亲切的态度,成为80年代中期出现的"寻根文学"中的代表力量。这类作家中有以"乡土小说"闻名的刘绍棠,有擅长"市井小说"的邓友梅、冯骥才、陆文夫,有以家乡纪事来揭示民间世界的汪曾祺,有以家乡风情描写社会改革的林斤澜等。

复苏的"五四"传统中还有一条就是开始对文学创作形式及其理论的探讨。随着中国改革开放政策的确立,重新打开了禁闭几十年的国门,于是形成了中国历史上接受西方文化的又一次高潮。和"五四"前后相比,"文革"后对西方现代主义的介绍更加全面系统,包括从19世纪末的早期象征主义到20世纪后期的后现代的各种流派。随着这些译介活动的深入展开,80年代初的文艺创作和批评领域产生了相应的反响,在诗歌、小说、戏剧等文体的创作中相继出现了一系列具有新的美学原则的作品。"文革"后文学对现代艺术探索的追求,在老、中、青三代作家中都有不同程度的体现。如老一代作家中的"中国新诗派"诗人和汪曾祺等;中年一代作家中的王蒙等人也创作了一批结构和手法新颖别致的小说,在文坛上产生了较大的影响;而在"文革"中成长起来的青年一代作家,则与西方现代主义艺术有着更加内在的情感上的暗合。"文革"后文学的现代意识最早表现在"朦胧派"诗歌的创作中,其成员包括年青诗人北岛、顾城、舒婷等。在80年代中期,诗坛上又出现了第三代诗人,他们人数众多,流派纷呈,呈现出一种复杂多样化和个性化的景观,他们中较有影响的诗人有欧阳江河、韩东、于坚、海子、翟永明等。此外,青年作家如张辛欣、刘索拉等也先后发表了一系列具有现代意识的小说作品。80年代中期马原、莫言、残雪等人的崛起标志着先锋小说的开端,他们极力去颠覆传统小说的叙事、结构和语言表现形式,稍晚于他们的格非、孙甘露、余华等人也是这场文学先锋实验的重要代表作家。此外,马中骏、贾鸿源、瞿新华编写的《屋外有热流》和高行健的《绝对信号》和《车站》,是当时影响较大的探索戏剧。此外,与"先锋小说"同时产生的新写实小说在创作方式上有意瓦解了文学的典型性,使生活现象本身成为写作的对象,强烈体现出一种中国文学过去少有的生存意识。其中较有名的莫言、刘震云、余华、方方、池莉、范小青、苏童、叶兆言、刘恒、王安忆、迟子建等,几乎包括了"寻根文学"以后文坛上最活跃的一批作家。

第三阶段:20 世纪 90 年代

总的来说,20 世纪 80 年代末到 90 年代初,中国社会发生了急剧的转型,由社会主义计划经济体制加速向市场经济体制转型,商品经济意识逐渐渗透到各个社会文化领域,社会主导的价值观念也在迅速转变,功利化、世俗化的价值观开始得到认同,于是整个社会的文化特征由高度统一的一元化向着多元化的格局转变。在文学领域,这种多元化可以表述为纯文学、主旋律文学和大众文学三分天下的格局。主旋律文学是指宣传主旋律的文艺作品,以满足政府意识形态宣传需要为目的。大众文学则是面对大众读者,通过市场化运作来获得商业利润的作品。面对前两者的冲击,纯文学失去了过去一统天下的优势地位,退回到相对边缘的空间里。即使在纯文学领域内部也失去了 80 年代文学的高度一致性,而是呈现出多元共生、众声喧哗的局面。

首先,作家们普遍开始放弃原来理想主义的宏大的历史叙事,转向了个人化的叙事立场,以个体的生命直面人生,从个人体验与独特方式出发,来描述自己眼中的世界,特别是由此走向了对于民间立场的重新发现与主动认同。在 20 世纪 80 年代诗歌创作中所表现出的个人立场,在 90 年代的整个文学领域中都得到了强化,那些曾经致力于建构宏大叙事的知青一代作家,也开始以非常个性化的方式来抒写自己的时代体验。其中最为突出的一些作家包括张承志、张炜、王安忆、韩少功、史铁生、李锐、刘震云、余华、莫言、王小波等,他们或者开创了新的个人叙事风格,或者从独特的视点出发对中国历史重新作出阐释,或者在对时代的思考中融入个人生命中最隐秘的经验,或者是在对以往宏大叙事进行解构的过程中表达自己的思想意识,或者把个体心灵与广大的民间世界结合在一起来抒写,也或者干脆是从最本真的生命力出发去破除一切社会文化意识的成规,等等。可以说,90 年代的文坛由各种个人立场的写作构成了日益丰富而喧哗的多元化格局,过去所谓的统一的文学"主流"再也难以真正形成。正是在这种更为自由的文学创作环境下,很多作家逐渐形成了独特成熟的个人创作风格,写出了越来越多的优秀作品。王安忆的《叔叔的故事》、史铁生的《我与地坛》、张承志的《心灵史》、张炜的《九月寓言》、余华的《许三观卖血记》、王小波的《黄金时代》等都堪称是中国 20 世纪最后十年文学界的重要成果。

其次,这一时期文学创作中一个新的现象是各种新的写作空间的拓展。这里需要明确的是,写作空间的拓展不仅是指创作题材的创新,同时它还意味着形成了新的审美形态,为文学的发展提供了富于创造性的因素。写作空间的拓展大体上说有三个方面较为突出:第一,随着多元文化格局的形成和女性意识的日趋自觉,当代诗歌和小说中出现了具有鲜明个人立场的女性题材创作。尽管在前期像丁玲、萧红、庐隐、张洁、舒婷等女作家的创作中都明确表现出一定的女性意识,但这种意识常常会为无性别之分的知识分子精英意识所遮蔽。这种情形直到 20 世纪

80年代中期才有变化,到90年代之后,女性写作终于形成了与此前截然不同的新向度,具备了充分的性别意识与性别自觉及独特的书写方式。这一新的写作倾向第一个方面表现在80年代中期的女性诗歌创作中,如翟永明的大型组诗《女人》、伊蕾的组诗《独身女人的卧室》等。女性写作在小说方面的主要作家有陈染、林白、海男和徐小斌等,她们都在90年代写出了自己的代表作,如陈染的中篇小说《无处告别》、《与往事干杯》和长篇小说《私人生活》,林白的长篇小说《一个人的战争》、《说吧,房间》和中篇小说《回廊之椅》等。写作空间拓展的第二个方面表现在对海外移民题材的关注。随着80年代以来大量中国人留学或移民国外,反映他们在异国生活的小说创作也随之兴盛起来,其中包括了大量纪实性和通俗性的商业写作,但也不乏有小楂(查建英)的《丛林下的冰河》和严歌苓的《少女小渔》、《女房东》等令人耳目一新的佳作。作品的优秀之处,就在于它们比较深刻地写出了中外文化在个体经历中的冲撞,以及这种冲撞积淀在人物性格及精神层面上的影响。第三方面因为和平时期军队生活的特殊性,军旅题材创作也有了新的发展,由传统的敌我斗争意识的艺术表现转向了对军人个性深层心理的探询。

第二节　诗歌作品赏析

凤凰涅槃(节选)

郭沫若

郭沫若(1892—1978年),原名郭开贞,字鼎堂,号尚武,笔名沫若,四川乐山人。我国现代著名无产阶级文学家、诗人、剧作家、考古学家、思想家、古文字学家、历史学家、书法家和著名的革命家、社会活动家。他是我国新诗的奠基人,是继鲁迅之后革命文化界公认的领袖,著述有《郭沫若文集》(17卷)和《郭沫若全集》。

凤凰更生歌

鸡鸣
听潮涨了!
听潮涨了!
死了的光明更生了!

春潮涨了!

春潮涨了!
死了的宇宙更生了!

生潮涨了!
生潮涨了!
死了的凤凰更生了!

凤凰和鸣
我们更生了!
我们更生了!
一切的一,更生了!
一的一切,更生了!
我们便是"他",他们便是我!
我中也有你,你中也有我!
我便是你!
你便是我!
火便是凰!
凤便是火!
翱翔!翱翔!
欢唱!欢唱!

……
我们芬芳呀!
我们芬芳呀!
一切的一,芬芳呀!
一的一切,芬芳呀!
芬芳便是你,芬芳便是我!
芬芳便是"他",芬芳便是火!
火便是你!
火便是我!
火便是"他"!
火便是火!
翱翔!翱翔!
欢唱!欢唱!

……
我们和谐呀!
我们和谐呀!
一切的一,和谐呀!
一的一切,和谐呀!
和谐便是你,和谐便是我!
和谐便是"他",和谐便是火!

火便是你!
火便是我!
火便是"他"!
火便是火!
翱翔!翱翔!
欢唱!欢唱!

……
我们悠久呀!
我们悠久呀!
一切的一,悠久呀!
一的一切,悠久呀!
悠久便是你,悠久便是我!
悠久便是"他",悠久便是火!
火便是你!
火便是我!
火便是"他"!
火便是火!
翱翔!翱翔!
欢唱!欢唱!

我们欢唱!
我们欢唱!
一切的一,常在欢唱!
一的一切,常在欢唱!
是你在欢唱?是我在欢唱?
是"他"在欢唱?
是火在欢唱?
欢唱在歌唱!
只有欢唱!
只有欢唱!
只有欢唱!
欢唱!
欢唱!
欢唱!

【赏析】

在"五四"新诗运动中,出现了许多诗歌流派,郭沫若是当时浪漫主义诗派的代表人物,其代表作《女神》出版于1921年8月。《女神》是我国现代文学史上一部具有突出成就和巨大影响的新诗集,鲜明地反映了"五四"革命运动的精神特征,充满了对封建社会的猛烈攻击和对美好理想的歌颂,《凤凰涅槃》是其中最有代表性的诗篇之一。

《凤凰涅槃》以有关凤凰的传说为题材,借凤凰"集香木自焚,复从死灰中更生"的故事,象征着旧中国以及诗人旧我的毁灭和新中国以及诗人新我的诞生。在除夕将近的时候,在梧桐已枯、寒风凛冽的丹穴山上,一对凤凰回旋飞舞,它们从滔滔的泪水中倾诉悲愤,诅咒五百年来沉睡、衰朽、死尸似的生活,诅咒这看不到"新鲜"、"甘美"和"欢爱"的世界,于是它们痛不欲生,集木自焚。在对现实的谴责里,深深地郁积着诗人心头的民族悲愤和对人民苦难的同情。凤凰的自我牺牲、自我再造形成了一种浓烈的悲壮气氛。当他们同声唱出"时期已到了,死期已到了"的时候,一场漫天大火终于使旧我连同旧世界的一切黑暗和不义同归于尽。最后,凤凰重生了。诗人以汪洋恣肆的笔调和重叠反复的诗句,着意地渲染了大和谐、大欢乐的景象。这是经过斗争冶炼后的真正的创造和新生。它表达了诗人对"五四"新时代的歌颂,也是祖国和诗人自己开始觉醒的象征,洋溢着炽烈的向往光明、追求理想的热情。

全诗在形式上富于创新,诗篇中奔腾的想象与大胆的夸张,恢宏的构思与浓烈的色彩,激昂的音调与急骤的旋律,以及神话的巧妙运用等,又都同诗人火山爆发式的情感相适应,充分地体现了诗人在创作上的狂飙突进的时代精神。

我爱这土地

艾青

艾青(1910—1996年),现当代诗人,原名蒋海澄,笔名莪加、克阿、林壁等,浙江金华人。在中国新诗发展史上,艾青是继郭沫若、闻一多等人之后又一位推动了一代诗风、并产生过重要影响的诗人。在世界上也享有声誉,作品被译成十多种文字在国外出版。1985年,法国授予艾青文学艺术最高勋章。

假如我是一只鸟,
我也应该用嘶哑的喉咙歌唱:
这被暴风雨所打击着的土地,

这永远汹涌着我们的悲愤的河流,
这无止息地吹刮着的激怒的风,
和那来自林间的无比温柔的黎明……
——然后我死了,
连羽毛也腐烂在土地里面。

为什么我的眼里常含泪水?
因为我对这土地爱得深沉……

【赏析】

艾青是七月诗派的"一面旗帜",是我国现代诗坛上最优秀的诗人之一。《我爱这土地》是诗人艾青的代表作品,发表于1939年,收在其第二本诗集《北方》中。

在这首诗中,诗人采用了"土地"这一鲜明的中心意象,深情地抒发了自己对祖国——大地母亲刻骨铭心、至死不渝的感情。在近现代历史上,我们的祖国贫穷落后、多灾多难,然而对于诗人而言,这毕竟是生养了自己的祖国,即使为她痛苦到死,"死了"以后连"羽毛"也要"腐烂在土地里面"。这种感情在近代中国人民中具有典型性与普遍性。对祖国灾难和人民苦痛的关注形成了艾青永远摆脱不掉的忧郁,构成了他诗歌鲜明的艺术个性。他的忧郁不代表对生活的灰心与绝望,而是表现了他对美好生活执著的追求与坚强的信念,因此,这种"忧郁"给读者的是一种更加深沉的感召力。1940年,评论家冯雪峰对艾青的历史地位做了理论上的评定:"艾青的根是深深地植在土地上",是"在根本上就正和中国现代大众的精神结合着的、本质上的诗人"。

本诗在形式上不拘泥于诗形的束缚,很少注意诗句的韵脚或字数、行数的划一,但又运用有规律的排比、复沓形成变化中的统一、参差中的和谐,体现了艾青诗体提倡散文美的特点。在语言上,本诗没有华丽的铺饰,没有古旧的羁绊和欧化的影响,运用的是朴素生动、富有生命力的语言。"为什么我的眼里常含泪水?因为我对这土地爱得深沉",这些诗句,真实而朴素,发自诗人内心深处,也源自民族灵魂的深处,因而具有不朽的艺术生命力。

这是四点零八分的北京

食指

食指(1948—),当代诗人,原名郭路生。他青少年时期生活于北京,15岁开始写诗,1968年底赴山西插队,1978年重新开始写诗,著有《相信未来》、《食指的诗》等,2001年获第三届人民文学奖诗歌奖。

这是四点零八分的北京,
一片手的海洋翻动;
这是四点零八分的北京,
一声雄伟的汽笛长鸣。

北京车站高大的建筑,
突然一阵剧烈地抖动。
我双眼吃惊地望着窗外,
不知发生了什么事情。

我的心骤然一阵疼痛,一定是
妈妈缀扣子的针线穿透了心胸。
这时,我的心变成了一只风筝,
风筝的线绳就在妈妈手中。

线绳绷得太紧了,就要扯断了,
我不得不把头探出车厢的窗棂。
直到这时,直到这时候,
我才明白发生了什么事情。

——一阵阵告别的声浪,
就要卷走车站;
北京在我的脚下,
已经缓缓地移动。

我再次向北京挥动手臂,
想一把抓住她的衣领,
然后对她大声地叫喊:
永远记着我,妈妈啊,北京!

终于抓住了什么东西,
管他是谁的手,不能松,
因为这是我的北京,
这是我的最后的北京。

(食指,1968年12月20日)

【赏析】

食指在"文革"时期就成为青年诗人的代表,其作品在当时的知识青年中广为流传。他的诗《这是四点零八分的北京》描写的是上山下乡时诗人即将离开北京的瞬间感受和心情。

在当时的政治话语里,"上山下乡"被解释为接受贫下中农再教育,并被涂抹上了改天换地、大有作为的英雄主义色彩。在这一政治运动中,一批青年满怀向往地奔赴"一个更广阔的天地",但是也有相当一部分青年则是被逼无奈的。《这是四点零八分的北京》与当时公开发表的文学作品迥然不同,表现了政治话语遮盖下的个体的另一种真实体验。作为上山下乡队伍中的一员,在即将离开故乡北京的一刹那,作者的心灵突然受到强烈的触动,这种触动包括对故乡、母亲、文明的眷恋,还夹杂着对不可知的未来的恐惧。"这是四点零八分的北京",在"一片手的海洋翻动"与"一声雄伟的汽笛长鸣中",诗人突然感到:"北京车站高大的建筑,突然一阵剧烈地抖动。我双眼吃惊地望着窗外,不知发生了什么事情。我的心骤然一阵疼痛,一定是妈妈缀扣子的针线穿透了心胸。这时,我的心变成了一只风筝,风筝的线绳就在妈妈的手中。"

本诗以真率朴素的态度,将离别时刻诗人真实的体验凸显出来。在诗人敏感的心灵中,出现了几个幻觉意象,幻觉中"剧烈地抖动"的"北京车站",显然是诗人心灵感受的外化,强烈地表现出了那种巨大的感情震动以及"不知发生了什么事情"的茫然与无助。幻觉中"妈妈缀扣子的针线穿透了心胸",对母爱这种普通而强烈的人性的诉求,使英雄主义色彩的所有神话都显得苍白无力。对"幻觉"的出色运用,成为在"文革"中年轻一代艺术探索的重要手段,表现出他们对政治权力话语的轻蔑与反叛。这标志着年轻一代不但在精神上对"乌托邦神话"的怀疑和否定,而且在尝试以自己独特的方式来表现自己的感性体验与理性思考,从而回归到个体的真实体验,这也使他们的诗歌呈现出特有的率真与清新。

半棵树

牛汉

牛汉(1923—　),现代著名诗人,原名史承汉,曾用笔名谷风。

真的,我看见过半棵树
在一个荒凉的山丘上

像一个人
为了避开迎面的风暴
侧着身子挺立着

它是被二月的一次雷电
从树尖到树根
齐楂楂劈掉了半边

春天来到的时候

半棵树仍然直直地挺立着
长满了青青的树叶

半棵树
还是一整棵树那样高
还是一整棵树那样伟岸

人们说
雷电还要来劈它
因为它还是那么直那么高
雷电从远远的天边就盯住了它

【赏析】

诗人牛汉 1955 年由于胡风事件的牵连被囚禁两年,释放后失去了发表作品的权利,"文革"开始后又被关进"牛棚"接受批斗;但这些并没有使他失去创作的欲望,相反,逆境生涯反而激发起了他更加强烈的生命意识,这一点也体现在他这一时期私下里进行的诗歌创作中,其代表作品《半棵树》就是这一时期的作品。

《半棵树》中处于全诗中心地位的是一个极端变形的意象:"半棵树"。诗人写道:"真的,我看见过半棵树在一个荒凉的山丘上。""像一个人为了避开迎面的风暴侧着身子挺立着。"诗人接着联想:"它是被二月的一次雷电/从树尖到树根/齐楂楂劈掉了半边",可是,"春天来到的时候/半棵树仍然直直地挺立着/长满了青青的枝叶","半棵树还是一棵树那样高/还是一棵树那样伟岸"。从这里可以看出,这一被砍去了一半身躯却依然坚韧不拔、生生不息的意象,鲜明地体现了文革中正直的知识分子的人格形象。但那个恐怖的时代却使诗人产生了不祥的预感,在抒写了一种坚韧顽强的意志后,诗人在结尾又写道:"人们说/雷电还要来劈它/因为它还那么直那么高/雷电从远远的天边就盯住了它"。诗歌最后这一段的突然转折,显示出诗人惊人的清醒意识。《半棵树》代表了战争年代成长起来的知识分子在"文革"中的"潜在写作",表现出这些诗人在那样一个颠倒的年代仍然坚持着五四传统中批判和反抗的英雄风格。

致 橡 树

舒婷

舒婷(1952—),原名龚佩瑜,朦胧诗派的代表作家之一,与北岛、顾城齐名,其诗歌《致橡树》是朦胧诗潮的代表作之一。著有诗集《双桅船》、《会唱歌的鸢尾花》、《始祖鸟》,散文集《心烟》、《秋天的情绪》、《硬骨凌霄》、《露珠里的"诗想"》、《舒婷文集》(3卷)等。

> 我如果爱你——
> 绝不像攀援的凌霄花
> 借你的高枝炫耀自己;
> 我如果爱你——
> 绝不学痴情的鸟儿
> 为绿荫重复单调的歌曲;
> 也不止像泉源
> 常年送来清凉的慰藉;
> 也不止像险峰
> 增加你的高度,衬托你的威仪。
> 甚至日光。
> 甚至春雨。
> 不,这些都还不够!
> 我必须是你近旁的一株木棉,
> 作为树的形象和你站在一起。

根，紧握在地下
叶，相触在云里。
每一阵风过
我们都互相致意，
但没有人
听懂我们的言语。
你有你的铜枝铁干
像刀、像剑，
也像戟；
我有我的红硕的花朵
像沉重的叹息，
又像英勇的火炬。
我们分担寒潮、风雷、霹雳；
我们共享雾霭、流岚、虹霓。
仿佛永远分离，
却又终身相依。
这才是伟大的爱情，
坚贞就在这里：
爱——
不仅爱你伟岸的身躯，
也爱你坚持的位置，足下的土地。

1977 年 3 月 27 日

【赏析】

　　"文革"结束后，舒婷开始了其创作上的丰收期。她的诗风细腻而沉静，哀婉而坚强，意象的选择贴切自然。在内容上更加注重对思想倾向的追求，有意识地突出了人道主义与个性主义的精神。相对北岛、顾城而言，舒婷更偏重于爱情题材的写作，在对真诚爱情的呼唤中融入自己的理想，并富有鲜明的女性独立意识，抒情诗《致橡树》是这方面的代表作品。

　　写于 1977 年的《致橡树》是一首爱情宣言，同时更是对自我独立人格的确认。诗中的女性这样表述对爱情的理想："我必须是你近旁的一株木棉，/作为树的形象和你站在一起。"这个"我"是有着独立人格和价值追求的女性，在相爱中，不是对爱人有所依附，或者忘我地奉献，而是在心灵的默契和沟通中达到相互的理解和信任，同时又不失去自我的独立。"根，紧握在地下，/叶，相触在云里。/每一阵风过/

我们都互相致意,/但没有人/听懂我们的言语。/你有你的铜枝铁叶/像刀、像剑,/也像戟;/我有我红硕的花朵/像沉重的叹息,/又像英勇的火炬。/我们分担寒潮、风雷、霹雳;/我们共享雾霭、流岚、霓虹。/仿佛永远分离,/却又终身相依。"这种对情爱关系中个性与自我的维护,从更宽泛的意义上说则是在确认一种新的人生理想与追求。"文革"刚刚过去,历史的苦难遭遇使这一代年轻诗人减少了对外界的盲目认同,而是在个人的体验与思考中,凭借自我的独立意志获得精神的重生,这是一种现代反抗意识的萌芽。

舒婷的诗在"朦胧诗"中最富于浪漫气息,同时她也在抒情方式中自觉地融入了一些现代主义的技巧。她经常运用象征主义手法,以个性化的感觉来凝聚意象,以隐喻的言辞来营造诗的精神境界。在本诗中,各种主观性的象征俯拾皆是,仿佛随手拈来,贴切自然,意象随主体感觉的变化而任意多样。这不仅仅使诗的意象组合和语言节奏得到了拓展,而且也凸显出了诗人心灵中强烈的自我色彩。

女人·母亲

翟永明

翟永明(1955—),祖籍河南,生于四川成都,被普遍认为是中国当代最优秀的女诗人。出版的诗集有《女人》、《在一切玫瑰之上》、《称之为一切》、《黑夜中的素歌》、《翟永明诗集》、《终于使我周转不灵》;散文随笔集《纸上建筑》、《坚韧的破碎之花》、《纽约,纽约以西》。

无力到达的地方太多了,脚在疼痛,母亲,你没有
教会我在贪婪的朝霞中染上古老的哀愁。我的心只像你

你是我的母亲,我甚至是你的血液在黎明流出的
血泊中使你惊讶地看到你自己,你使我醒来

听到这世界的声音,你让我生下来,你让我与不幸构成
这世界的可怕的双胞胎。多年来,我已记不得今夜的哭声

那使你受孕的光芒,来得多么遥远,多么可疑,站在生与死
之间,你的眼睛拥有黑暗而进入脚底的阴影何等沉重

在你怀抱之中,我曾露出谜底似的笑容,有谁知道

你让我以童贞方式领悟一切,但我却无动于衷
我把这世界当作处女,难道我对着你发出的
爽朗的笑声没有燃烧起足够的夏季吗?没有?

我被遗弃在世上,只身一人,太阳的光线悲哀地
笼罩着我,当你俯身世界时是否知道你遗落了什么?

岁月把我放在磨子里,让我亲眼看见自己被碾碎
呵,母亲,当我终于变得沉默,你是否为之欣喜
没有人知道我是怎样不着边际地爱你,这秘密
来自你的一部分,我的眼睛像两个伤口痛苦地望着你

活着为了活着,我自取灭亡,以对抗亘古已久的爱
一块石头被抛弃,直到像骨髓一样风干,这世界

有了孤儿,使一切祝福暴露无遗,然而谁最清楚
凡在母亲手上站过的人,终会因诞生而死去

【赏析】

翟永明在1984年完成了她的第一个大型组诗《女人》,以独特奇诡的语言风格和惊世骇俗的女性立场震撼了文坛。这是中国当代文学史上比较早的,并且也是相当成熟的一部女性主义文学作品。

整个组诗具有一种涵盖女性全部生存体验的宏大气魄,大量密集的抒情与描写,似乎是想要穷尽女性所有的情感、境遇与意识;但更为重要的是,诗中从个人视角出发,营造了一个异于常态的隐秘空间,即个体性的女性自我世界。翟永明把这一女性自我世界命名为"黑夜",这一意象几乎贯穿在组诗中的每一首诗中。

首先,黑夜意味着女性独立的自我世界。女性自我的确立必然伴随着和内含着长期以来形成的两性关系的紧张和对立,与以黑夜代表女性世界相反,诗中以太阳和白昼作为男性世界的象征,二者之间的关系被认为是伤害与被伤害、侵犯与被侵犯、占有与惨败的对照,如"你是侵犯我栖身之地的阴影/用人类的唯一手段你使我沉默不语"。这种对抗是诗人自觉而又无奈的选择,在长期以来形成的以男性为中心的世界中,女性要想确立自我只能退缩到一个边缘化的、私人的生存及话语空间中,或说是"退缩到黑夜的梦幻之中去编织自己的内心生活"。

其次,黑夜是一个极端个性化的审美空间,具有一种迷狂与非理性的特征。它充满破坏性和灾难感,它是女性力量的源泉,蕴含着女性独特的体验与意识。既然

男性代表的世界是一种理性和正常的世界,那么女性的自我确立就必须背弃这些,因而迷狂和非理性成为女性确立自我的方式。组诗中所抒写的心灵体验往往被表述为臆想、噩梦、紧张、癫狂、晕眩及痉挛之类,以此来构成了与众不同的自我形象:一个违反常态的、充满激情、欲望和对自由幻想的女性。这也就意味着,黑夜对于女性而言是一个蕴含着无限丰富意义的自我创造的心灵之所。

最后,黑夜在某种程度上也意味着女性的困境。女性创造出了黑夜,却依旧处于焦虑之中,如"我在何处显现?夕阳落下/敲打黑暗,我仍是痛苦的中心"。黑夜仍然是一种困境,这一困境是女性必然的历史困境。在两性世界的对抗中女性创造了一个独立的空间,然而毕竟这不是女性的终极目的,而只是一种无可奈何的选择和抗争,缺少男性世界的理解和认同。这种来自女性的自我怀疑与审视也正是《女人》的深刻与优秀之处。

在《女人》组诗中,诗人采用了一种独白体的表达方式,显出中国女性诗歌中少有的深沉与力度,并且在遣词造句与修辞方式上诗人也刻意求新,形成了极具表现力的个人风格。无论是她所提出的"黑夜的意识",还是由她运用的独白体表达方式,后来都成为女性诗歌创作的主要特征。因此说,翟永明在中国新诗史上作出了独特的贡献,她既开拓了女性诗歌的新内涵,同时也达到了一个艺术上的高峰。

第三节 散文作品赏析

我们现在怎样做父亲

鲁迅

鲁迅(1881—1936年),原名周樟寿(后改名周树人),字豫山,后改为豫才。发表第一篇白话小说《狂人日记》时(1918年5月)始以"鲁迅"为笔名。他的著作以小说、杂文为主,代表作有小说集《呐喊》、《彷徨》、《故事新编》等,散文集《朝花夕拾》(原名《旧事重提》),散文诗集《野草》,杂文集《坟》、《热风》、《华盖集》、《南腔北调集》、《三闲集》、《二心集》、《而已集》等16部。

我做这一篇文的本意,其实是想研究怎样改革家庭;又因为中国亲权重,父权更重,所以尤想对从来认为神圣不可侵犯的父子问题,发表一点意见。总而言之:只是革命要革到老子身上罢了。但何以大模大样,用了这九个字的题目呢?这有两个理由:

第一,中国的"圣人之徒",最恨人动摇他的两样东西。一样不必说,也与我辈绝不相干;一样便是他的伦常,我辈却不免偶然发几句议论,所以株连牵扯,很得了许多"铲伦常""禽兽行"之类的恶名。他们以为父对于子,有绝对的权力和威严;若是老子说话,当然无所不可,儿子有话,却在未说之前早已错了。但祖父子孙,本来各各都只是生命的桥梁的一级,绝不是固定不易的。现在的子,便是将来的父,也便是将来的祖。我知道我辈和读者,若不是现任之父,也一定是候补之父,而且也都有做祖宗的希望,所差只在一个时间。为想省却许多麻烦起见,我们便该无须客气,尽可先行占住了上风,摆出父亲的尊严,谈谈我们和我们子女的事;不但将来着手实行,可以减少困难,在中国也顺理成章,免得"圣人之徒"听了害怕,总算是一举两得之至的事了。所以说,"我们怎样做父亲。"

第二,对于家庭问题,我在《新青年》的"随感录"(二五、四十、四九)中,曾经略略说及,总括大意,便只是从我们起,解放了后来的人。论到解放子女,本是极平常的事,当然不必有什么讨论。但中国的老年,中了旧习惯、旧思想的毒太深了,决定悟不过来。譬如早晨听到乌鸦叫,少年毫不介意,迷信的老人,却总须颓唐半天。虽然很可怜,然而也无法可救。没有法,便只能先从觉醒的人开手,各自解放了自己的孩子。自己背着因袭的重担,肩住了黑暗的闸门,放他们到宽阔光明的地方去;此后幸福的度日,合理的做人。

还有,我曾经说,自己并非创作者,便在上海报纸的"新教训"里,挨了一顿骂。但我辈评论事情,总须先评论了自己,不要冒充,才能像一篇说话,对得起自己和别人。我自己知道,不特并非创作者,并且也不是真理的发见者。凡有所说所写,只是就平日见闻的事理里面,取了一点心以为然的道理;至于终极究竟的事,却不能知。便是对于数年以后的学说的进步和变迁,也说不出会到如何地步,单相信比现在总该还有进步还有变迁罢了。所以说,"我们现在怎样做父亲"。

我现在心以为然的道理,极其简单。便是依据生物界的现象:一,要保存生命;二,要延续这生命;三,要发展这生命(就是进化)。生物都这样做,父亲也就是这样做。

生命的价值和生命价值的高下,现在可以不论。单照常识判断,便知道既是生物,第一要紧的自然是生命。因为生物之所以为生物,全在有这生命,否则失了生物的意义。生物为保存生命起见,具有种种本能,最显著的是食欲。因有食欲才摄取食品,因有食品才发生温热,保存了生命。但生物的个体,总免不了老衰和死亡,为继续生命起见,又有一种本能,便是性欲。因性欲才有性交,因有性交才发生苗裔,继续了生命。所以食欲是保存自己,保存现在生命的事;性欲是保存后裔,保存永久生命的事。饮食并非罪恶,并非不净;性交也就并非罪恶,并非不净。饮食的结果,养活了自己,对于自己没有恩;性交的结果,生出子女,对于子女当然也算不了恩。——前前后后,都向生命的长途走去,仅有先后的不同,分不出谁受谁的恩典。

可惜的是中国的旧见解，竟与这道理完全相反。夫妇是"人伦之中"，却说是"人伦之始"；性交是常事，却以为不净；生育也是常事，却以为天大的大功。人人对于婚姻，大抵先夹带着不净的思想。亲戚朋友有许多戏谑，自己也有许多羞涩，直到生了孩子，还是躲躲闪闪，怕敢声明；独有对于孩子，却威严十足。这种行径，简直可以说是和偷了钱发迹的财主，不相上下了。我并不是说，——如他们攻击者所意想的，——人类的性交也应如别种动物，随便举行；或如无耻流氓，专做些下流举动，自鸣得意。是说，此后觉醒的人，应该先洗净了东方固有的不净思想，再纯洁明白一些，了解夫妇是伴侣，是共同劳动者，又是新生命创造者的意义。所生的子女，固然是受领新生命的人，但他也不永久占领，将来还要交付子女，像他们的父母一般。只是前前后后，都做一个过付的经手人罢了。

生命何以必需继续呢？就是因为要发展，要进化。个体既然免不了死亡，进化又毫无止境，所以只能延续着，在这进化的路上走。走这路须有一种内的努力，有如单细胞动物有内的努力，积久才会繁复，无脊椎动物有内的努力，积久才会发生脊椎。所以后起的生命，总比以前的更有意义，更近完全，因此也更有价值，更可宝贵；前者的生命，应该牺牲于他。

但可惜的是中国的旧见解，又恰恰与这道理完全相反。本位应在幼者，却反在长者；置重应在将来，却反在过去。前者做了更前者的牺牲，自己无力生存，却苛责后者又来专做他的牺牲，毁灭了一切发展本身的能力。我也不是说，——如他们攻击者所意想的，——孙子理应终日痛打他的祖父，女儿必须时时咒骂他的亲娘。是说，此后觉醒的人，应该先洗净了东方古传的谬误思想，对于子女，义务思想须加多，而权利思想却大可切实核减，以准备改作幼者本位的道德。况且幼者受了权利，也并非永久占有，将来还要对于他们的幼者，仍尽义务。只是前前后后，都做一切过付的经手人罢了。

"父子间没有什么恩"这一个断语，实是招致"圣人之徒"面红耳赤的一大原因。他们的误点，便在长者本位与利己思想。权利思想很重，义务思想和责任心却很轻。以为父子关系，只须"父兮生我"一件事，幼者的全部，便应为长者所有。尤其堕落的，是因此责望报偿，以为幼者的全部，理该做长者的牺牲，殊不知自然界的安排，却件件与这要求反对。我们从古以来，逆天行事，于是人的能力，十分萎缩，社会的进步，也就跟着停顿。我们虽不能说停顿便要灭亡，但较之进步，总是停顿与灭亡的路相近。

自然界的安排，虽不免也有缺点，但结合长幼的方法，却并无错误。他并不用"恩"，却给与生物以一种天性，我们称他为"爱"。动物界中除了生子数目太多——爱不周到的如鱼类之外，总是挚爱他的幼子，不但绝无利益心情，甚或至于牺牲了自己，让他的将来的生命，去上那发展的长途。

人类也不外此，欧美家庭，大抵以幼者弱者为本位，便是最合于这生物学的真理的办法。便在中国,只要心思纯白,未曾经过"圣人之徒"作践的人,也都自然而然的能发现这一种天性。例如一个村妇哺乳婴儿的时候,决不想到自己正在施恩;一个农夫娶妻的时候,也绝不以为将要放债。只是有了子女,即天然相爱,愿他生存;更进一步的,便还要愿他比自己更好,就是进化。这离绝了交换关系利害关系的爱,便是人伦的索子,便是所谓"纲"。倘如旧说,抹煞了"爱",一味说"恩",又因此责望报偿,那便不但败坏了父子间的道德,而且也大反于做父母的实际的真情,播下乖剌的种子。有人做了乐府,说是"劝孝",大意是什么"儿子上学堂,母亲在家磨杏仁,预备回来给他喝,你还不孝么"之类,自以为"拼命卫道"。殊不知富翁的杏酪和穷人的豆浆,在爱情上价值同等,而其价值却正在父母当时并无求报的心思;否则变成买卖行为,虽然喝了杏酪,也不异"人乳喂猪",无非要猪肉肥美,在人伦道德上,丝毫没有价值了。

所以我现在心以为然的,便只是"爱"。

无论何国何人,大都承认"爱己"是一件应当的事。这便是保存生命的要义,也就是继续生命的根基。因为将来的运命,早在现在决定,故父母的缺点,便是子孙灭亡的伏线,生命的危机。易卜生做的《群鬼》(有潘家洵君译本,载在"新潮"一卷五号)虽然重在男女问题,但我们也可以看出遗传的可怕。欧士华本是要生活,能创作的人,因为父亲的不检,先天得了病毒,中途不能做人了。他又很爱母亲,不忍劳他服侍,便藏着吗啡,想待发作时候,由使女瑞琴帮他吃下,毒杀了自己;可是瑞琴走了。他于是只好托他母亲了。

欧:"母亲,现在应该你帮我的忙了。"

阿夫人:"我吗?"

欧:"谁能及得上你。"

阿夫人:"我!你的母亲!"

欧:"正为那个。"

阿夫人:"我,生你的人!"

欧:"我不曾教你生我。并且给我的是一种什么日子?我不要他!你拿回去罢!"

这一段描写,实在是我们做父亲的人应该震惊戒惧佩服的;绝不能昧了良心,说儿子理应受罪。这种事情,中国也很多,只要在医院做事,便能时时看见先天梅毒性病儿的惨状;而且傲然的送来的,又大抵是他的父母。但可怕的遗传,并不只是梅毒;另外许多精神上体质上的缺点,也可以传之子孙,而且久而久之,连社会都蒙着影响。我们且不高谈人群,单为子女说,便可以说凡是不爱己的人,实在欠缺做父亲的资格。就令硬做了父亲,也不过如古代的草寇称王一般,万万算不了正统。将来学问发达,社会改造时,他们侥幸留下的苗裔,恐怕总不免要受善种学(Eugenics)者的处置。

倘若现在父母并没有将什么精神上体质上的缺点交给子女,又不遇意外的事,子女便当然健康,总算已经达到了继续生命的目的。但父母的责任还没有完,因为生命虽然继续了,却是停顿不得,所以还须教这新生命去发展。凡动物较高等的,对于幼雏,除了养育保护以外,往往还教他们生存上必需的本领。例如飞禽便教飞翔,鸷兽便教搏击。人类更高几等,便也有愿意子孙更进一层的天性。这也是爱,上文所说的是对于现在,这是对于将来。只要思想未遭锢蔽的人,谁也喜欢子女比自己更强,更健康,更聪明高尚,——更幸福;就是超越了自己,超越了过去。超越便须改变,所以子孙对于祖先的事,应该改变,"三年无改于父之道可谓孝矣",当然是曲说,是退婴的病根。假使古代的单细胞动物,也遵着这教训,那便永远不敢分裂繁复,世界上再也不会有人类了。

幸而这一类教训,虽然害过许多人,却还未能完全扫尽了一切人的天性。没有读过"圣贤书"的人,还能将这天性在名教的斧钺底下,时时流露,时时萌蘖;这便是中国人虽然雕落萎缩,却未灭绝的原因。

所以觉醒的人,此后应将这天性的爱,更加扩张,更加醇化;用无我的爱,自己牺牲于后起新人。开宗第一,便是理解。往昔的欧人对于孩子的误解,是以为成人的预备;中国人的误解,是以为缩小的成人。直到近来,经过许多学者的研究,才知道孩子的世界,与成人截然不同;倘不先行理解,一味蛮做,便大碍于孩子的发达。所以一切设施,都应该以孩子为本位。日本近来,觉悟的也很不少;对于儿童的设施,研究儿童的事业,都非常兴盛了。第二,便是指导。时势既有改变,生活也必须进化;所以后起的人物,一定尤异于前,绝不能用同一模型,无理嵌定。长者须是指导者协商者,却不该是命令者。不但不该责幼者供奉自己;而且还须用全副精神,专为他们自己,养成他们有耐劳作的体力,纯洁高尚的道德,广博自由能容纳新潮流的精神,也就是能在世界新潮流中游泳,不被淹没的力量。第三,便是解放。子女是即我非我的人,但既已分立,也便是人类中的人。因为即我,所以更应该尽教育的义务,交给他们自立的能力;因为非我,所以也应同时解放,全部为他们自己所有,成一个独立的人。

这样,便是父母对于子女,应该健全的产生,尽力的教育,完全的解放。

但有人会怕,仿佛父母从此以后,一无所有,无聊之极了。这种空虚的恐怖和无聊的感想,也即从谬误的旧思想发生;倘明白了生物学的真理,自然便会消灭。但要做解放子女的父母,也应预备一种能力。便是自己虽然已经带着过去的色彩,却不失独立的本领和精神,有广博的趣味,高尚的娱乐。要幸福么?连你的将来的生命都幸福了。要"返老还童",要"老复丁"么?子女便是"复丁",都已独立而且更好了。这才是完了长者的任务,得了人生的慰安。倘若思想本领,样样照旧,专以"勃豀"为业,行辈自豪,那便自然免不了空虚无聊的苦痛。

或者又怕,解放之后,父子间要疏隔了。欧美的家庭,专制不及中国,早已大家知道;往者虽有人比之禽兽,现在却连"卫道"的圣徒,也曾替他们辩护,说并无"逆子叛弟"了。因此可知：惟其解放，所以相亲；惟其没有"拘挛"子弟的父兄，所以也没有反抗"拘挛"的"逆子叛弟"。若威逼利诱，便无论如何，绝不能有"万年有道之长"。例便如我中国，汉有举孝，唐有孝悌力田科，清末也还有孝廉方正，都能换到官做。父恩谕之于先，皇恩施之于后，然而割股的人物，究属寥寥。足可证明中国的旧学说旧手段，实在从古以来，并无良效，无非使坏人增长些虚伪，好人无端的多受些人我都无利益的苦痛罢了。

独有"爱"是真的。路粹引孔融说，"父之于子，当有何亲？论其本意，实为情欲发耳。子之于母，亦复奚为，譬如寄物瓶中，出则离矣。"（汉末的孔府上，很出过几个有特色的奇人，不像现在这般冷落，这话也许确是北海先生所说；只是攻击他的偏是路粹和曹操，教人发笑罢了。）虽然也是一种对于旧说的打击，但实于事理不合。因为父母生了子女，同时又有天性的爱，这爱又很深广很长久，不会即离。现在世界没有大同，相爱还有差等，子女对于父母，也便最爱，最关切，不会即离。所以疏隔一层，不劳多虑。至于一种例外的人，或者非爱所能钩连。但若爱力尚且不能钩连，那便任凭什么"恩威，名分，天经，地义"之类，更是钩连不住。

或者又怕，解放之后，长者要吃苦了。这事可分两层：第一，中国的社会，虽说"道德好"，实际却太缺乏相爱相助的心思。便是"孝""烈"这类道德，也都是旁人毫不负责，一味收拾幼者弱者的方法。在这样社会中，不独老者难于生活，即解放的幼者，也难于生活。第二，中国的男女，大抵未老先衰，甚至不到二十岁，早已老态可掬，待到真实衰老，便更须别人扶持。所以我说，解放子女的父母，应该先有一番预备；而对于如此社会，尤应该改造，使他能适于合理的生活。许多人预备着，改造着，久而久之，自然可望实现了。单就别国的往时而言，斯宾塞未曾结婚，不闻他侘傺无聊；瓦特早没有了子女，也居然"寿终正寝"，何况在将来，更何况有儿女的人呢？

或者又怕，解放之后，子女要吃苦了。这事也有两层，全如上文所说，不过一是因为老而无能，一是因为少不更事罢了。因此觉醒的人，愈觉有改造社会的任务。中国相传的成法，谬误很多：一种是锢闭，以为可以与社会隔离，不受影响。一种是教给他恶本领，以为如此才能在社会中生活。用这类方法的长者，虽然也含有继续生命的好意，但比照事理，却决定谬误。此外还有一种，是传授些周旋方法，教他们顺应社会。这与数年前讲"实用主义"的人，因为市上有假洋钱，便要在学校里遍教学生看洋钱的法子之类，同一错误。社会虽然不能不偶然顺应，但绝不是正当办法。因为社会不良，恶现象便很多，势不能一一顺应；倘都顺应了，又违反了合理的生活，倒走了进化的路。所以根本方法，只有改良社会。

就实际上说，中国旧理想的家族关系父子关系之类，其实早已崩溃。这也非"于今为烈"，正是"在昔已然"。历来都竭力表彰"五世同堂"，便足见实际上同居的为难；拼命的劝孝，也足见事实上孝子的缺少。而其原因，便全在一意提倡虚伪道德，蔑视了真的人情。我们试一翻大族的家谱，便知道始迁祖宗，大抵是单身迁居，成家立业;一到聚族而居,家谱出版,却已在零落的中涂了。况在将来,迷信破了,便没有哭竹,卧冰;医学发达了,也不必尝秽,割股。又因为经济关系,结婚不得不迟,生育因此也迟,或者子女才能自存,父母已经衰老,不及依赖他们供养,事实上也就是父母反尽了义务。世界潮流逼拶着,这样做的可以生存,不然的便都衰落;无非觉醒者多,加些人力,便危机可望较少就是了。

但既如上言,中国家庭,实际久已崩溃,并不如"圣人之徒"纸上的空谈,则何以至今依然如故,一无进步呢?这事很容易解答。第一,崩溃者自崩溃,纠缠者自纠缠,设立者又自设立;毫无戒心,也不想到改革,所以如故。第二,以前的家庭中间,本来常有勃谿,到了新名词流行之后,便都改称"革命",然而其实也仍是讨嫖钱至于相骂,要赌本至于相打之类,与觉醒者的改革,截然两途。这一类自称"革命"的勃谿子弟,纯属旧式,待到自己有了子女,也绝不解放;或者毫不管理,或者反要寻出《孝经》,勒令诵读,想他们"学于古训",都做牺牲。这只能全归旧道德旧习惯旧方法负责,生物学的真理绝不能妄任其咎。

既如上言,生物为要进化,应该继续生命,那便"不孝有三无后为大",三妻四妾,也极合理了。这事也很容易解答。人类因为无后,绝了将来的生命,虽然不幸,但若用不正当的方法手段,苟延生命而害及人群,便该比一人无后,尤其"不孝"。因为现在的社会,一夫一妻制最为合理,而多妻主义,实能使人群堕落。堕落近于退化,与继续生命的目的,恰恰完全相反。无后只是灭绝了自己,退化状态的有后,便会毁到他人。人类总有些为他人牺牲自己的精神,而况生物自发生以来,交互关联,一人的血统,大抵总与他人有多少关系,不会完全灭绝。所以生物学的真理,决非多妻主义的护符。

总而言之,觉醒的父母,完全应该是义务的,利他的,牺牲的,很不易做;而在中国尤不易做。中国觉醒的人,为想随顺长者解放幼者,便须一面清结旧账,一面开辟新路。就是开首所说的"自己背着因袭的重担,肩住了黑暗的闸门,放他们到宽阔光明的地方去;此后幸福的度日,合理的做人。"这是一件极伟大的要紧的事,也是一件极困苦艰难的事。

但世间又有一类长者,不但不肯解放子女,并且不准子女解放他们自己的子女;就是并要孙子曾孙都做无谓的牺牲。这也是一个问题;而我是愿意平和的人,所以对于这问题,现在不能解答。

一九一九年十月

(原载1919年11月1日《新青年》6卷6号)

【赏析】

鲁迅的作品是中国20世纪不可回避的文化思想遗产,这不仅表现在他的小说中,也表现在他大量的散文创作中,尤其是他的匕首投枪式的杂文风格,犀利睿智,开创了散文的思想批判功用和新的美学风貌。弃医从文的鲁迅是一个英勇的思想斗士,他的杂文内容广泛,几乎是五四时期思想的一部百科全书。

在《我们现在怎样做父亲》中,鲁迅讨论的是家庭改革的话题。他从进化论、生物学的观点出发,先讲明生命的三个要素:一是保存生命,二是延续生命,三是发展生命;然后批评了中国传统的"父对于子,有绝对的权力和威严"这一伦理关系的荒谬及反常性,提出父亲所尽是延续和发展人类生命的义务,因此家庭应该是以幼者为本位,以未来为本位的。在批驳了父对子拥有恩惠和权力后,鲁迅提出"爱"的观念,号召先觉醒的一部分人,用无我的爱发展后起的新生命,并提出爱应该包括三个方面的内容:第一是理解孩子;第二是指导孩子,长者不是命令者,而要做指导者和协商者,要"养成他们有耐劳作的体力,纯洁高尚的道德,广博自由能容纳新潮流的精神,也就是能在世界新潮流中游泳,不被淹没的力量";第三是解放,使孩子成为一个独立的人,不要把父母的意愿强加给孩子。接下来鲁迅还细致地分析了这样培养孩子可能会产生的疑虑,如父母的无聊、父子关系的疏隔等,分析用"爱"来抚养孩子,不但解放了父母,使其具有了独立的精神;也加强了父子间爱的关系,"惟其解放,所以相亲","子女对于父母,也便最爱,最关切,不会即离"。在文章结尾,鲁迅清醒地提出,这样的事不容易做,在中国尤不易做。觉醒的人"须一面清结旧账,一面开辟新路","自己背着因袭的重担,肩住了黑暗的闸门,放他们到宽阔光明的地方去;此后幸福的度日,合理的做人。"

这篇杂文思想犀利,表现了鲁迅匕首投枪式的杂文风格,而且能够把深奥的道理讲得深入浅出,通俗易懂,很多见解即使在八九十年后的今天依然具有积极的现实意义。本文不仅具有思想上的战斗力,而且具有高度的艺术魅力,善于运用生动的例子和对比等多种手法,以幽默讽刺的语言展开逻辑严密的论证。作为一篇较长的杂文,本文在结构安排上也颇有章法,层层深入,气势跌宕,表现出收放自如的特点。

故乡的野菜

周作人

周作人(1885—1967年),原名櫆寿,又名奎绶,字星杓,自号启孟、启明(又作岂明)、知堂等,笔名仲密、药堂、周遐寿等。他是中国新文化运动的代表人物之一,现代散文家、诗人、文学翻译家,以散文成就最高。

我的故乡不止一个,凡我住过的地方都是故乡。故乡对于我并没有什么特别的情分,只因钓于斯游于斯的关系,朝夕会面,遂成相识,正如乡村里的邻舍一样,虽然不是亲属,别后有时也要想念到他。我在浙东住过十几年,南京、东京都住过六年,这都是我的故乡,现在住在北京,于是北京就成了我的家乡了。

日前我的妻往西单市场买菜回来,说起有荠菜在那里卖着,我便想起浙东的事来。荠菜是浙东人春天常吃的野菜,乡间不必说,就是城里只要有后园的人家都可以随时采食,妇女小儿各拿一把剪刀一只"苗篮",蹲在地上搜寻,是一种有趣味的游戏的工作。那时小孩们唱道:"荠菜马兰头,姊姊嫁在后门头。"后来马兰头有乡人拿来进城售卖了,但荠菜还是一种野菜,须得自家去采。关于荠菜向来颇有风雅的传说,不过这似乎以吴地为主。《西湖游览志》云:"三月三日男女皆戴荠菜花。谚云:三春戴荠花,桃李羞繁华。"顾禄的《清嘉录》上亦说,"荠菜花俗呼野菜花,因谚有三月三蚂蚁上灶山之语,三日人家皆以野菜花置灶陉上,以厌虫蚁。侵晨村童叫卖不绝。或妇女簪髻上以祈清目,俗号眼亮花。"但浙东人却不很理会这些事情,只是挑来做菜或炒年糕吃罢了。

黄花麦果通称鼠曲草,系菊科植物,叶小微圆互生,表面有白毛,花黄色,簇生梢头。春天采嫩叶,捣烂去汁,和粉作糕,称黄花麦果糕。小孩们有歌赞美之云:

　　黄花麦果韧结结,

　　关得大门自要吃,

　　半块拿弗出,一块自要吃。

清明前后扫墓时,有些人家——大约是保存古风的人家——用黄花麦果作供,但不作饼状,做成小颗如指顶大,或细条如小指,以五六个作一攒,名曰茧果,不知是什么意思,或因蚕上山时设祭,也用这种食品,故有是称,亦未可知。自从十二三岁时外出不参与外祖家扫墓以后,不复见过茧果,近来住在北京,也不再见黄花麦果的影子了。日本称作"御形",与荠菜同为春天的七草之一,也采来做点心用,状如艾饺,名曰"草饼",春分前后多食之,在北京也有,但是吃去总是日本风味,不复是儿时的黄花麦果糕了。

扫墓时候所常吃的还有一种野菜,俗称草紫,通称紫云英。农人在收获后,播种田内,用作肥料,是一种很被贱视的植物,但采取嫩茎瀹食,味颇鲜美,似豌豆苗。花紫红色,数十亩接连不断,一片锦绣,如铺着华美的地毯,非常好看,而且花朵状若蝴蝶,又如鸡雏,尤为小孩所喜。间有白色的花,相传可以治痢,很是珍重,但不易得。日本《俳句大辞典》云:"此草与蒲公英同是习见的东西,从幼年时代便已熟识。在女人里边,不曾采过紫云英的人,恐未必有罢。"中国古来没有花环,但紫云英的花球却是小孩常玩的东西,这一层我还替那些小人们欣幸的。浙东扫墓用鼓吹,所以少年常随了乐音去看"上坟船里的姣姣";没有钱的人家虽没有鼓吹,但是船头上篷窗下总露出些紫云英和杜鹃的花束,这也就是上坟船的确实的证据了。

(1924年2月作,选自《雨天的书》)

【赏析】

在五四时期的散文创作上,出现了一批倡导美文的作家,周作人是其中的代表人物。他的作品往往远离政治,关注生活,主张在文学里表现自己的性情,追求闲适、冲淡的风格。《故乡的野菜》是其中较有代表性的一篇。本文发表于1924年4月,后收入散文集《雨天的书》。

在这篇散文里,作者以浓郁的怀旧情绪,娓娓道来的语言,回忆了故乡常见的野菜——荠菜、马兰头、鼠曲草、紫云英等,描写人们挖野菜的情形,并穿插着有关的风俗典故、歌谣等,读来令人倍感亲切而又极富情趣。如文中对荠菜的描写由妻子在菜市场见到荠菜入手,自然引起作者的回忆,描写了妇女孩子们各自拿剪刀和"苗篮"蹲在地上搜寻荠菜的情形,小孩子们还唱着歌谣,呈现出一片其乐融融的乡村生活的景象,然后作者引经据典地叙述历史上关于荠菜的风俗,使对野菜的描写富有文化韵味。

周作人的散文,语言质朴平淡,风格冲淡平和,富于哲理、情趣。这篇散文典型地表现了其散文的艺术特色。其实,冲淡平和对周作人而言,不仅仅是一种艺术追求,更是一种生活态度和人生境界。作者在文中写了不同的野菜及其有关的典故习俗,看似形散,实则神凝,其中贯注着的正是周作人的个性和灵魂。

听听那冷雨

余光中

余光中(1928—),我国台湾当代诗人。祖籍福建永春,出生于江苏南京,著有诗集《舟子的悲歌》、《蓝色的羽毛》、《钟乳石》、《万圣节》、《白玉苦瓜》等十余种。

这几天闲来无事,冬寒寥寥悄悄地潜入梦里心里,那日午后阳光下携手走在胡同深处的时候忽然有点迷恋如此小百姓般琐碎静谧的生活,前段时间尽转载一些忧国忧民之论,这些天有些厌倦了这般振聋发聩的作风,于是打算开始做一些风花雪月的东西,几天之内,就当是一个文学青年的回顾展吧。惊蛰一过,春寒加剧。先是料料峭峭,继而雨季开始,时而淋淋漓漓,时而淅淅沥沥,天潮潮地湿湿,即连在梦里,也似乎有把伞撑着。而就凭一把伞,躲过一阵潇潇的冷雨,也躲不过整个雨季。连思想也都是潮润润的。每天回家,曲折穿过金门街到厦门街迷宫式的长巷短巷,雨里风里,走入霏霏令人更想入非非。想这样子的台北凄凄切切完全是黑白片的味道,想整个中国整部中国的历史无非是一张黑白片子,片头到片尾,一直是这样下着雨的。这种感觉,不知道是不是从安东尼奥尼那里来的。不过那一块土地是久违了,二十五年,四分之一的世纪,即使有雨,也隔着千山万山,千伞万伞。二十五年,一切都断了,只有气候,只有气象报告还牵连在一起,大寒流从那块土地上弥天卷来,这种酷冷吾与古大陆分担。不能扑进她怀里,被她的裙边扫一扫也算是安慰孺慕之情吧。

这样想时,严寒里竟有一点温暖的感觉了。这样想时,他希望这些狭长的巷子永远延伸下去,他的思路也可以延伸下去,不是金门街到厦门街,而是金门到厦门。他是厦门人,至少是广义的厦门人,二十年来,不住在厦门,住在厦门街,算是嘲弄吧,也算是安慰。不过说到广义,他同样也是广义的江南人,常州人,南京人,川娃儿,五陵少年。杏花春雨江南,那是他的少年时代了。再过半个月就是清明。安东尼奥尼的镜头摇过去,摇过去又摇过来。残山剩水犹如是,皇天后土犹如是。纭纭黔首、纷纷黎民从北到南犹如是。那里面是中国吗?那里面当然还是中国永远是中国。只是杏花春雨已不再,牧童遥指已不再,剑门细雨渭城轻尘也都已不再。然则他日思夜梦的那片土地,究竟在哪里呢?

在报纸的头条标题里吗?还是香港的谣言里?还是傅聪的黑键白键马思聪的跳弓拨弦?还是安东尼奥尼的镜底勒马洲的望中?还是呢,故宫博物院的壁头和玻璃柜内,京戏的锣鼓声中太白和东坡的韵里?

杏花,春雨,江南。六个方块字,或许那片土就在那里面。而无论赤县也好神州也好中国也好,变来变去,只要仓颉的灵感不灭,美丽的中文不老,那形象那磁石一般的向心力当必然长在。因为一个方块字是一个天地。太初有字,于是汉族的心灵他祖先的回忆和希望便有了寄托。譬如凭空写一个"雨"字,点点滴滴,滂滂沱沱,淅淅沥沥,一切云情雨意,就宛然其中了。视觉上的这种美感,岂是什么 rain 也好 pluie 也好所能满足?翻开一部《辞源》或《辞海》,金木水火土,各成世界,而一入"雨"部,古神州的天颜千变万化,便悉在望中,美丽的霜雪云霞,骇人的雷电霹雹,展露的无非是神的好脾气与坏脾气,气象台百读不厌门外汉百思不解的百科全书。

听听,那冷雨。看看,那冷雨。嗅嗅闻闻,那冷雨,舔舔吧,那冷雨。雨在他的伞上这城市百万人的伞上雨衣上屋上天线上,雨下在基隆港在防波堤海峡的船上,清明这季雨。雨是女性,应该最富于感性。雨气空蒙而迷幻,细细嗅嗅,清清爽爽新新,有一点点薄荷的香味,浓的时候,竟发出草和树沐发后特有的淡淡土腥气,也许那竟是蚯蚓和蜗牛的腥气吧,毕竟是惊蛰了啊。也许地上的地下的生命也许古中国层层叠叠的记忆皆蠢蠢而蠕,也许是植物的潜意识和梦吧,那腥气。

第三次去美国,在高高的丹佛他山居住了两年。美国的西部,多山多沙漠,千里干旱,天,蓝似安格罗萨克逊人的眼睛,地,红如印第安人的肌肤,云,却是罕见的白鸟,落矶山簇簇耀目的雪峰上,很少飘云牵雾。一来高,二来干,三来森林线以上，杉柏也止步，中国诗词里"荡胸生层云"或是"商略黄昏雨"的意趣，是落矶山上难睹的景象。落矶山岭之胜，在石，在雪。那些奇岩怪石，相叠互倚，砌一场惊心动魄的雕塑展览，给太阳和千里的风看。那雪，白得虚虚幻幻，冷得清清醒醒，那股皑皑不绝一仰难尽的气势，压得人呼吸困难，心寒眸酸。不过要领略"白云回望合，青霭入看无"的境界，仍须来中国。台湾湿度很高，最饶云气氤氲雨意迷离的情调。两度夜宿溪头，树香沁鼻，宵寒袭肘，枕着润碧湿翠苍苍交叠的山影和万籁都歇的岑寂，仙人一样睡去。山中一夜饱雨，次晨醒来，在旭日未升的原始幽静中，冲着隔夜的寒气，踏着满地的断柯折枝和仍在流泻的细股雨水，一径探入森林的秘密，曲曲弯弯，步上山去。溪头的山，树密雾浓，蓊郁的水气从谷底冉冉升起，时稠时稀，蒸腾多姿，幻化无定，只能从雾破云开的空处，窥见乍现即隐的一峰半堑，要纵览全貌，几乎是不可能的。至少上山两次，只能在白茫茫里和溪头诸峰玩捉迷藏的游戏。回到台北，世人问起，除了笑而不答心自闲，故作神秘之外，实际的印象，也无非山在虚无之间罢了。云缭烟绕，山隐水迢的中国风景，由来予人宋画的韵味。那天下也许是赵家的天下，那山水却是米家的山水。而究竟，是米氏父子下笔像中国的山水，还是中国的山水上只像宋画，恐怕是谁也说不清楚了吧？

　　雨不但可嗅，可亲，更可以听。听听那冷雨。听雨，只要不是石破天惊的台风暴雨，在听觉上总是一种美感。大陆上的秋天，无论是疏雨滴梧桐，或是骤雨打荷叶，听去总有一点凄凉，凄清，凄楚，于今在岛上回味，则在凄楚之外，再笼上一层凄迷了，饶你多少豪情侠气，怕也经不起三番五次的风吹雨打。一打少年听雨，红烛昏沉。再打中年听雨，客舟中江阔云低。三打白头听雨的僧庐下，这便是亡宋之痛，一颗敏感心灵的一生：楼上，江上，庙里，用冷冷的雨珠子串成。十年前，他曾在一场摧心折骨的鬼雨中迷失了自己。雨，该是一滴湿漓漓的灵魂，窗外在喊谁。

　　雨打在树上和瓦上，韵律都清脆可听。尤其是铿铿敲在屋瓦上，那古老的音乐，属于中国。王禹偁的黄冈，破如椽的大竹为屋瓦。据说住在竹楼上面，急雨声如瀑布，密雪声比碎玉，而无论鼓琴、咏诗、下棋、投壶，共鸣的效果都特别好。这样岂不像住在竹和筒里面，任何细脆的声响，怕都会加倍夸大，反而令人耳朵过敏吧。

　　雨天的屋瓦，浮漾湿湿的流光，灰而温柔，迎光则微明，背光则幽黯，对于视觉，是一种低沉的安慰。至于雨敲在鳞鳞千瓣的瓦上，由远而近，轻轻重重轻轻，夹着一股股的细流沿瓦槽与屋檐潺潺泻下，各种敲击音与滑音密织成网，谁的千指百指在按摩耳轮。"下雨了"，温柔的灰美人来了，她冰冰的纤手在屋顶拂弄着无数的黑键啊灰键，把响午一下子奏成了黄昏。

　　在古老的大陆上，千屋万户是如此。二十多年前，初来这岛上，日式的瓦屋亦是如此。先是天黯了下来，城市像罩在一块巨幅的毛玻璃里，阴影在户内延长复加深。然后凉凉的水意弥漫在空间，风自每一个角落里旋起，感觉得到，每一个屋顶上呼吸沉重都覆着灰云。雨来了,最轻的敲打乐敲打这城市。苍茫的屋顶,远远近近,一张张敲过去,古老的琴,那细细密密的节奏,单调里自有一种柔婉与亲切,滴滴点点滴滴,似幻似真,若孩时在摇篮里,一曲耳熟的童谣摇摇欲睡,母亲吟哦鼻音与喉音。或是在江南的泽国水乡,一大筐绿油油的桑叶被啃于千百头蚕,细细琐琐屑屑,口器与口器咀咀嚼嚼。雨来了,雨来的时候瓦这么说,一片瓦说千亿片瓦说,说轻轻地奏吧沉沉地弹,徐徐地叩吧挞挞地打,间歇歇敲一个雨季,即兴演奏从惊蛰到清明,在零落的坟上冷冷奏挽歌,一片瓦吟千亿片瓦吟。

在旧式的古屋里听雨,听四月,霏霏不绝的黄梅雨,朝夕不断,旬月绵延,湿黏黏的苔藓从石阶下一直侵到舌底,心底。到七月,听台风台雨在古屋顶上一夜盲奏,千层海底的热浪沸沸被狂风挟挟,掀翻整个太平洋只为向他的矮屋檐重重压下,整个海在他的蜗壳上哗哗泻过。不然便是雷雨夜,白烟一般的纱帐里听羯鼓一通又一通,滔天的暴雨滂滂沛沛扑来,强劲的电琵琶忐忐忑忑忐忐忑忑,弹动屋瓦的惊悸腾腾欲掀起。不然便是斜斜的西北雨斜斜刷在窗玻璃上,鞭在墙上打在阔大的芭蕉叶上,一阵寒潮泻过,秋意便弥湿旧式的庭院了。

在旧式的古屋里听雨,春雨绵绵听到秋雨潇潇,从少年听到中年,听听那冷雨。雨是一种单调而耐听的音乐是室内乐是室外乐,户内听听,户外听听,冷冷,那音乐。雨是一种回忆的音乐,听听那冷雨,回忆江南的雨下得满地是江湖,下在桥上和船上,也下在四川,下在秧田和蛙塘,下肥了嘉陵江下湿布谷咕咕的啼声。雨是潮潮润润的音乐下在渴望的唇上,舔舔那冷雨。

因为雨是最最原始的敲打乐从记忆的彼端敲起。瓦是最最低沉的乐器灰蒙蒙的温柔覆盖着听雨的人,瓦是音乐的雨伞撑起。但不久公寓的时代来临,台北你怎么一下子长高了,瓦的音乐竟成了绝响。千片万片的瓦翩翩,美丽的灰蝴蝶纷纷飞走,飞入历史的记忆。现在雨下下来下在水泥的屋顶和墙上,没有音韵的雨季。树也砍光了,那月桂,那枫树,柳树和擎天的巨椰,雨来的时候不再有丛叶嘈嘈切切,闪动湿湿的绿光迎接。鸟声减了啾啾,蛙声沉了咯咯,秋天的虫吟也减了唧唧。七十年代的台北不需要这些,一个乐队接一个乐队便遣散尽了。要听鸡叫,只有去诗经的韵里找。现在只剩下一张黑白片,黑白的默片。

正如马车的时代去后,三轮车的时代也去了。曾经在雨夜,三轮车的油布篷挂起,送她回家的途中,篷里的世界小得多可爱,而且躲在警察的辖区以外,雨衣的口袋越大越好,盛得下他的一只手里握一只纤纤的手。台湾的雨季这么长,该有人发明一种宽宽的双人雨衣,一人分穿一只袖子,此外的部分就不必分得太苛。而无论工业如何发达,一时似乎还废不了雨伞。只要雨不倾盆,风不横吹,撑一把伞在雨中仍不失古典的韵味。任雨点敲在黑布伞或是透明的塑胶伞上,将骨柄一旋,雨珠向四方喷溅,伞缘便旋成了一圈飞檐。跟女友共一把雨伞,该是一种美丽的合作吧。最好是初恋,有点兴奋,更有点不好意思,若即若离之间,雨不妨下大一点。真正初恋,恐怕是兴奋得不需要伞的,手牵手在雨中狂奔而去,把年轻的长发的肌肤交给漫天的淋淋漓漓,然后向对方的唇上颊上尝凉凉甜甜的雨水。不过那要非常年轻且激情,同时,也只能发生在法国的新潮片里吧。

  大多数的雨伞想不会为约会张开。上班下班,上学放学,菜市来回的途中。现实的伞,灰色的星期三。握着雨伞。他听那冷雨打在伞上。索性更冷一些就好了,他想。索性把湿湿的灰雨冻成干干爽爽的白雨,六角形的结晶体在无风的空中回回旋旋地降下来。等须眉和肩头白尽时,伸手一拂就落了。二十五年,没有受故乡白雨的祝福,或许发上下一点白霜是一种变相的自我补偿吧。一位英雄,经得起多少次雨季?他的额头是水成岩削成还是火成岩?他的心底究竟有多厚的苔藓?厦门街的雨巷走了二十年与记忆等长,一座无瓦的公寓在巷底等他,一盏灯在楼上的雨窗子里,等他回去,向晚餐后的沉思冥想去整理青苔深深的记忆。

  前尘隔海。古屋不再。听听那冷雨。

【赏析】

  该文写于1974年。在文中,作者巧妙地运用了移步换景的手法,不断变换视角,描写了从祖国大陆到香港到台湾到美国又到台湾等不同地点听冷雨的意境、情趣。在对雨的描写中,作者创造性地将听觉、触觉、嗅觉、视觉、味觉等糅合在一起,细腻入微地传达出一种丰富而独特的感性体验,并将人类的全部情感——乡情、友情、爱情、亲情等蕴含于其中,从而给读者带来了多维的审美体验。

  文章中非常典型的一点是对中国古诗文的大量运用和化用,不仅使文章本身的意境因传统文化的熏陶而得到了升华,也使中国古典诗词的意趣在被赋予生命的冷雨中得到了淋漓尽致的表现。如身在异乡的他,那种"断肠人在天涯"的游子之痛,让他想起了李清照"梧桐更兼细雨,到黄昏,点点滴滴,这次第,怎一个愁字了得",想起了蒋捷的《虞美人·听雨》:"少年听雨歌楼上,红烛昏罗帐。壮年听雨客舟中,江阔云低,断雁叫西风。而今听雨僧庐下,鬓已星星也。悲欢离合总无情,一任阶前点滴到天明。"这样的诗句在文中俯拾皆是,运用得出神入化。

  此外,这篇散文非常值得称道的是它的语言艺术。文章使用了一种典型的诗化语言,用语凝炼隽永,句式错综变化。如文中用了大量的叠音词写雨,"淋淋漓漓"、"点点滴滴"、"滂滂沱沱"、"淅沥淅沥淅沥"等,不仅使雨态表现得更加形象,也使散文具有了一种和谐的音韵美。文章修辞手法多变而富有灵气,意象的选择缠绵悠长,营造出气韵生动、朦胧凄迷的意境,充分展现了现代汉语的魅力。

怀念萧珊(节选)

巴金

巴金(1904—2005年),原名李尧棠,字芾甘,四川成都人,现代文学家、翻译家、出版家,五四新文化运动以来最有影响的作家之一,中国现代文坛的巨匠。

今天是萧珊逝世的六周年纪念日。六年前的光景还非常鲜明地出现在我的眼前。那一天我从火葬场回到家中,一切都是乱糟糟的,过了两三天我渐渐地安静下来了,一个人坐在书桌前,想写一篇纪念她的文章。在五十年前我就有了这样一种习惯:有感情无处倾吐时我经常求助于纸笔。可是一九七二年八月里那几天,我每天坐三四个小时望着面前摊开的稿纸,却写不出一句话。我痛苦地想,难道给关了几年的"牛棚",真的就变成"牛"了?头上仿佛压了一块大石头,思想好像冻结了一样。我索性放下笔,什么也不写了。

六年过去了。林彪、"四人帮"及其爪牙们的确把我搞得很"狼狈",但我还是活下来了,而且偏偏活得比较健康,脑子也并不糊涂,有时还可以写一两篇文章。最近我经常去龙华火葬场,参加老朋友们的骨灰安放仪式。在大厅里,我想起许多事情。同样地奏着哀乐,我的思想却从挤满了人的大厅转到只有二三十个人的中厅里去了,我们正在用哭声向萧珊的遗体告别。我记起了《家》里面觉新说过的一句话:"好像珏死了,也是一个不祥的鬼。"四十七年前我写这句话的时候,怎么想得到我是在写自己!我没有流眼泪,可是我觉得有无数锋利的指甲在搔我的心。我站在死者遗体旁边,望着那张惨白色的脸、那两片咽下千言万语的嘴唇,我咬紧牙齿,在心里唤着死者的名字。我想,我比她大十三岁,为什么不让我先死?我想,这是多么不公平!她究竟犯了什么罪?她也给关进"牛棚",挂上"牛鬼蛇神"的小牌子,还扫过马路。究竟为什么?理由很简单,她是我的妻子。她患了病,得不到治疗,也因为她是我的妻子。想尽办法一直到逝世前三个星期,靠开后门她才住进了医院。但是癌细胞已经扩散,肠癌变成了肝癌。

她不想死,她要活,她愿意改造思想,她愿意看到社会主义建成。这个愿望总不能说是痴心妄想吧。她本来可以活下去,倘使她不是"黑老K"的"臭婆娘"。一句话,是我连累了她,是我害了她。

在我靠边的几年中间,我所受到的精神折磨,她也同样受到。但是我并未挨过打,她却挨了"北京来的红卫兵"的铜头皮带,留在她左眼上的黑圈好几天以后才退尽。她挨打只是为了保护我,她看见那些年轻人深夜闯了进来,害怕他们把我揪走,便溜出大门,到对面派出所去,请民警同志出来干预。那里只有一个人值班,不敢管。当着民警的面,她被他们用铜头皮带狠狠抽了一下,给押了回来,同我一起关在马桶间里。

她不仅分担了我的痛苦,还给了我不少的安慰和鼓励。在"四害"横行的时候,我在原单位给人当做"罪人"和"贱民"看待,日子十分难过,有时到晚上九十点钟才能回家。我进了门看到她的面容,满脑子的乌云都消散了。我有什么委屈、牢骚,都可以向她尽情倾吐。有一个时期我和她每晚临睡前要服两粒眠尔通才能够闭眼,可是天刚刚发白就都醒了。我唤她,她也唤我。我诉苦般地说:"日子难过啊!"她也用同样的声音回答:"日子难过啊!"但是她马上加一句:"要坚持下去。"或者再加一句:"坚持就是胜利。"我说"日子难过",因为在那一段时间里,我每天在"牛棚"里面劳动、学习、写交代、写检查、写思想汇报。任何人都可以责骂我、教训我、指挥我。从外地到"作协分会"来串连的人可以随意点名叫我出去"示众",还要自报罪行。上下班不限时间,由管理"牛棚"的"监督组"随意决定。任何人都可以闯进我家里来,高兴拿什么就拿走什么。这个时候大规模的群众性批斗和电视批斗大会还没有开始,但已经越来越逼近了。

　　她说"日子难过",因为她给两次揪到机关,靠边劳动,后来也常常参加陪斗。在淮海中路"大批判专栏"上张贴着批判我的罪行的大字报,我一家人的名字都给写出来"示众",不用说"臭婆娘"的大名占着显著的地位。这些文字像虫子一样咬痛她的心。她让上海戏剧学院"狂妄派"学生突然袭击、揪到"作协分会"去的时候,在我家大门上还贴了一张揭露她的所谓罪行的大字报。幸好当天夜里我儿子把它撕毁。否则这一张大字报就会要了她的命!

　　人们的白眼、人们的冷嘲热骂蚕蚀着她的身心。我看出来她的健康逐渐遭到损害,表面上的平静是虚假的。内心的痛苦像一锅煮沸的水,她怎么能遮盖住!怎么能使它平静!她不断地给我安慰,对我表示信任,替我感到不平。然而她看到我的问题一天天地变得严重,上面对我的压力一天天地增加,她又非常担心。有时同我一起上班或者下班,走近巨鹿路口,快到"作协分会",或者走近湖南路口,快到我们家,她总是抬不起头。我理解她,同情她,也非常担心她经受不起沉重的打击。我还记得有一天到了平常下班的时间,我们没有受到留难,回到家里,她比较高兴,到厨房去烧菜。我翻看当天的报纸,在第三版上看到当时做了"作协分会"的"头头"的两个工人作家写的文章《彻底揭露巴金的反革命真面目》。真是当头一棒!我看了两三行,连忙把报纸藏起来,我害怕让她看见。她端着烧好的菜出来,脸上还带着笑容,吃饭时她有说有笑。饭后她要看报,我企图把她的注意力引到别处。但是没有用,她找到了报纸。她的笑容一下子完全消失。这一夜她再没有讲话,早早地进了房间。我后来发现她躺在床上小声哭着。一个安静的夜晚给破坏了。今天回想当时的情景,她那张满是泪痕的脸还在我的眼前。我多么愿意让她的泪痕消失,笑容在她那憔悴的脸上重现,即使减少我几年的生命来换取我们家庭生活中一个宁静的夜晚,我也心甘情愿!

【赏析】

　　"文革"结束后,老作家巴金率先起来对这一浩劫进行反思,他顶着压力,写成了42万字的巨著《随想录》,用纸和笔为人们建立起了一座心灵的"文革博物馆"。

《随想录》中有许多写人的纪念性文章，《怀念萧珊》是其中非常著名的一篇。它写于1979年，是作者怀念自己妻子的一篇感人至深的悼文。

"文革"时期，巴金遭到批判，妻子萧珊因此受到牵连，于1972年因延误医治而被肝癌夺去了生命。六年之后，巴金写下了《怀念萧珊》一文，深情地记述了萧珊在生前的最后几年里与自己患难与共的难忘生活。在这篇散文里，作者写出了妻子萧珊的质朴无华、忍辱负重和对自己精神上的支持。在他们三十多年的共同生活中，面对战乱中的颠沛流离，种种艰难困苦，她一往情深，从不抱怨。每当在丈夫困苦的时候，她总是亲切地在丈夫的耳边说："不要难过，我不会离开你，我在你的身边。""文革"期间，即使在她病倒以后，仍然坚定地安慰和鼓励丈夫："要坚持下去"，"坚持就是胜利"。萧珊是漫漫黑夜里丈夫心中的一线光明，尽管作家回忆叙述的言辞是那样的平易、舒缓，如写她弥留之际："她非常安静，但并未昏睡，始终睁着两只眼睛。眼睛很大、很美、很亮……"但是通过这些质朴无华的词句，人们可以真切地感受到作家对亡妻的无限深情。对于萧珊的逝世，巴金痛苦至极，怀着深深的悔恨与自责。这种自责是满腔激愤的流泻，是压抑已久的爱和恨的迸发，是对毁灭文化、毁灭人性的"文化大革命"含血带泪的控诉，提出了我们这个民族应该永远记取的告诫。

这篇散文，既保持着作家以真情动人的惯有风格，又充满了血与泪的痛楚，从而为作品增添了一种悲壮、激愤的色彩。记人叙事多用白描，淡淡的几笔，便使人物神情毕现，感人至深。文笔如行云流水，在如泣如诉的回忆中，倾吐了作家对亡妻那绵绵不绝的情怀，渗透了作家对历史的深刻思索。

巩乃斯的马（节选）

周涛

周涛（1946—2010年），中国当代著名诗人、散文家，新边塞诗代表人物。祖籍山西，生于北京，1955年迁居新疆。周涛的散文多取材于西北边疆生活，善于挖掘在极度艰难中谋求生存和发展的生命韧性，其格调雄壮冷峻、气势沉雄、意蕴深远、笔力雄健。出版诗集、散文集20余种，1998年获首届鲁迅文学奖。

没话找话就招人讨厌，话说得没意思就让人觉得无聊，还不如听吵架提神。吵架骂仗是需要激情的。我发现，写文章的时候就像一匹套在轭具和辕木中的马，想到那片水草茂盛的地方去，却不能摆脱道路，更摆脱不了车夫的驾驭，所以走来走去，永远在这条枯燥的路面上。我向往草地，但每次走到的，却总是马厩。

我一直对不爱马的人怀有一点偏见，认为那是由于生气不足和对美的感觉迟钝所造成的,而且这种缺陷很难弥补。有时候读传记,看到有些了不起的人物以牛或骆驼自喻,就有点替他们惋惜,他们一定是没见过真正的马。

在我眼里,牛总是有点落后的象征的意思,一副安贫知命的样子,这大概是由于过分提倡"老黄牛"精神引起的生理反感。骆驼却是沙漠的怪胎,为了适应严酷的环境,把自己改造得那么丑陋畸形。至于毛驴,顶多是个黑色幽默派的小丑,难当大用。它们的特性和模样,都清清楚楚地写着人类对动物的征服,生命对强者的屈服,所以我不喜欢。它们不是作为人类朋友的形象出现的,而是俘虏,是仆役。有时候,看到小孩子鞭打牛,高大的骆驼在妇人面前下跪,发情的毛驴被缚在车套里龇牙大鸣,我心里便产生一种悲哀和怜悯。

那卧在盐车之下哀哀嘶鸣的骏马和诗人臧克家笔下的"老马",不也是可悲的吗?但是不同。那可悲里含有一种不公,这一层含义在别的畜牲中是没有的。在南方,我也见到过矮小的马,样子有些滑稽,但那不是它的过错。既然橘树有自己的土壤,马当然有它的故乡了。自古好马生塞北。在伊犁,在巩乃斯大草原,马作为茫茫天地之间的一种尤物,便呈现了它的全部魅力。

那是1970年,我在一个农场接受"再教育",第一次触摸到了冷酷、丑恶、冰凉的生活实体。不正常的政治气候像潮闷险恶的黑云一样压在头顶上,使人压仰到不能忍受的地步。强度的体力劳动并不能打击我对生活的热爱,精神上的压抑却有可能摧毁我的信念。

终于有一天夜晚,我和一个外号叫"蓝毛"的长着古希腊人脸型的上士一起爬起来,偷偷摸进马棚,解下两匹喉咙里滚动着咴咴低鸣的骏马,在冬夜旷野的雪地上奔驰开了。

天低云暗,雪地一片模糊,但是马不会跑进巩乃斯河里去。雪原右侧是巩乃斯河,形成了沿河的一道陡直的不规则的土壁。光背的马儿驮着我们在土壁顶上的雪原轻快地小跑,喷着鼻息,四蹄发出嚓嚓的有节奏的声音,最后大颠着狂奔起来。随着马的奔驰、起伏、跳跃和喘息,我们的心情变得开朗、舒展。压抑消失,豪兴顿起,在空旷的雪野上打着唿哨乱喊,在颠簸的马背上感受自由的亲切和驾驭自己命运的能力,是何等的痛快舒畅啊!我们高兴得大笑,笑得从马背上栽下来,躺在深雪里还是止不住地狂笑,直到笑得眼睛里流出了泪水……

那两匹可爱的光背马,这时已在近处缓缓停住,低垂着脖颈,一副歉疚的想说"对不起"的神态。它们温柔的眼睛里仿佛充满了怜悯和抱怨,还有一点诧异,弄不懂我们这两个人究竟是怎么了。我拍拍马的脖颈,抚摸一会儿它的鼻梁和嘴唇,它会意了,抖抖鬃毛像抖掉疑虑,跟着我们慢慢走回去。一路上,我们谈着马,闻着身后热烘烘的马汗味和四围里新鲜刺鼻的气息,觉得好像不是走在冬夜的雪原上。

马能给人以勇气,给人以幻想,这也不是笨拙的动物所能有的。在巩乃斯后来的那些日子里,观察马渐渐成了我的一种艺术享受。

我喜欢看一群马,那是一个马的家族在夏牧场上游移,散乱而有秩序,首领就是那里面一眼就看得出的种公马。它是马群的灵魂,作为这群马的首领当之无愧,因为它的确是无与伦比的强壮和美丽。匀称高大,毛色闪闪发光,最明显的特征是颈上披散着垂地的长鬃,有的浓黑,流泻着力与威严;有的金红,燃烧着火焰般的光彩。它管理着保护着这群牝马和顽皮的长腿短身子马驹儿,眼光里保持着父爱的尊严。

在马的这种社会结构中,首领的地位是由强者在竞争中确立的。任何一匹马都可以争夺,通过追逐、撕咬、拼斗,使最强的马成为公认的首领。为了保证这群马的品种不至于退化,就不能搞"指定",不能看谁和种公马的关系好,也不能凭血缘关系接班。

生存竞争的规律使一切生物把生存下去作为第一意识,而人却有时候会忘记,造成许多误会。

唉,天似穹庐,笼盖四野。在巩乃斯草原度过的那些日子里,我与世界隔绝,生活单调;人与人互相警惕,唯恐失一言而遭来灭顶之祸,心灵寂寞。只有一个乐趣,看马。好在巩乃斯草原马多,不像书可以被焚,画可以被禁,知识可以被践踏,马总不至于被驱逐出境吧?这样,我就从马的世界里找到了奔驰的诗韵。油画般的辽阔草原、夕阳落照中兀立于荒原的群雕、大规模转场时铺散在山坡上的好文章、熊熊篝火边的通宵马经、毡房里悠长喑哑的长歌在烈马苍凉的嘶鸣中展开、醉酒的青年哈萨克在群犬的追逐中纵马狂奔,东倒西歪地俯身鞭打猛犬,这一切,使我蓦然感受到生活不朽的壮美和那时潜藏在我们心里的共同忧郁……

哦,巩乃斯的马,给了我一个多么完整的世界!凡是那时被取消的,你都重新又给予了我!弄得我直到今天听到马蹄踏过大地的有力声响时,还会在屋子里坐卧不宁,总想出去看看,是一匹什么样儿的马走过去了。而且我还听不得马嘶,一听到那铜号般高亢、鹰啼般苍凉的声音,我就热血陡涌、热泪盈眶,大有战士出征走上古战场,"风萧萧兮易水寒"的悲壮之慨。

【赏析】

在20世纪80年代的文学创作中,对西部风情的描写成为一个新的现象。贫穷荒寒而又广阔坦荡的大西北,更能充分展现大自然的崇高与人类生存的悲剧精神。因此,表现西部边疆风情的作品为当代文学带来了一种雄浑深厚的美学风貌与苍凉深广的悲剧精神。周涛是西部文学中较为重要的作家,他的散文《巩乃斯的马》典型地表现了西部文学那种雄浑深厚的美学特征。

作品借助对马的形象的描绘,表现了一种不受羁绊的生命力与进取精神。作家先通过与牛、骆驼、驴子的对比确立了马独特的形象,它属于广阔的草原,虽然接受了文明的洗礼,却仍然保持着自由的生命力,优美而又奔放不羁,兼得文明与自然之长:"它是进取精神的象征,是崇高的化身,是力与美的巧妙结合。"显然,马的形象寄托了作者自己对不受羁绊的自由的生命境界的追求。

文章中的两个场景典型地刻画出马的生命活力,并将其与人对自由境界的向往相融合。一个场景是1970年作者在农场接受再教育时忍受不了精神的压抑,在冬夜旷野的雪地上纵马狂奔,"感受自由的亲切和驾驭自己命运的能力",马的狂奔宣泄了人的情感,在压抑的环境中使人重温到自由的快乐。另一个场景是作者在夏日暴雨下的巩乃斯草原上所见到的最壮阔的马群奔跑的场面,进一步展示了这种生命力的冲动达到极致时酒神式的境界。马群山洪奔泻式、淋漓尽致地奔跑既是一种酣畅痛快的生命境界,也是一种恢宏壮阔的崇高场面。本文描写的这两个"马"的场面,都具有典型的西部草原广阔壮烈的特色,从而形成一种特有的西部气质和精神,将本来地方色彩浓郁的西部风情上升为一种普遍意义的人文境界,一种崇高壮烈的生命境界。

本文将思想的表现与生命体验的感性的叙述、描写融为一体。"马"作为核心形象引起了他对于世界的思考,通过马联想到人生不朽的壮美和潜藏在其深层的忧郁,联想到流淌于民族精神中的英雄豪气与进取精神——现实与想象、情感与理性交织在一起,从而呈现出崇高深邃的气韵与精神。

我与地坛(节选)

史铁生

史铁生(1951—2010年),中国当代著名作家、思想家。生于北京,清华附中毕业后,于1969年插队延安,1972年因病致瘫,转回北京。1979年开始创作,1983年和1984年分别以《我的遥远的清平湾》和《奶奶的星星》荣获全国优秀短篇小说奖。其作品《老屋小记》和《务虚笔记》曾获得《作家报》1996年十佳小说奖。

现在让我想想,十五年中坚持到这园子来的人都是谁呢? 好像只剩了我和一对老人。

十五年前,这对老人还只能算是中年夫妇,我则货真价实还是个青年。他们总是在薄暮时分来园中散步,我不大弄得清他们是从哪边的园门进来,一般来说他们是逆时针绕这园子走。男人个子很高,肩宽腿长,走起路来目不斜视,胯以上直至脖颈挺直不动;他的妻子攀了他一条胳膊走,也不能使他的上身稍有松懈。

女人个子却矮,也不算漂亮,我无端地相信她必出身于家道中衰的名门富族;她攀在丈夫胳膊上像个娇弱的孩子,她向四周观望时总含着恐惧,她轻声与丈夫谈话,见有人走近就立刻怯怯地收住话头。我有时因为他们而想起冉阿让与柯赛特,但这想法并不巩固,他们一望即知是老夫老妻。两个人的穿着都算得上考究,但由于时代的演进,他们的服饰又可以称为古朴了。他们和我一样,到这园子里来几乎是风雨无阻,不过他们比我守时。我什么时间都可能来,他们则一定是在暮色初临的时候。刮风时他们穿了米色风衣,下雨时他们打了黑色的雨伞,夏天他们的衬衫是白色的裤子是黑色的或米色的,冬天他们的呢子大衣又都是黑色的,想必他们只喜欢这三种颜色。他们逆时针绕这园子一周,然后离去。

他们走过我身旁时只有男人的脚步响,女人像是贴在高大的丈夫身上跟着漂移。我相信他们一定对我有印象,但是我们没有说过话,我们互相都没有想要接近的表示。十五年中,他们或许注意到一个小伙子进入了中年,我则看着一对令人羡慕的中年情侣不觉中成了两个老人。

曾有过一个热爱唱歌的小伙子,他也是每天都到这园中来,来唱歌,唱了好多年,后来不见了。他的年纪与我相仿,他多半是早晨来,唱半小时或整整唱一个上午,估计在另外的时间里他还得上班。我们经常在祭坛东侧的小路上相遇,我知道他是到东南角的高墙下去唱歌,他一定猜想我去东北角的树林里做什么。我找到我的地方,抽几口烟,便听见他谨慎地整理歌喉了。他反反复复唱那么几首歌。"文化大革命"没过去的时候,他唱"蓝蓝的天上白云飘,白云下面马儿跑……"我老也记不住这歌的名字。"文革"后,他唱《货郎与小姐》中那首最为流传的咏叹调。"卖布——卖布嘞,卖布……卖布嘞!"我记得这开头的一句他唱得很有声势,在早晨清澈的空气中,货郎跑遍园中的每一个角落去恭维小姐。

"我交了好运气,我交了好运气,我为幸福唱歌曲……"然后他就一遍一遍地唱,不让货郎的激情稍减。依我听来,他的技术不算精到,在关键的地方常出差错,但他的嗓子是相当不坏的,而且唱一个上午也听不出一点疲惫。太阳也不疲惫,把大树的影子缩小成一团,把疏忽大意的蚯蚓晒干在小路上,将近中午,我们又在祭坛东侧相遇,他看一看我,我看一看他,他往北去,我往南去。日子久了,我感到我们都有结识的愿望,但似乎都不知如何开口,于是互相注视一下终又都移开目光擦身而过;这样的次数一多,便更不知如何开口了。终于有一天——一个丝毫没有特点的日子,我们互相点了一下头。他说:"你好。"我说:"你好。"他说:"回去啦?"我说:"是,你呢?"他说:"我也该回去了。"我们都放慢脚步(其实我是放慢车速),想再多说几句,但仍然是不知从何说起,这样我们就都走过了对方,又都扭转身子面向对方。他说:"那就再见吧。"我说:"好,再见。"便互相笑笑各走各的路了。但是我们没有再见,那以后,园中再没了他的歌声,我才想到,那天他或许是有意与我道别的,也许他考上了哪家专业文工团或歌舞团了吧?真希望他如他歌里所唱的那样,交了好运气。

还有一些人,我还能想起一些常到这园子里来的人。有一个老头,算得一个真正的饮者;他在腰间挂一个扁瓷瓶,瓶里当然装满了酒,常来这园中消磨午后的时光。他在园中四处游逛，如果你不注意你会以为园中有好几个这样的老头，等你看过了他卓尔不群的饮酒情状，你就会相信这是个独一无二的老头。他的衣着过分随便，走路的姿态也不慎重，走上五六十米路便选定一处地方，一只脚踏在石凳上或土埂上或树墩上，解下腰间的酒瓶，解酒瓶的当儿眯起眼睛把一百八十度视角内的景物细细看一遭，然后以迅雷不及掩耳之势倒一大口酒入肚，把酒瓶摇一摇再挂向腰间，平心静气地想一会儿什么，便走下一个五六十米去。还有一个捕鸟的汉子，那岁月园中人少，鸟却多，他在西北角的树丛中拉一张网，鸟撞在上面，羽毛戗在网眼里便不能自拔。他单等一种过去很多而现在非常罕见的鸟，其它的鸟撞在网上他就把它们摘下来放掉，他说已经有好多年没等到那种罕见的鸟，他说他再等一年看看到底还有没有那种鸟，结果他又等了好多年。早晨和傍晚，在这园子里可以看见一个中年女工程师；早晨她从北向南穿过这园子去上班，傍晚她从南向北穿过这园子回家。事实上我并不了解她的职业或者学历，但我以为她必是学理工的知识分子，别样的人很难有她那般的素朴并优雅。当她在园子穿行的时刻，四周的树林也仿佛更加幽静，清淡的日光中竟似有悠远的琴声，比如说是那曲《献给艾丽丝》才好。我没有见过她的丈夫，没有见过那个幸运的男人是什么样子，我想像过却想像不出，后来忽然懂了想像不出才好，那个男人最好不要出现。她走出北门回家去。我竟有点担心，担心她会落入厨房，不过，也许她在厨房里劳作的情景更有另外的美吧，当然不能再是《献给艾丽丝》，是个什么曲子呢？还有一个人，是我的朋友，他是个最有天赋的长跑家，但他被埋没了。他因为在"文革"中出言不慎而坐了几年牢，出来后好不容易找了个拉板车的工作，样样待遇都不能与别人平等，苦闷极了便练习长跑。那时他总来这园子里跑，我用手表为他计时。他每跑一圈向我招下手，我就记下一个时间。每次他要环绕这园子跑二十圈，大约两万米。他盼望以他的长跑成绩来获得政治上真正的解放，他以为记者的镜头和文字可以帮他做到这一点。第一年他在春节环城赛上跑了第十五名，他看见前十名的照片都挂在了长安街的新闻橱窗里，于是有了信心。第二年他跑了第四名，可是新闻橱窗里只挂了前三名的照片，他没灰心。第三年他跑了第七名、橱窗里挂前六名的照片，他有点怨自己。第四年他跑了第三名，橱窗里却只挂了第一名的照片。第五年他跑了第一名——他几乎绝望了，橱窗里只有一幅环城赛群众场面的照片。那些年我们俩常一起在这园子里呆到天黑，开怀痛骂，骂完沉默着回家，分手时再互相叮嘱：先别去死，再试着活一活看。现在他已经不跑了，年岁太大了，跑不了那么快了。最后一次参加环城赛，他以三十八岁之龄又得了第一名并破了纪录，有一位专业队的教练对他说："我要是十年前发现你就好了。"他苦笑一下什么也没说，只在傍晚又来这园中找到我，把这事平静地向我叙说一遍。不见他已有好几年了，现在他和妻子和儿子住在很远的地方。

这些人现在都不到园子里来了，园子里差不多完全换了一批新人。十五年前的旧人,现在就剩我和那对老夫老妻了。有那么一段时间,这老夫老妻中的一个也忽然不来,薄暮时分惟男人独自来散步,步态也明显迟缓了许多,我悬心了很久,怕是那女人出了什么事。幸好过了一个冬天那女人又来了,两个人仍是逆时针绕着园子走,一长一短两个身影恰似钟表的两支指针;女人的头发白了许多,但依旧攀着丈夫的胳膊走得像个孩子。"攀"这个字用得不恰当了,或许可以用"搀"吧,不知有没有兼具这两个意思的字。

【赏析】

　　《我与地坛》发表于1986年,当时作者史铁生经历了双腿残废的变故,因而他开始思考有关生命本身的问题:人该怎样来看待生命中的苦难。这篇散文记载的正是作者的思考,行文也非常优美,是一篇在当代非常难得的散文佳作。

　　在整篇散文中,史铁生对生命的思考大致历经了前后两个阶段。在最初的那个阶段中,史铁生观察与反省个人的遭遇,渐渐地看清了个体生命中的必然:"一个人,出生了,这就不再是一个可以辩论的问题,而只是上帝交给他的一个事实。"这样的结论便引出了无法反抗的命运的观念:人生就是一种不可捉摸的命运的造就,包括生命中最不堪的残酷与伤痛也都是不能选择的必然,人对于由超越个体生命的外在力量所设定的事实显然没有任何改变的余地。那么,接下来问题的关键就是在于人到底应该怎样来看待自己的苦难。

　　于是,作者开始思考周围一些人的命运,他的母亲、那位漂亮但是弱智的少女,等等。至此,史铁生的思考开始由个人的问题面向众生共同的问题:"一切不幸命运的救赎之路在哪里呢?"经过长时间的思考,作者终于明白:人们需要在认可了苦难的命运和不幸的角色后,把这生命的残酷和伤痛从自我中抽离出来,融入到一个更大也更恢宏的所在中,将一己的生命放在天地宇宙之间,这样在恢宏和深邃的背景中更能体会出生命的博大。这就是史铁生在这篇散文中最后刻画出的自我形象了:他静静坐在园子的一角,听到有唢呐声在夜空里低吟高唱,"清清楚楚地听出它响在过去,响在现在,响在未来,回旋飘转亘古不散",就在这融汇了过去、现在和未来,融会了生死的时刻里,史铁生看到了包容任何孤独的个体生命在内的更大的生命本相。接下来在文章的结尾史铁生写出了自我的三种不同样态:刚来到人间时是个"哭着喊着闹着要来"的孩子;一见到这个世界便成了"一刻也不想离开"的情人;而在时光的流逝之中,他又变成"无可质疑地走向他的安息地,走得任劳任怨"的老人。在时间中,生命既是稍纵即逝的,又是轮回往复的,史铁生因而想到自己"也将沉静着走下山去,扶着我的拐杖。有一天,在某一处山洼里,势必会跑上来一个欢蹦的孩子,抱着他的玩具"。这是对生命永恒的最动人的暇想和最宽阔的境界。

　　就这样,由个人残酷的命运上升到生命永恒的体悟,史铁生终于超越了个体生命中有限的必然,把自己的沉思升华到全体生命的融汇之中,从而使个人对苦难的承受演化为对人类整体苦难的担当。这样一种洋溢着生命本色之美的豁达境界,既完成了史铁生内心的希冀与不舍的探寻,也为他的写作确立了精神的依托。因为有此精神依托,整篇《我与地坛》都是那样的和美亲切,而又内蕴着一种实在的激情。由此,我们也就可以更深地体会到史铁生写《我与地坛》时个人心境的痛切以及他所达到的真正超越。

第四节 小说作品赏析

阿Q正传(文略)

鲁迅

【赏析】

《阿Q正传》是鲁迅小说中最著名的一篇,写于1921—1922年,收在其小说集《呐喊》中。

《阿Q正传》以辛亥革命前后闭塞落后的农村小镇未庄为背景,塑造了一个从物质到精神都受到严重戕害的农民的典型形象。从现实境遇看,阿Q的命运是很悲惨的,他没有家,也没有固定职业,经常受人欺凌,但他在精神上却通过"精神胜利法"来"常处优胜"。他常常夸耀过去、比附将来,遇到挫折或凌辱时会自我解嘲,有时也去欺侮处于弱小地位的人,以此作为自己的荣耀。

阿Q"精神胜利法"的产生是有特定的背景的:一是为当时中国半殖民地的社会现实环境所决定。在帝国主义扩张浪潮不断冲击下,封建统治阶级日趋没落,现实环境使人们产生一种无可奈何的心情,"精神胜利法"正是这种病态心理的表现。二是为阿Q本身的具体经历所决定。农民本身的阶级弱点,小生产者在私有制社会里长期以来形成的经济地位,同样是孕育"精神胜利法"的温床。像阿Q这样一方面没有摆脱本阶级的弱点,另一方面又多少沾染了一些游民阶层落后意识的农民,产生和接受"精神胜利法"便更为容易。鲁迅从雇农阿Q的生活道路和个性特点出发,"杂取种种,合成一个",进行了高度的概括,并且突出了人物复杂性格中的典型特点,从而塑造了阿Q这样一个意义深刻而又栩栩如生的典型,为世界文学长廊贡献了一个不朽的形象。

小说从第七章起,描写阿Q在革命到来以后的变化。革命到来时正是他在生活中处处碰壁的时候,因此一向对革命深恶痛绝的阿Q表现出对革命的欢迎态度。阿Q对革命的欢迎反映了他具有改变自己生活地位的迫切要求。鲁迅没有忽视以阿Q为代表的农民阶层的这种革命性,也没有夸大这种革命性,他写出了阿Q对于革命理解的局限性,那只能是一种农民式的充满均分思想和复仇情绪的革命。在小说中,鲁迅把阿Q的命运与辛亥革命紧密地联系在一起,在法场上一声枪响,这场革命的生命便和阿Q的生命一起结束了。这是一个伟大的现实主义作家对现实的宣判,他以文学的形式表达出了对辛亥革命的深刻认识:即辛亥革命没有引导农民这一复杂的阶层走上真正的革命道路,这也注定了辛亥革命的必然失败。和鲁迅其他描写农民的小说相比,《阿Q正传》在更广阔的历史背景下,写出了当时中国农村的社会矛盾和阶级关系,并且直接联系到农民群众要求解放的问题。鲁迅虽然揭露了农民阶层的局限性,但也坚信他们的身上蕴藏着革命的力量,这反映了他革命乐观主义的精神。

鲁迅是短篇小说的名家,正如法捷耶夫所说,鲁迅善于简短地、清楚地在一些形象中表达一种思想,在一个插曲中表达一件巨大的事变,在某一个个别的人物中表达一个典型。用这样的评价来概括《阿Q正传》的创作特点也是非常确切的。

边 城(文略)

沈从文

沈从文(1902—1988年),原名沈岳焕,字崇文,现代著名作家、历史文物研究家,京派小说代表人物。早期的小说集有《蜜柑》、《雨后及其他》、《神巫之爱》等。从20世纪30年代起他开始用小说构造心中的"湘西世界",完成了一系列代表作,包括散文集《湘行散记》,小说《边城》、《长河》等。由于其创作风格的独特,在中国文坛沈从文被誉为"乡土文学之父"。

【赏析】

沈从文出生于荒僻但风光如画、富有传奇色彩的湘西凤凰县,家乡秀美淳朴的风土人情奠定了他别具一格的创作风格,他用抒情化的小说、散文建造起了一个特异的"湘西世界"。1931年发表的中篇小说《边城》是其著名的代表作品。

沈从文的创作风格趋向于浪漫主义,他追求小说的诗意效果,融写实、纪梦、象征于一体,其语言格调古朴,句式简峭,主干突出,单纯而又厚实,朴讷而又传神,具有浓郁的地方色彩,凸显出乡村人性特有的风韵与神采。从作品到理论,沈从文后来完成了他的湘西系列,"湘西"所代表的健康、完善的人性,一种"优美、健康、自然,而又不悖乎人性的人生形式",正是他全部创作要负载的内容。沈从文的作品充满了对人生的隐忧和对生命的哲学思考,给人以教益和启示。

《边城》描写了撑渡船的老人与他的孙女翠翠相依为命的淳朴生活,以及当地掌水码头团总的两个儿子共同爱上翠翠的悲剧结局。小说将乡情风俗、人事命运与下层人物形象的描写结合在一起,尤其是风习描写注重本色,充满诗情画意,与故事、人物的情调浑然一体。小说着力描写了翠翠这样一位纯美的少女形象,她的天真纯洁在小说中表现在她毫无心机、超出一切世俗利害的爱情之中。翠翠的爱是含蓄和朦胧的,作者细致地写翠翠接触男性不多但在少有的接触中对二老的微妙印象,写她很少听周围闲言但也听到了团总欲与有陪嫁的人家打亲家,而二老偏不依的传言,写二老为翠翠唱夜歌而歌声径直进入姑娘的梦里,到了祖父老船夫死后,她才将事情始末串联起来,明白了自己的不幸。这种不幸的原因有人为的、社会性的各种因素,而沈从文写来非常平实,把一个生活在古老的风俗环境中,长久将自己的爱情埋藏极深的少女写得极其富有诗意。可以说,翠翠是作者美的理想化身:恬静、温柔、纯净、忠贞,从外表到内心都姣好无比。小说围绕着翠翠描述了湘西那种宁静自足的生活以及淳厚的人情美、人性美,加上乡村风俗自然美的渲染,烘托出了作者内心向往的那块处于人类童年期的湘西土地。《边城》中的一切都是那样纯净自然,展现出一个诗意的自然环境与人类社会。然而最终美好的一切只能存留在记忆里:天保与傩送一个身亡,一个出走,祖父也在一个暴风雨的夜晚死去,一个顺乎自然的爱情故事以悲剧告终。因此,在这部柔美纯净的作品中潜藏着作者深深的悲剧感。作为一部"牧歌"式的乡土小说,《边城》与"五四"以来形成的表现压迫和不平,或者批判愚昧、落后,挖掘民族精神创伤的乡土文学传统不同,它的文化批判倾向是用"梦"与"真"构成的文学图景,从而与文本外的现实丑陋相比照,这是他的诗体乡土故事的主旨。

沈从文被人称为"文体作家",首先是因为他创造性地运用和发展了一种特殊的小说体式:可叫做文化小说、诗小说或抒情小说。他的小说有着显著的文化历史指向、深厚的文化意蕴以及具有独特人情风俗的乡土气息。《边城》就是这样一部抒情化的小说,不重情节与人物的叙事性,而是强调叙述主体的感觉、情绪在创作中的重要作用。他以诗、散文融入写实的乡土小说,质朴自然;用水一般流动的抒情笔致,通过描摹、暗示、象征甚至穿插议论,来开拓叙事作品的情绪、意念,营造现实与梦幻水乳交融的意境,使小说富有情感美、色彩美。另外,沈从文的文字语言较为奇特,富有真意,独具个性,追求纯和真的美文效果。他在湘西口语基础上吸取了书面语、文言语的特长,使得他的小说长句精确、曲折而富有韧性,短句重感兴,活泛有灵气。

骆驼祥子(文略)

老舍

老舍(1899—1966年),原名舒庆春,字舍予,中国现代小说家、戏剧家、"人民艺术家"。老舍是他最常用的笔名,另有鸿来、非我等笔名。代表作品有《骆驼祥子》、《四世同堂》及未完成的《正红旗下》,话剧《龙须沟》、《茶馆》等。

【赏析】

老舍出身寒苦,从小就熟悉了城市贫民的生活,自己的切身经历以及在这样的环境中目睹的各种不合理现象,激起他对社会恶势力的愤懑和对处于底层者的深切同情。这些对他创作的选材和立意产生了深刻的影响。出版于1936年的代表作《骆驼祥子》就是以批判社会的黑暗和表现对下层人的同情为主题的优秀长篇小说。

《骆驼祥子》真实地描绘了一个北京人力车夫的悲惨命运。祥子是一个性格鲜明的普通车夫,具有劳动人民的许多优良品质:善良淳朴、热爱劳动,对生活具有骆驼一般的积极和坚韧的精神。他从农村来到城里后立志要自己买一辆车,做一个独立的车夫,这成为他生活的目标和意义。经过三年的努力,他终于用自己的血汗换来了一辆洋车。但是没有多久,军阀的乱兵抢走了他的车;接着反动政府的侦探又诈去了他仅有的积蓄,主人躲避特务追踪还使他丢了比较安定的工作;虎妞对他的那种推脱不开的"爱情"又给他的身心带来磨难。在这接连而至的打击中,他努力挣扎,但一切都是徒然。他用虎妞的积蓄买了一辆车,很快又不得不卖掉以料理虎妞的丧事。他所喜爱的小福子的自杀,吹熄了他心中最后一点火花,他的希望于完全破灭,从此丧失了对于生活的任何企求和信心,从上进好强而沦为自甘堕落;原来那个正直善良的祥子,终于变成了头等的"刺儿头"。这样一个人物的转变就格外清楚地暴露出不合理的社会腐蚀人们心灵的罪恶,从而使这部作品具有激愤的控诉力量和强烈的批判精神。故事的结局非常低沉,弥漫着一种阴郁绝望的气氛。对于结局的这种处理一方面加强了对当时社会的批判力量,但另一方面也反映出老舍在认识到旧社会黑暗势力的强大和个人奋斗的无能为力以后,还看不到劳动人民解放的光明道路。

在围绕着祥子经历的描写中,作品也刻画了许多生动的人物,揭示了当时社会的畸形面貌。如车厂主人刘四的残忍霸道,大学教授曹先生和他所受的政治迫害,二强子的欲起又落的经历,老马祖孙两代的凄凉光景,小福子的一步一步走向毁灭,以及大杂院、"白房子"等处的悲惨景象,由此交织而成的生活画面成为整个故事发生的社会环境,这也突出地表现出了祥子不可避免的悲剧命运。在小说中作者还刻画了虎妞这样一个典型的人物形象。她是一个大胆泼辣、多少有点变态心理的三十多岁的老姑娘。她是刘四的女儿,长期代表她父亲和车夫打交道,性格中带有许多剥削者的特点,但她也有自己的苦闷和追求幸福的愿望。她找上了祥子,并在被迫的情况下和刘四决裂。祥子并不爱她,却又无可奈何地接受了她的"爱情"。他们的结合成了祥子个人奋斗过程中的一个新的打击。作品对虎妞这个人物复杂性格的刻画,以及对她和祥子之间那种"爱情"纠葛的处理,增加了故事情节的起伏,表明老舍对于这类人物的生活和心理有着深刻的理解。

小说取材于城市下层居民的生活,老舍十分熟悉作品所描写的各种人物,他用一种朴素的叙述笔调,简洁有力地描绘出了富有地方风俗色彩的生活画面,塑造出了具有性格特征的人物形象。小说在结构上很讲究情节的波澜起伏,语言上善于运用精确生动的北京口语。《骆驼祥子》在描写现实的力度和艺术运用上都是一部优秀的现实主义作品,译成多种外文后,得到了较高的国际声誉。

百合花(文略)

茹志娟

茹志娟(1925—1998年),曾用笔名阿如、初旭。她因1958年发表短篇小说《百合花》而成名。

【赏析】

茹志鹃是20世纪50年代少数几个用短篇小说的形式来描写战争的作家之一。她的作品非常富有特色,作为部队文工团的女作家,在作品中她总是专注于战争中人与人之间的情感碰撞与交流。她的代表作《百合花》就是这样一篇极其细腻和精致的短篇小说。

《百合花》写作于1958年,当时正是"反右"斗争的高潮时期。许多知识分子都经受了不同程度的打击,在高度政治化的时代氛围中,人与人之间的关系也变得紧张起来,相比之下,战争硝烟之中淳朴、真挚的人际关系则更加令人怀恋。作者的写作动机是想借对战争年代圣洁的人际情感的回忆和赞美,来表达对现实生活的感慨。

《百合花》的清淡、精致、美丽,在20世纪五六十年代的战争小说中是绝无仅有的。它以战争为背景,描写了部队一个年轻的通讯员与一个才过门三天的农村新媳妇之间近于圣洁的感情交流。作品取材于战争生活而不写战争场面,涉及重大题材而不写重大事件。战争的枪林弹雨只是为了烘托小通讯员与新媳妇之间诗意化的"没有爱情的爱情牧歌",刻画的是普通人的感情世界。在当时提倡写"英雄人物"的战争文化背景下,茹志鹃有意识地不把作品中的主要人物当作"英雄人物"来写,而只是写他平常的一面。由于作家摆脱了"英雄"概念的束缚,小说里主要人物身上的美好情感都得到了自由充分的表现。

这篇小说引人注目的叙事特色就是女性视角,作者在刻画小通讯员与新媳妇之间的圣洁感情时,在两者之间穿针引线的是小说叙事人"我"。"我"是个有强烈性别意识的角色,通过我细腻的体察,写出了小通讯员接触女性时的腼腆羞涩,但内心却荡漾着对女性的喜悦情怀;写出了新媳妇对小通讯员的纯朴情感。在小说中,两个主人公的心理世界是通过叙事者"我"看出来或感受到的,通过这样的叙事方式来表达小通讯员与新媳妇之间的感情交流,显得含蓄优美,令人回味。

小说非常善于运用细节描写来表现人物的精神面貌,如衣服上的破口子这样一个细节前后呼应,表现出了新媳妇的细腻和敏感。如给通讯员盖被子的细节,生动地刻画出了新媳妇压抑情感的爆发,作者用了一连串与新媳妇刚出场时感情色彩截然不同的词汇,"劈手夺过被子","狠狠地瞪了他们一眼","气汹汹地嚷了半句"等,然后,为她心目中的"英雄"盖上了那条"枣红底色上洒满白色百合花的被子",正是通过这条精心设计和挑选的有着"象征纯洁与感情的花"的被子,最终完成了对战争中的人性美和人情美的歌颂。

受戒(文略)

汪曾祺

汪曾祺(1920—1997年),当代作家、散文家、戏剧家。他在短篇小说创作上颇有成就。著有小说集《邂逅集》,小说《受戒》、《大淖记事》,散文集《蒲桥集》,大部分作品收录在《汪曾祺全集》中。

【赏析】

汪曾祺在创作上很受沈从文的影响,其代表作短篇小说《受戒》与沈从文的《边城》有点相似,都是有意识地表达一种生活态度与理想境界。

《受戒》发表于1985年,当时引起了不小的争议,因为其写法确实与20世纪50~70年代人们所习惯的小说大相径庭。它不但没有集中的故事情节,其叙述也似乎是信马由缰,例如小说的题目是《受戒》,但"受戒"的场面一直到小说即将结尾时才出现,而且作者并不将它当成情节的中心。在小说的叙述中作者插入的成分特别多。小说一开始就不断地出现插入成分,叙述当地"当和尚"的习俗、明海出家的小庵里的生活方式、英子一家及其生活、明海与英子一家的关系等。不但如此,小说的插入成分中还不断地出现其他的插入成分,例如讲庵中和尚的生活方式的一段,连带插入叙述庵中几个和尚的特点,而在介绍三师傅的聪明时又连带讲到他"飞铙"的绝技、当地和尚与妇女私奔的风俗、三师傅的山歌小调,等等。虽然有这么多的枝节,小说的叙述却曲尽自然,仿佛水的流动,既是安安静静的,同时又是活泼流动的。

正是这种随意式的漫谈,自然地营造了小说的虚构世界。这个世界中人的生活方式是世俗的,然而又是率性自然的,它充满了人间的烟火气,同时又有一种超功利的境界。例如,在当地,出家仅仅是一种谋生的职业,它既不比别的职业高贵,也不比别的职业低贱,庵中的和尚照样有人的七情六欲,一切生活方式都顺乎人的自然本性,自由自在、原始淳朴,不受任何清规戒律的束缚。庙里的和尚是如此,当地的居民也是如此。《受戒》表面上的主人公是明海和小英子,实际上的主人公却应该是这种"桃花源"式的自然淳朴的生活理想。这个桃花源中的多数人物不受清规戒律的约束,其情感表露非常直接而且质朴,众多的人物之间朴素自然的爱意构成了洋溢着生命欢歌的生存空间。虽然明海和小英子不能完全算作这篇小说的主人公,但他们那种纯洁、朴素、自然而又有一点苦涩的爱情却确实可以给这种理想赋予一个灵魂。这种情感发自还没有受到俗世污染的童心,恰恰可以成为这个桃花源的灵魂的象征,所以作者把它表现得特别美。但在这种理想境界的表现中作者仍然加入了一丝不易察觉的苦涩,例如,明海为什么会出家呢? 他和小英子的纯洁爱情乃至这个桃花源一样的世界能一直保持下去吗?

汪曾祺善于通过地域风情的描写,衬托那种淳朴的民俗,小说中自然、淳朴的民俗世界实际上是汪曾祺自然、通脱、仁爱的生活理想的一个表征。他说:"有评论家说我的作品受了两千多年前的老庄思想的影响,可能有一点。……我自己想想,我受影响较深的,还是儒家。我觉得孔子是个很有人情味的人,并且是个诗人。……我觉得儒家是爱人的。因此我自诩为'中国式的人道主义者'。"《受戒》中表现的就正是这种传统文人追慕的"超功利的率性自然的思想"。

作品中这种特有的气氛与韵味的营造,在很大程度上也得力于作品的语言。《受戒》的语言是洗练的现代汉语,其行文如行云流水,潇洒自然中自有法度。这不但是文章三昧,也是一种人生的态度。《受戒》叙述上的信马由缰,实际上也与作者自己的生活理想相一致,是一种对"超功利的率性自然的思想"的有意追求。

叔叔的故事(文略)

王安忆

王安忆(1954—),中国当代女作家。王安忆多次获得全国优秀短篇、中篇小说奖。其作品《长恨歌》曾获得"第五届茅盾文学奖"。1998年她获得首届当代中国女性创作奖,2001年获马来西亚《星洲日报》"最杰出的华文作家"称号等。

【赏析】

王安忆的中篇小说《叔叔的故事》发表于1990年的冬天。在此之前,一向多产的王安忆有过长达一年的封笔。正是在这一年中,她对当时从观念到现实都发生巨大变化的时代作出了新的思考。《叔叔的故事》作为她重新开笔后写出的第一篇小说,可以说无论在精神探索的深刻性上,还是在艺术创新的完美性上,都达到了一个新的高度。

《叔叔的故事》讲述的是叙述者对叔叔这样一个公共人物的历史叙事的拆解过程。作者选取了知名作家这样一个精神世界的人物作为考查的对象,从而使所谓"叔叔的故事"成为一个理想主义的历史叙事的承载者,通过逐步揭开叔叔的悲剧及其精神世界的虚妄,暴露出源自于几十年的历史遭遇,而存在于时代的精神现象中的一场巨大危机。就此而言,《叔叔的故事》可以看作是王安忆抒写的个人化的时代精神的寓言。

从文本形式的角度而言,作品思想上的深刻探索正体现在其独特的叙事方式中。《叔叔的故事》内含着一个双层叙事文本,即这篇小说中的"故事"不仅是叔叔的故事,还应包括叙述者讲述这个故事的全过程。文本中叙述者讲故事的过程其实质不在于完整地讲述"叔叔的故事",恰恰却是要以各种叙述手段来拆解那个看上去非常辉煌的"叔叔的故事"。由此也就得以表达出作者个人的思想,即叔叔及他所代表的那个时代的理想主义精神都只是后来赋予的虚伪假象。这样一种拆解意义的叙事方式,也就是作品中个人立场的具体显现,是个人精神世界的重构过程。

整篇小说以这种拆解意义的方式叙述下去,最终发现叔叔的精神世界其实并非神圣高尚,他在小镇上曾有过堕落的历史。这样,叙述者通过一系列的情节终于揭开了叔叔不幸的根源,即叔叔终于明白自己极力要摆脱的丑陋和屈辱其实就是他的自我和过去的全部,甚至连他现在的光彩和辉煌也正是建立于其上的。当叔叔一旦由于现实的变故醒悟过来,那一切虚浮的假象在顷刻间就崩溃了,叔叔不得不面对自己那黑暗的心灵,完全丧失了自我救赎的能力。随着"叔叔的故事"中所有那些虚假的神圣与高尚一一被拆解掉,逐渐显现出了这个时代的荒谬与丑陋。

叙述者在小说的最后说:"我讲完了叔叔的故事后,再不会讲快乐的故事了。"这里表现出王安忆对于更年轻一代人的看法:他们是既无信仰也无责任的一代,他们的追求是做自由快乐的游戏主义者,但是事实上他们的游戏既不快乐也不自由。在作者看来,只有真正严肃的悲剧感才能够成就这代人的自我救赎,而这也正是叙述者讲这个故事的初衷。她选择了被认为具有信仰和高尚的精神世界的人物作为叙述对象,目的是要把他作为攻击目标,以类似弑父的行为换得自己精神上的成熟。但没有料到的却是,她选择的攻击目标其实是那样不堪一击。当叙述者一步步解构了叔叔的精神世界,揭示出其人格的丑陋及无法抗争的宿命后,却发现这种消解更加重了自己的茫然与悲恸,再次证明了自己的不快乐,同时也彻底揭露了时代精神现象本身的虚妄。

第五节　戏剧作品赏析

日　出（文略）

曹禺

曹禺（1910—1996 年），中国 20 世纪最优秀的剧作家之一。原名万家宝，祖籍湖北潜江，生于天津一个封建官僚家庭。1933 年创作了处女作四幕剧《雷雨》，以高度的艺术成就和现实主义的艺术力量震动了当时的戏剧界，标志着中国话剧艺术开始走向成熟。曹禺的剧作已被译成日、俄、英等国文字出版。

【赏析】

曹禺是第二次国内革命战争时期出现的有很大成就和广泛影响的剧作家。《雷雨》和《日出》是他的成名作，分别发表于 1934 年和 1936 年。这两个剧本反映了中国半封建半殖民地时期都市上层社会生活的腐烂与罪恶。年轻的作者以其卓越的艺术才能深刻地描绘了旧制度必然崩溃的图景，对走向没落和死亡的阶级给予了有力的揭露和抨击。

如果说《雷雨》在有限的演出时间内，成功地概括了一个资产阶级家庭前后三十年的腐朽堕落的历史；《日出》则在有限的演出空间内，出色地表现了包括上层和下层的复杂社会的横剖面。

《日出》描写的是 20 世纪 30 年代初期受资本主义世界经济恐慌影响下的中国都市，表现了日出之前腐朽势力在黑暗中的活动。《日出》中四幕戏的时间分配是：黎明，黄昏，午夜，日出。这也说明了作家在黑暗中迫切期待东方红日的心情，说明作家的确是在努力用他的作品抨击和摇撼那个他所憎恶的制度。从《雷雨》中所谓"自然的法则"到《日出》中描写实际操纵社会生活的一种黑暗势力，说明作家对现实的理解有了明显的进步。

剧本包括了都市中各式各样的人物：住在旅馆的"单身女人"、银行经理、博士、流氓、妓女、茶房、富孀、面首等，他们的社会地位、生活背景、性格、文化教养各不相同，人物比《雷雨》多，生活面也比《雷雨》广阔复杂。通过性格化的语言，这些人物都呈现出各自鲜明的形象特征。剧情是围绕主要人物陈白露展开的，她一面联系着潘月亭，由此揭露了上层社会的罪恶与腐烂；一面又联系着方达生，由此展开了下层社会的痛苦与黑暗。陈白露这个"交际花"，年轻美丽，高傲任性，厌恶和鄙视周围的一切，但又追求舒适和有刺激性的生活，清醒而又糊涂，热情而又冷漠，玩世不恭而又孤独空虚地生活在悲观和矛盾中。在她身上还保留着一份善良和正义，但"游戏人间"的生活态度决定了她的悲剧结局:在日出之前结束了自己的生命。

《日出》中的气氛是紧张而嘈杂的,这是当时都市的生活气氛,也是日出之前的时代氛围。从潘月亭的活动中,可以看到当时都市经济恐慌的面貌:工厂停工,银行倒闭,地皮跌价,公债投机盛行。他与李石清针锋相对地紧张搏斗,正揭示了这些人物的丑恶灵魂和已经面临的没落命运。与此相对照的是黄省三全家服毒的惨剧,非常有力地表现出了当时社会中残酷的阶级压迫和人与人之间冷酷无情的关系。方达生出现在旅馆里的那些人中间,显得不很协调。他是一个有着善良愿望而又缺乏社会经验的知识分子,他要感化陈白露,又要援救"小东西",碰壁之后还立志要"做点事,跟金八拼一拼"。但由于他的出现和"小东西"的遭遇,使作者所要描绘的那个"损不足以奉有余"的社会画面更加完整。最后,作家把砸夯工人的集体呼声作为日出后光明的象征,这说明他把改造社会的希望寄托在劳动者的身上。虽然剧中并未出现工人阶级的形象,那种砸夯的呼声主要是烘托了气氛,方达生最后迎着上升的太阳和向着工人歌声的方向走去,却产生了一种暗示的作用。

除以上主要人物外,作品还描写了顾八奶奶的庸俗愚蠢和自作多情,刻画了李石清的狡黠毒辣和洞悉人情,从黑三的凶狠残忍中衬托出了金八的势力,从翠喜的悲惨境遇和真挚感受中写出了下层人民的善良。通过这许多成功的舞台形象的描绘,作者把"不足者"与"有余者"之间的矛盾作了充分的揭露。这个矛盾社会的操纵者就是没有出场的人物金八,他是一个拥有实际势力的封建、官僚、买办阶级的代理人,正是民主革命的对象。《日出》这部作品的矛头就是直接指向这种势力的。戏剧进行到结尾时,显示阳光的出现已经不远,"有余者"濒临末日。

曹禺的作品十分深刻地反映了中国社会进程中的一个阶段的社会面貌,在艺术上达到了很高的成就。这除了缘于他对旧社会的愤恨和熟悉外,也取决于他的创作经验和文学修养。曹禺不仅很早就接触中国的戏曲,而且用心研读过大量的国外戏剧,如古希腊悲剧、莎士比亚、易卜生、契诃夫、高尔基、萧伯纳和奥尼尔等人的剧作,这些世界名著加强了他的艺术修养,使他在广泛汲取的基础上形成了自己的创作特色。曹禺作品的出现,不仅标志了"五四"以来话剧创作上的新成就,而且在长期的舞台考验中一直保持着巨大的艺术魅力,他的《雷雨》、《日出》等优秀作品为现代文学剧本创作开创了一个崭新的局面。

屈　原(文略)

郭沫若

【赏析】

同新文学的其他形式一样,历史剧也是适应现实斗争的需要而产生和发展的。

第一部分 文学鉴赏

在抗日战争时期,特别是在"皖南事变"后的国民党统治区,"五四"以来出现的历史剧获得了长足的发展,作家们借古喻今,创作了一批优秀的历史剧,在当时产生了前所未有的巨大政治影响。郭沫若在这一时期创作的《屈原》是其中杰出的代表。

《屈原》完成于1942年1月,剧本取材于战国时代楚国爱国诗人屈原一生的故事。它以楚怀王对秦国外交上两条路线的斗争作为全剧情节线索,构成代表爱国路线的屈原与代表卖国路线的南后等人之间的戏剧冲突,从而成功地塑造了屈原这个文学典型和一系列人物形象,深刻地表现了为祖国和人民不畏暴虐、坚持斗争的主题。

剧中的屈原是一个伟大的政治家兼诗人的形象,具有深切的爱国爱民思想和英勇无畏的斗争精神。一向光明磊落的屈原在被南后以"淫乱宫廷"的罪名加以陷害后,他力劝楚怀王千万不要放弃联齐抗秦的正确路线,愤怒地斥责南后危害祖国的行径。面对正在沉入黑暗的祖国,失去自由的屈原将满腔忧愤以《雷电颂》的形式无比猛烈地迸发出来。他呼唤着咆哮的风,去"吹掉这比铁还沉重的眼前的黑暗";他呼唤着轰隆隆的雷,把他载到"那没有阴谋,没有污秽,没有自私自利"的地方去;他呼唤着闪电,"把这比铁还坚固的黑暗,劈开,劈开,劈开!"这时的诗人,就像燃烧在黑暗中的一团熊熊烈火,他渴望"这熊熊地燃烧着的生命",为祖国和人民"迸射出光明"!

《屈原》剧中还刻画了两个性格截然相反的女性形象——婵娟和南后。婵娟是道义美的形象化身,她由衷地敬爱屈原、崇敬屈原。天真纯洁、谦恭好学的她,在面对反动势力时却一反常态,从她对变节投敌的宋玉的有力斥责,从她面对南后淫威所表现的坚定从容,特别是从她垂危时那番动人的肺腑之言中,我们看到了一个高尚的灵魂。婵娟对屈原的敬爱和维护,形象地表现了广大楚国人民对屈原的态度。与婵娟相反,南后仅仅为了个人的宠幸和荣华,竟然不惜取媚侵略势力,与秦国暗相勾结,卑鄙无耻地陷害屈原,祸国殃民。当她的阴谋得逞以后,她更加猖狂、恣肆,彻底暴露了冷酷残忍的本性。她的自私偏狭、阴险毒辣,形象地刻画出了统治集团中卖国势力的丑陋嘴脸。

人物成功的塑造,使剧本的深刻主题得到了充分的表现。南后之流的阴谋,屈原的被诬陷,齐楚盟约的撕毁,屈原的愤怒呼喊,婵娟的牺牲,自然让人联想到现实生活中蒋介石反动集团的反共投降罪行、蒙受"千古奇冤"的新四军所遭的残杀、正处于危险之中的抗日民族统一战线……从而唤醒和加深了人们对祖国前途的忧虑,燃起他们心中的怒火,鼓舞他们更加坚决地拥护共产党打退反共高潮、挽救时局的正确主张,从而与国民党反动派进行不屈不挠的斗争。

《屈原》不但是这一时期革命历史剧最辉煌的代表作,而且在整个现代文学史上,也是不可多得的艺术瑰宝。郭沫若这一时期的历史剧,在艺术上取得不少创新,既保持了郭沫若一贯的革命浪漫主义特色,又增加了现实主义的成分。他在把握历史本质的基础上,根据艺术规律、剧情发展和创作意图,结合自己的理想和愿望,加入主观的创作,从而使全剧的结构、人物的刻画、情节的演变、文辞的锤炼浑然一体,形象逼真,收到了显著的戏剧效果。比如在剧作中,作者结合情节和气氛营造的需要,插入相当数量的抒情诗和歌词,由主人公朗诵,或由群众演唱,感情激越,色彩斑斓,使全剧充满着浓郁的诗意,异常鲜明地表现了剧本的主题。

茶 馆(文略)
老 舍

【赏析】

　　老舍的《茶馆》发表于1950年,是中国当代戏剧舞台上首屈一指的杰作。其突出之处在于作家调动了自己丰富的生活经验,展现出一幅旧北平社会的"浮世绘",在"茶馆"这样一个小小的空间中,展现出了五十年来中国历史的变迁。

　　《茶馆》三幕分别选取"戊戌变法"后、北洋军阀统治时期、抗战后国民党统治时代的三个社会生活片断,一方面描绘了北平风俗的变迁,另一方面表现了三个旧时代政局混乱、民不聊生的共同特点,并由此表现出黑暗势力蔓延、整个社会不断衰退的形势。第一幕中康梁变法失败后,裕泰茶馆中形形色色的人物轮番出场,一方面是拉皮条的为太监娶老婆、暗探遍布、无所事事的旗兵寻衅滋事,另一方面是破产的农民卖儿卖女、爱国的旗人常四爷因几句牢骚被捕、新兴的资本家企图"实业救国"、裕泰茶馆老板左右周旋企图使生意兴隆。在第二幕、第三幕的发展中,恶势力越来越肆无忌惮,为所欲为。暗探宋恩子、吴祥子的后代子承父业,继续敲诈勒索;拉皮条的刘麻子的后代青出于蓝,依托当局要员准备开女招待"拖拉撕";庞太监的侄子侄媳组成的迷信会道门在社会上称王称霸,甚至做着"皇帝"、"娘娘"的美梦。而一些企图有所作为的良民百姓却走投无路:主张"实业救国"的民族资本家秦仲义抗战中被日本人抢去资产,抗战后国民党当局将其产业当做"逆产"没收从而陷入彻底破产的境遇;做了一辈子顺民的茶馆老板王利发妄图"改良"赶上时代,生意却越来越坏,到最后连"茶馆"也被人联手抢去;在清朝"吃皇粮"、旱涝保收的旗人常四爷成为一个自食其力的小贩,过着朝不保夕的生活。剧本的结尾三个老人在舞台上"撒纸钱""祭奠自己",走投无路的王利发悬梁自尽。这是一个很有象征意味的结局,既是对旧时代的控诉,也是为之唱了一曲"葬歌",使剧本弥漫着一种阴冷凄惨的氛围。这是在20世纪50年代话剧舞台上很少出现的灰暗结局。

　　《茶馆》描写了三个时代旧北平形形色色的人物,构成了一个人像展览式的"浮世绘"。老舍选取"茶馆"作为剧本的场景颇具匠心,他避开了对重大历史事件的直接描绘,只是描述这些历史事件在民间的反响,将之化入日常生活之中,从而发挥了作家熟稔旧北平社会生活与形形色色人物的优势。"大茶馆就是一个小社会",从社会上层到社会底层,形形色色的人物都在茶馆登台亮相。剧本以描写人物为主,老舍对北平口语与旧北平人物心理的稔熟,使得他能三言两语就勾勒出一幅生动的人物肖像,表现出内在的戏剧冲突。如第一幕中松二爷、常四爷与打手二德子冲突的场面,篇幅仅占一页,戏剧冲突、人物的个性与心理发展的层次却写得有声有色。《茶馆》中这样的场面比比皆是,如第一幕中,秦仲义与庞太监冲突的场面,第二幕中王利发与崔久峰对话的场面,第三幕中小刘麻子欺骗王利发的场面等,无不如此。剧中塑造的鲜明的人物形象还有妖怪式的庞太监、庞四奶奶、暗探宋恩子、吴祥子、拉皮条兼人贩子的刘麻子、借算命骗取钱财的唐铁嘴等社会渣滓及其后代,民族资本家秦仲义、茶馆老板王利发、早年从事革命晚年心灰意冷拜佛参禅的议员崔久峰等。短短三幕戏,塑造了几十个性格鲜明的人物形象,概括了五十多年的历史,显示出老舍高超的艺术功力与艺术才能。

在结构上,《茶馆》采取三个横断面连缀式结构,每一幕内部也以许多小小的戏剧冲突连缀。这样的结构本来容易变得松散,老舍克服了这方面的困难,剧本以人物带动故事,主要人物由壮到老贯串全剧,次要人物父子相承,无关紧要的人物则招之即来、挥之即去。同时,人物的故事、命运又暗示着时代的发展,从而使得剧本紧针密线,形散神凝,以貌似平淡散乱的人物、情节织出一幅"清明上河图"式的从清末到民国末年的民间众生相"浮世绘",其艺术构思的确是独具匠心。

绝对信号(文略)

高行健

高行健(1940—),江苏泰州人,出生于江西赣州。目前为法籍华人。2000年获得诺贝尔文学奖,时年60岁,报道中称他为剧作家、画家、小说家、翻译家、导演和评论家。

【赏析】

《绝对信号》是高行健(与刘会远合作)第一部重要的话剧作品,也是他的成名作。该剧于1982年在北京人民艺术剧院面世,开启了新时期以实验戏剧为内容的小剧场运动的先河,在当时引起了戏剧界的重视。

剧中写待业青年黑子与少女蜜蜂相爱,在其苦于没有经济来源而无法结婚之时,在车匪的利诱下密谋合伙盗车。结果他们扒上了由黑子的同学小号担任见习车长的一节列车,小号也深爱着蜜蜂,而蜜蜂碰巧也搭上了这节车厢。由此在车厢十分有限的时空中,围绕着黑子、小号、蜜蜂之间的恋爱关系,以及老车长与车匪的较量,展开紧张激烈的矛盾冲突。最后黑子经过一番痛苦的心灵挣扎,幡然醒悟,在与车匪的搏斗中双双倒下。如果仅仅从剧情来看,这个故事并没有多少新意,但高行健却赋予它十分新鲜的戏剧形式,他打破了传统的戏剧表现手法,作了现代主义戏剧技巧的实验和尝试。

《绝对信号》的艺术创新首先体现在一种主观化的时空结构方式上。在通常情况下,戏剧总是会按时间顺序来展现正在发生的事件,但在《绝对信号》中,既展示了正在车厢里发生的事件,同时又不断通过人物的回忆闪出过去的事件,或把人物的想象和内心深处的体验表演出来,使实际上没有发生的事件也在舞台上得到展现。由于这种打乱正常时序的时空表现方式,在舞台上便出现了现实、回忆和想象三个时空层次的叠加和交错,从而使整出戏呈现出异常的主观色彩,剧情的发展也更加贴近于人物的心理逻辑。

此外,这出戏在舞台语言方面也有许多创新,比如大量运用了超现实的光影和音响,不仅是为了调整场景变化,还更加凸显出了人物的主观情绪。如黑子回忆与蜜蜂恋爱时打出的蓝绿色光和优美抒情的音乐,小号回忆向蜜蜂求爱时的红光与光明而热情的号声,黑子在想象自己犯罪时的全场黑暗与无调性的嘈杂音乐等,都深入刻画出了人物的内心感受,从整体上为剧情的展开和人物的塑造铺垫出了一种强烈的主观效果。

《绝对信号》在20世纪80年代初期的文坛上出现,其最大的意义在于它为人们提供了一种新颖的审美感受,它在形式与技巧创新的层面上为中国当代文学开拓了新的空间,构成了中国现代主义文学兴起过程中的一个特殊环节。

第二部分

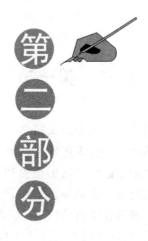

语言基础

第三章　古代汉语

第一节　汉字的结构

汉字是世界上最古老的文字之一。创造并使用文字,是人类从荒蛮走向文明的象征。当地球上许多人还处于原始、蒙昧时期的时候,我们中华民族的祖先早已发明了文字并用于记载自己的历史和文化,进入"有册有典"的文明时代了。文字是记录语言的符号。在世界表意和表音的两大文字体系中,汉字属于表意文字系统。由于汉字最适合汉语的特点,又与本民族的文化特质及民族心理、习惯以至思维方式相一致,所以当世界其他民族的表意文字相继消亡之后,唯有我们的汉字依旧保持旺盛的青春,得以继续发展、完善,一直延用数千年,至今仍能显示出强大的生命力。

一、汉字形体演变的几个阶段及其代表字体

从有系统可寻的商代甲骨文到现在所使用的楷书字,汉字的形体经历了一个漫长的演变过程。为描述不同历史时期汉字的大体形貌,我们以各个时代官方的正式字体为主干,人为地将汉字形体的演变划分为六个阶段。这六个阶段及其代表字体分别是:商代的甲骨文、周代的金文、战国时代的金石竹帛文(统称战国文字)、秦代的小篆、汉代的隶书(包括草隶即章草)、魏晋至今的楷书(包括行书与今草)。其中以秦汉之际为界,秦代的小篆和小篆以前的字体统称为古文字,汉代的隶书和隶书以后的字体统称为今文字。古文字与今文字之间的过渡字体是秦汉之际流行的古隶(又称秦隶)。

(一) 甲骨文

甲骨文又称卜辞、殷虚文字等,主要是指商代锲刻在龟甲兽骨上的文字。商代统治者迷信鬼神,事无巨细,均要进行占卜以问凶吉。他们把每次占卜的内容有时连同应验的结果都刻在特制的龟甲兽骨上(也有少数是非占卜的纪事刻辞)。这些特殊的文字资料随着殷商王朝的灭亡和殷都(在今河南安阳小屯村)被夷为废墟而长期埋没于地下,直到1899年才被人发现。之后经过多次发掘,

到目前为止,从安阳出土的有字甲骨已达十万件以上。据孙海波《甲骨文编》的统计,甲骨文字的单字多达5949个(其中多有同字异构,据最新研究,约为3500个)。甲骨文的发现,为研究上古史、古汉字和上古汉语等领域提供了大量可靠的新材料。

(二) 金文

金文又称钟鼎文、铜器铭文等,是古代铸(少数是刻)在青铜器物上的文字。在青铜器物上铸文,始于夏商,盛于两周,延续至秦汉。西周金文与商代甲骨文相比较,具有如下特点:

(1) 直观表意的象形、象意结构形态减弱,便于书写的符号形态增强。例如虎、马、犬等字,无论是单独成字还是作偏旁部首,几乎都不再用甲骨文中那种以双线条勾勒其躯体的写法,也不再追求形象的逼真,只是还注意突出其显著特征的部分以便字形的区别罢了。

(2) 趋向定型化,但异体依然不少。趋向定型化主要表现在:第一,形旁之意相同而混用的现象大为减少。如甲骨文中的牧字,有从牛、从羊、从马等同种形,西周金文中则只用从牛一体,淘汰了另外两体。第二,偏旁部首的位置有了较多的固定。例如"彳"旁,甲骨文置于左右都可以,西周金文则基本上固定在左边。第三,异字同形、合文、反书等现象大为减少。从总体上看,西周金文是朝着定型化方向发展的,不过同字异构的现象依然不少。

(3) 形声字大量增加。一是在原独体字上增加形符和声符,使之变为形声字;二是新造的字多为形声字,有人曾作过统计,甲骨文中的形声字只有20%左右,而金文中的形声字则已达到50%以上。

(4) 在书写形式上,越来越注意字形与铭文整体的协调、美观。如果说写、刻文字得讲求书法,在甲骨文中表现得还不够普遍、明显的话,那么在西周文中则是处处可见了。

(三) 小篆

小篆是秦始皇统一中国之后实行"书同文"政策时颁行的标准字体,是古文字的终结。它的主要特点首先是固定了偏旁部首的位置和写法,基本上做到了定型化。其次是书写形式要求整齐划一,笔画不论横竖曲直,一律用粗细等匀的线条,这样一来,古文字中的象形象意字就被进一步抽象化、线条化、规整化,从而也就更加符号化了。原有的"画成其物"、"视而可识"的直观表意功能继金文之后进一步减化,以至在许多字中已经完全消失。最后是整个构形系统得到进一步的完善与加强。汉字的构形系统从甲骨文开始就具有了,它是以定数量的基本构件为基础、以构件的一定置向为外部平面组合的模式、以构件在内部的不同层次组合为构形依据而形成的。经过全面整理的小篆,其基本构件更加纯净,外部的平面组合和内部的层次切合调整得更为合理、规范和完善,从而使汉字的整个构形系统得以巩固和加强,为后来今文字(隶书、楷书)的发展奠定了良好的基础。

(四) 隶书

隶书历史上也称佐书、史书、八分,是以点、横、掠、波磔等点画结构取代篆书的线条结构而使之便于书写的一种字体。小篆虽然整齐规范,但其形体曲屈回环,极不便于书写。隶书在它的演变过程中,其设计构形和笔道(点画)形态是有很大变化的。特别是经过汉代文人的加工、改造和美化,隶书才从根本上改变了篆书的构形和笔道形态,成为一种独具特色的新字体。后人称初创阶段的隶书为古隶或秦隶,称成熟阶段的隶书为汉隶。汉隶是汉代官方的正式字体。一般所谓隶书,主要是指汉隶。

(五) 楷书

楷书也叫真书、正书,它产生于汉末,盛行于魏晋南北朝,一直沿用至今。楷书是隶书经过长期演变慢慢蜕化出来的,在它成为一种新字体的相当长的时间里,还或多或少地带有隶书的意味,所以楷书在历史上也被称为"今隶"。

二、汉字的形体结构——六书

(一) 前四书的介绍和举例

1. 象形——"画成其物,随体诘诎"

象形字的结构特点是依样画葫芦,即许慎所谓的"画成其物,随体诘诎"。象形所表示的意义对象一定是看得见、有一定外型的具体名物,即必须是有形可象的。所用字形与意义对象在形体上具有同一性。例如"日"古文字像太阳形,"月"古文字像月牙形。其本义就是太阳、月亮。

象形字的符号性是很明显的。表现在它很强调对象特征的突出。如"牛"字突出了牛角,"虎"字强调其张口露齿及斑纹,等等。象形造字法是一种最简单的造字法,很难用于表示意义抽象的或没有具体形象的概念,显示出很大的局限性。但是它却为指事、会意、形声字的构成创造了条件。

2. 指事——"视而可识,察而见意"

"视而可识",是说一眼看上去就可以认识大体,就其特点来说,指事字通常表示某种局部的或相对的概念,办法是在象形字的相应部位加上抽象的标志符号,以指示所表示的局部的范围。如"上"、"下"就是分别在参照物的上、下部加上一点(或一短横)来表示。

指事字依赖具体的形,再加上指事符号表义,所以这种造字法跟象形造字法一样具有很大的局限性。这也就是指事字在汉字里数量最少的原因。

3. 会意——"比类合意,以见指㧑"

会意的字面意思是会合成意,即由若干符号相互构成一种联系来表达某种意义。这种意义跟每个偏旁的意义都不相同,通常是动词、形容词,或没有具体形象的名词(如表示时间概念的名词)。这类意义比较抽象,很难用象形的方法来表现。分析会意字的表述通常按照《说文》的术语称为:从某,从某。合成会意字的各个组成部分都叫"意符"。从意符会意的情况来看,大致有两种情况:

(1) 形象会意

在文字的象形程度比较高的商周时代,会意字的意符基本上都是由它的形象来会意,而不是通过意符独立成字时的文字意义来会意。这种会意法是会意字的主流。

(2) 抽象会意

劣 由"少"、"力"两部分构成,意思是力量弱小。

歪 由"不"、"正"两部分构成,不正即是歪。

尘 由"小"、"土"两部分构成,小土为尘。

尖 由"小"、"大"两部分构成,上小下大即是尖。

战国秦汉以后,汉字的象形性逐渐减弱乃至消失,有许多新造的会意字是用意符的文字意义来会合成义的。但是这一种会意字产生的时代较晚,数量也少得多。

4. 形声——"以事为名,取譬相成"

形声字通常由两部分构成:一是形符(也叫做意符)——表示意义或字义的属类;二是声符——表示该字的读音。分析形声字的表述法通常按照《说文》的术语:从某,某声。

例如:"梅"字,由形符"木"和声符"每"两部分组成,分析为:从木,每声。

分析形声字应该注意的几点:

(1) 形符和声符的位置反常

视、祁——示是声符(剩下的部分是形符,下同),与从"示"的"福"、"祈"、"神"不同。

锦、钦——金是声符,与从"金"的"铁"、"银"不同。

钊、到——刀是声符,与从"刀"的"割"、"剖"不同。

问、闷——门是声符,与从"门"的"间"、"阎"不同。

冯——冫(bīng)是声符,与从"冫"的"冻"、"凉"不同。

和——禾是声符,与从"禾"的"稻"、"穗"不同。

蚀——食是声符,与从"食"的"饥"、"饿"不同。

孟——皿是声符,与从"皿"的"盆"、"盛"不同。

(2) 形符和声符不能按照自然结构分析

條、倏、脩、修——分别从木、犬、肉、彡,攸声,形符在右下角。
颖、颍——分别从禾、水,顷声,形符在左下角。
佞——从女仁声,形符在右下角。
從、徒——从辵,分别是从声、土声,声符在右上角。
辯、辨、瓣——分别从言、从刀、从瓜,辡声,形符在声符的中间。
哀——从口,衣声,形符夹在声符的中间。
裏、裹、衷——从衣,分别是里声、果声、中声,声符夹在形符的中间。

(3) 省形和省声

有少数形声字,其形符或声符已经简省,必须补全起来才能有表意或表音功能。

晨——从晶省,辰声。
星——从晶省,生声。
釜——从金省,父声。
豪——从豕,高省声。
融——从鬲,蟲省声。
雪——从雨,彗省声。

(二) 后两书的简介

1. 转注——"建类一首,同意相受"

"转注"不是对单个汉字形体结构的说明,而是字与字之间形义关系的一种类型。

2. 假借——"本无其字,依声托事"

许慎所谓的"假借"指"本无其字"的假借。指的是有些词,本来没有为它们专门造过字,只是从现成的字中选取一个读音相同或相近的字来代替,后来习惯了,这个字也就归它所使用了。任何一个汉字的结构都不出象形、指事、会意、形声四种结构类型。至于转注和假借,则是表明了汉字与汉字之间的关系,它们并没有造出新字,因而是一种用字法。

第二节 古书中的用字

古书难读的重要原因之一,是古书用字情况复杂,即同一个词时常有不止一个的字形来记录它。本节介绍的假借字、古今字、异体字和繁简字,就是古书常见的四类用字现象。

（一）假借字

1. 什么是假借字

古书里的用字，如果它所记录的词义不是该字的本义或引申义，这个字就是假借字。假借字产生的原因是书写者只考虑语音因素而不考虑形体因素，造成不同字之间的通用和假借。这也就是许慎所说的"依声托事"。

2. 假借字的两类情形

（1）本无其字的假借

本无其字的假借指的是某些词原先并没有为它专门造字，人们就从现有的文字中选取某些同音字来记录。例如，表示"没有谁，没有什么"意思的否定性无定代词，原先没为它专门造字，就借用与之同音的"莫"（本义为昏暮）字来记录它。这样，"莫"也就成了记录否定性无定代词的专用字。为了区别，人们后来又造了"暮"来表示日暮的意思。"莫"和"暮"的关系，属于古今字的关系。

（2）本有其字的通假

本有其字的通假是指某些词原先已为它造过专用字，但由于种种原因，书写者没使用本字，而是另找一个读音相同或相近的字来代替它。例如，早晚的"早"写成"蚤"，抗拒的"拒"写成"距"，修养的"修"写成"脩"，等等。

前面说过，通假是借音表义，以音同音近为前提，所以辨识通假字主要是以声音为线索。阅读中遇到某一个字不能用其本义或引申义去解释时，就应考虑到是否存在通假的问题。

（二）古今字

1. 什么是古今字

所谓古今字，是一种纵向历时的同词异字现象，即记录同一个词（实际是词的某一义项），不同时代社会用字有不同，在前的叫"古字"，在后的叫"今字"。例如"暮"这个词，本来用"莫"来记录，后来写作"暮"，"莫"和"暮"就是古今字的关系，"莫"是古字，"暮"是今字。

2. 古今字形成的原因

汉字除了表示本义，还用于表示引申义和假借义。汉字的表词功能扩大以后，为了区别不同的用法，以字为基础加以改造造出新字，来分担原字的某些义项。原字和新字是为记录同一个词先后用的不同的字，因此形成了一对古今字。例如"其"的本义是畚箕。但是"其"在古书里被借用记录代词和语气词，并且成为它的最常见的用法。为了区别起见，于是在原字的基础上增加意符"竹"，造出了新的"箕"，专门用来承担"畚箕"的义项。"其"和"箕"就是在畚箕这个意义上形成的一对古今字。

3. 古今字的意义关系

古今字的意义关系有以下三种情况:

(1) 今字承担古字的本义

例如"州"本义是水中陆地,后来引申表示九州、州郡,于是用今字"洲"表示本义。又如"队"本义为从高处坠落,后来借用表示队列义,于是用今字"坠"来表示本义。

(2) 今字承担古字的引申义

例如"取"的本义是获取,引申指获取女人做妻子。娶妻的"取"后来专造"娶"字表示。"娶"承担的是"取"的引申义。

(3) 今字承担古字的假借义

例如"齐"的本义为齐平,假借来记录"齐敬"的"齐"这个词(这是本无其字的假借),表示祭祖之前对祖宗的崇敬。这个意义后来写作"斋"。"斋"承担的是"齐"的假借义。

(三) 异体字

1. 什么是异体字

所谓异体字,是指在某一历史时期音义完全相同、记词职能也完全一样,只是构形有异的字。读音(包括古音和今音)和意义(包括本义和引申义)完全相同,而形体不同的字,就是异体字的关系。异体字的条件很严格。有些字本义相同,但是并不是在任何情况下都能通用,就不是异体字。例如"乌"和"於"原先是同一个字,大概自春秋以后才分化成两个不同的形体。它们在古书中有通用的地方。如感叹词"乌呼"(呜呼),也写作"於乎"(於戲)。但作为鸟名的"乌"和作为介词的"於"却互不相混,分工明确。还是有一些义项不通用。因此不能算是异体字。

2. 异体字的形体差异

(1) 所用造字方法不同,一体为形声,一体为非形声。例如,嶽—岳、耻—恥、淚—泪、磊—磊、膻—羶,等等。

(2) 同为形声,所取意符不同。例如,逼—偪、徧—遍、逾—踰、咏—詠、误—悞、溪—谿、榜—牓、暖—煖、糠—穅,等等。

(3) 同为形声,所取声符不同。例如,饋—餽、昵—暱、棹—櫂、猿—猨、裤—袴、掩—揜、溯—泝、楠—枏,等等。

(4) 同为形声,所取意符和声符都不同。例如,愬—诉、迹—跡、剩—賸、椀—盌、村—邨、妆—粧、粳—秔,等等。

(5) 偏旁部首所处的位置不同。例如,峰—峯、略—畧、惭—慙、松—枀、秋—秌,等等。

从以上所举的各类例子可以看出,形声造字法最容易产生异体,所以形声字中的异体字也最多。

(四) 繁简字

1. 什么是繁简字

繁简字是繁体字和简体字的合称。所谓繁体字和简体字,是就同一个字构形时所使用的构件或笔画的多少相对而言的。构件或笔画多的是繁体,构件、笔画少的是简体字。同一个字(当然不是每一个字)的繁与简自古就有。从甲骨文时代起历代都有汉字简化的现象。这里所说的简化字,有其特定的含义,即特指1956年国务院公布的《汉字简化方案》所颁布的简化字。

2. 学习繁简字必须注意的几种情况

(1) 同形字

有些简化字跟古书中的某个字形完全相同,但实际上是读音和意义都不相同的两个字,形体相同纯属巧合。例如,"臘"简化字为"腊"。臘(là),本义指国君在年终用猎品祭祀祖先鬼神,即臘祭,因而年终的月份也叫做臘月。腊(xī),本义为小动物的整体干肉。如《捕蛇者说》有"然得而腊之以为饵,可以已大风、挛腕","腊"(xī)指把捕获的毒蛇制成肉干。臘(là)简化为"腊"后,就和"腊"(xī)混同为一个字了,在阅读时需要加以辨析。

(2) 同音替代字

简化字中有一些来源于原先意义不同的同音字或音近字。这样,它既承担自己原先的字义,同时又表示与之对应的繁体字的字义。阅读时,需要辨认它所表示的意义究竟是什么。

例如,"後"简化为"后",是借用了原有的"后"字。"后"字的意思为君主,也表示君主的妻子。这样,简化字"后"字就兼有"後"(先后)和"后"(君主、王后)两个字的功能,在阅读时需要辨析。如《史记·孝景本纪》:"孝文(汉文帝)在代(地名)时,前后有三男。""前后"指皇帝的前妻,即前妻生有三个儿子,而不是前前后后共生了三个儿子的意思。

(3) 两个以上的字共简为一形

简化字通常只有一个对应的繁体字。但也有一些简化字对应两个或两个以上繁体字的情况。如果我们阅读的是用简化字排印的古代作品,就需要判别这类简化字代表的到底是哪一个词。

例如简化字"钟"对应"鍾"(一种容器)、"鐘"(钟鼓)两个繁体字。在用简化字排印的文章里,遇到"钟"字就要辨析它是哪一种用法。

如《左传·昭公三年》:"齐旧四量:豆、区(瓯)、釜、钟。四升为豆,各自其四,以登于釜,釜十则钟。陈氏三量,皆登一焉,钟乃大矣。以家量贷,而以公量收之。"这几句说的是齐国陈氏为了收买人心,借贷粮食大斗出小斗进的史实。根据上下文才知道这里的"钟"指的是作量器的"鍾",而不是钟磬的"鐘"。

第三节　词的本义和引申义

一、词的本义

词的本义是指词在文献语言所使用的几个意义中作为引申派生起点的那个意义。

词的本义不一定是词的原始义。语言的历史要比文字悠久得多。那些早在汉字产生以前就已出现的汉语词,它们当初的意义是什么,由于没有文献可考,我们无从得知。我们所讨论的,只能是文献语言范围内的词义引申。因此,我们所讲的本义,指的是词在文献语言所使用的几个意义中作为引申派生起点的那个意义。

例如,对"鄙"字本义的探求,只能通过该字在古书中的用例来考察。试看以下例句:

① 四鄙之萌人。——萌(氓)人:草野之民。"鄙"的意思是边邑。
② 焚符破玺,而民朴鄙。——"鄙"的意思是质朴,厚道。
③ 肉食者鄙,未能远谋。——"鄙"的意思是浅陋,庸俗。
④ 今之争夺,非鄙也,财寡也。——"鄙"的意思是贪吝。
⑤ 我皆有礼,夫犹鄙我。——"鄙"的意思是鄙夷,看不起。

以上②、③、④、⑤诸义,都是从①的边邑义引申而来。因此,可以确定"鄙"的本义是边邑。

二、词的引申义

1. 什么是词的引申义

在多义词的几个意义中,由本义派生出来的意义叫引申义。

例如"綱"(纲)的本义是网上的总绳,由这个意义派生出来的"事物的总要"、"国家的纲纪"等义项就是它的引申义。

又如"道"的本义是道路,由这个意义派生出来的"途径"、"方法"、"道理"、"规律"、"学说"、"引导"等义项都是它的引申义。

2. 引申义的特点

(1) 引申义和本义的联系方式

① 相似:引申义和本义所指称的对象有某种相似之处。

例如"斗"本义为酌酒器,由于形状相似而引申为斗星。如《诗·小雅·大东》"维北有斗,不可以挹酒浆。"

"關",本指门闩,由于功能作用相似而引申为关卡。如《史记·孟尝君列传》

"孟尝君出关,关法鸡鸣而出客。"

② 相关:引申义和本义所指称的对象或所表达的概念相互关联,彼此牵涉。
例如:
"齿"本指门牙或牙齿,牙齿的生长情况标志着幼少壮老,由此引申为年龄。
"年"本义为稻谷成熟,有收成。收获标志着农业生产的一个周期,古代每年只收获一次或一季,由此"年"引申为时间单位"年"。
"陵"由大土山引申为帝王的坟墓。
"宗"由祖庙引申为祖宗,"官"由官府、行政机关引申为官职、官长。
③ 相因:引申义和本义之间具有因果、条件等逻辑关系,通过推导实现引申。
例如:
"虚"本义为大丘,大了就空旷了,因此引申为空虚的意思。
"危"本义为陡峭、高峻,陡而高则易倾倒,因此引申为不稳定,再引申为危急、危险。

(2) 词义引申的基本趋势

词义引申是通过由此及彼的联想实现的。从本义和引申义所表示的内容范围或概念特点来看,词义引申的基本趋势是:

① 从个别到一般
例如"江"、"河"本来专指长江、黄河,后来引申泛指河流,"匠"由专指木匠引申为泛指工匠。这些都是由个别到一般的引申。

② 从具体到抽象
例如"术"、"道"均由道路引申为途径、方法,"析"由劈木头引申为分析、辨析。这些都是从具体到抽象的引申。

三、研究词义引申的意义

研究词义引申可以揭示词义的系统性,掌握词义引申的规律,起到以简驭繁的作用,有助于我们举一反三,通过类比互证,成组成串地掌握相关词的多种意义。

第四节 古今词义的异同

一、古今词义异同的对应情况

词汇是语言中最活跃的要素,而词义的变化又比词形的变化更为显著。在一般的古代汉语基础课里所说的"古今词义",是一个特定的概念。这个概念比较笼统,指的是文言文的词义和现代汉语的词义的关系。也就是说,把古代文献的词义,当成一个整体来看,不再计较它内部的小段分期。它是一个古汉语教学体系中的概念,而不是专门的、严格的词汇史概念。汉语的词义是发展变化的。我们今天阅读古书的一个难点,是词义差异带来理解上的障碍。因此有必要正确认识和掌握古今词义演变的知识。古今汉语词义对应的情况大致如下:

(一) 古今词义基本未变

古今汉语在词义上具有一定的继承性。

汉语的基本词汇,如自然现象的名称、亲属的称谓、肢体的名称等,从古到今意义都相同。

如"天"、"地"、"日"、"月"、"星"、"风"、"雨"、"雪"、"冰"、"水"、"火"、"父"、"母"、"兄"、"弟"、"心"、"耳"、"手"、"口"等均是古今没有发生什么变化。

还有一些词虽然不属于基本词汇,但是古今意义也没有发生变化。

《说文》:"钓,钩鱼也。"即用鱼钩钓鱼。又:"秕,不成粟也。"意思是秕谷是没有长好的粮食作物。古今没有什么变化。又如"蟋蟀"、"芍药"都是古书里早就有的词,现在它们还是这个意思。这些都反映了古今词义有继承性的一面。

(二) 古今词义基本不同

主要有以下几种情况:

1. 旧词的死亡,有一类词随着历史事物的消亡而消亡

如《韩非子·五蠹》:"夫山居而谷汲者,膢腊而相遗以水。""膢"是古代楚地在二月祭祀饮食神的节日。后来祭祀形式消亡,语言中"膢"这个词也就不用了。

还有的词,由于社会观念的改变,被别的词语所取代。如《报任安书》:"文史星历,近乎卜祝之间,固主上所戏弄,倡优畜之,流俗之所轻也。"句中的"倡优"指表演歌舞和表演杂技的艺人。现在一般叫做"演员",旧词"倡优"也就不用了。

2. 古今同字异词

有一些本来是不同的词,古代和现代用相同的字记录,因而该字的古义和今义迥然不同。如《逍遥游》:"我决起而飞,抢榆枋,时则不至,而控于地而已矣。""抢"(qiāng)是触碰的意思,与今天的表抢劫义的"抢"(qiǎng)完全不同。

(三) 汉语中大多数的词古义和今义既有联系又有差别

"怜"古今都有可怜的意思,但是古代还有"爱"的意思,如《史记·项羽本纪》中"纵江东父老怜而王我,我何面目见之?"

又如:"睡"古今都有睡觉的意思,但是它在古代专指打瞌睡。如《战国策·苏秦连横约从》:"读书欲睡,引锥自刺其股。"现在则泛指睡觉。

古今词义的差别有时可以相当细微,容易造成误解。对于古今词义的细微差别,在学习中尤应注意分辨。

例如"劝"在古代表示对人的鼓励、劝勉。如《鞌之战》:"人不难以死免其君,我戮之不祥。赦之,以劝事君者。"即以此来鼓励事奉国君的人。又如"劝学"、"劝农"都是鼓励的意思。但是人们常会从现代语感出发,把"劝"简单地理解成劝说(劝解)。

又如"敌"在古代是匹敌、相对等的意思。《左传》有"凡公女嫁于敌国"的说法,意思是国君的女儿嫁到大小对等的诸侯国去(门当户对的意思)。但是人们从现代汉语的语感出发,会把"敌国"误解为敌对的国家。

二、古今词义变化的类型

(一)词义范围的变化

1. 词义范围的缩小

其特点是词的古义的范围大于今义,今义一般包括在古义之中。

如"丈人"在古代是对老者的尊称。《论语·子路从而后》:"子路从而后。遇丈人,以杖荷蓧。"现代"丈人"专指妻子的父亲,即岳父。词义范围缩小了。

2. 词义范围的扩大

其特点是古义的范围小于今义。

《说文》:"焚,烧田也。"本义是放火烧山林进行围猎("田"的意思是田猎,后来写作"畋")。《左传·子产说范宣子轻币》:"象有齿以焚其身。"意思是大象因为有价值昂贵的象牙,因而导致自身遭受围猎。

词义扩大的现象在汉语词义的发展变化中十分普遍。古汉语许多词的意义在发展中由特指变为泛指,由专名变为通名,都属于这类情形。

"响"——古代的意思是回声,后来的意思泛指一切声音。

"色"——古代的意思是脸色,后来的意思指颜色、色彩。

"江"——古代为长江的专名,后来泛指江河。

"河"——古代为黄河的专名,后来泛指江河,等等。

3. 词义范围的转移

即词义由指甲事物变为指乙事物,词义中心转移,而甲、乙两事物之间又有一定的联系(如相似或接近等)。

(1)"兵"本来指兵器,如《郑伯克段于鄢》:"大叔完聚,缮甲兵,具卒乘。"后来指拿兵器的人即士兵,再由士兵的意义引申为军队、战争。词义发生了转换。

(2)"走"本来指跑,如《山海经》"夸父与日逐走。"后来指步行,行走。词义发生了转换。

(二)词义的轻重和感情色彩不同

1. 词义轻重变化

(1)"恨"的古义轻,今义重。它在古代的意思是遗憾、不满。如《司马迁·报任安书"而长逝者魂魄私恨无穷。""私恨"即内心私下的遗憾。《汉书·苏武传》："子为父死亡所恨。""亡所恨"即没有什么遗憾。今天"恨"的意思是痛恨、怨恨，词义比古代重多了。

（2）"怨"的古义重，今义轻。它在古代的意思是怨恨、痛恨。《史记·秦本纪》："缪公之怨此二人入于骨髓。"用"入骨髓"来形容"怨"的程度，可见"怨"在古代的词义比今义要重得多了。《汉书·苏武传》："闻汉天子甚怨卫律。"用副词"甚"来修饰"怨"，可见怨恨的程度之深。

2. 词义感情色彩的变化

（1）《搜神记》中"长安中谣言曰：'见乞儿，与美酒，以免破屋之咎。'""谣言"指民间的歌谣谚语，感情色彩是中性的。现在"谣言"指流传的没有事实根据的消息，并且具有贬义。

（2）《报任安书》"下流多谤议。""下流"在古代指地位或处境低下，今天则指品德恶劣，并且有明显的贬义。

也有的词古代含贬义，而现代转变为褒义的。如"锻炼"在古代指玩弄法律陷害别人，现代"锻炼"一词不但没有这一意义，而且在"锻炼意志"等语境中还含有褒义。

但是，我们还应当看到另一方面，那就是古代汉语和现代汉语虽然有着不同历史阶段的差异，但毕竟是同一民族的语言，语言的变化不是靠着摧毁旧质而完全以新质替代的方式来进行的，而是以新成分来丰富现行成分的方式来进行的，因此，古代汉语与现代汉语之间，又有着十分密切的联系。词义也是这样，只看到它们的差异而看不到它们的联系，也是片面的。古今词义的相同之处毕竟很多，即使是相异之处，只要它们确实是同属一个词的词义，就肯定有着内在的联系。找到这种内在的联系，把古今词义沟通起来，有两方面的意义：一方面，在分辨古今词义的差异时，同时看到它们之间的联系，可以掌握辨析时的分析，不至于把这种差异绝对化；另一方面，现代汉语是我们现行的口头语言，说现代汉语的人学古代汉语，跟中国人学外语或外国人学汉语无论如何是不一样的。沟通古今词义，可以帮助我们利用已知来理解未知，大大加快词汇量积累，并有效率地阅读和理解它们。

第五节　古代汉语词类活用

一、古代汉语词类活用概述

在古代汉语、尤其是上古汉语里，有些词可以按照一定的表达习惯而灵活运用，在句子中临时改变它们的词性和基本功能，这种现象，就叫"词类活用"。例如，"春风又绿江南岸"中的"绿"本是形容词，但是在这里充当谓语动词，意思是染绿了。这是诗人为了修辞表达的需要而采用的一种临时性的手法。从古代汉语的角度来说,形容词"绿"在此活用为动词。

二、动词的活用——使动用法

动词的活用只有一种,就是使动用法。所谓使动用法,是指主语所代表的人物并不施行谓语动词所表示的动作,而是使宾语所代表的人或事物施行这个动作,具有"使宾语怎么样"的意思。

"故远人不服,则修文德以来之,既来之,则安之。"——前后的"来"都是谓语动词,但这个动作并不是主语("有国有家者")所发出的,而是主语使宾语("远人")施行"来"的行为。即"使……来"的意思。这就是使动用法。

使动用法的含义是"主语使宾语怎么样",因此,使动用法的句子从理论上说必须有宾语,有时宾语省略不出现,但是可以补出。

三、形容词的活用

形容词的活用主要有以下三种情况:

(1) 形容词用作一般动词。其特点是形容词从原先的描写主语变成叙述主语,并往往带有宾语。例如,"楚左尹项伯者,素善留侯张良。"——"善"本为形容词,但在这里带上了宾语"张良",意思是与……友善(友好)。也已经活用为一般动词。

(2) 形容词的使动用法。其特点是主语使形容词所带的宾语具有该形容词所表示的性质或状态。例如,"是以君子远庖厨也。"——"远"为形容词的使动用法,即"使庖厨远(离得远远的)"。

以上例子,都是主语使形容词所带的宾语具有该形容词所表示的性质或状态。

(3) 形容词的意动用法。其特点是:主语主观上认为形容词后面的宾语带有该形容词所表示的性质或状态。例如,"甘其食,美其服,安其居,乐其俗。"——"甘"、"美"、"安"、"乐"都是形容词的意动用法,即认为他们的食物香甜,认为他们的服饰漂亮,认为他们的住处安适,认为他们的习俗快乐。

四、名词的活用

名词的活用主要有以下三种情况:

(1) 名词用作一般动词,例如,"楚以故不能过荥阳而西。"——"西"本为方位名词,活用作一般动词,意思是向西推进。

(2) 名词的使动用法,特点是名词用作谓语动词,使它的宾语成为该名词所代表的人或事物,或发生与该名词有关的动作行为。例如:

① "今欲并天下,凌万乘,诎敌国,制海内,子元元,臣诸侯,非兵不可。"——

"子"、"臣"均为名词用作使动,使……成为子女,使……成为臣子。

② "然得而腊之以为饵,可以已大风、挛踠、瘘、疠。"——"腊(xī,小动物的整体干肉)之"的"腊",在这里活用为使动用法,即"使之成为腊"(把蛇制成肉干)。

(3) 名词的意动用法,特点是:主语把宾语所代表的人或事物,看成是充当谓语动词的名词所表示的人或事物,即"认为宾语是……"。

"孟尝君客我。"——"客"为名词用作意动,即把我当做贵客。

例子中是主语把宾语所代表的人或事物,看成是充当谓语动词的名词所表示的人或事物,即"认为宾语是……"。

第六节 古代汉语特殊句式

古代汉语中常见的几种特殊句式主要有:判断句式、被动句式、倒装句式、省略句式、疑问句式、否定句式等。

一、判断句式

文言文判断句最显著的特点就是基本上不用判断词"是"来表示,而往往让名词或名词性短语直接充当谓语,对主语进行判断,其句式有如下几种表示法:

(1) "……者,……也。"这是文言判断句最常见的形式。主语后用"者",表示提顿,有舒缓语气的作用,谓语后用"也"结句,对主语加以肯定的判断或解说。例如,"陈涉者,阳城人也。"(《史记·陈涉世家》)

(2) "……,……也。"判断句中,有时"者"和"也"不一定同时出现,一般省略"者",只用"也"表判断。例如,"操虽托名汉相,其实汉贼也。"(《资治通鉴》)

(3) "……者,……。"有的判断句,只在主语后用"者"表示提顿,这种情况不常见。如:"四人者,庐陵萧君圭君玉,长乐王回深父,余弟安国平父,安上纯父。"(王安石《游褒禅山记》)

(4) "……者也。"在句末连用语气词"者也",表示加强肯定语气,这时的"者"不表示提顿,只起称代作用。这种判断句,在文言文中也比较常见。例如,"城北徐公,齐国之美丽者也。"(《战国策·齐策》)

无标志判断句,文言文中的判断句有的没有任何标志,直接由名词对名词作出判断。例如,"刘备天下枭雄。"(《赤壁之战》)另外,在文言文中有时为了加强判断的语气,往往在动词谓语前加副词"乃"、"必"、"亦"、"即"、"诚"、"皆"、"则"等。

需要注意的是,判断句中谓语前出现的"是"一般都不是判断词,而是指示代词,作判断句的主语,而有些判断句中的"是"也并非都不表示判断,"是"在先秦古汉语中很少作判断词,在汉以后作判断词则多起来。还有,肯定判断谓语前加的副词和否定判断谓语前加的否定副词"非",都不是判断词。

二、被动句式

文言文中,被动句的主语是谓语动词所表示的行为被动者,受事者,而不是主动者,施事者。在古汉语中,被动句主要有两大类型:一是有标志的被动句,即借助一些被动词来表示;二是无标志的被动句,又叫意念被动句。

有标志的被动句,大体有以下几种形式:

(1) 动词后用介词"于"表被动,"于"起介绍引进动作行为的主动者的作用。例如,"故内惑于郑袖,外欺于张仪。"(《史记·屈原列传》)这里"惑"、"欺"的动作是由"于"后的"郑袖"、"张仪"发出来的。

(2) 有时也在介词"于"或动词前加"受",形成"受……于……"的形式表被动。例如,"吾不能举全吴之地,十万之众,受制于人。"(《资治通鉴》)

(3) 用"见"、"于","见……于……"表被动。例如,"秦城恐不可得,徒见欺。"(《史记·廉颇蔺相如列传》)"臣诚恐见欺于王而负赵。"(同上)"暴见于王。"(《孟子·梁惠王下》)

(4) "见"有一种特殊用法和表被动的"见"的形式很相近,例如,"冀君实或见怒也。"(《答司马谏议书》)这里的"见"不表被动,它是放于动词前,表示对自己怎么样的客气说法,像现代汉语中的"见谅"等为此种用法。用"为"、"为……所……"表被动,如"(巨)偏在远郡,行将为人所并。"(《资治通鉴》)

(5) 用"被"表被动。例如,"予犹记周公之被逮,在丁卯三月之望。"(张溥《五人墓碑记》)

无标志的被动句,这种情况是指没有被动词的被动句。例如,"荆州之民附操者,逼兵势耳。"(《资治通鉴》)这里的"逼兵势"是"被兵势所逼"的意思。

三、倒装句式

现代汉语的句子成分的顺序,一般为"主—谓—宾"、"定(状)—中心词",但在文言文中,在一定条件下,句子成分的顺序会发生变化的,这就是古汉语中的所谓倒装句,即指文言文中一些句子成分的顺序出现了前后颠倒的情况。主要有以下几种倒装形式:

1. 主谓倒装(谓语前置或主语后置)

古汉语中,谓语的位置也和现代汉语中一样,一般放在主语之后,但有时为了强调和突出谓语的意义,在一些疑问句或感叹句中,就把谓语提前到主语前面。如:"甚矣,汝之不惠!"(《愚公移山》)实际上是"汝之不惠甚矣!"

2. 宾语前置

文言文中,动词或介词的宾语,一般置于动词或介词之后,但在一定条件下,宾

语会前置,其条件是:

第一,疑问句中,疑问代词作宾语,宾语前置。这类句子,介词的宾语也是前置的。如"沛公安在?"(《史记·项羽本记》)这种类型的句子关键是作宾语的疑问代词(像"谁"、"何"、"奚"、"曷"、"胡"、"恶"、"安"、"焉"等)。

值得注意的是,介词"以"的宾语比较活跃,即使不是疑问代词,也可以前置。如"余是以记之,以俟观人风者得焉。"(柳宗元《捕蛇者说》)其中的"是"是一般代词,但也前置了。

第二,文言否定句中,代词作宾语,宾语前置。这类句子有两点要注意,一是否定句(一般句中必须有"不"、"未"、"毋"、"无"、"莫"等否定词);二是代词作宾语。如"时人莫之许也。"(陈寿《三国志·诸葛亮传》)正常语序应该是"时人莫许之也。"

第三,用"之"或"是"把宾语提前到动词前,以突出强调宾语。这时的"之"只是宾语前置的标志,没有什么实在意义。如"句读之不知,惑之不解。"(韩愈《师说》)有时,还可以在前置的宾语前加上一个范围副词"唯",构成"唯……是……"的格式,如"唯利是图"、"唯命是从"等。

第四,介词宾语前置的情况除了第一种情况外,还有一种情况,就是方位词、时间词作宾语时,有时也前置,例如"业文南向坐"(《史记·项羽本记》)意思是"业文面向南坐"。

3. 定语后置

文言文中,定语的位置一般也在中心词前边,但有时为了突出中心词的地位,强调定语所表现的内容,或使语气流畅,往往把定语放在中心词之后,并用"者"结句,形成"中心词+后置定语+者"或"中心词+之+后置定语+者"的形式。如"求人可使报秦者,未得。"(《史记·廉颇蔺相如列传》)以及"石之铿然有声者,所在皆是也。"(苏轼《石钟山记》)等。应注意的是,文言文中定语后置只限于表示修饰关系的句子,表领属关系的定语则不后置。

4. 介词结构作状语后置

介词结构即介宾短语,文言文中常见的是用"以"、"于"组成的介宾短语,作状语后置有以下几种情况:

第一,用介词"于"组成的介宾短语在文言文中大都处在补语的位置,译成现代汉语时,除少数仍作补语外,大多数都要移到动词前作状语。如"青,取之于蓝,而胜于蓝。"(荀子《劝学》)两个"于蓝"在翻译时,都要放在动词前作状语。

第二,介词"以"组成的介宾短语,在今译时,一般都作状语。如"具告以事。"(《史记·项羽本记》)即"以事具告。"这种句子往往是承前省略了动词宾语,实际就是"以事具告(之)。"

还有一种情况要注意,介词"乎"组成的介宾短语在补语位置时,在翻译时,可视情况而定其成分。如"生乎吾前,其闻道也固先乎吾。"(韩愈《师说》)句子中的

"生乎吾前"既可译为"在我的前面出生",作状语,又可译为"生在我的前面",作补语,一般来说仍作补语,而"固先乎吾"的"乎吾"则一定要作状语。

四、省略句式

句子成分的省略,在文言文和现代汉语中都有,不过,文言文中的省略句更普遍。常见的有以下几种情形:

(1) 省略主语。有承前面的主语省略,有呼应下文省略,在对话中也常常省略主语。文言文中的第三称代词"之"、"其"不能作主语,这也是文言文中主语多省略的原因之一。如"自吾氏三世居是乡,积于今六十年矣,而乡邻之日蹙。殚其地之出,竭其庐之入,号呼而转徙,饥渴而顿踣,触风雨,犯寒暑,呼嘘毒疠,往往而死者相藉也。"有时一个复句或一段话中多处省略主语,这些主语并不一贯,即所指不是同一对象,在阅读和翻译时要注意。如"见渔人,乃大惊,问所从来。具答之。便要还家,设酒杀鸡作食。"(《桃花源记》)在翻译成现代汉语时,省略的主语要补充出来。

(2) 省略谓语。谓语是句子里最重要的成分,一般是不能省略的。但在特定情况下也有因承接上文、呼应下文或因对话而省略的。如"择其善者而从之,其不善者而改之。"(《论语》六则)后一分句省略了谓语"择"。在译成现代汉语时,被省略的谓语应补充出来。

(3) 省略宾语。宾语的省略有两种情况:省略动词的宾语和省略介词的宾语。如"以相如功大,拜为上卿。"(《廉颇蔺相如列传》)这句话就省略了动词谓语"拜"的宾语"之"。又如"竖子不足与谋!"(《鸿门宴》)这句话中省略了介词"与"的宾语"之"。在文言文中,介词"以"、"为"、"与"的宾语"之"往往承上文省略。在译成现代汉语时,省略了的动词宾语或介词宾语要补充出来。

(4) 省略介词。在文言文中,介词"于"和"以"常被省略。如"后数日驿至,果地震陇西。"(《张衡传》)句中省略了介词"于"。又如"赐之彘肩。"(《鸿门宴》)句中省略了介词"以"。译为现代汉语时,省略了的介词也要补充出来。

第四章　现代汉语

第一节　语　音

一、语音的性质

什么是语音？语音是由人的发音器官发出来的具有一定意义的声音。自然界的风声、雨声都不是由人的发音器官发出来的，所以不是语音；气喘声、打喷嚏声虽然是由人的发音器官发出来的，但那只是人的本能生理反应，并不具有意义，不起交际作用，所以也不是语音。语音是语言的物质外壳，语言要通过语音来传递信息进行交际。没有语音这个物质外壳，意义无法传递，语言也就不能成为交际工具。

二、语音的基本概念

（一）音素和元音、辅音

音素是最小的语音单位，它是从音色的角度划分出来的。例如，汉语里的 a、i、u 都是音素。一种语言的语音系统大都是由几十个不同的音素组成的。

音素分为元音和辅音两大类，元音如 a、o、e、i、u，辅音如 b、p、d、t、g、k、s、r。

（二）音节

音节是听觉上最容易分辨出来的语音单位，如"美术"是两个音节，"红领巾"是三个音节，"按部就班"是四个音节。汉语音节和汉字基本上是一对一，一个汉字也就是一个音节。只有少数例外，如"草儿、盆儿"都写成两个汉字，可是读成一个音节 cǎor、pénr。汉语音节从构成上说可以分为声母、韵母和声调三个部分，其中韵母部分最复杂。一个韵母最少有一个音素，最多有三个音素。在由三个音素构成的韵母中，中间发音最响亮的音素叫韵腹；韵腹前面的音素叫韵头，也叫介音；韵腹后面的音素叫韵尾。韵腹是韵母中不可缺少的成分，韵头和韵尾可以都有，也可以都没有，也可以只有其中的一个。普通话的音节有以下几个特点：

（1）每个音节都有声母、韵母和声调三个部分。

（2）声母有 22 个，其中 21 个是辅音声母，1 个是零声母。

(3) 韵母有 38 个,其中 9 个是单韵母,13 个是复韵母,16 个是鼻韵母。

(4) 韵母有韵头、韵腹和韵尾三个部分,其中韵腹是不可缺少的。可以做韵腹的有 9 个元音,就是 a、o、e、i、u、ü、-i(前)、-i(后)、er;可以做韵头的有三个元音,就是 i、u 和 ü;可以做韵尾的有两个元音 i、u(包括 o)和两个辅音 n 和 ng。

(5) 有 4 个声调,就是阴平、阳平、上声和去声。

(三) 声母、韵母、声调

汉语音韵学的传统办法是把一个音节分为声母、韵母和声调三个部分。

声母指音节开头的辅音,普通话中有 21 个辅音声母,即:b、p、m、f、d、t、n、l、g、k、h、j、q、x、zh、ch、sh、r、z、c、s。

韵母指音节里声母后面的部分。韵母主要由元音构成,有些韵母里除了元音之外还有辅音。普通话韵母里的辅音只有 n 和 ng 两个鼻辅音。普通话有 38 个韵母,a、o、e、i、u、ü、-i、-i、er、ai、ei、ao、ou、ia、ie、ua、uo、üe、iao、iou、uai、uei、an、ian、uan、üan、en、in、uen、ün、ang、iang、uang、eng、ing、ueng、ong、iong。例如 lè(乐)的声母是 l,韵母是 e;jiù(就)的声母是 j,韵母是 iu;fǎng(仿)的声母是 f,韵母是 ang。

声调指整个音节的高低升降的变化。普通话里"圈"(quān)、"全"(quán)、"犬"(quǎn)、"劝"(quàn)这四个音节的声母和韵母都相同,只是声调不同,表示的意思也就不同。汉语的声调可以区分意义。普通话里"山西"(shānxī)和"陕西"(shǎnxī)的不同,"主人"(zhǔrén)和"主任"(zhǔrèn)的不同,就是由于声调的不同。普通话有四种基本调值,可以归并为四个调类。根据古今调类演变的对应关系,定名为阴平、阳平、上声和去声。

(1) 阴平。例如,妈、督、加、先、通。

(2) 阳平。例如,麻、毒、荚、贤、铜。

(3) 上声。例如,马、赌、甲、显、桶。

(4) 去声。例如,骂、度、价、县、痛。

零声母:

除了以上说的 21 个辅音声母外,普通话还有一些音节不用辅音声母开头,例如 ā(啊)、é(鹅)、āo(熬)、ōu(欧)、āng(昂)等。这样的音节没有声母,可是语言学家从语音的系统性考虑认为它们有声母,不过不是辅音声母,而是特殊的声母,叫做零声母。

【思考题】

1. 什么是语音?为什么说语音是语言的物质外壳?

2. 举例说明什么是音素?

3. 元音和辅音的主要区别是什么?
4. 举例说明什么是音节?什么是声母?什么是韵母?什么是声调?
5. 说明元音、辅音和声母、韵母的关系?

第二节 词 汇

一、基本概念

(一) 什么是词

词,从词汇的角度说,可以定义为"有意义的能独立运用的最小的语言单位"。例如,"我喜欢吃葡萄。"这是一个句子,它就是由"我"、"喜欢"、"吃"、"葡萄"四个词组成的。这四个词各自都表示一定的意义,都能分别和其他的词组成另外的句子。

(二) 什么是语素

语素是最小的声音和意义的结合体,是最小的有意义的语言单位。它和词的主要区别在于语素不能独立运用。以前面所举的"葡萄"为例,如果分开成为"葡"和"萄",各自也都有一定的意义,但是不能自由运用,在一般情况下不能单说,不能独立地用来组成句子。这就是说,词和语素虽然都是有意义的语言单位,但词是造句的单位,而语素是构词的单位。

(三) 什么是词汇

顾名思义,词汇是词的总汇,是一种语言里所使用的词的总称。现代汉语词汇基本成分是词,也包括其性质作用大致相当于词的熟语,如成语、谚语、歇后语、惯用语等。

汉语是高度发达的语言,词汇极其丰富。《汉语大词典》所收词语达 37 万条。《现代汉语词典》是以记录普通话词语为主的中型词典,所收词语也有 5 万余条。我们应该努力掌握更多的词语,不断提高自己的语言表达能力。

二、构词法

构词法指用语素构成词的方法。区分汉语的构词类型,一般先区分单纯词和合成词,合成词再区分派生词和复合词,复合词再区分为偏正、动宾、后补、联合、主谓等类型。

语素可以分为自由语素和粘着语素两大类,从构词角度讲,自由语素可以单独成词,粘着语素不能单独成词,但可以跟别的语素结合成词。构词的成分可以分为词根和词缀。词根是词语结构体的基本构成部分,意义比较实在。词缀是词语结构体的附加成分,没有具体的意义。

(一) 单纯词

单纯词指只有一个语素构成的词。按音节可以分为"单音节单纯词/多音节单纯词",汉语中的一个语素往往就是一个音节,因此,单音节词就都是单纯词,例如,书、笔、走、说、美、长、不、从、于。

重点来看多音节单纯词,它可以分为以下几种。

(1) 连绵词:是指从古代汉语中流传下来,单个音节没有意义的双音节词。
- 双声:蜘蛛、琵琶、秋千、流连、玲珑、璀璨、含糊、忧郁。
- 叠韵:唠叨、怂恿、彷徨、罗嗦、傀儡、螳螂、腼腆、徘徊。
- 双声兼叠韵:丁当、辗转、孑孓、乒乓。
- 非双声非叠韵:妯娌、玛瑙、芙蓉、蝴蝶、蝙蝠。
- 叠音:猩猩、娓娓、潺潺、隆隆。

(2) 音译词:直接从外语用音译的方式引进的外来词。
- 全部音译:克隆、咖啡、葡萄、沙发。
- 部分音译部分意译:啤酒、卡车、酒吧、冰淇淋。
- 音译兼意译:幽默、引擎、香波、基因。
- 借音借形词:OK(行)、WTO(世界贸易组织)、UFO(不明飞行物)。

(3) 口语词:群众习用,不能拆开来使用的双音节口语词。
- 嘀咕、溜达、蘑菇、尴尬、吩咐

(二) 重叠词:指词根重叠而成的词

1. AA 式

爸爸、妈妈、姐姐、叔叔、宝宝、星星、仅仅、常常、明明、偏偏、渐渐、恰恰

2. AABB 式

大大咧咧、形形色色、花花绿绿、密密麻麻、轰轰烈烈

(三) 派生词

派生词指由词根和词缀组合而成的词。

词缀在构词时,一般是有固定位置的,根据出现的位置,分为前缀、中缀和后缀。前缀不能后置,后缀不能前加。这一点有时是判断一个语素是不是词缀的一个条件,如"老"是前缀,出现在后面位置上的"老"则一般不是词缀,如"长老"、"阔老"。

(1) 前缀+词根:老王、老三、老师、老虎、阿姨、阿哥。

（2）后缀＋词根：椅子、柱子、花儿、本儿、石头、木头。

（3）词根＋中缀＋词根：土里土气、古里古怪、吊儿郎当。

（四）复合词

指由词根和词根组合而成的词。

1. 联合式

语素之间不分主次，平等地联合在一起表示一个完整的意思。例如，海洋、朋友、贸易、雷霆、贯穿、得失、甘苦、早晚、方圆、深浅、江山、领袖、唇齿、兄弟、动静、忘记、好歹、睡觉。

2. 偏正式

前一个词根修饰、限制后一个词根，整个词义以后一个词根为主，前一个为辅，分为两类。

（1）名词性的：火车、壁画、苏绣、晚会、外科。

（2）谓词性的：热爱、狂欢、朗读、美观、难听。

3. 述宾式

前后词根之间是支配和被支配的关系，前一个语素表示动作、行为，后一个语素表示动作、行为支配的对象，例如，出席、得罪、革命、司令、顶针、知己、化石。

4. 述补式

后面一个词根作为一种结果状态补充说明前面一个动词性词根，例如，扩大、降低、削弱、揭露、提高、打倒、放大。

5. 主谓式

前后词根是陈述和被陈述的关系，例如，面熟、雪崩、耳鸣、眼花、年轻、霜降、肉麻。

6. 量补式

后面一个词根作为计量单位补充说明前面一个名词性词根，例如，书本、人口、花朵、纸张、物件、枪支、钢锭。

三、熟语

熟语是习用的定型词组，是词汇的重要组成部分。熟语内容丰富，形式精练，富有表现力，为人们喜闻乐道。从结构上看，它是词组，但作用相当于词。熟语主要包括成语、谚语、歇后语、惯用语等。

（一）成语

成语是一种简练精美的固定词组，它是在社会演进和语言发展的过程中形成的，是人们长期语言实践的认识结晶，是我们民族语言宝库中的精华。

成语的特点

(1) 意义的整体性。成语和一般的词组不同,它的意义不是各个词的词义的简单相加,而是由各个词所融合成的一个含意深刻的整体。例如"痴人说梦",从字面看,是傻子说自己做的梦,实际上是讽刺人凭着妄想,说根本办不到的话。再如"问道于盲",从字面看,是向瞎子问路,实际上是比喻向根本不懂的人请教,不能解决问题。

(2) 结构的凝固性。成语的整个结构是定型凝固的,一般不能任意变动词的位置,更换或增减其中的成分。例如"见仁见智",不能说成"见智见仁";"惊涛骇浪",不能说成"狂涛骇浪";"开源节流",不能说成"开源并节流";"侃侃而谈",不能说成"侃侃谈"。

(二) 谚语

谚语是在群众中口头流传的通俗而深刻的句子。它是人民群众长期生活实践的经验总结,是对自然界、人类社会客观规律的认识,凝结着集体的智慧,充满了生活的气息。谚语涉及的范围很广,内容非常丰富。如"不听老人言,吃亏在眼前"等。

(三) 歇后语

歇后语是由近似设谜和解谜两部分组成的一句话,前一部分是谜面,后一部分是谜底。平时说话,常常只说前一部分,而将后一部分藏着不说,让听话人去猜测体会,所以显得幽默风趣,歇后语的名称也正由此得来。例如,"七窍通了六窍——一窍不通",人有"七窍(两眼、两耳、两鼻孔和口)",表面上说的"六窍"怎样,实际上暗指"一窍"怎样。再如:

半天云里点灯——高明

拿着锄头刨黄连——挖苦

山水画——没人

泥佛爷的眼珠儿——动不得

僧人到了家——妙(庙)

冰糖拌黄瓜——干(甘)脆

冻豆腐——难办(拌)

何家姑娘嫁郑家——正(郑)合(何)适(氏)

(四) 惯用语

惯用语是一种意义整体化了的、短小定型的习惯用语。惯用语的意义大都由比喻而来。例如"吹鼓手",原指旧时办喜事丧事时吹奏乐器的人,现表示吹捧某人的人。又如"当耳边风",其中"耳边风"原指从耳边吹过的风,"当耳边风",表示对别人的劝告、嘱咐根本听不进去。运用惯用语可以使语言显得生动、新鲜。惯用语在结构上,多数为三音节的词组。例如,走过场、放空炮、敲边鼓、打头阵、赶浪头、翘尾巴、过电影、和稀泥。

【思考题】

1. 什么是语素?请举例说明。
2. 什么是词?请举例说明。
3. 语素和词的关系是怎样的?请举例说明。
4. 什么是单纯词?什么是合成词?请举例说明。
5. 什么是成语?请举例说明。
6. 什么是谚语?请举例说明。
7. 什么是歇后语?请举例说明。
8. 什么是惯用语?造五个带有惯用语的句子。

第三节 语 法

一、语法概述

(一) 什么是语法

语法是什么?语法是语言中组词造句的规则。

我们说话是要遵守一定的规则的,只是因为我们从小就学会了说话,现在说起来脱口而出不觉得罢了。我们在交际过程中,说话双方,实际上都是按一定的说话规则在说,在表达自己的意思;按一定的说话规则在听,在了解对方所说的话。如果有人不按说话规则说话,别人就听不懂。譬如说,"买一根香肠"、"香肠买一根",这两种说法,凡汉族人都会领会说的是什么意思,因为这两种说法都是符合汉族人说话规则的;可是,如果有人说"一买香肠根"、"根香肠买一",就让人不知所云了,因为这两种说法都不符合汉族人的说话规则。可见说话是有规则的。我们学习研究语法就是要学习、研究这种说话规则。

(二) 现代汉语语法的特点

汉语跟印欧语比较,最根本的特点是:不依赖严格的形态变化,主要借助语序、虚词等语法手段表示语法关系和语法意义。第一,现代汉语的语序很重要。比如,人咬狗狗咬人,人人为我我为人人。第二,现代汉语中虚词很重要,例如,爸爸妈妈、爸爸的妈妈,等等。

二、词类

大家在中学语文课上,在外语学习中,大概都接触过"词类"这个概念。"词类"是根据词的语法功能所划分出来的词的类别。那么为什么要给词分类呢?划分词类的依据是什么呢?对事物进行分类,分类的目的不同,所选取的分类依据也就会不一样。对于现代汉语里的词,可以根据不同的分类目的,根据不同的分类依据,进行不同的分类。例如,可以依据词的音节数目,把词分为单音节词、双音节词和多音节词;也可以依据词所包含的语素数目把词分为单纯词和合成词,等等。现在,我们是为了学习、研究语法而给词分类,所以对词进行分类时主要得依据词的语法功能,也就是词在造句中所起的作用。事实告诉我们,现代汉语里的许许多多的词,它们在造句中的作用并不都是一样的。

根据词的语法功能,可以把现代汉语中的词分为以下 15 类:

(1) 名词。从意义上看,名词都表示事物。例如,牛、书、学生、松树、友谊、现在、昆明等。

从语法功能上看,名词经常作主语、宾语,例如:

树已经长大了　　**面包**不买了　　**风格**很高

我在看**电影**　　不买**书**　　增强**信心**

也常常带定语。例如:

好**学生**　干净**屋子**　绿油油的**庄稼**　冰凉的**水**

汉语名词还有一个很重要的特点,那就是可以直接受另一个名词修饰,也可以直接修饰另一个名词,例如:

中国学生　日本啤酒　今天新闻　音乐电视

(2) 动词。从意义上看,动词表示行为动作。例如,读、修理、访问、认为、喜欢、是、成为、有、能、可以等。

从语法功能上看,动词能作谓语,例如:

我**看**　　你**吃**　　他**喝**　　她**喜欢**

能受"不"的修饰。例如:

不**看**　　不**吃**　　不**喝**　　不**喜欢**

(3) 形容词。从意义上看,形容词都表示事物的性质。例如,大、新、好、甜、干净、认真、踏实、仔细、伟大等。

从语法功能上看,形容词最大的特点是,能受"很"的修饰,而在受"很"修饰的同时不能带宾语。例如"伟大"能受"很"修饰(如"很伟大"),但不能同时带宾语,不能说"很伟大领袖",所以"伟大"是形容词。

(4) 状态词。例如,通红、雪白、红彤彤、白花花、黑咕隆咚、白不呲咧等。表面上它与形容词很像,但从所表示的意义看,形容词表示事物的性质,而这些词都表示事物的某种状态。正因为这样,所以我们把这类词称为状态词。

(5) 区别词。例如,公、母、雌、雄、男、女、急性、慢性、巨型、微型、国营等。从语法功能上看,这类词只能直接修饰名词,或加结构助词"的"形成"的"字结构。例如:

公骆驼　　母骆驼　　男厕所　　女厕所　　金项链　　私有财产
公的　　　母的　　　男的　　　女的　　　金的　　　私有的

(6) 数词。有基数词和序数词两小类。基数词表示数目的多少,如"一"、"三"、"十"等;序数词表示事物排列次序的先后。例如,第一、第二、第四、第五十六等。

(7) 量词。用来表示计量单位。在汉语中,无论说明事物的数量、行为动作的数量、时间的数量,也无论说明事物的次序先后、行为动作次序的先后、时间的次序先后,一般都不能只用一个数词来表示,一定得用上一个表示数量单位的词,例如,个、条、件、双、堆、公尺、公里、公斤、点儿、些、次、天等。

(8) 代词。具有指代功能。汉语代词按指代意义的不同可以分为人称代词、指示代词和疑问代词三小类。例如,我、你、他、我们、你们、他们、这、那、这样、谁、什么等。

(9) 副词。例如,很、更、就、才、也、都、只、不、已经、刚刚、简直等。在语法功能上,副词是只能作状语的词。例如"已经",它在句子里只能作状语(如"已经上课了"、"已经放假了"),不能作别的句法成分。

(10) 介词。例如,把、被、往、从、以、向、自从、对于、关于、按照、本着等。在语法功能上,介词都不能单说,也不能单独作主语、谓语等句法成分,它后面总得跟上一个别的成分(大多是名词性成分),组成一个介词结构,例如"把书"、"被他"、"从北京"、"对你"等。

(11) 连词。是用来连接词、词组或句子的一类词。例如,和、并、而、或、不但、而且、虽然、但是、因为、所以等。

(12) 助词。附在词或词组后面表示一定的结构关系或附加意义的一类词。助词可以分为动态助词、结构助词和数量助词三小类。例如,了、着、过、的、等等、似的等。

(13) 语气词。主要用在句尾,表示某种语气。例如,啊、吗、吧、呢、了、罢了等。

(14) 叹词。主要用于句首,表示某种语气。例如,啊、噢、唉、哦、哼、呸、嗯、啊呀等。

(15) 拟声词。主要是摹拟某种声音。例如,啦、嗞、叮当、当啷啷、叮吟吟吟等。

为语法研究的需要,一般将这15类词归并为三大类:

(1) 实词,包括名词、动词、形容词、状态词、区别词、数词、量词,以及代词。从语法上说,实词的主要特点是在造句中能充任主要句法成分,如主语、谓语、述语、中心语等。

(2) 虚词,包括副词、介词、连词、助词、语气词。虚词,除了在意义上比较虚灵,只表示抽象的语法意义,起某种语法作用外,有一个很大的特点,那就是在造句中不能充任主要的句法成分。

(3) 特类词,包括叹词和拟声词。特类词在语法学习和研究中相对说来不如实词和虚词重要。

三、句子

句子是语言里最大的语法单位;但从表述的角度说,句子又是最基本的表述单位,因为只有句子才能表达一个相对完整的意思。

(一) 句子的语气

句子可以理解为语言中伴有一定句调、表示相对完整意义的语言成分。一句话完了,有一个较大的停顿,书面上用句号"。"、问号"?"或感叹号"!"来表示。例如:

他们都去北京。

你先来吧。

你想喝点儿什么?

狼来啦!

从用途上看,或者说从表达上看,句子可以根据所表达的内容和语气分为陈述句、疑问句、祈使句、感叹句四类。

(1) 陈述句。陈述句的作用是报道一件事实。例如:

老师在上课。

我姐姐已经嫁人了。

陈述句表示陈述语气,句调是一个降调。在书面上陈述句末尾都用句号。

(2) 祈使句。祈使句是用来对听话人表示某种请求、商量、命令、劝阻或警告等意思的句子。例如:

你明天来一趟吧。

站起来!

不准吸烟!

祈使句表示祈使语气,句调有的是一个降调,有的是一个急促的高降调。在书面上祈使句末尾或用句号或用叹号。

(3) 疑问句。疑问句的作用是提出问题。在书面上,疑问句末尾都用问号。

他们在上课？

今年是新中国成立六十周年？

不准抽烟？

（4）感叹句。感叹句用来抒发某种强烈的感情（如喜悦、愤怒、惊讶或悲哀等）。表示喜悦、愤怒、惊讶的感叹句一般用高而平的句调，表示悲哀的感叹句一般用低而趋降的句调。书面上感叹句末尾多用感叹号。例如：

这衣服多漂亮啊！

你给我滚！

敬爱的周爷爷，您安息吧！

（二）句子的结构

从句法成分上来划分句子的结构，句子通常由主语、谓语、宾语、定语、状语和补语构成。

1. 主语和谓语

主语是被陈述的部分，谓语是对主语陈述的部分。它们的次序通常是主语在前，谓语在后，前后有被陈述和陈述的关系。例如：

学生学习　　前途光明　　今天周末

2. 述语和宾语

述语是支配、关涉的部分，宾语是被支配、被关涉的部分。它们的次序通常是述语在前，宾语在后，前后有支配和被支配的关系。例如：

吃面包　　打篮球

3. 述语和补语

述语是主要部分，补语是从不同的方面对前面的述语作某些补充说明。它们的次序通常是述语在前，补语在后，前后有补充和被补充的关系。例如：

吃得好　　打不烂

4. 定语和中心语

定语是修饰部分，中心语是被修饰部分。它们的次序通常是定语在前，中心语在后，前后有修饰和被修饰的关系。例如：

甜面包　　跳动的篮球

5. 状语和中心语

状语是修饰部分，中心语是被修饰部分。它们的次序通常是状语在前，中心语在后，前后有修饰和被修饰的关系。例如：

很甜　　激烈地跳动

（三）复句

由两个或两个以上的单句按某种逻辑联系组合在一起，这样形成的句子就称为"复句"。请先看两个例句：

(1) 今天小王病了。

(2) 他不能来上班了。

(1)和(2)都是主谓句，它们都是单句。如果把它们按因果关系组合在一起，成为：

(3) 今天小王病了，他不能来上班了。

(3)就是一个复句了。一般将其中的"今天小王病了"和"他不能来上班了"称为"分句"。

这里需要说明的是，我们说复句是由单句组合成的，这只是一种方便的说法，是为了让大家容易理解。从道理上说，复句本身是一个句子，组成复句的"单句"（分句）既然只是复句的一部分，那么它本身就不能再叫做"单句"。

根据分句间的逻辑联系，或者说意义上的联系，复句可以分成联合复句和主从复句两大类。联合复句的各个分句地位平等，主从复句的分句有主要和次要的分别。试比较：

(1) 中国的首都是北京，英国的首都是伦敦。

(2) 你去北京，我就去天津。

(1)的两个分句地位平等，不分主次，是联合复句。(2)前一个分句说明假设条件，分句意思相当于"如果你去北京"；后一个分句是根据前一分句的假设条件所作出的决断，是全句真正意义所在。前一个分句是从句，后一个分句是主句，整个复句是主从复句。

上面在介绍各类联合复句也好，主从复句也好，所举的例子一般都只包含两个分句。一个复句如果包含三个或三个以上的分句，而且这些分句不在同一个构造层面上，这样的复句就称为多重复句。例如：

①江水很深，②水流又急，③只身游过去是很危险的。

    ____1____   ____2____ 1—2 因果关系

__3__ __4__ 3—4 并列关系

【思考题】

1. 什么叫语法？为什么需要学语法？
2. 什么叫语素？语素的特点是什么？试举例说明。
3. 为什么要划分词类？划分词类的主要依据是什么？
4. 什么叫定语？什么叫状语？
5. 什么是句子？
6. 什么叫层次分析法？
7. 同单句比较，复句有哪些特点？

第四节 修 辞

什么是修辞？修辞就是依据题旨情境,运用各种表现手法,提高语言表达效果的一种活动。同样一个意思可以有不同的语言表达形式,是否讲求修辞,效果是大不一样的。语言包含语音、词汇、语法三个要素。语音学、词汇学、语法学是分别以语言的有关组成部分为研究对象的。修辞学和这三者不同,它所研究的是如何根据语言各个要素的构成、特点、规律、规则等,来提高表达的效果。有时话语修辞手段的运用,跟对应的某一语言要素直接有关。例如语言的声律美和语音有关,词语、句式的精美适当,和词汇、语法有关。有时话语修辞手段的运用,甚至会同时涉及以上几个方面。所以,我们要学好修辞,一定要学好语音、词汇、语法等有关知识,这样才有牢固的基础。试比较以下两句话:

(1) 禁止践踏草地
(2) 足下留青

这是我们在公园里常见到的,恐怕谁都认为(2)比(1)好。为什么？(1)是命令、训诫的语气,使人反感;(2)是祈使、劝导的语气,显得有礼貌。不仅两个句子所表现出的对人的态度不同,而且(2)的语言艺术含量也更高。我们知道,四个字的语音段落是中国人民所喜闻乐道的一种格式,而这一点又是和汉语孤立语的特点分不开的:一个字一个音节;可以是一个独立运用的词;很少形态变化,不至入句后引起音节数量的变化。"青"本是形容词,这里灵活运用表示名词性词组"青青的草坪"。"足下留青"还是根据人们所熟悉的习用语"手下留情"的仿造,"留青"、"留情"谐音双关,新巧而含蓄。(2)表达效果好,是综合利用汉语语言要素的特点,精心组词造句的结果。

修辞方式又称修辞格。它是人们在长期的语言交际过程中,在本民族语言特点的基础上,为提高语言表达效果而形成的格式化的方法、手段。修辞方式共有多少种？陈望道先生在《修辞学发凡》里列举了 38 种。此后学者又一再补充。这里只讲一些常用的修辞方式。

一、比喻

比喻是人们运用最广泛的修辞方式之一。比喻,就是通常所说的打比方。战国时期的思想家墨翟说:"辟也者,举也物而以明之也。"辟,譬喻;也物,他物。意思是譬喻是以他物来说明此物,讲得简洁而中肯。比喻,就是通过联想,使人们从一种熟悉的事物或道理,去感受、认识另一种事物或道理,从而便于理解。比喻包含被比喻的事物和用来作比喻的事物两个部分,前者称为本体,后者称为喻体。主体和喻体必须是互不相同的事物,但又有某些共同的属性或特征,这样才能构成比喻。

根据本体和喻体之间的关系,比喻可以分为几种不同的类型,主要有:

1. 明喻

本体和喻体都在句中出现,二者常用"像、好像、比如、似的"等词语明确地显示出比喻关系。明喻在比喻中用得很广泛,效果也显豁。例如:

(1) ……每一个字,都好似一颗钉子,颗颗钉在人们的心上。(《为了六十一个阶级弟兄》)

(2) 所谓韧,就是不要像前清做八股文的"敲门砖"似的办法。(鲁迅《对左翼作家联盟的意见》)

2. 暗喻

暗喻又称隐喻。主体和喻体也都在句中出现,但不明确表示是在打比方,而是用"是(为)、就是、成、变成"等词语来显示两者的关系。如果说明喻本体和喻体是相类关系,那么暗喻则是相合关系,暗喻比明喻形式上显得更紧凑,内容上也更密切。例如:

(1) 失败乃成功之母。

(2) 知识就是力量。

3. 借喻

本体不出现。它不用"像"、"是"一类词语,干脆把用来打比方的事物当作被比方的事物来说,即以喻体直接代替本体。比起明喻、暗喻来,借喻的本体和喻体关系最紧密,表达深厚而含蓄。例如:

三个臭皮匠,赛过诸葛亮。

"诸葛亮"代替了"聪明的人"。

二、借代

借代就是不直接把所要说的事物名称说出来,而用跟它有关系的另一种事物名称代替它。被代替的事物称本体,用来代替的事物称借体。我国古代的文学作品中,借代用得很多。例如,"皓首"代老人,"红颜"代少女,"长缨"代贵人,"短褐"代贫苦人,"管弦"代音乐,"杜康"代酒,等等。现代用得更为广泛。

借代的方式:

(1) 以部分代全体,例如:

不拿群众一针一线,群众对我拥护又喜欢。(红军歌曲《三大纪律 八项注意》)

"一针一线"原本指某种东西,这里指一般的东西。

(2) 以专称代通称,例如:

你们杀死一个李公朴,会有千万个李公朴站起来。(闻一多《最后一次的讲演》)

后一个的"李公朴"替代不怕牺牲,为争取民族独立而战斗的人们。

(3) 以特征代本体,例如:

"没有,——我想笑嘻嘻的,原也不像……"花白胡子便取消了自己的话。(鲁迅《药》)

"花白胡子"是用人的外部特征代替了茶客。

(4) 以具体代抽象,例如:

搞好菜园子　丰富菜篮子(《北京晚报》)

"菜园子"指副食品生产基地,"菜篮子"指居民能购买到的副食品品种。

三、比拟

比拟是把一个事物当作另一个事物来描绘、说明。人们长期传诵的一些古典诗词名句,就是运用了比拟手法。例如"羌笛何须怨杨柳,春风不度玉门关。"([唐]王之涣《凉州词二首》之一)诗人把《折杨柳》曲调的羌笛之声人格化,巧妙地说它也在"怨杨柳",从而深刻地表现了玉门关外的荒寒和边远征夫的离恨。

比拟的类型:

1. 拟人

把物当作人来描述叫拟人。拟人手法让物具有人的思想情感、动作神态,例如:

(1) 硬币正悄然"退休"(《文摘报》)

(2) 浙江重新审定茶叶品牌　名茶不搞终身制(《每日电讯》)

2. 拟物

把人当作物或者把某物当作其他物来描述叫拟物。它可以使描述具有新的寓意和色彩。例如:

(1) 身长翅膀脚生云,再回延安看母亲。(贺敬之《回延安》)

(2) 我们到了一个地方,就要同那里的人民结合起来,在人民中间生根、开花。(毛泽东《关于重庆谈判》)

四、夸张

夸张是出于表情达意的需要,对描述的客观事物故意"言过其实",加以夸大或缩小。夸张是我国古典诗文中常用的修辞方式,例如,"北冥(通"溟",海)有鱼,其名为鲲(传说中的大鱼),鲲之大不知其几千里也。化而为鸟,其名为鹏(传说中的大鸟)。鹏之背不知其几千里也,怒(奋发的样子)而飞,其翼若垂天(挂在天空)之云。"(庄子《逍遥游》)"白发三千丈,缘(因)愁似个(这般)长?不知明镜里,何处得秋霜(像秋霜一样)!"(李白《秋浦歌十七首》之十五)民谚中也很多,夸张的事物虽然不是生活真实,却源于生活真实,超出生活真实,能提高语言表达的力度,取得突出的修辞效果。

夸张的类型包括以下三类。

(1) 扩大夸张,即把事物的某种属性加以放大。例如:

崔二爷气得像疯狗,狂呼乱叫一跳三尺高。(李季《王贵与李香香》)

(2) 缩小夸张,即把事物的某种属性加以缩小。例如:

小王没念过书,在部队里学习了八个来月,现在呢？他说:"能识半拉字了。"(周立波《暴风骤雨》)

(3) 超前夸张,即把后出现的或同时出现的事说成是先出现的事。例如:

他酒没沾唇,心早就热了。(郑直《激战无名川》)

五、双关

双关是借助于语境的特定条件,故意让语句表面上说的是一层意思,实际上说的是另一层意思,即所谓言在此而意在彼。后一层意思往往是主要的。

古代的文学作品,尤其是诗歌中常运用这一手法。刘禹锡的《竹枝词》一直为人们所传诵:"杨柳青青江水平,闻郎江上唱歌声。东边日出西边雨,道是无晴还有晴。"其中"晴"暗指"情",双关。

双关的类型:

(1) 语义双关。例如:

我从昆明到重庆是飞的。人们总羡慕海阔天空,以为一片茫茫,无边无界,必然大有可观。因此以为坐海船坐飞机是"不亦快哉"！(朱自清《飞》)

例句中"不亦快哉"的"快"原来是痛快、高兴的意思,这里指速度快。

(2) 谐音双关。例如:

我失骄杨君失柳,杨柳轻飏直上重霄九。(毛泽东《蝶恋花·答李淑一》)

六、仿词

仿词是更换现成词语中的某个成分,使之成为一个临时性的新词语。仿词这一修辞方式的运用有日益增多的趋势。

仿词的类型:

(1) 相类仿词,即临时仿造的词语和原有词语的某个成分在意义上类似或有关。例如:

① 高考落榜不落志 回乡务农作贡献(《光明日报》)

②"民意测验"岂能"名义测验"(《工人日报》)

(2) 相反仿词,即临时仿造的词语和原有词语的某个成分在意义上相反或相对。例如:

"对嘛,文化革命就是改造人的大革命。那几年,我不就被改造成家庭妇男了

吗？不信,你们问文婷,我什么不干？什么不会?"(谌容《人到中年》)

七、对偶

用一对字数相等、结构相同或相似的短语或句子对称组合起来表意的辞格叫对偶。它是最具有汉民族特色的一种修辞方式,可以从意义上分为正对、反对和串对(流水对),分别表现事物间的相同相近、相反相对或互相关联的关系。对偶语言凝炼,结构对称,极富表现力。例如：

脉搏中有马蹄的撞响,血液中有烽火的摇曳。(章德益《我应该是一角大西北的土地》)

八、排比

由三个或三个以上的意义相关、语气一致、结构相同或相似、音节数相同或相近的一串词、短语或句子(分句)连用表意的辞格叫排比。

排比的修辞效果在于它最突出的作用是使话语结构整齐匀称,语势贯通酣畅。例如：

喝！好大一个金盆似的月亮！庄严、肃穆、悠闲、喜悦、安静、慈祥,金光华贵,无法形容！对着西方正在消逝的斜晖微笑,对着大海微笑,对着人间微笑。这才真正是"海上生明月"呢！这个"生"字用得真好呀！它,是大海的产子,宇宙的婴儿,黑夜的银灯,人间的装饰。天空为之变色,大海为之改容,陆地为之肃穆。(秦兆阳《海边销魂记》)

句中有四处运用了排比,文势酣畅淋漓。

九、反复

特意重复要突出某些内容或某种思想感情的词语或句子的辞格叫反复。反复的修辞效果在于：它在话语中能起到突出内容、强调感情的作用。

反复的分类：

(1) 连续反复。例如：

刚才摘下来的那串珍珠项链正在灯下,每一颗浑圆的珠子都自成一个光影迷离的世界,好像正呼应着书上的标题,不断重复闪动着那两个字——记忆、记忆、记忆……(席慕蓉《记忆》)

(2) 间隔反复,例如：

苏州城里,有不少这样别致的小街小巷：长长的、瘦瘦的,曲曲又弯弯；石子路面,经夜雾洒过,阵雨洗过,光滑、闪亮。在它的旁边,往往淌着一条小河,同样是长长的,瘦瘦的,曲曲又弯弯。(凤章《水港桥畔》)

十、顶真

用前一句结尾的词语做下一句的开头,使前后句子头尾递接的辞格叫顶真。顶真的修辞效果在于前后句首尾上传下接,结构严谨,语气贯通,在表达中能取得层层推进、环环相扣的效果。例如:

苏州菜有它一套完整的结构。比如说刚开始的时候是冷盘,接下来是热炒,热炒之后是甜食,甜食的后面是大菜,大菜的后面是点心,最后以一盆大汤作总结。(陆文夫《美食家》)

十一、回环

前后语句中的词语相同而次序相反,形成封闭的环状结构的辞格叫回环。回环的修辞效果在于能反映出事物之间互相依存的关系,而且语言精辟,耐人寻味。例如:

(1) 中国需要 WTO　WTO 需要中国(《人民日报》2001 年 11 月 11 日)

(2) 摔碎了泥人再重和,

再捏一个你来再捏一个我;

哥哥身上有妹妹,

妹妹身上有哥哥。(李季《王贵与李香香》)

此外,还有引用、仿拟、飞白、镶嵌、反语、粘连等修辞方式,这里就不一一说明了。总之,有效地运用修辞格对于我们的日常生活及写作有极大的帮助。

【思考题】

1. 什么是修辞?
2. 什么是修辞学?
3. 比喻中的借喻和暗喻有什么不同?举例说明。
4. 双关的分类有哪些?
5. 借代的修辞效果如何?
6. 什么是排比?它的作用是什么?

第三部分

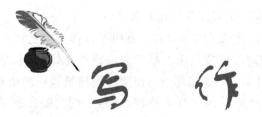

写作

第五章　文学写作

当大家阅读诗歌、小说或散文时,除了与其中的人物发生这样那样的共鸣外,还会发现自己在与创造了这些人物的那位作者对话,并进而对他的这种创造行为及其过程本身产生一种好奇心。当我们尝试了解作者的文学创造行为及其过程时,我们实际上就开始面对文学写作了。

第一节　文学写作及其意义

我们很难为文学写作提供一个公认精确的定义,但却可以对它作出一种主要着眼于解释现代文学写作特点的大体界说。

一、文学写作

探讨文学写作,首先需要了解文学写作的含义。

(1) 文学写作的含义。什么是文学写作?着眼于现代文学尤其是当代文学现状,不难看到,文学写作在继续保持其个人精神创造特点之外,正体现出越来越浓的商业色彩。1993年9月28日,作家周洪与出版社签约被买断的消息传出,一石激起千层浪,成为世所瞩目的新闻。有人戏称,这是中国大陆作家第一张"卖身契"。在文化市场化的背景下,甚至那些高雅文学作品也往往抹有浓厚的商业色彩。例如,具有较强历史感和思想深度的《白鹿原》,就是在出版商精心策划的宣传攻势中热热闹闹地走向读者的。因此,我们必须既要看到文学写作的个性创造属性,又要正视它的的非创造性特点。文学写作是文学作品的产生过程,是包含作者个人创造和出版机构制作的一种复合过程。这样理解的文学写作,当然不会只具有单一属性。

(2) 文学写作的双重属性。文学写作具有双重属性,文学写作的双重属性是指文学写作兼具个人创造与机构制作特点。一方面,文学写作体现为个性化创造。"北风卷地白草折,胡天八月即飞雪。忽如一夜春风来,千树万树梨花开。"这是唐代诗人岑参在《白雪歌送武判官归京》中形容边塞异域风光的名句。岑参把边关萧索苦寒的雪景化作一片绚丽烂漫,是其个人化文学想象的焕发。再如,同样是写大海,曹操的"东临碣石,以观沧海",张若虚的"春江潮水连海平,海上明月共潮生",

王勃的"海内存知己,天涯若比邻"就各不相同,有的雄心万丈,有的神思绵缈,有的情深意长,总之都与创作主体的独特个性密切相连。中国古代诗人袁枚说得好:"赋诗作文,都是自写胸襟。人心不同,各如其面。故好丑虽殊,而不同则一也。"(《寄奇方伯》)

另一方面,不可否认的是,文学写作不仅具有创造性,而且同时也具有制作性。古典批评家亚里士多德早在《诗学》中就指出:"古希腊人认识到生成是一种普遍现象,……但是,他们没有用不同的词汇严格区分我们今天所说的'技术'和'艺术'。Tekhne 是个笼统的术语,既指技术和技艺,亦指工艺和艺术"。当代法兰克福学派批评家霍克海默与阿多尔诺在他们合著的《启蒙辩证法》中更是宣布:资本主义的文学、音乐、电影等艺术生产已经发展成为一种机械的、标准化的、其影响几乎无所不在的"文化工业"。用阿多尔诺的话说:"在其(指文化工业——引者注)全部分支中,各种产品(它们是专为大众消费制作的,并在很大程度上决定了那种消费的性质)或多或少是根据计划制造的。独立的分支在结构上很相似,至少彼此相符,将自身组织成一个天衣无缝的体系。……大众却不是主要的,而是次要的,他们是被算计的对象,是机器的附件。与文化工业要我们相信的不一样,消费者不是国王,不是消费的主体,而是消费的客体。"就拿畅销书的出炉来说,许多都是一种预先策划好的可控商业行为。文艺类畅销书为赢得市场,在主题、结构、行文、悬念等方面都形成了某种模式,特别在情节模式方面更为明显。比如"灰姑娘模式"、"流浪汉模式"、"才子佳人模式",等等。当然,"文化工业论"把文学写作全然看成非个性化制作的论断过于片面,但这并不妨碍我们从中吸取合理的成分。它至少表明,从文化工业中成批生产出来的文学产品,是不可能享有彻底的个性化创造的,它不得不打上非个性化的标签。

需要说明的是,民间文学写作具有特殊性。民间文学是普通民众的集体创作。在广大的群众作者里面,活跃着一批民间诗人或故事讲述家。这些民间艺术家是劳动群众中的一员,深深扎根于民间。他们既是民间文学的优秀的写作者、传播者,又是民族文化遗产出色的保存者和发扬者。他们的作品具有浓厚的民间色彩,同时,又显示出民间艺术家的创作个性。总之,民间文学写作是集体智慧与个人才能的高度结合。

二、文学写作的意义

文学写作既是个体的,也是社会的;既是民族的,也是世界的。因此,文学写作具有多方面的意义。

(1) 文学写作的个体意义。文学写作作为作家的个性化创造,理所当然地具有个体意义。它能起到升华本能、解放情感、释放生命活力的作用。人类生而具有许多本能冲动及其附带的情感,但在实际生活中可能实现的却寥寥无几。一方面人的本能欲望应有自由活动的机会,另一方面则受到社会道德规范的强大制约,而恰在文学写作的想象世界中,人的欲望可以获得"望梅止渴"式的替代性满足。更为重要的是,文学写作是作家个体生命活力的彰显。朱光潜就曾指出:"情感是生生不息的,意象也是生生不息的。……所以诗是做不尽的。有人说,风花雪月等都已经被前人说烂了,……诗是没有未来的了。这般人不但不知诗为何物,也不知生命为何物。诗是生命的表现。生命像柏格森所说的,时时在变化中即时时在创造中。说诗已经做穷了,就不啻说生命已到了末日。"

此外,文学写作还能使作家打破现时的局促约束而游心千载,从而极大地拓展了人的精神空间。我国东晋大诗人陶渊明就能在"草盛豆苗稀"的窘迫现实生存境遇中,获得一种任何力量都无法剥夺的精神自由。他发现许多可"尚友"的古人:"何以慰吾怀,赖古此多贤"(《咏贫士》)。他还说自己"历览千载书,时时见遗烈",而这些"遗烈"常使他感发兴起:"惜哉剑术疏,奇功遂不成。其人虽已没,千载有余情。"(《咏荆轲》);"泛览周王传,流观山海图。俯仰终宇宙,不乐复何如"。(《读山海经》)靖节先生在"惜"与"乐"咏史诗写作中,开拓了一个现时"樊笼"以外的广阔精神宇宙。

(2)文学写作的社会意义。文学写作既是个体的,又是社会的。正如萨特在《为什么写作》一文中所说:"没有为自己写作这一回事:如果有人这样做,他必将遭到最惨的失败;人们在把自己的情感倾泻到纸上去的时候,充其量只不过使这些情感得到一种软弱无力的延伸而已。……如果世上只有作者一个人,他尽可以爱写多少就写多少,但是作品作为对象,永远不会问世,于是作者必定会搁笔或陷于绝望。……只有为了别人,才有艺术;只有通过别人,才有艺术。"萨特在该文最后,呼吁作家勇敢地介入社会生活,投入战斗。

无独有偶,荣膺1967年诺贝尔文学奖的阿斯图里亚斯则提出"拉美文学是战斗的文学"的著名观点。用他的话说:"按照我的方式来看,我以为拉丁美洲所有伟大的文学作品都属于抗议文学。……我们文学的作用就是反映我们的人民所遭受的苦难。我觉得这样的文学若要变成一种纯文学,一味追求视觉和听觉的愉悦,或者一味追求美感享受,是很难办到的。我和一些朋友常常聚在一起讲我们所了解的独裁政权的故事和轶闻。毫无疑问,在我记忆深处保留着埃斯特拉达·卡夫雷拉统治时期听到的一切,我开始回忆起一些事情。我大声把它们讲出来。"阿斯图里亚斯把自己看成他的"部族的代言人"。可见,萨特和阿斯图里亚斯都共同强调文学写作的社会意义。

(3)文学写作的世界意义。在当今的经济与文化"全球化"浪潮中,文学写作不仅是民族的,而且具有世界意义。德国大诗人哥德早在1827年就已预言"世界文学"时代的来临。他指出:"我愈来愈深信,诗是人类的共同财产。诗随时随地由成百上千的人创作出来。……任何人都不应该因为自己写过一首好诗就觉得自己了不起。不过说句实话,我们德国人如果不跳开周围环境的小圈子朝外面看一看,我们就会陷入那种学究气的昏头昏脑。所以我喜欢环视四周的外国民族情况,我也劝每个人都这么办。民族文学在现代算不了很大的一回事,世界文学的时代已快来临了。每个人都应该出力促使它早日来临。"哥德并没有把世界文学与民族文学截然对立起来,而是认为世界文学愈能吸收各民族文学的特点,它也就会愈丰富。哥德在另一场合把文学写作的世界意义表述得很明白:"问题不在于各民族都应按照一个方式去思想,而在于他们应该互相认识,互相了解,假如他们不肯互相喜爱,至少也要学会互相宽容。"这就是说,文学写作召唤着和而不同的"文化全球化",从而具有世界意义。

总之,文学写作具有个体意义、社会意义和世界意义,既诉诸作者本人又波及扩张到一定社会群体乃至全人类。

第二节 作 者

作者在文学写作中发挥关键性作用,因为正是作者具体承担着文学写作的任务。作者要受到诸种外部和内部条件的制约或影响。

一、作者角色

文学写作中的作者,显然有别于他的现实个人,而仅指处于具体文学写作状态中的特殊角色。对此,人们从不同角度提出各自的理解。

从历史上看,作者角色论大致分为两种类型:一类是"投入论",另一类是"回味论"。所谓"角色投入论",是强调作者在写作过程中必须注意从作品人物的角度去感受生活、考虑问题、说话和行事。法国的"短篇小说之王"莫泊桑在《小说》一文中就指出:"无论在一个国王、一个凶手、一个小偷或者一个正直的人的身上,在一个娼妓、一个女修士、一个少女或者一个菜市女商人的身上,我们所表现的,终究是我们自己,因为我们不得不向自己这样提问题:'如果我是国王,凶手,小偷,娼妓,女修士,少女或者菜市女商人,我会干些什么,我会想些什么,我会怎样地行动?'"不同于这种"角色投入论",所谓"角色回味论"强调作者在写作过程中必须将自身的情感体验对象化,学会做清醒的超然旁观者。英国诗人华兹华斯在著名的《抒情歌谣集·1800 版序言》中认为:诗"起源于在平静中回忆起来的情感"。对此,朱光潜发挥道:"这是一句至理名言……感受情趣而能在沉静中回味,这是诗人的特殊本领。一般人的情绪有如雨后行潦,夹杂污泥朽木奔泻,来势浩荡,去无踪影。诗人的情绪好比冬潭积水,渣滓沉淀净尽,清莹澄澈,天光云影,灿然耀目。"

上述两种类型的作者角色论只是相对的区分,各有侧重,而非完全对立。王国维在《文学小言》中说得好:"诗人对宇宙人生,须入乎其内,又须出乎其外。入乎其内,故能写之;出乎其外,故能观之。入乎其内,故有生气;出乎其外,故有高致。"这就是说作者可以灵活地时而化身为作品人物,时而抽身出来充当旁观者。

二、作者的语境条件

文学写作不是作者个体随心所欲的创造,而只能是特定历史、文化与审美语境的产物。具体地说,作者的语境条件包括历史情境、意识形态氛围、文学资源场及文学创新需要等几个重要方面。

(1)历史情境。历史情境,指作者所处特定历史时段的时代情形与现实境遇。中国现代著名诗人艾青在《诗与时代》一文中指出:"如果一个诗人还有着像平常人相同的感官的话(更不必说他的感官是应该比平常人更灵敏的),他生活在中国,是应该知道中国正在进行着怎样伟大的事件的(指中国人民抗日战争——引者注)。如果他有眼睛,他会看见发生在他的国家里的和平的刽子手的一切暴行;他有耳朵,他会听见没有一刻不在震响的蒙难者的哀号与反抗者的呼啸;他有鼻子,他会闻到牺牲者的尸体的腐臭与浓重的硝烟气息……"。艾青在 1937 年,在中华民族面临生死存亡的严峻时刻,写下广为传诵的名篇《煤的对话》:"你住在哪里?//我住在万年的深山里/我住在万年的岩石里//你的年纪——//我的年纪比山的更大/比岩石的更大//你从什么时候沉默的?//从恐龙统治了森林的年代/从地壳第一次震动的年代//你已死在过深的怨愤里了么?//死?不,不,我还活着——/请给我以火,给我以火!"艾青诗中的煤,正是中华民族的象征。我们的民族有着煤一样悠久的历史,经历过如煤所遭受过的劫难,并像煤一样长久地沉默过、怨愤过,但更像煤一样身上蕴藏着无穷无尽的热量。就人与煤的对话而言,发问者的提问是如此冷静、不露声色,而所得到的回答却炽烈如火、喷薄而出,充分体现出中华民族生命力的再度焕发。艾青,是他所生活时代的忠实记录者与代言人。可以说,中国人民奋起反抗、抵御外侮的特定历史情境,给艾青《煤的对话》打上深刻的时代烙印。

(2)意识形态氛围。意识形态氛围,指特定历史时期涵盖面极广的总体意识形态。它并非纯概念性的,而是意识与无意识、理性与非理性、可以说清的与难以说清的东西的复杂的混合物。作家的写作活动不能不受到它的影响和规范。以戴望舒发表于 1928 年的《雨巷》为例:

撑着油纸伞,独自/彷徨在悠长,悠长/又寂寥的雨巷,/我希望逢着/一个丁香一样的/结着愁怨的姑娘。//她是有/丁香一样的颜色,/丁香一样的芬芳,/丁香一样的忧愁,/在雨中哀怨,/哀怨又彷徨;//她彷徨在寂寥的雨巷/撑着油纸伞/像我一样,/像我一样地/默默彳亍(音 chìchù,意思是慢慢行走的样子,走走停停。)着/冷漠,凄清,又惆怅。//她静默地走近/走近,又投出/太息一般的眼光,/她飘过/像梦一般地,/像梦一般地凄婉迷茫。//像梦中飘过/一枝丁香地,/我身旁飘过这女郎;/她静默地远了,远了,/到了颓圮的篱墙,/走尽这雨巷。//在雨的哀曲里,/消了她的颜色,/散了她的芬芳,/消散了,甚至她的/太息般的眼光,/丁香般的惆怅。//撑着油纸伞,独自/彷徨在悠长,悠长/又寂寥的雨巷,/我希望飘过/一个丁香一样地/结着愁怨的姑娘。

戴望舒熟读法国象征派诗人魏尔仑的作品。魏尔仑《无言的歌集》表达了巴黎公社失败后不知所措的知识分子苦闷沮丧的情绪与精神状态,其基调是对于诗人的理想与他周围的肮脏生活相脱节的悲剧感。戴望舒的这首诗则表现了激昂飞腾的来自五四运动的理想,同淹没于血泊之中的1925—1927年大革命现实相脱节的悲剧感。这不是一首反抗和战斗的诗,但也不是屈从和忍受的诗,作者通过悠长寂寥的雨巷、颓圮的篱墙、蒙蒙的细雨、冷冷的哀怨,以及抒情主人公对丁香一样姑娘的虚幻期待,营造了一种孤冷凄清的情调,艺术地反映出20世纪20年代末中国社会惶惶不安、理想失落的意识形态氛围。因此,戴望舒凭《雨巷》一举成名,并赢得"雨巷诗人"的桂冠,这并非偶然。

(3) 文学资源场。文学资源场,指作者在写作过程中据以加工、制作、移置和翻转的既有素材库,主要包括过去或同时代各种文本,甚至传说逸事等。一个孤陋寡闻的人,一个对前人成果知之甚少的作者,是不可能仅凭自己的偶然灵机一动而有所成就的。哥德在同爱克曼的一次谈话中就指出:"每逢看到一位大师,你总可以看出他吸取了前人的精华,就是这种精华培育出他的伟大。"过了不久,哥德在谈到英国诗人彭斯时又说:"倘若不是前辈的全部诗歌都还在人民口头活着,在他的摇篮旁唱着,他在儿童时期就在这些诗歌的陶冶下成长起来,把这些模范的优点吸收进来,作为他继续前进的生命力的基础,彭斯怎么能成为伟大诗人呢?"

为具体说明作者写作同文学资源场的关系,以下我们举我国台湾诗人余光中的《碧潭》为例:"十六柄桂桨敲碎青琉璃/几则罗曼史躲在阳伞下/我的,没带来的,我的罗曼史/在河的下游//如果碧潭再玻璃些/就可以照我忧伤的侧影/如果蚱蜢舟再蚱蜢些/我的忧伤就灭顶/八点半。吊桥还未醒/暑假刚开始,夏正年轻/大二女生的笑声在水上飞/飞来蜻蜓,飞去蜻蜓//飞来你。如果你栖在我船尾/这小舟该多轻/这双桨该忆起/谁是西施,谁是范蠡//那就划去太湖,划去洞庭/听唐朝的猿啼/划去潺潺的天河/看你濯发,在神话里//就覆舟。也是美丽的交通失事了/你在彼岸织你的锦/我在此岸弄我的笛/从上个七夕,到下个七夕"。这无疑是一首现代人写的现代情诗,与此同时,它又分明洋溢着中国优秀古典诗词的馨香。"十六柄桂桨敲碎青琉璃",叠映着屈原《九歌·湘君》中"桂棹兮兰枻"的诗句和欧阳修《采桑子》中的"无风水面琉璃滑"的奇思妙想;"如果蚱蜢舟再蚱蜢些/我的忧伤就灭顶",则显然是对李清照《武陵春·晚春》中"只恐双溪蚱蜢舟,载不动、许多愁"的现代化用;"听唐朝的猿啼"似指李太白轻快的"两岸猿声啼不住,轻舟已过万重山"。此外,诗人还化用了范蠡与西施、牛郎和织女等美丽民间传说或神话传说,巧妙而自然地编织在诗行里。余光中的这首情诗是传统与现代的交融。他的写作明显依托着丰厚的中国古典文学资源场。

(4)文学创新需要。作者写作,不得不面对前辈名家大师的非凡业绩。这种光辉业绩固然是一笔宝贵的财富,但也同时可能构成对后人的巨大心理压力。海明威甚至说:"一个普通作家常被他们逼人的光辉驱赶到远离他可能到达的地方,陷入孤立无助的境地。"而对于杰出作家而言,文学创新的需要或压力往往能转化成为一种相互竞争的积极心态。法国作家莫里亚克在一次访谈中坦陈:"我曾是个孜孜不倦的读者,可以说读而不厌,年轻的时候,我就把自己的未来押在诸如包法利夫人、安娜·卡列尼娜以及巴尔扎克笔下人物的身上……他们在我眼前,展开了我为自己所梦想的一切。我的命运被他们的命运预先安排好了。其后,随着年龄的增长,他们就像敌手一样紧紧地围着我,一种竞争迫使我将自己跟他们相较量,尤其是与巴尔扎克的人物较量。"

在法国文学史上,有莫里亚克同巴尔扎克欲比高低。在中国古代文学史上,也有李白与崔颢相抗衡的佳话。据《唐才子传》记载,唐玄宗天宝三年,李白辞官远游。路过武昌时,他与当地一些朋友共登黄鹤楼眺望江景。朋友们知道李白是当今名士,于是怂恿他在墙上题诗。李白被大江景色所动,亦颇有诗意,但一见当年崔颢所题《黄鹤楼》诗:"昔人已乘黄鹤去,此地空余黄鹤楼。黄鹤一去不复返,白云千载空悠悠。晴川历历汉阳树,芳草萋萋鹦鹉洲。日暮乡关何处是?烟波江上使人愁",不禁拂然袖手。李白感叹说:"眼前有景道不得,崔颢有诗在上头。"但李白在黄鹤楼袖手后也并未服输,总想着在题咏有神话色彩的名胜方面能够赶上甚至超越崔颢。直到李白六十岁登临金陵凤凰台,才算一偿宿愿。李白在《登金陵凤凰台》的七律中写道:"凤凰台上凤凰游,凤去台空江自流。吴宫花草埋幽径,晋代衣冠成古丘。三山半落青天外,二水中分白鹭洲。总为浮云能蔽日,长安不见使人愁。"应当说,这首诗在体例、句式、格调、用韵等方面仍有仿效崔颢之处,但毕竟强烈体现了李白的个人风格,在情感表达和艺术表现等方面都有新的开拓。崔诗用四句写楼,而李白仅用两句写台;崔诗用两句写景,李白则用了四句,远近、高下、古今一一写尽,且将兴废之感深寓其间;"半落"、"中分"一联,将洲渚景色写得飞动欲出,非崔诗"历历"、"萋萋"所能匹敌;崔诗尾联所寄乃怀土思乡之情,李白则慨叹帝都不可见,愤恨小人蔽贤犹如浮云蔽日,寄慨更深。后人多认为此诗与《黄鹤楼》"雁行无愧","格律气势,未易甲乙","调当让崔,格则逊李"。

从莫里亚克和李白的例子中可见出,文学创新需要作为作者的语境条件之一,构成作家完成乃至超越自身的重要推动力。

综上所述,文学写作并非作者的信步独舞,而要受到历史情境、意识形态氛围、文学资源场及文学创新需要等多方面语境条件的制约。

三、作者的主体条件

需要进一步说明的是,在相同或类似的作者语境条件下,何以有的作者能够誉满天下、名垂青史,而有的作者却默默无闻、为后人遗忘呢?这就需要从作者的主体之维入手分析了。具体说来,作者的主体条件包括个体体验、想象力、语言敏感和拟想读者四个方面。

(1) 个体体验。文学是要表现人的生存体验的。个体体验,指作者对自身在现实世界中的境遇及其意义的瞬间直觉。作者个体体验的亲历性、丰盈性,是保证文学写作成功的必要先决条件。以杜甫的名篇《茅屋为秋风所破歌》为例:"八月秋高风怒号,卷我屋上三重茅。茅飞渡江洒江郊,高者挂胃长林梢,下者飘转沉塘坳。南村群童欺我老无力,忍能对面为盗贼。公然抱茅入竹去,唇焦口燥呼不得,归来倚杖自叹息。俄顷风定云墨色,秋天漠漠向昏黑。布衾多年冷似铁,娇儿恶卧踏里裂。床头屋漏无干处,雨脚如麻未断绝。自经丧乱少睡眠,长夜沾湿何由彻!安得广厦千万间,大庇天下寒士俱欢颜。风雨不动安如山!呜呼,何时眼前突兀见此屋,吾庐独破受冻死亦足。"这首诗是杜甫生存危机感的真实写照。这里有"八月秋高风怒号,卷我屋上三重茅"的风云突变;有"南村群童欺我老无力,忍能对面为盗贼"的无奈;有"布衾多年冷似铁,娇儿恶卧踏里裂"的为人父者的隐痛与愧疚;以及"自经丧乱少睡眠,长夜沾湿何由彻"的不安定感。于是杜甫最后发出如下感喟:"安得广厦千万间,大庇天下寒士俱欢颜。风雨不动安如山!呜呼,何时眼前突兀见此屋,吾庐独破受冻死亦足。"这几句话,表面看来是拯世救民的豪言壮语,其实首先是一颗绝望心灵的痛苦挣扎,是一个再没有回天之力的老人向现实世界发出的最后呼吁。他在无可奈何的痛苦中,根本不能理解人生为什么会有如此多的灾难,像他这样的寒士为什么竟连最起码的安定生活也得不到。"安得"是怎样得到,实际意思是不知道怎样才能得到;"突兀"则明确标明了"广厦"的幻想性质。所以,与其把它视为"言志",倒不如视为一种"抒情",是在强烈感情冲击下发出的人生呼唤。

可以说,优秀文学作品总是饱含了作者真切丰厚的个人生存体验的。

(2) 想象力。想象力在文学写作者的主体条件中居于重要位置。正如黑格尔在《美学》中指出的:"如果谈到本领,最杰出的艺术本领就是想象。……想象是创造性的。"中国现代白话诗人刘大白的《秋江的晚上》就很典型地体现了这种文学想象的创造性特征。刘大白诗如下:"归巢的鸟儿,/尽管是倦了,/还驮著斜阳回去。//双翅一翻,/把斜阳掉在江上;/头白的芦苇,/也妆成一瞬的红颜了。"归鸟与夕阳本来相距遥远,刘大白却说"归巢的鸟儿……驮著斜阳回去",这就突出鸟倦的程度,因为驮是一种负荷,而鸟驮的居然又是太阳。此外,作者不说落日沉入江中,而说落日被鸟翅翻掉在江里,也表现出刘大白的一种奇伟的想象力。相比之下,冯至在情诗《蛇》中的想象就更加出人意料了。冯至的《蛇》如下："我的寂寞是一条长蛇，/冰冷地没有言语——/姑娘，你万一梦到它时，/千万啊，莫要悚惧！//它是我忠诚的侣伴，/心里害着热烈的乡思；/它在想着那茂密的草原，/——你头上的，浓郁的乌丝。//它月光一般轻轻地，/从你那儿潜潜走过；/为我把你的梦境衔了来，/像一只绯红的花朵。"一般人对蛇总是怀着厌恶、惧怕的心理，然而冯至笔下的蛇却使人感到亲切可爱。抒情主人公当心爱的姑娘不在身边时，感到无比寂寞；他将这寂寞比作一条长蛇，借蛇的游走、乡思、归来，抒发其对姑娘深沉的爱恋。作者由姑娘头上浓郁的乌丝，想到"茂密的草原"，还将姑娘的梦境比作"一只绯红的花朵"。这些想象都如天马行空，引人遐思。鲁迅称赞冯至为"中国最优秀的抒情诗人"，颇为贴切。

（3）语言敏感。语言敏感，指作者在文学写作过程中对语言的敏锐感知和精当运用的能力。文学是语言性艺术，作者是否具有特殊的语言敏感，是决定其写作成败的重要因素。中国当代作家汪曾祺在《揉面——谈语言运用》一文中，很钦佩屠格涅夫这样描写一棵大树被伐倒："大树叹息着，庄重地倒下了"，认为"庄重"一词用得好。如果我们来写，也许会写出"慢慢地倒下"、"沉重地倒下"，但写不出"庄重"。鲁迅的《药》这样描写枯草："枯草支支直立，有如铜丝"，大概此前还没有人用"铜丝"形容过稀疏瘦硬的秋草。汪曾祺还举他的老师沈从文在《边城》里两次写翠翠拉船，所用字眼都不一样。一次是："有时过渡的是从川东过茶峒的小牛，是羊群，是新娘子的花轿，翠翠必争着作渡船夫，站在船头，懒懒的攀引缆索，让船缓缓的过去。"另一次是："翠翠斜睨了客人一眼，见客人正盯着她，便把脸背过去，抿着嘴儿，不声不响，很自负的拉着那条横缆。"在汪曾祺看来，"懒懒的"、"很自负的"，都是很平常的字眼，但是没有人这样用过，要知道盯着翠翠的客人是翠翠所喜欢的傩送二老，于是"很自负的"四个字在这里就有了很多、很深的意思。

总之，语言敏感确实是一个优秀文学写作者必备的主体素质。可以说，文学大师无一不是语言大师。

（4）拟想读者。拟想读者不同于现实读者，指作者在写作活动中主观设想面对的当代或后世读者，这能为看似孤独的当下写作活动提供强大的精神动力和心灵抚慰。1957年，《未来》杂志记者提问法国作家加缪："当一个人像您那样说话时，他就不单是为自己说话了。他必然是在为别人说话。他在为某些东西说话，换句话说，他是在以那些颇有价值的人的名义说话。并且是为他们说话的。那么那些人是谁呢？那些价值又是什么呢？"对此，加缪回答说："我感到自己与普通老百姓是休戚与共的。……在我们时代的会战中，我始终一如既往地站在顽强不屈的人一边……艺术的目的以及生活的目的只能是增加每个人身上和整个世界上都可以发现的自由和责任的总量。……没有一部伟大的作品是建立在仇恨和蔑视的基础上的。相反的倒是，没有一部真正的艺术作品不在结尾给每一个懂得自由并热爱自由的人增添了某种内在的自由。"加缪认为,他在为增进世上每个普通人的自由而写作。

作家的拟想读者也可以是指向未来的。司马迁在字字泣血的《报任安书》中诉说:"仆窃不逊,近自托于无能之辞,网罗天下放失旧闻,略考其行事,综其终始,稽其成败兴坏之纪,上计轩辕,下至于兹,为十表,本纪十二,书八章,世家三十,列传七十,凡百三十篇。亦欲以究天人之际,通古今之变,成一家之言。草创未就,适会此祸,惜其不成,是以就极刑而无愠色。仆诚已著此书,藏之名山,传之其人,通邑大都,则仆偿前辱之责,虽万被戮,岂有悔哉!"可见,正是"藏之名山,传之其人"的执著梦想,支撑着太史公含垢忍辱、发愤著书。李善注曰:"其人,谓与己同志者。"《史记》也确实得到后世历代读者的高度推崇。

总之,作者在文学写作活动中扮演关键性角色。作者的主体条件如个体体验、想象力、语言敏感和拟想读者等方面会对文学文本的品质和艺术生命的久暂产生至关重要的直接影响。以下需要进一步探讨文学写作的具体状况和过程。

第三节 文学写作状况与过程

一、文学写作状况

文学写作的具体状况十分复杂。大致说来,在写作过程中,高雅文化文本突出个性化创造,大众文化文本突出流行时尚的精心打造,民间文化文本则突出普通民众基于传统的自发通俗趣味的抒写。

(1) 高雅文化创作。高雅文化文本的写作,是一种个性化的创作行为。这是高雅文化作家顽强坚守的创作主旨。例如中国现代著名诗人臧克家的短诗《三代》:"孩子/在土里洗澡;//爸爸/在土里流汗;//爷爷/在土里埋葬。"这首诗由三个排比句组成,没有任何的修饰和形容,总共 21 个字,可说是简单到了极点。"在土里"这个语词在诗中连续出现 3 次,不避重复嫌疑,包含着诗人的一番苦心;以此传达出中国农民与土地的生死相依的命运。更能体现诗人匠心的还在于,诗中三个排比句正如电影中的一组蒙太奇镜头,它们之间的关系可以理解为空间的并列,也可以理解为时间的承续。倘是前者,父亲作为家中的壮劳力,正在地里拼命劳动,养家糊口,所以他不能照顾在泥里滚爬的孩子,更无暇顾及葬在土里的父亲。倘是后者,这一组镜头所揭示的无情事实是:今天"在土里洗澡"的孩子,到了明天,就该"在土里流汗"了,而那时,"爸爸"也早已年老力衰,榨尽身上的血汗,又将"在土里埋葬"了,真是年复一年、代复一代、终古如斯。这首诗很好地体现了臧克家短诗质朴、简洁、冷峻、深刻的创作个性,是公认的一篇反映中国农民生存状态的杰作。

(2) 大众文化制作。大众文化文本的写作,是一种商业化的制作行为。大众文化制作者(们)擅长精心打造流行文学时尚。1963年,琼瑶的第一部自传体长篇小说《窗外》发表。这部以作者本人同国文教师的"师生恋"为题材的作品在我国台湾一炮打响,从此她的作品一直居于华文畅销书前列,至今不衰。1982年,《海峡》杂志连载了琼瑶的长篇小说《我是一片云》。以此为标志,琼瑶的作品正式传入中国大陆,并引发轰动,每部单行本的发行量均以十万计,改编而成的影视剧更是声势浩大。从文学制作的角度说,琼瑶的小说固然包含着痛楚和哀愁,但却总是摒弃丑陋与邪恶,以制造超现实的浪漫"爱情神话"为能事。其小说情节百转千回,常常出现三角、四角甚至五角的恋爱关系;人物类型化、情节公式化,往往是俊男配美女,添上误会、激情、痛苦,最后再加上一个封闭式的结局。琼瑶小说已成为一个对少女阅读群体具有强大市场号召力的"品牌"。电视连续剧《还珠格格》的热播,又带动了新一轮的"琼瑶热"。

(3) 民间文化传承。民间文化文本的写作具有明显的传统性特点,即它的艺术手法和格式长期以来相对稳定、代代袭用。例如,民间文学的韵文作品大量使用比兴手法,这些比兴多是在坚实生活基础上创造出来的。其中,有不少兴句口耳相传,为普通民众所喜爱,争相袭用,已成为脍炙人口的歌谣起句:像"太阳出来暖洋洋"、"天上星,亮晶晶"、"月儿弯弯照九州"、"花喜鹊,尾巴翘"等。民间文学写作"万变不离其宗",它只能在固有传统的基础上发生渐变。如果脱离了稳固的艺术传统,民间文学作品就不可能为广大民众所接受。传统性或传承性是鉴别民间文学写作的重要标尺。

(4) 文学写作中的借鉴。以上的高雅文化、大众文化和民间文化写作只有相对的区分,而无绝对的界限。大众文化写作也常向高雅文化文本汲取营养。

张恨水一生作品110部左右,在二十世纪二三十年代的中国风靡大江南北,广受市民读者欢迎。他写作上的成功并不全凭商业炒作,其名著《金粉世家》的文字就饶有骚人墨客的雅兴。这部小说两次写到夜空,头一次是深闺怨妇冷清秋于窗前观月,想到嫦娥吃了灵药飞上广寒宫的神话,对古诗"嫦娥应悔偷灵药,碧海青天夜夜心"提出质疑,认为"像后羿那种武夫,嫦娥那种美丽的女子,绝对不会成一对儿,散了倒也干净"。其后又反复联想历史上的爱情诗,归结到"人生几见月当头?"为自己空有满腹诗书而望月堕泪。第二次是写金铨死后,金太太仰视满空星斗以及箭一般坠落的流星。她想到以宇宙之大,地球不过是一粒豆子,一个家庭的兴衰更是"渺乎其小的一件事";"于今由几颗星星上一想,倒反觉得四大皆空,并不足介意了"。这种语言融合了古诗意境、科学知识和佛门哲理,可谓俗中见雅。

而高雅文化写作向民间文化文本学习,同样屡见不鲜。《红楼梦》,作为文人创作的结晶,就包含了丰富的民间文学元素。曹雪芹不仅在构想"木石姻缘"和太虚幻境时,深受民间神话的启示。他还在写作中吸纳了许多民间谣谚的成分,如第四回葫芦僧对贾雨村所说的"护官符":"贾不假,白玉为堂金作马。/阿房宫,三百里,住不下金陵一个史。/东海缺少白玉床,龙王来请金陵王。/丰年好大'雪',珍珠如土金如铁。"这是曹雪芹受民间谣谚影响而进行创作的一个典型例子。小说从这里点出贾、史、王、薛四大家族联络有亲,"一损俱损,一荣俱荣"的特殊关系。于是才有贾雨村轻易放过薛蟠,全书情节得以展开。又如,当故事发展到一定程度,一个丫环(小红)的一句歇后语就道出贾家由盛而衰的必然历史命运:"千里搭长棚——没有不散的筵席。"

具体的文学写作状况其实是远为复杂的,这与各种文化类型文本的多元互渗相一致。

二、文学写作过程

每一部文学作品都有其具体的写作过程——包括作者写作和出版机构的出版。本书只讨论作者的写作过程。从时间流程的角度说,文学写作过程可大致划分为储备、发生、构思、成文四个阶段。

(1) 储备。储备是文学写作过程的起点,指作家亲历的、观察的生活体验以及更广泛文化修养的累积。《红楼梦》里秦可卿的房间门口挂有一副对联:"世事洞明皆学问,人情练达即文章。"这两句话,可说是对写作与作者生活体验关系的极佳概括。一个作家只有酸甜苦辣都品尝到,痛苦和欢乐都经历过,才谈得上真正的写作。曹雪芹若不是亲历了从"诗礼簪缨之族"的繁华到"举家食粥酒常赊"的困顿,断然不能把封建社会由盛而衰的历史变迁描写得那样生动逼真;蒲松龄若非一生潦倒、屡试不中,就不能把封建科场的弊端抨击得那样痛快深刻;如果高尔基自己没有当过流浪汉,他也很难将流落街头的生活描绘得那样栩栩如生。

广义文化修养的累积对于作家的写作活动同样重要。正如当代作家王蒙指出的:"作家不一定是学者,诚然。但是……大作家都称得上是学者。高尔基如果只会洗碗碟和做面包,毕竟也算不得高尔基,他在他的'大学'里读了比一般大学生更多的书。如果清代也有学士、硕士、博士这些名堂,曹雪芹当能在好几个领域(如韵学、中医药学、园林建筑学、烹调学……)通过论文答辩而获得学位的吧?现代文学史上的几位大作家:鲁迅、郭沫若、茅盾、叶圣陶、巴金、曹禺、冰心……有哪一位不是文通古今、学贯中西的呢?"由此,王蒙对中国当代作家的非学者化倾向表示了忧虑。

文学写作过程的高起点展开,有赖于作家各方面的丰厚储备。

(2) 发生。如果说储备构成文学写作的初始和准备阶段,发生则是指作家产生现实的写作冲动,即将某种丰沛酣畅的主体情思表达出来的冲动。这就是说,单靠丰富的材料、经验的积累,并不能马上写出作品来,所谓"凭空何处造情文,还使灵光助几分"。俄国大诗人普希金曾在抒情诗《秋》里这样描述这种"灵光",即写作冲动的触发:"诗兴油然而生。/抒情的波涛冲击着我的心灵,/心灵颤动着,呼唤着,如在梦乡寻觅"。

法国作家罗曼·罗兰创作长篇名著《约翰·克利斯朵夫》,就缘于一次作者站在霞尼古勒山上突然萌生的写作冲动。1880年春,二十四岁的罗曼·罗兰有一次登上罗马郊外的小山——霞尼古勒山。他仰观满天彩霞,俯瞰夕阳照耀的罗马城,忽然心有所动:"我第一次意识到我的生命,自由的、赤裸裸的生命。这是一道闪光。"一霎时,仿佛瞥见克利斯朵夫这个人物从地平线"站立着涌现出来","就在这儿,《约翰·克利斯朵夫》开始被孕育了"。

中国诗人郭沫若自述在五四时代创作新诗时说,有时写作冲动的突然来袭竟使他差不多发狂了:"《地球,我的母亲》是民国八年学校刚好放了年假的时候做的。那天上半天跑到福冈图书馆去看书,突然受到了诗兴的袭击,便出了馆,在馆后僻静的石子路上,把'下驮'(日本木屐)脱了,赤着脚度来度去,时而又率性倒在路上睡着,想真切地和'地球母亲'亲昵,去感触他的皮肤,受她的拥抱。——这在现在看来,觉得有点发狂,然而当时却着实是感受着迫切。"

写作冲动就是这样一个神奇的精灵,在作家创作过程中发挥至关重要的触发作用。所以雪莱才会在《为诗辩护》中指出:"诗不像推理那种凭意志决定而发挥的力量,人不能说:'我要作诗。'即使是最伟大的诗人也不能说这类话。"

(3) 构思。构思指作家在生活体验、文化素养储备和写作冲动发生的基础上,对酣畅淋漓的主体情思加以组织,使之成为有机的艺术形象系统的过程。这是文学写作的第三阶段,它构成作家写作的核心环节。就拿余光中的《乡愁》来说:"小时侯/乡愁是一枚小小的邮票/我在这头/母亲在那头//长大后/乡愁是一张窄窄的船票/我在这头/新娘在那头//后来呵/乡愁是一方矮矮的坟墓/我在外头/母亲在里头//而现在呵/乡愁是一湾浅浅的海峡/我在这头/大陆在那头"。这首诗构思十分巧妙。乡愁,本是人们所普遍体验过的情感意绪,但却往往是心中所有、笔底所无。诗人则从广阔时空中提取了四个典型意象:邮票、船票、坟墓和海峡。在意象组合方面,《乡愁》通过"小时候"、"长大后"、"后来呵"、"而现在"等语序词加以贯穿,概括了诗人漫长的生活历程和对祖国的绵绵深情。如果说邮票、船票和坟墓,还仅限于诗人个体悲欢的倾诉,那么到了"而现在/乡愁是一湾浅浅的海峡/我在这头/大陆在那头",则将个人愁思与巨大的国族之恋相汇合。这首诗在写作上的最大成功之处在于,诗人构想出一个近乎完美的表达海外赤子乡恋祖国之情的意象体系。

(4) 成文。成文是文学写作的最后阶段,指作家将自己内心构想出的艺术形象系统变成完整的文本的过程,包括通常所说的修改、润饰等。美国作家海明威《永别了,武器》的最后一页修改了三十几遍。另一代表作《老人与海》的手稿竟朗读了二百遍才付印。作家改稿也常见这样的情形:作品已经送出去了,作家又要回来加以修正。欧阳修曾替韩琦写了篇《昼锦堂记》,派人骑马送去之后,若有所思,又急速派人追回原稿。其实,欧阳修只添了两个文言虚字"而":原先开头两句是"仕宦至将相,富贵归故乡",后改为"仕宦而至将相,富贵而归故乡"。改动虽不大,但意思多了一个转折,音调读来也更加抑扬顿挫。

文学史上许多精品的成文定稿,都经历了几年甚至几十年的光阴。孔尚任的《桃花扇》,三易其稿,历时十五年;曹雪芹的《红楼梦》,增删五次,披阅十载;哥德的《浮士德》几乎耗尽作者毕生精力,逝世前一年哥德还在补写修改第五幕。这些作家何以对作品的最终成文如此重视呢?"不畏先生嗔,但畏后生笑",欧阳修的这句话,代表了他们的心声。

总之,大致经过储备、发生、构思和成文四个阶段,使读者心醉神迷的文学作品就宣告诞生了。当然,对于现代文学写作来说,作家写作的原稿还要经过出版机构的审定、编辑、印刷并进入市场流通环节。

第六章 应用写作

第一节 应用文概述

一、应用文

应用文是指日常工作和生活中经常使用的、为某种具体的实用目的而写的文体。因此,它是完成具体工作或事情的一种工具。

二、应用文的特点

一般来说,应用文具有以下几个特点。

(1) 实用性:即"应用",是为实用目的而写作,具有实用工具的作用。

(2) 规范性:应用文的体例、格式、语言及操作方式要符合严格的规范要求,具有很强的规范性。

(3) 真实性:应用文是以解决实际问题为目的,是为现实需要而写作的,其内容必须具有真实性。

(4) 平实性:应用文要求语言简朴、表达明确,在行文中要求体现平实性的特点。

三、应用文的作用

随着社会的发展,时代的前进,科学技术的进步,应用文发挥的作用也越来越大。具体说来,应用文的作用体现在以下几个方面。

(1) 管理指导:机关、团体、企事业单位,要经常制发文件,对下级进行领导和指导。所以,党的各项方针、政策的贯彻,国家各项任务的完成,都离不开应用文。

(2) 信息交流:应用文以其方便快捷的方式,在人们之间传递信息、沟通思想。机关、团体和企事业单位,要经常利用应用文与上、下、左、右联系,沟通情况,处理问题。

(3) 凭证依据:应用文在实际的工作中,是指导工作的重要依据,在工作完毕之后,文件存档,又具有重要的凭证作用。

四、应用文的分类

应用文可以从不同的方面(角度)划分成不同的类别。

(1) 按其处理事情的性质划分,可以分为公务类应用文和私务类应用文。

公务类应用文是指为处理国家和集体的事务而写作和使用的应用文,即通常所说的公文。

私务类应用文是指为处理个人的事务而写作和使用的应用文,即通常所说的个人日用文书。

(2) 按表达方式划分,有记叙文、说明文、议论文。

记叙文是以记叙作为主要表达方式的应用文;说明文是以说明作为主要表达方式的应用文;议论文是以议论作为主要表达方式的应用文。

(3) 按使用领域划分。

① 行政类应用文,如通知等。

② 司法类应用文,如判决书等。

③ 外交类应用文,如照会等。

④ 经济类应用文,如合同等。

⑤ 科技类应用文,如实验报告等。

⑥ 教学类应用文,如教案等。

⑦ 新闻类应用文,如通讯等。

⑧ 事务类应用文,如书信等。

第二节 公文概述

概 述

一、公文的定义

公文是公务文书的简称。它是党和国家机关、各社会团体、企事业单位行使职权、处理公共事务的文字材料。

二、公文的特点

(1) 法定性:公文是由依法存在的机构、组织或其领导人,根据自己的职能和权限制发的公务文书,所以具有法定性(法定的作者,法定的读者)。

(2) 权威性:公文一经签发公布,在它所涉及的范围内就具有很强的权威性和行政约束力。并且国家以法律、行政手段来确保公文的贯彻执行。与此相关者都必须认真执行,否则,就会受到批评、处分或法律的制裁。

（3）规范性:为了提高公文的质量和机关办事效率,国家规定了统一的公文格式,所以公文具有严格的规范性。

（4）实用性:制发公文是为了完成某项工作,解决公务活动中的实际问题,所以公文具有明显的业务性和实用性。

三、公文的作用

（1）法规作用:国家各级机关经常以公文的形式颁布一些法律、法令及规定,在规定的范围内,对人们的行为有规范和制约作用,使公文具有法规作用。

（2）指导作用:上级机关根据下级机关或整体实际情况,制定正确的方针,对工作作出部署,具有指导作用。

（3）宣传教育作用:公文在贯彻执行党和国家的路线、方针、政策时,往往是通过制发文件,说明客观依据,对广大干部、群众进行宣传教育,提高他们执行路线、方针、政策的自觉性,调动建设社会主义的积极性。

（4）交流沟通作用:公文在各行政机关之间起着重要的交流沟通的作用。上情下达,下情上传,相互联系,交流经验,在一系列的公务活动中,公文起着重要的协调作用。

（5）依据凭证作用:公文是公文制发机关意图的具体体现,受文机关可以据此安排工作,开展活动。公文归档后,还具有查询、引用和研究作用。

公文种类

各机关、团体、企事业单位在自己的工作职能和业务范围内,由于日常工作需要形成了不同种类的公文,这些公文可以从不同的角度、不同的要求、不同的标准来进行分类。明确公文的种类,可以使我们在工作中更好地掌握运用公文,加快公文的运转,提高机关的办文效率。

一、按使用范围划分

（1）通用公文:指在所有机关、团体、企事业单位公务活动中普遍适用的公文;

（2）专用公文:指仅在某专业公务活动中使用的公文,如外交文书、军事文书、司法文书等;

（3）行政公文:指在国家行政机关使用的公文,行政公文通常也适用于其他机关、团体、单位。

二、按行文方向划分

行文方向即发文方向,它表示收文单位的地位,反映了机关团体、单位之间关系，是划分公文种类的重要标准。

(1) 上行文：是指发往上级机关、单位的公文。

(2) 平行文：是指发往平行的或不相隶属的机关单位之间的公文。

(3) 下行文：是指发给下属机关、单位的公文。

三、按来源和运转方向划分

(1) 收进公文（收文）：本机关收到其他机关、单位、团体的公文。

(2) 外发公文（发文）：指发往本机关（单位）之外的机关、单位、团体的发文。

(3) 内发公文（内发文）：指发给本机关、单位内部相关部门、人员的公文。

四、按处理时限划分

按此划分表示公文所谈事项的紧急程度：

(1) 紧急公文（特急件），通常当日办复；

(2) 急办公文（急件），通常3日内办复；

(3) 常规公文（平件），通常7～10日内办复。

五、按机密程度划分

指公文内容涉及有关机密，按照密级的规定划分的公文。

(1) 绝密文件，指内容涉及党和国家重要机密，在一定时间内需要绝对保密的公文，为密级最高的。

(2) 机密文件，指内容虽然不涉及国家重大核心机密，但在一定时期、一定范围内需严格保密的公文。

(3) 秘密公文，即虽不涉及重大机密事项，但却有一定保密要求的公文。

以上三个等级的公文，在拟稿、审核、签发、印制、封发、传递、阅读、保管、清理、移交、立卷、归档、销毁等环节必须按照《保密法》的相关要求办理。

(4) 普通公文，指不涉及机密事项的公文，即通常所说的普发文。

六、按传阅对象和范围划分

有内部公文和公开公文。内部公文一般又分为内部公文和指定传阅对象的内部公文。

七、按承担的职能划分

不同的公文承担不同的职能，起不同的作用。按职能分为：

(1) 联系性公文，指用于机关、单位、团体联系公务的公文，如函；

（2）告知性公文，指向有关部门通告、传达某些事项规定、情况的公文，如通告、通报、通知等；

（3）呈请性公文，指向上级机关或主管部门请示问题，报告事项的公文，如请示、报告；

（4）提议性公文，指向有关机关或上级领导部门提出意见或建议，如报告等；

（5）指示性公文，指上级机关要求下级机关（单位）完成某些任务、贯彻某些规定的公文，如令、批复、决定、通知等；

（6）法规性公文，指对有关事项作出规定，要求下属机关必须严格执行，如章程、条例办法、制度、计划及经济协议、经济合同等；

（7）实录性公文，指以实际情况或在记录稿基础上形成的公文，如总结、调查报告、会议纪要、大事记等。

八、按制发机关划分

（1）党的公文；

（2）政府公文；

（3）专门公文，指业务职能机关制发的公文；

（4）法规文件，指权力机关、行政机关制发的公文。

九、按行政机关的公文种类划分

即国务院规定的13种：命令(令)、决定、公告、通告、通知、通报、议案、报告、请示、批复、意见、函、会议纪要。

公文格式

公文格式，是指公文的规格式样，它是公文法定权威性和约束力在形式上的表现。公文格式的特点是：标记准确、结构完整、醒目庄重。主要包括文头格式、主文格式、文尾格式。

一、版头格式

（1）版头（文头），是文件的门面，位于公文首页居中偏上位置。它由发文机关名（全称或规范化简称）加"文件"二字组成文件名称（如"中共中央文件"、"国务院文件"等），文件名称用大号宋体字，套红印刷。中、小机关一般只需设计使用一种版头，且大都不加"文件"二字。高级领导机关根据文件的作用、重要程度一般设计几种版头。

几个机关联合行文,应将几个机关的名称按顺序套红印制版头,主办单位排在首位。

版头字体的选择应醒目、美观、庄重、大方。一般情况下版头字体高推荐使用小标宋字体,应小于 22 mm×15 mm。

间隔横线距文件纸顶端根据行文关系不同分为:

上行文——135 mm;

下行文——105 mm。

间隔横线宽约 0.5 mm,长约 135 mm,联合行文时,可使用小初号宋体字。联合行文的版头,可适当缩小版头字号,联合上行文可适当减小批示域。

(2) 发文字号,发文字号是由发文机关自行制订的,它由发文机关代字、发文年度、发文序号组成。

确定发文代字的基本原则是准确、简短,如中共中央文件的代字是"中发",国务院文件的代字为"国发"等。此外,一个机关的发文代字与本机关各部门的代字应统一编排确定。发文代字后是发文年度,发文年度数字用阿拉伯数字,外用方括号,发文序号在发文年度之后,用阿拉伯数字。

正确、科学地确定编排发文字号,可以迅速、准确地利用公文和管理公文。在撰写公文时,当主文中需引用某文件的标题,但标题过长时,可用发文字号代替标题。

发文字号大小与正文字体大小相同,居于版头与间隔横线正中位置,适当靠近间隔线。

(3) 间隔横线为一条细实线(红色),间隔线下为公文的主文格式。

党内公文与行政公文在间隔横线上有所不同,党内文件在间隔横线正中间缀一红色五角星,行政公文则不缀五角星。

(4) 检索代码,位于公文左上端,适用于省、部级以上党政机关、人民团体等机构发布的公文。

(5) 份号,指依据同一文稿印制文件时的顺序号,一般用六位数码标识。份号印在版头纸图文区第二行左起位置。份号位于检索代码下方,一般文件份号可省略,但密级文件必须印制。

(6) 密级,位于份号下方位置。国家秘密的标识为"★",★前为密级,★后标保密年限。若不标保密期限,绝密件保密期限为 30 年,机密 20 年,秘件 10 年。

(7) 紧急程度,标在密级下方位置。无份号、无密级的文件,标注在公文首页右上端适当位置即可。因紧急公文在封装后一般在信封上均标注紧急程度,故有些文件的公文首页即不作标记。

二、主文格式

（一）标题

即公文的题目，应该准确、简要地概括公文的主要内容，一般以不超过 30 个字为宜。

标题由发文机关、事由、文种三部分组成。在某些公文中发文机关、事由可省略，唯有"文种"不可省略，除发布法规性文件外，标题中一般不加书名号，一般也不用标点符号。

标题在印制时，大标题一般用 2 号宋体字，文内的小标题一般用 3 号宋体字。

标题的排列应美观、醒目，公文标题较长时可分行排列，排三行时，一般按长短短的顺序排列。

（二）主送机关

即受文机关，主送机关名称写在标题之下，正文之前，顶行。字体大小同正文。通告、公告、布告等公文一般采用张贴或通过新闻媒介公布，不写主送机关。通报、决定、决议一般将主送单位放在文尾主题词之下，"抄送"单位之上位置。

（三）正文

即公文的正文，也就是主送机关至落款前的部分，是公文最主要的部分。公文的行文目的、事项、要求都要在正文中表现出来。对正文的要求是：

(1) 思想原则要表述全面；
(2) 概念表达要具体明确；
(3) 文字力求准确精练；
(4) 用语通俗易懂；
(5) 文字切忌冗长。

（四）附件

是附在正文之后的文件、材料，是对正文的补充和对某些问题(事项)的说明，是公文的有机组成部分，附件不是每个文件都有。

附件名称写在正文之后(不空行)发文机关和生效日期之前，另起行，空两格书写。书写时必须把附件名称和件数写全，附件较多时，应分别标明。附件名称不加书名号，末尾也不用标点符号。

例如：

附件：一、…………
　　　二、…………

（五）成文日期

即发文机关领导人的签发日期。成文日期位于主文的右下方，用汉字书写，年、月、日必须齐全，不能省略数字，年份不得略写。最后一个字与图文区右边沿为四个字的距离。

（六）印章

印章是公文生效的凭证，印章盖在成文日期之上正中位置，上不压正文，下压年月日。行政公文必须加盖公章，否则视为无效。联合行文时，下行文必须按版头排列次序加盖行文机关公章；上行文可只盖主办机关的公章。

党的领导机关的公文，印制在有特定版头的公文用纸上。普发性公文可不盖章。

（七）文尾格式

（1）附注，即附带说明的事项，如需要加以解释的名词术语，或表示公文的传达范围、使用方法等。附注位于公文成文日期的左下侧，主题词之上，用圆括号注明，字体字号与正文相同。

（2）主题词，是经过规范化的用以表示公文中心内容的词，用来作为公文主题的标引和检索。

主题词位于公文附注域（无附注的位于成文日期左下侧位置）以下，抄送机关标识域之上。每个主题词之间空一个汉字，最后的一个主题词必须是文种。向上级机关报送的公文按上级机关的要求标注主题词。

（3）抄送机关，位于主题词之下，印发机关、日期之上字体同正文。整个区域用两条平行等宽的实线作为界限。抄送机关一般指不需要承办公文中的要求事项，只需"阅知"或作些配合工作的机关。最末一个抄送机关后面一般不加标点符号。

（4）印发机关、日期。印发机关，指发文机关的办公部门；印发日期指接到定稿后的起印日期。一般写成"×××办公厅（室）××××年×月×日印发"。印发机关与印发日期中间略有间隔并行首、行尾顶格。

（5）份数，指一个文件的印制份数。普通文件份数一般不作标记，但密级文件必须标记份数，凡给 2 份以上文件的单位，均需在单位名称右下角写清份数，份数用小圆圈圈起。

份数一般放在文尾印发日期下方。

文尾位于公文末页图文区中的下部。

第三节 国家机关行政公文写作

命令(令)

一、命令(令)

适用于依照有关法律公布行政法规和规章;宣布施行重大强制性行政措施;嘉奖有关单位及人员。

二、命令(令)的特点

(1) 下行文:只适用于上级机关对所属下级机关行文。

(2) 严格的作者限定,我国法律规定:

国家主席、人大常委会委员长、国务院总理、国务院所属各部部长、各委员会主任以及地方各级人民政府及其他法定的机关或人员,才具有发布命令(令)的权力。

省以下机关不得发布命令,县级机关如遇紧急情况,偶尔才可使用。

党的领导机关不能单独使用命令,它只能与国家领导机关联名使用。

(3) 强制性(指挥性、法规性):命令(令)对一切受文机关和人员都带有直接的,不可动摇的约束力,命令一经发布,任何机关和人员都必须无条件地严格遵守和执行,否则将受到国家法律的制裁。

三、命令(令)的种类

(1) 公布令(公布重要法规或规章);

(2) 任免令(任命或免除政府高级官员);

(3) 嘉奖令(表彰有重大贡献或有突出功绩的集体或个人);

(4) 行政令(发布重要的强制性的行政措施);

(5) 特赦令(减轻免除有悔改表现或特定犯人刑罚)等。

四、常用命令的结构与写法

(1) 标题:一般写明发文机关、事由和文种,如《国务院关于统一我国计量制度的命令》。有的省略发文者或事由,如《中华人民共和国主席令》。

(2) 令号：在标题下方正中书写。如果命令是以机关名义发布的，令号以机关的发文字号编写；如果以领导人名义发的，则从领导人任职开始按前后顺序编号。

(3) 正文：公布令由三部分组成。公布对象，即所公布的法规的全称；公布依据，即所公布对象通过、批准的机关或会议；公布决定，即所公布法规的实施日期。一般都非常简练。

行政令由两部分组成。一是命令的原因、目的或者依据；二是阐述行政措施的具体内容。如果这部分内容如果较多，也可分条款写。

任免令由两部分组成。一是任免依据；二是任免的具体内容。

嘉奖令通常包括三部分：嘉奖对象的主要事迹和意义；嘉奖的具体方式和内容；向有关方面或人员提出希望或号召。

(4) 落款：发布命令机关的名称或发令机关的领导人职务、姓名、发令时间等。

【例文】

中华人民共和国主席令
第十五号

《中华人民共和国统计法》已由中华人民共和国第十一届全国人民代表大会常务委员会第九次会议于 2009 年 6 月 27 日通过，现予公布，自 2010 年 1 月 1 日起施行。

中华人民共和国主席　胡锦涛
2009 年 6 月 27 日

决　定

一、决定

适用于对重要事项或重大行动做出安排。奖惩有关单位及人员，变更或者撤销下级机关不适当的决定事项。

二、决定的特点

(1) 规定性公文：内容明确，具体。
(2) 权威性，强制性：执行决定的相关机关及工作人员必须执行，不得违抗。
(3) 使用范围广：各级党政机关、团体和单位都可使用。

三、决定的种类

决定主要分为知照性决定和指挥性决定。

四、决定的结构与写法

（1）知照性决定：发文机关就某一事项或某一行动的决定告之社会或人民群众时，就用知照性决定。如表彰决定；处分决定；机构设置决定；人事安排决定等。

① 标题：一般由发文机关、事由、文种组成。

② 发文字号：在标题下写明发文字号；如果是经会议做出的决定，应在标题之下，写明什么会议，何时通过。

③ 正文：写出决定的根据与决定的具体内容即可，结构上常常只有一个段落。

④ 落款：在正文结尾处写明成文时间。如果是经过会议通过的决定，因其在标题下已经标明，此处可以不写。

（2）指挥性决定：是对重大事项或行动所做的部署，它不仅要使人们了解决定的内容，还要人们必须按照决定的内容去做，所以要说理透彻。

① 标题：一般由发文机关、事由、文件组成。

② 发文字号：在标题下写明发文字号；如果是经会议做出的决定，应在标题之下，写明什么会议，何时通过。

③ 正文：开头写明决定的依据、必要性、目的及其意义，后写决定的事项。

关于事件处理和干部处分的决定，写明针对的当事者及针对的事实，分析问题的性质、产生的原因、应当吸取的教训等，最后写明处理或处分意见、意义和要求。

人事、机构的决定，开头写依据，再写决定事项，一般不作具体说明，也不另写结尾。

④ 落款：同知照性决定。

【例文】

国务院关于 2008 年度国家科学技术奖励的决定

国发〔2008〕38 号

各省、自治区、直辖市人民政府，国务院各部委、各直属机构：

为全面贯彻党的十七大和十七届三中全会精神，深入贯彻落实科学发展观，大力实施科教兴国战略、人才强国战略、可持续发展战略，推进科学技术的自主创新，国务院决定，对为发展我国科技事业、促进经济社会发展、推进国防现代化建设作出突出贡献的科学技术人员和组织给予奖励。

根据《国家科学技术奖励条例》的规定，经国家科学技术奖励评审委员会评审、国家科学技术奖励委员会审定和科技部审核,国务院批准并报请国家主席胡锦涛签署,授予王忠诚、徐光宪两位院士2008年度国家最高科学技术奖;国务院批准,授予"化学反应过渡态的结构和动力学研究"等34项成果国家自然科学奖二等奖,授予"小型高精度天体敏感器技术"等3项成果国家技术发明奖一等奖,授予"粒子过程晶体产品分子组装与形态优化技术"等52项成果国家技术发明奖二等奖,授予"青藏铁路工程"等3项成果国家科学技术进步奖特等奖,授予"全超导非圆截面托卡马克核聚变实验装置(EAST)的研制"等26项成果国家科学技术进步奖一等奖,授予"中国大陆科学深钻的科技集成与创新"等225项成果国家科学技术进步奖二等奖,授予美国农业经济学专家罗斯高、澳大利亚生态学专家维克多·罗伊·斯夸尔和德国化学工程专家洛塔·雷中华人民共和国国际科学技术合作奖。

全国科学技术工作者要向王忠诚、徐光宪两位院士及全体获奖者学习,继续发扬团结协作、奋力攀登、求真务实、开拓创新、为国奉献的精神,坚持科技为经济社会发展服务、为人民服务,深入贯彻落实《国家中长期科学和技术发展规划纲要(2006—2020年)》,坚定不移地走中国特色自主创新道路,为建设创新型国家作出更大的贡献。

国务院
二〇〇八年十二月二十九日

公　告

一、公告

适用于向国内外宣布重要事项或者法定事项。

二、公告的特点

(1) 周知性:告知的对象广泛,是国内外公众。
(2) 庄严性:宣布的事项重大。
(3) 发文机关级别高:一般是党和国家高级机关,如国务院、全国人民代表大会及其他国家机关。
(4) 国内外都适用,受国内外法律保护。

三、公告的结构与写法

(1) 标题:可以用标准的公文标题写法,有时也可以省略发文机关和事由。
(2) 发文字号:一般没有发文字号,只是按本年度所发公告的次序编序号,书写在标题下方居中处,并加圆括号。

(3) 正文:开门见山,直陈其事。
(4) 落款:发文机关的全称,发文日期。

【例文】

中华人民共和国全国人民代表大会公告(十一届第3号)

第十一届全国人民代表大会第一次会议于2008年3月15日选举胡锦涛为中华人民共和国中央军事委员会主席。

现予公告。

中华人民共和国第十一届全国人民代表大会 第一次会议主席团
2008年3月15日于北京

通 告

一、通告

适用于公布社会各有关方面应当遵守或者周知的事项。

二、通告的特点

(1) 内容广泛:通告的内容可涉及国家法令、政策,也可用来公布生活中的具体事务。
(2) 使用权限宽泛:从国家领导机关到各部门团体及其基层企事业单位,都可使用。
(3) 具有法规作用。

三、通告的结构与写法

(1) 标题由发文机关、事由和文种组成。但有的时候省略发文机关或事由(利用新闻媒体发布的通告由"发文单位＋发文时间＋发布＋文种"组成,如例文)。
(2) 正文一般包括依据、事项和结语。

【例文】

公安部关于严厉打击违反爆炸物品枪支
弹药管理违法犯罪活动的通告

为加强爆炸物品和枪支、弹药管理,维护社会治安秩序,保障公共安全,保护人民群众生命财产安全,公安部决定,坚决收缴非法爆炸物品、枪支弹药,严厉打击违反爆炸物品、枪支弹药管理的违法犯罪活动。根据国家有关法律、法规的规定,特通告如下:

一、严禁任何单位、组织和个人非法制造、买卖、运输、储存炸药、雷管、导火索、导爆索、震源弹、黑火药、烟火剂、烟花爆竹以及手榴弹、地雷、炮弹等各类爆炸物品,军用枪、射击运动枪、猎枪、麻醉注射枪、气枪、火药枪、催泪枪、仿真枪等各类枪支和弹药。

二、严禁任何单位、组织和个人非法持有、私藏或者使用爆炸物品和枪支、弹药。

三、严禁邮寄爆炸物品和枪支、弹药,严禁在托运的行李包裹和邮寄的邮件中夹带爆炸物品、枪支、弹药,严禁非法携带爆炸物品、枪支、弹药进入公共场所或者乘坐公共交通工具。

四、严禁任何生产、销售、储存、使用爆炸物品和枪支、弹药的单位违法违规生产、销售、购买、运输、储存、使用爆炸物品、枪支、弹药。

五、凡违反上述规定或者有盗窃、抢劫、抢夺爆炸物品、枪支、弹药等违法犯罪行为的,必须立即向当地公安机关投案自首,并将爆炸物品、枪支、弹药和非法制造爆炸物品、枪支、弹药的工具设备、原材料主动上交当地公安机关。

六、凡在本通告发布之日起30日内投案自首并交出爆炸物品、枪支、弹药和非法制造爆炸物品、枪支、弹药的工具设备、原材料的,可依法从轻、减轻或者免予处罚;逾期拒不投案自首、拒不交出爆炸物品和枪支、弹药等物品的,依法从重处罚。

七、公民发现遗弃的爆炸物品、枪支、弹药或者爆炸可疑物的,应当立即报告当地公安机关。

八、广大人民群众应当积极向公安机关举报涉及爆炸物品、枪支、弹药违法犯罪的活动和线索,对举报有功的,给予奖励,有重大立功表现的予以重奖;对包庇、纵容违法犯罪分子的,依法追究法律责任;对举报人进行打击报复的,依法从严惩处。

公安部举报电话(010)65203288。各地举报电话110。

本通告自发布之日起实施。

二○○一年四月十八日

通　知

一、通知

适用于批转下级机关的公文,转发上级机关和不相隶属机关的公文;发布规章;传达要求下级机关办理和有关单位需要周知或者共同执行的事项;任免人员。

二、通知的特点

(1) 使用范围广泛。任何一级的行政机关都可使用。
(2) 使用频率高。由于通知适用范围广,行文简便,所以使用频率最高。

三、通知的种类

包括指示性通知、批转性通知、告知性通知、会议通知、任免聘用通知等。

四、通知的结构与写法

(一) 标题

由发文机关、事由、文种构成,如《中共中央、国务院关于在全国范围内实行夏时制的通知》。在一定范围内制发的普遍告知性通知可省略发文机关或事由。

"颁布"、"印发"、"发布"、"批转"、"转发"类通知,应该在标题中把被转发的文件制发机关写明。

(二) 发文字号

按标准的公文格式书写。

(三) 正文

1. 指示性通知
首先写出本通知的依据和目的,其次写通知的具体任务和要求,最后要写清楚处理问题的原则、具体措施或办法。

2. 转发性通知
包括印发性通知和批转性通知。
正文一般比较简单,句式基本固定。
写明对所批转或转发的文件的意见或评价,并分别情况表明批转、转发目的,如要求下级机关"参照执行"、"遵照办理"、"研究执行"、"认真贯彻执行"等。
有的批转、转发文件的通知,不仅要表明批转、转发目的和要求,还要在其中提出具体的指示性意见。

3. 告知性通知
把要告知的事项写清楚。即通知的事项、意义和重要性、希望和要求等。

4. 会议通知
简单的会议通知,只是写明会议的名称、时间、地点、内容、参加者、要求等。
复杂的会议通知,一般应写明:会议目的、名称、开会时间、会议地点、会议议题、参加人员范围、入场凭证、报到时间及地点、与会人员须携带的文件材料或其他要求事项。

  5. 任免通知

  只需写明任免的依据和内容(时间、机关、人员、具体职务等)即可。

【例文】

国务院办公厅转发安全监管总局等部门关于
加强企业应急管理工作意见的通知

国办发〔2007〕13 号

各省、自治区、直辖市人民政府，国务院各部委、各直属机构：

  安全监管总局、国资委、财政部、公安部、民政部、卫生部、环保总局《关于加强企业应急管理工作的意见》已经国务院同意，现转发给你们，望认真贯彻执行。

国务院办公厅
二○○七年二月二十八日

通　报

一、通报

适用于表彰先进，批评错误，传达重要精神或者情况。

二、通报的特点

(1) 典型性：通报的内容具有典型性，在工作中有普遍意义。

(2) 及时性：及时处理工作中的新情况，表彰先进，推动工作顺利进行；批评错误，避免更大的失误。

三、通报的分类

包括表彰性通报、批评性通报、情况通报。

四、通报的结构与写法

(一) 标题

由发文机关、事由、文种三部分组成。

（二）正文

（1）表彰性通报：首先介绍先进事迹或经验，其次分析先进事迹或经验产生的原因，最后写作出表彰的决定。

（2）批评性通报：首先写错误的基本情况，其次分析错误发生的原因，最后写处理决定。

（3）情况通报：首先写通报的情况，其次分析评价，最后提出希望和要求。

议 案

一、议案

适用于各级人民政府按照法律程序向同级人民代表大会或人民代表大会常务委员会提请审议事项。

二、议案的特点

（一）制作主体的法定性

宪法规定，国务院可以"向全国人民代表大会或者全国人民代表大会常务委员会提出属于全国人民代表大会及其常务委员会职权范围的议案"；"地方人民代表大会举行会议的时候，本级人民政府可以向本级人民代表大会提出属于本级人民代表大会职权范围内的议案"。

可见，上至国务院下至省、自治区、直辖市、县乃至乡镇人民政府，都有权向本级人民代表大会或人民代表大会常务委员会，提出属于本级人民代表大会或者人大常委会职权范围内的议案。

（二）内容的特定性

各级人民政府提请审议的事项，不能超过同级人代会或人大常委会和职权范围。"职权范围"即指人民代表大会依照宪法所拥有的监督权、人事任免权和重大事项决定权。

（三）时限性

议案必须在人代会所规定的时间内提出，超过了截止时间，就不列入表决议程。

三、议案的分类

（1）按其内容分：法律案、预算案、重大事项案、机构设置案、人事任免案、批准条约案等。

(2) 按其作者分:国家机关提出的提请审议事项的议案和人民代表提出的建议、批评和意见等提请列入人大议程的议案。

四、议案的结构与写法

议案的写法有两种:一种是公文式,另一种是表格式。

(一) 公文式

(1) 标题:一般由发文机关、事由和文种组成,如《国务院关于提请审议建立"教师节"的议案》。

(2) 发文字号:由发文机关代字、年份、序号组成。

(3) 主送机关:在发文字号下一行顶格写受理、审定议案的人代会或人大常委会名称。

(4) 正文:一般包括案据、方案和结语三部分。案据主要写议案的事实和理由。方案即对议案提出问题的解决办法、措施。结语一般用"现提请审议"、"请审定"、"请审议决定"、"请予审议"、"请审议批准"等用语。

(5) 落款:行政领导人职务、签名、成文日期。

(二) 表格式

(1) 版头:表明是哪一级、哪一届人民代表大会的议案。
(2) 案号:在版头的正下方,表明议案的顺序号,如"第×号"。
(3) 案由:简要填写所提议案的事项,相当于标题的事由。
(4) 提议案人:提议案人员的签名。
(5) 理由:填写具体的所提事项,阐述提请审议的理由。
(6) 解决方法:提出解决所提事项的具体建议。
(7) 审查意见。
(8) 收到日期。

【例文】

**国务院关于提请审议《中华人民共和国
电子签名法(草案)》的议案**

全国人民代表大会常务委员会:

为了确立电子签名法律效力,明确电子签名规则,维护电子签名活动各方的合法权益,保证电子交易安全,经过广泛征求意见,总结实践经验,并借鉴国外好的做法,国务院法制办公室会同信息产业部、国务院信息化工作办公室拟定了《中华人民共和国电子签名法(草案)》。该草案已经国务院常务会议通过,现提请审议。

国务院总理 温家宝
2004年3月24日

报 告

一、报告

适用于向上级机关汇报工作,反映情况,答复上级机关的询问。

二、特点

(1) 汇报性:主要是反映情况。
(2) 陈述性:用叙述性的语言反映实际情况。

三、种类

按作用、内容划分,报告可分为呈报性报告和呈转性报告。

四、报告的结构与写法

(1) 标题、发文字号、主送单位等写法执行标准公文格式。
(2) 正文。
① 呈报性报告:首先写报告的原因和目的,其次写报告内容,这是行文重点,最后用"以上若有不妥(当),请指示。"等用语结尾。报送、转呈相关文件和材料,通常用"请审阅"、"请查收"、"请收阅"等常用语结尾。
② 呈转性报告:首先写明报告的原因,其次具体阐述工作安排的有关规定、措施和方法,最后常用"以上报告如无不妥,请予批转执行。"等收束全文。
(3) 落款:写法执行标准公文格式。

请 示

一、请示

适用于向上级机关请求指示、批准。

二、请示的特点

(1) 一文一事。不可以在一个请示中请示两个或两个以上的问题或事项。

(2) 不能多头请示,一般只报一个上级主管机关。如涉及其他机关,可用抄送的形式。

(3) 一般不能越级,如果情况特殊,必须越级时,则应同时抄送被越过的机关。

三、请示的结构与写法

(1) 标题、发文字号、主送单位执行标准公文格式。

(2) 正文:首先交代请示事项或问题的背景、原因,其次提出请示的具体事项,最后用"如无不当,请批复"、"妥否,请批复"等常用语结束全文。

(3) 落款:同标准公文格式。

【例文】

关于建立中国工程院有关问题的请示

国务院:

近年来,我国科学家、工程技术专家和有关人士,曾多次提出建立中国工程院问题。

全国政协七届五次会议和中国科学院第六次学部委员大会期间,不少政协委员、学部委员和工程技术专家,又先后提出提案和建议。党中央和国务院领导同志十分重视这一建议。曾就建立中国工程院问题,多次作过批示。根据党中央和国务院领导同志的批示精神,组成了专家研究小组,经过广泛调查研究,听取各方面人士和有关产业部门的意见,进行反复酝酿和讨论,形成工程院的初步方案。现就建立中国工程院的有关问题报告如下。

一、关于建立中国工程院的必要性(略)

二、关于组建中国工程院的一些原则

(一) 关于名称(略)

(二) 关于中国工程院的性质和作用(略)

(三) 关于中国工程院成员的称谓(略)

(四) 关于中国工程院与中国科学院(学部)的关系(略)

(五) 关于中国工程院院士的标准和条件(略)

(六) 关于中国工程院第一批院士的产生及以后的增选制度(略)

(七) 关于中国工程院的领导体制及学部设置(略)

三、关于中国工程院的筹建工作及进度安排(略)

以上请示当否,请批示。

附件:中国工程院筹备领导小组名单

国家科委
中国科学院
××××年×月×日

批　复

一、批复

适用于答复下级机关的请示事项。

二、批复的特点

(1) 针对性:都是针对下级机关的请示而作。

(2) 原则性:批复的内容既要符合实际,又不违反国家政策。

三、批复的结构与写法

(1) 标题、发文字号、收文单位同标准公文格式。

(2) 正文:首先写批复引据,其次写批复意见,最后用"特此批复"、"此复"等常用语结尾。

【例文】

国务院关于同意将山东省泰安市列为
国家历史文化名城的批复

国函〔2007〕25号

山东省人民政府:

你省《关于申请将泰安市列为国家历史文化名城的请示》(鲁政发〔2006〕30号)收悉。现批复如下:

一、同意将泰安市列为国家历史文化名城。

二、泰安市城市发展历史悠久,文化遗存丰富,历史遗迹保护较好,自然风光雄伟壮丽,具有重要的历史、科学、艺术价值。泰安市"山城相依、山城一体"的格局独具特色。

三、你省及泰安市人民政府要根据本批复精神,在充分研究城市发展历史和

二、请示的特点

(1) 一文一事。不可以在一个请示中请示两个或两个以上的问题或事项。

(2) 不能多头请示,一般只报一个上级主管机关。如涉及其他机关,可用抄送的形式。

(3) 一般不能越级,如果情况特殊,必须越级时,则应同时抄送被越过的机关。

三、请示的结构与写法

(1) 标题、发文字号、主送单位执行标准公文格式。

(2) 正文:首先交代请示事项或问题的背景、原因,其次提出请示的具体事项,最后用"如无不当,请批复"、"妥否,请批复"等常用语结束全文。

(3) 落款:同标准公文格式。

【例文】

关于建立中国工程院有关问题的请示

国务院:

近年来,我国科学家、工程技术专家和有关人士,曾多次提出建立中国工程院问题。

全国政协七届五次会议和中国科学院第六次学部委员大会期间,不少政协委员、学部委员和工程技术专家,又先后提出提案和建议。党中央和国务院领导同志十分重视这一建议。曾就建立中国工程院问题,多次作过批示。根据党中央和国务院领导同志的批示精神,组成了专家研究小组,经过广泛调查研究,听取各方面人士和有关产业部门的意见,进行反复酝酿和讨论,形成工程院的初步方案。现就建立中国工程院的有关问题报告如下。

一、关于建立中国工程院的必要性(略)

二、关于组建中国工程院的一些原则

(一) 关于名称(略)

(二) 关于中国工程院的性质和作用(略)

(三) 关于中国工程院成员的称谓(略)

(四) 关于中国工程院与中国科学院(学部)的关系(略)

(五) 关于中国工程院院士的标准和条件(略)

(六) 关于中国工程院第一批院士的产生及以后的增选制度(略)

(七) 关于中国工程院的领导体制及学部设置(略)

三、关于中国工程院的筹建工作及进度安排(略)

以上请示当否,请批示。

附件:中国工程院筹备领导小组名单

国家科委
中国科学院
××××年×月×日

批　复

一、批复

适用于答复下级机关的请示事项。

二、批复的特点

(1) 针对性:都是针对下级机关的请示而作。

(2) 原则性:批复的内容既要符合实际,又不违反国家政策。

三、批复的结构与写法

(1) 标题、发文字号、收文单位同标准公文格式。

(2) 正文:首先写批复引据,其次写批复意见,最后用"特此批复"、"此复"等常用语结尾。

【例文】

国务院关于同意将山东省泰安市列为
国家历史文化名城的批复

国函〔2007〕25 号

山东省人民政府:

你省《关于申请将泰安市列为国家历史文化名城的请示》(鲁政发〔2006〕30号)收悉。现批复如下:

一、同意将泰安市列为国家历史文化名城。

二、泰安市城市发展历史悠久,文化遗存丰富,历史遗迹保护较好,自然风光雄伟壮丽,具有重要的历史、科学、艺术价值。泰安市"山城相依、山城一体"的格局独具特色。

三、你省及泰安人民政府要根据本批复精神,在充分研究城市发展历史和传统风貌的基础上,正确处理保护与发展的关系,编制历史文化名城保护规划,保护好城市的历史文化轴线,处理好山和城的关系。在历史文化名城保护规划的基础上,编制重点保护地段的详细规划,保护好现存的历史文化遗产。不得进行任何与历史文化名城环境和风貌不相协调的建设活动。

四、你省和建设部、国家文物局要加强对泰安市国家历史文化名城规划、保护工作的指导、监督和检查。

国务院
二〇〇七年三月九日

意 见

一、意见

适用于对重要问题提出见解和处理办法。

二、意见的特点

(1) 针对性:都是针对机关的重要问题而作。
(2) 实用性:既可以作为建设性的意见向上级机关报文,又可以作为指导性的意见下发。

三、意见的种类

(1) 上行文:下级机关对重大问题的见解和解决办法请求上级机关指示。
(2) 下行文:上级机关对重大问题提出指导性意见。
(3) 平行文:平级机关相互表达对某一问题的意见和见解。

四、意见的结构与写法

(略)

【例文】

国务院办公厅关于汶川地震抗震
救灾捐赠资金使用指导意见

各省、自治区、直辖市人民政府,国务院各部委、各直属机构:

　　为做好汶川地震抗震救灾和灾后恢复重建工作,引导各类捐赠资金的合理配置、规范使用,充分体现捐赠人意愿,提高捐赠资金的使用效益,避免交叉重复和损失浪费,经国务院同意,现就汶川地震抗震救灾捐赠资金使用提出以下指导意见:

一、本意见所指的捐赠资金包括:各类机关、事业单位、人民团体和社会组织接受的向汶川地震灾区捐赠的各类资金和中央组织部接收的特殊党费。

二、捐赠资金使用要依照有关法律、法规和章程的规定,坚持尊重捐赠者意愿和政府引导相结合的原则,符合国家灾后恢复重建规划的要求。在统筹安排各类捐赠资金时,对有明确捐赠意向的,要按捐赠人意向安排使用;对重复集中于同一地区或同一项目的定向捐赠资金,要按照规划要求,在与捐赠人协商后调整使用。

捐赠资金全部用于汶川地震受灾省份,优先用于民生项目,同时兼顾地区之间、项目之间投资规律和建设标准的基本均衡。安排捐赠资金遵循以下顺序:一是房屋倒损农户住房重建;二是学校、医院、社会福利等公共服务设施及配套设备;三是对特困群众、"两孤一残"人员等特殊群体的生活补助;四是农村道路、桥梁等基础设施建设。

三、各类捐赠资金按以下要求安排:

中央和国家机关及事业单位、人民团体接收的各类捐赠资金,中央组织部接收的特殊党费,集中到在民政部开设的汶川地震抗震救灾捐赠专户,按照规划安排使用。

中国红十字会总会、中华慈善总会和经民政部批准的可接收捐赠的其他公募基金会,可根据国家公布的灾后恢复重建规划,与受灾省份人民政府协商,认建或认领项目。

承担对口支援任务的省份接收的捐赠资金,由该省级人民政府按照国家灾后恢复重建规划与受援省级人民政府协商安排使用。

未安排对口支援任务的省份接收的捐赠资金,可按照国家灾后恢复重建规划,直接用于与受灾省份人民政府协商确定的项目,也可以集中到在民政部开设的汶川地震抗震救灾捐赠专户,统一安排使用。

四川、甘肃、陕西、重庆、云南五省市接收的捐赠资金,在符合捐赠者意愿的前提下,原则上留归本省市用于抗震救灾和恢复重建。

其他机构和社会组织接收的捐赠资金或缴入民政部开设的汶川地震抗震救灾捐赠专户,或缴入中国红十字会总会,按规定安排到受灾省份使用。

四、为保障捐赠资金规范管理和有效使用,在国务院抗震救灾总指挥部领导下,建立由民政部、财政部和发展改革委组成的指导协调机制,沟通相关工作信息,提出捐赠资金总体安排意见,加强对地方政府的指导和协调。受灾省份也要建立相应的指导协调机制,及时研究解决捐赠资金安排使用中的问题。

五、捐赠资金的管理使用要规范、高效、公开、透明,确保资金使用的安全、有效。民政部门要建立捐赠信息统计制度,定期统计和报告捐赠资金来源、规模、捐赠者意愿等情况,及时公开发布。各有关部门和接收捐赠的机构要按照《国务院办公厅关于加强汶川地震抗震救灾捐赠款物管理使用的通知》(国办发〔2008〕39 号)要求,强化监督管理,提高资金使用效益,切实保护捐赠者的合法权益。

国务院办公厅
二〇〇八年六月十三日

函

一、函

适用于不相隶属机关之间商洽工作,询问和答复问题,请求批准和答复审批事项。

二、函的特点

(1) 行文自由:使用时没有严格的上下级级别约束。
(2) 用途广泛:商洽工作,询问和答复问题等都可用函。
(3) 灵活多样:写作方式灵活,行文灵活。

三、函的种类

(1) 商洽函:不相隶属的机关之间商洽办理某一事项,请求协助解决某一问题。
(2) 询问函:询问工作情况或某一项问题。
(3) 答复函:答复有关机关询问的事项。
(4) 请示函:向主管部门请求批准。
(5) 周知函:告知一个单位某些情况,不需回函。

四、函的结构与写法

(1) 标题、发文字号、收文单位同标准公文格式。
(2) 正文。

① 发函:首先写明发函的理由;其次写明需要商洽、询问、告知、催办、请求的具体事项;最后用"特此函询,望予函告"、"特此商洽,望能同意"、"请予研究函复"等结尾。

② 复函:首先概述来函内容作为复函依据;其次写明对来函作出回答;最后用"特此函复"、"谨此函告"等结尾。

【例文】

国务院办公厅关于成都
皮影博物馆冠名问题的复函

国办函〔2006〕79号

四川省人民政府：

你省《关于成都皮影博物馆冠名的请示》(川府〔2006〕43号)收悉。经商有关部门并报国务院领导同志同意，现函复如下：

成都皮影博物馆名称可定为"成都中国皮影博物馆"。

国务院办公厅
二〇〇六年十月十一日

会 议 纪 要

一、会议纪要

适用于记载和传达会议情况和议定事项。

二、会议纪要的特点

(1) 概括性：是对会议记录的综合、归纳、提炼。

(2) 及时性：大多要求在会后即写出来。

(3) 指导性：有些会议纪要有一定的指导作用。

三、会议纪要的结构与写法

(1) 标题：应表明会议的名称，如《全国农村工作会议纪要》。

(2) 期号：写在标题的正下方，并用小括号括上。

(3) 发文单位：写在期号的左下方顶格处。

(4) 发文日期：在发文单位同一行的右边，行尾顶格。

(5) 正文。

① 第一部分：会议概况，包括会议时间、地点、与会人员和主持者、目的、会议的议程和议题等。

② 第二部分：会议主要精神，研究的问题，讨论的意见，提出的任务要求等。

(6) 结尾。一般指明方向，发出号召，提出希望。但也可将纪要内容写完，即自行结束。

第四节 常用行政公文写作

计 划

一、计划的定义

计划是机关、单位或个人对将要进行的工作、生产与学习提出预想的目标,并制定出实现这个目标的具体步骤、方法和措施所使用的应用文。

二、计划的特点

(1) 目的性:计划都和具体的工作相联系,都有明确的目的和任务。
(2) 预见性:计划是为完成预定的目标或工作任务所作的预想性部署和安排。在全面掌握材料的基础上,科学分析事物的发展规律与趋势,提出具有先见性的目标和措施。
(3) 可行性:任何计划都是为配合实际工作而提出的具有前瞻性工作安排,对工作的进行有可行的指导性。根据实际需要,制订完善、合理、可行的计划是实现预期目标的前提。
(4) 针对性:计划总是针对具体单位、人员、工作、目标、时限提出的。

三、计划的种类

(1) 按针对范围分,有个人计划、班组计划、单位计划、国家计划等。
(2) 按性质分,有综合计划、专题计划等。
(3) 按内容分,有生产计划、工作计划、学习计划、实习计划等。
(4) 按时间分,有年度计划、季度计划、月计划等。

四、计划的作用

计划的作用,概括起来有以下几点:
(1) 减少盲目性。可以做到胸中有全局,行动有依据,减少盲目性、被动性。
(2) 工作合理性。便于合理安排人力、物力、财力,能确保按质按量的完成任务。
(3) 可以预先估计可能出现的新情况和问题,制订出措施,取得应变的主动权。

五、计划的结构与写法

（一）标题

标题通常由单位、时限、计划内容和文种组成。如《北京大学 2008 年招生工作计划》。

有时，视具体情况相应的省略单位或时限，如《2007－2008 年度教学工作计划》、《红旗厂改造产品生产工艺的计划》、《关于进行量化管理的计划》。

未定稿的计划，可在标题下一行用括号加注"草案"、"初稿"、"讨论稿"等。

（二）正文

计划的正文通常有前言、主体、结语等几部分。

1. 前言

主要写制订计划的依据、指导思想，也有的交代情况写出目标要求。

2. 主体

主体是计划的核心部分，包括两部分。

（1）任务和要求。主要写出在一定时间内要完成的工作，要达到的指标，要写明完成任务的数量、质量、程度。

（2）方法和措施。写明完成某项工作采取的方法、措施，具体步骤，时间分配，人力、物力、财力的安排等，要具体可行。

3. 结语

可以重申计划的重大意义，也可以提出注意事项或发出号召，以鼓舞士气。

（三）结尾

署名、日期。

规　　划

一、规划的定义

规划是粗线条的长远计划，通常指一个地区、一个部门、一项事业需要在比较长时期完成的工作。制订部门在周密调查、测量的基础上，充分吸取有关人员的意见，经过多种方案的论证、比较后，提出若干年内的全局性部署，制定出发展远景和总目标，及实现规划的阶段与步骤。常见的规划有：经济发展规划、精神文明建设规划、教育发展规划、人才培训规划等。

二、规划的特点

（1）全局性：规划是从总体上、全局上考虑好，对所考虑的工作必须在全面调查、了解、分析、论证的基础上作出安排,因此具有全局性。

(2)方向性:制订规划必须确定今后的努力方向和奋斗目标,规划中所提出的措施和制订的步骤都要紧紧围绕这个大方向、大目标。

(3)长期性:规划是一种粗线条的长远计划,是用来指导一个时期的工作的,一般至少在五年以上。

三、规划的内容

(1)指导思想,指导思想是规划的灵魂。制定规划要根据党的路线、方针、政策和上级机关及有关部门的指示、规定,结合本地区、本部门、本单位的实际来确定规划的指导思想。

(2)基本情况,确定规划,要对本地区、本部门、本单位的历史和现状进行客观简要的分析、总结,结合当前的政治、经济形势和上级主管部门的要求,正确认识自身及外部的有利因素、不利条件。

(3)奋斗目标,实事求是地提出发展远景和奋斗目标。奋斗目标要具体、明确,使大家增强信心,增添干劲。

(4)具体措施,措施是实现目标的方法,通常包括:实现目标的阶段与步骤;组织领导,资金筹措,人员配备,外部支援等。所采取的措施要切实可行。

四、规划的结构与写法

规划的写作方法与计划相似,所不同的是,规划的写法比较原则和概括,不可能像计划那样详细、具体。

规划通常由标题、正文、结尾、日期等部分组成。

(1)标题,由制订机关、规划内容、文种组成。

(2)正文,是规划的核心部分,主要包括指导思想、基本情况、奋斗目标,步骤及措施等。在写法上通常采用分章划节的方式。如《×××省信息产业发展五年规划》,共分为:前言,指导思想,奋斗目标,任务,实现规划的对策与措施四个部分。每个部分又分为若干节。如该规划的第四部分"实现规划的对策与措施"就分为如下小节:

① 狠抓技术进步,加强人才培养;

② 积极扩大国际合作,加快设备引进;

③ 深化电信企业改革,增强企业活力;

④ ……

⑤ ……

(3)结尾,这是整个规划的收尾部分,通常是发出号召,提出要求。结尾应简短有力,起到鼓舞斗志增强信心的作用。如《×××"十五"发展规划》的结尾:"'十五'规划的奋斗目标是明确的,任务是光荣而艰巨的。全体干部职工要立即行动起来,继续发扬不怕困难,敢于拼搏,无私奉献的精神,团结一致,努力进取,为早日实现'十五'发展规划的目标而奋斗!"

(4) 日期,即制订规划的具体日期。日期可按行政公文的格式写在结尾的右下方。凡经会议审议通过的规划,应在规划的标题之下注明"××××年×月×日第×次会议通过",并用圆括号括起。

五、应注意的问题

(1) 制订规划要服从全局,这是应遵循的根本原则。
(2) 制订规划一定要实事求是,根据客观实际与可能,提出奋斗目标。
(3) 措施必须切实可行。

总　结

一、总结的定义

总结是对已经完成的某一时期内或某一专项工作进行检查回顾,从中找出经验和教训而形成的一种文字材料。

二、总结的作用

(1) 有利于提高工作效率。总结是对以往的工作进行全面、系统的回顾,找出经验和差距,避免在今后工作中走弯路。
(2) 有利于克服工作中的盲目性。通过总结,可以从过去的实践中找出规律性的东西,去掉盲目性,提高自觉性。

三、总结的种类

(1) 按内容分,有工作总结、教学总结、学习总结、思想总结等。
(2) 按时间分,有年度总结、季度总结、月份总结、阶段总结等。
(3) 按范围分,有全国总结、部门总结、单位总结、个人总结等。
(4) 按性质分,有综合性总结、专题总结等。

四、总结的结构与写法

(一) 标题

(1) 公文式标题:一般由单位名称、期限、总结对象和文种组成,如《北京大学2007年教学工作总结》。

（2）展现观点式标题，如《红旗无线电厂是怎样扭亏为盈的》。

（二）正文

正文通常有前言、主体、结语等几部分。

1. 前言

一般交代具体工作的政策依据、主客观条件等背景材料，也概括介绍总结的对象、范围、目的。

2. 主体

（1）取得成绩的经验。这部分是总结的主要内容。重点分析取得的成绩以及取得成绩的原因和做法，总结出带有规律性的经验。

（2）存在问题和教训。工作中的主要问题和教训，要写得具体真实，以利于今后工作中改进。

3. 结语

主要是对下一步工作的设想、安排意见等。

（三）落款

署名、日期。

调查报告

一、调查报告的定义

调查报告是对某项工作、某个事件或某个问题，经过深入细致的调查后，将调查中搜集到的材料加以系统地整理，分析研究，并概括出规律和本质，提出对策与观点的书面报告。

二、调查报告的特点

（1）典型性：调查报告是通过反映典型事例来说明问题的。在写调查报告中，一般都选取典型事例，具有一定的代表性和说服力。

（2）准确性：真实是调查报告的生命。调查报告中的事实必须真实准确，不能有任何虚假伪造。

（3）指导性：调查报告一般都是选取典型事实，对工作都有推动和指导作用，特别是经验调查报告，就是把新经验、新典型介绍给大家，用于指导实际工作。

三、调查报告的种类

（1）按内容来分，可分为情况调查报告、经验调查报告、问题调查报告三大类。

① 情况调查报告：这种调查报告能够系统地反映各个方面的情况，能为有关部门了解情况、研究问题、制定措施提供参考作用。

② 经验调查报告：这种调查报告目的在于总结先进典型的经验，推动全面工作。

③ 问题调查报告：这类调查报告针对某一方面的典型问题，用确凿的事实揭露问题的严重性，以引起社会或有关方面、有关部门的重视，达到解决问题的目的。

(2) 按调查对象的性质来分，可分为综合性调查报告和专题性调查报告。

① 综合性调查报告：一般是对调查对象的全过程、全面状况进行系统调查，提炼出具有普遍意义的规律。

② 专题性调查报告：对某项具体工作或工作中的一些侧面和环节进行专门调查，有很强的针对性。

四、调查报告的结构与写法

(一) 标题

(1) 直述式标题：直接写出调查内容或对象，如《虚假广告何时了》。

(2) 公文式标题：由调查对象、内容和文种组成，如《关于邯郸钢铁总厂管理经验的调查报告》。

(3) 复合式标题：主、副标题结合，主标题点明调查结论或核心问题，副标题点明调查内容与对象，如《改变旧体制、赢得第二春——北京市大华集团内部调整增效的调查报告》。

(二) 主体

主体一般分三个部分。

(1) 前言：调查报告的开头，一般是用一段话概括全文写作背景、主要内容，目的是为了让读者对全文有一个总的印象。

(2) 正文：这一部分详细叙述调查研究的具体情况、做法和经验。通过具体、全面、翔实的调查材料，发现工作中潜在的规律，得出正确的结论。

(3) 结语：可以总结全文的主要观点，进一步深化主题；或提出问题，引人深思；或展望前景，给人以鼓舞；也可以提出改进工作的措施和办法。

(三) 落款

署名、日期。

简　报

一、简报的定义

简报是简要工作情况报告的简称,是党政机关、企事业单位、社会团体为指导工作、沟通情况、反映问题、交流经验而单独编发的一种内部公文。机关、团体、企事业单位编发的"信息"、"动态"、"情况反映"等均属于简报类。

二、简报的特点

(1) 及时性:简报是传递信息的重要方法和途径,所以,迅速、及时地反映重要信息是简报的生命力和价值的重要体现。

(2) 真实性:简报最基本的要求就是真实。简报是群众了解全局工作发展的参考,也是领导决策指示的重要依据。所以,简报所反映的情况必须是真实的,不能有丝毫的虚构和夸张,更不能歪曲和捏造。

(3) 简练性:简报的一大特征就是"简"。不论是材料的选择,还是语言的表达上,都要强调简明扼要。

(4) 具体性:简报必须是反映实际工作中具体问题。

三、简报的种类

(1) 从内容上分,可分为工作简报、会议简报。
(2) 从时间上分,可分为定期的简报和不定期的简报。
(3) 从性质上分,可分为综合简报、专题简报。

四、简报的结构与写法

简报由报头、正文、报尾三部分组成。

(一) 报头

包括简报的名称、期号、密级、编印单位、印发日期等内容,相当于报纸的报名区域。

报头设计要求突出醒目,在简报首页上方占据三分之一位置。

报名:在报头正中位置,字体最大,为了突出,往往还用套红印刷。

期号:在报名的正下方,按出版次序号编列。

密级:在报头的左上方,表明秘密等级。

编印单位:在报头的左下方位置。

印发日期:在报头的右下方位置。

(二) 正文

正文一般由标题、导语、主体、结尾四部分组成(有时也加按语)。
(1) 标题：标题要求以简洁的词句概括全文的核心内容，具体形式多样。
(2) 导语：概括地叙述简报的主要内容，提出全文的中心或主要事实。
(3) 主体：是简报的主干，它主要是反映情况、成绩、提出问题。
(4) 结尾：重申观点，揭示意义，发出号召。

(三) 报尾

报尾位于简报最后一页下方，要写明发送范围和印刷份数。

述职报告

一、述职报告的定义

述职报告是指各级机关、团体和企事业单位的工作人员，就自己任职期间的岗位职责执行情况进行自我总结和评估，向上级领导和群众汇报的一种文体。

二、述职报告的特点

(1) 专用性：述职报告一般是单位工作人员对自己政绩的归纳、总结，具有专用性。
(2) 严肃性：述职者要严格按照国家或单位统一规定的工作标准做总结汇报，因此，述职者必须严肃认真对待，实事求是，用语准确，评价中肯。
(3) 简朴性：文字简明扼要，观点明确，语言朴实无华。
(4) 自述性：述职者使用第一人称，本着对个人、组织负责的态度，采用自述的方式面对听众或读者，作恰当的自我评估。

三、述职报告的种类

从内容上，可分为综合性述职报告和专题性述职报告；从表达形式上，可分为口头述职报告和书面述职报告；从述职范围上，可分为部门述职报告和个人述职报告。

四、述职报告的作用

(1) 有利于提高述职者的自身素质。通过述职，对过去的工作进行回顾，总结经验，吸取教训，改进工作方法，以便今后更好地完成各项任务。

（2）有利于考核。上级机关和群众可以根据述职报告，全面掌握述职者的工作情况，对其进行考核，作出评价。

（3）述职报告是现代管理的重要内容，已成为组织对有关人员进行考核的重要途径。

五、述职报告的结构与写法

（一）标题

标题有三种不同的写法。
（1）文种式：直接写《述职报告》。
（2）公文式：包括述职者、时间、内容、文种，如《李忠 2006－2007 年任局长职务的述职报告》。
（3）复合式：采用正副标题，正标题是对述职报告内容的概括，副标题写述职者及职务，如《思想政治工作要结合经济工作一起抓——北京大华集团党委书记李虎的述职报告》。

（二）署名

在标题下居中署上单位名称和述职者姓名。如果是在大会上讲，开头顶格写上称谓。

（三）正文

（1）前言：概括说明任职的背景、任职时间、任期岗位责任、目标与实绩等内容，对工作首先做一整体评价。
（2）主体：具体报告职责的履行情况，要抓住任期期间的主要工作，取得的成绩、成果。
（3）问题：简要指出存在的问题，分析问题产生的原因，提出改进的措施。要力求客观公正，实事求是。
（4）建议：主要写今后工作的设想、意见和建议。
（5）结语：一般写"以上报告，请领导和同志们批评指正"；口头述职报告一般为"述职到此，谢谢大家"等。

（四）落款

署名、日期。

规章制度

一、规章制度的定义

规章制度是国家机关,社会团体、企事业单位为了建立正确的工作、劳动、学习、生活秩序,依照法律、法令、政策而制订的具体有法规性、指导性和约束力的文件,它是法规、章程、制度、公约的总称。

二、规章制度的特点

(1) 很强的约束力。规章制度的依照法律、法令、政策制定的法规性文书,它起到某些行政法规的作用。它一经公布,对有关方面及有关人员就有强制力或约束力,必须贯彻实施,不得违反。

(2) 内容的具体性。规章制度是人们行动的准则,它所涉及的方方面面,都必须作出全面具体的规定。

(3) 应用范围广泛。规章制度的应用范围广,党、政、军机关,企事业单位,社会团体为了保证各项工作顺利进行,保证国民经济持续、快速、健康发展,它们在各自的职责范围内制订了不少规章制度,小到一个企业的生产班组的岗位责任、安全生产、工作流程、设备维护、请假等都订立了相应的规章制度,以保证工作正常进行;大到执行党和国家的各项方针、政策,都要结合本地区、部门的实际制订规章制度,以保证国家计划的完成。因此,应用范围广是规章制度特点之一。

(4) 分条款式写法。国务院办公厅发布的《行政法规制定程序暂行条例》中规定,"行政法规的内容用条文表达,每条可分为款、项、目,款不冠数字,项和目冠数字。法规条文较多的,可以分章,章还可以分节"。

三、规章制度的种类

规章制度包括条例、规定、办法、细则、章程、制度、规则、规程、守则、须知、公约等,另外,标准、准则、补充规定等也属规章制度范畴。

各种不同的规章制度,适用不同的范围、不同的需要,起着不同的作用,它们的制发者也不一样,也存在相同点及不同点。

1. 相同点

都具有行动准则的意思。

2. 不同点

规章制度都有行动准则的意思,但它们之间也存在着细微的差别。例如:

体制是带有限制性的规章制度;

办法、条例、规定是比较具体的规章制度；

细则是详尽而具体的规章制度；

守则、规则、制度则是各级机关，企事业单位内部针对某项工作或行动制订的规章制度。

四、规章制度的结构与写法

（一）标题

标题通常由发文单位、事由和文本种组成。如《中华人民共和国交通管理条例》，也有的省略发文机关，《汽车驾驶员守则》、《考生须知》等。

（二）正文

内容复杂的规章制度，诸如条例、章程、办法、规定等，正文的写法有两种格式。

1. 条例式

即由总则、分则、附则三部分组成。每一部分可根据内容多少，分若干章，每章可分若干条。

总则，常常是第一章，简要说明该规章制度的的宗旨、任务、性质，对全文起统领作用。

分则，是规章制度的主要部分，分章分条写明有关内容。

附则，多是最后一章，一般说明规章制度的生效日期、适用范围，以及修改、解释、批准的权限，以及未尽事宜的补充说明。附则可以单独成章，也可附在最后不单独成章。

2. 条目式

即先写一个前言，说明依据、目的，然后用"特制定本条例（制度、守则……）"作过渡语，引起下文。条目是主要部分，一般按先主后次、先原则后具体的顺序，逐条写来。

内容简单的规章制度，诸如守则、公约、须知、制度等，正文多由前言、主体、结尾组成。前言说明目的意义，主体分条叙述，结尾提出执行要求。

（三）落款

即在末尾签署制定本规章制度的单位或机关名称（也可写在标题下方）和发文日期（也可写在标题下方）。

五、应注意的问题

（1）规章制度必须符合党和国家的法律、法规和政策；

(2) 要从实际出发；
(3) 文字要简洁、准确；
(4) 遵守已颁布过的法律、法规；
(5) 反复讨论、力争完善。

【例文1】

纪念宋庆龄国家名誉主席基金会章程

（1982年12月8日第一次在京理事会议通过）

一、为纪念宋庆龄国家名誉主席，继承和发扬她毕生所关心所从事的儿童文教福利事业的精神，培养儿童德、智、体、美全面发展，为增进国际友好和对世界和平作出贡献，特设立纪念宋庆龄国家名誉主席基金会（以下简称基金会）。

二、基金会的性质

基金会是人民群众团体，又是联络海外人士为中国儿童文教福利事业提供援助的人民友好团体。

三、基金会的基金来源

海外侨胞、港澳同胞的团体和个人的捐赠。

国内外友好团体和人士的捐赠。

四、基金会与国外的同类组织

外国朋友、海外侨胞、港澳同胞及其团体，愿意为中国儿童文教福利事业捐募基金，在他们所在国家、地区组织宋庆龄基金会的，都将给予协作。

五、基金会基金的用途

基金会的基金属于专款，直接用于儿童文教福利事业，并尊重捐赠的意愿，尽量做到合理安排。

基金会为开展本身正常业务，须在最低限度内，以最小比例提取一定的资金为费用。

六、基金会的建设规划

计划在北京首先兴建儿童科学公园，根据需要与可能，将逐步在北京和其他地方建设儿童文教福利事业。

基金会将会同科技、教育、体育、文化、卫生、建筑、工、农、青、妇、儿童保育、工商、归侨、园艺等各界和有关地方部门以及中国福利会，共同研究规划儿童文教福利的建设事项。

七、基金会基金的监督

基金会建立独立的会计、审计制度。对于资金、物资的收支和使用情况有权监督、检查，并作出相应的报告。

八、基金会设理事若干人,由主席、副主席、秘书长主持日常工作

基金会在名誉主席、顾问主席之下,设秘书处,由中华全国妇女联合会指导,处理日常事务。

【例文2】

首都市民文明公约

为了发扬共产主义精神,树立新的道德风尚,特制订本公约。

一、热爱祖国　热爱人民　民族和睦　维护稳定
二、热爱劳动　爱岗敬业　诚实守信　勤俭节约
三、遵纪守法　维护秩序　见义勇为　弘扬正气
四、美化市容　讲究卫生　绿化首都　保护环境
五、关心集体　爱护公物　热心公益　保护文物
六、崇尚科学　尊师重教　自强不息　提高素质
七、敬老爱幼　拥军爱民　尊重妇女　助残济贫
八、移风易俗　健康生活　计划生育　增强体魄
九、举止文明　礼待宾客　胸襟大度　助人为乐

首都精神文明建设委员会
2002年×月×日

第五节　经济类应用文写作

意向书

一、意向书的定义

意向书是用来表示合作的意向,经合作的另一方同意接纳的一种文书。

二、意向书的特点

(1) 意向性:表明合作的意向。
(2) 内容宽泛:只表明合作意向,没有具体的合作细节要求。
(3) 无法律约束力:因为意向书只是表明一种兴趣及态度,所以不具备法律效力。

三、意向书的种类

（1）单签式意向书。
（2）联签式意向书。
（3）换文式意向书。

四、意向书的结构与写法

（一）标题

一般是事由和文种组成。

（二）正文

首先写签订意向书的目的、意义，其次写具体的意向事项。

（三）签署

（1）单签式意向书，只由出具意向的一方签署，文书一式两份，由合作的另一方在副本上签字认可，交还对方。
（2）联签式意向书由双方联合签署，各执一份为凭。
（3）换文式意向书，用双方交换文书的方法，表达合作意向，各在自己的文书上签署。

招标投标书

一、招标投标书的定义

招标投标书是为招标、投标而按一定格式和要求制订的书面文件。

二、招标、投标的程序

（一）招标程序

准备招标文件、制订标底（招标项目预期价格）、发布招标广告、出售或发送招标文件、审查投标单位资格、审查投标书、确定中标候选单位、招标单位组织投标单位勘察、解答招标文件中的疑点、评标、定标、签约。

（二）投标程序

成立投标机构、正确选择招标项目、报名参加投标、办理资格审查、获得并研究招标文件、调查投标环境、搜集有关信息情况、确定投标策略、合理计算标价、制订完成方案、编制投标书、投送投标书。

三、招标书的结构与写法

一般包括标题、前言、主体、结尾四个部分。

(一) 标题

一般包括招标单位、招标项目和文种。如《天天希望小学教学主楼建筑工程招标书》。有时也可省略招标单位或招标项目。

(二) 前言

一般包括四个要素，招标单位项目、招标根据、招标目的、招标范围。

(三) 主体

(1) 招标项目：要写清招标项目的名称、地址、各项技术指标、总工程量或物资名称、数量、质量、时间要求等。

(2) 招标方式：招标对象范围、招标的手续、标书的售价等。

(3) 招标步骤：要写清招标、投标的起止日期，开标评标的时间、地点和具体办法。

(四) 结尾

写明招标单位的名称、地址、发文日期、邮政编码、电报挂号、电报号码、电传号码及联系人等。

四、投标书的结构与写法

一般包括标题、送标单位、正文、结尾几个部分。

1. 标题

一般可直接写"投标书"三个字。

2. 送标单位

（略）

3. 正文

按招标的主要要求，写投标的态度、条件和保证事项。

4. 结尾

写投标单位、投标日期。

五、投标招标书的有效条件

(1) 加密封；

(2) 加盖投标单位和负责人盖章；

(3) 加盖保证单位和保证人盖章；
(4) 在规定投递日期内送达；
(5) 内容要符合招标要求。

合　同

一、合同的定义

合同，是平等主体的自然人、法人、其他组织之间设立、变更、终止民事权利义务关系的协议。

二、合同的特点

(1) 法律约束力：当事人必须全面履行合同规定的义务，任何一方不得擅自变更或解除合同，不论哪一方违背了合同中规定的条款，都要负违约责任。

(2) 合法性：《中华人民共和国合同法》第一章第七条规定："当事人订立、履行合同，应当遵守法律、行政法规，尊重社会公德，不得扰乱社会经济秩序，损害社会公共利益。"

(3) 贯彻自愿、平等、互利、协商一致、等价有偿的原则。

三、合同的种类

1999年3月15日，中华人民共和国第九届全国人民代表大会第二次会议通过了《中华人民共和国合同法》。

在《中华人民共和国合同法》分则中列举了如下15种合同。

买卖合同；供用电、水、气、热力合同；赠与合同；借款合同；租赁合同；融资租赁合同；承揽合同；建设工程合同；运输合同；技术合同；保管合同；仓储合同；委托合同；行纪合同；居间合同。

除了上述各类合同外，其他法律对合同另有规定的，依照其规定。

合同法或其他法律没有明文规定的，使用合同法总则的规定，并可以参照合同法分则或其他法律最相关的规定。

四、合同的结构与写法

就其形式来说，主要有表格式和条款式。一般由标题、约首、正文和落款四部分组成。

（一）标题

标题应该明确表明合同的性质。如《光明公司2009年第四季度纺织品购销合同》

（二）约首

包括合同编号、当事人名称等内容。为使行文方便,一般用括号注明"甲方"、"乙方","供方"、"需方"或"买方"、"卖方",更为明确。

（三）正文

1. 开头

一般只写签订合同的目的和依据。要求简明扼要、言简意赅。

2. 重要条款

（1）标的

标的指合同当事人双方权利和义务所共同指向的对象。如货物、货币、劳务等。

（2）数量

数量是用计量单位和数字来衡量标的的尺度。合同中计量单位必须明确。数量计量单位有统一规定,重量、体积、长度、面积等都要用国家标准计量单位。

（3）质量

质量是标的的具体特征,是标的的内在素质和外观形态的综合反映,如产品的品种、规格、型号等。

质量必须有具体的规定,如国家标准、部颁标准或企业标准。如是协商标准,必须另附协议书或者提交样品。

（4）价款或者酬金

这是指取得合同标的一方支付的代价,以物为标准的,叫价款;以劳务为标的,叫酬金。都是以货币数量计算支付,以国家的价格规定为准则。允许议价的,当事人协商议定。

（5）履行的期限、地点和方式

履行期限,指合同各方实现承诺的时间界限。书写此条款时,必须明确、具体。

履行地点,是指实现承诺的具体场所。场所应根据合同标的的性质或当事人约定。如买卖合同,必须写明交（提）货、付款、验收的具体地点。

履行方式,即当事人承担义务的方式。如一次履行或分期履行,是供方供货还是需方提货,要写清楚。

（6）违约责任

违约责任指当事人不履行合同规定的义务所负的责任。

（7）解决争议的方法

发生争议时,是通过仲裁方式解决,还是通过法院审判方式解决,在合同中应有明确约定。

（8）其他

除上述条款外,还应该根据合同内容或法律规定或当事人的要求写明一些必须的条款,以及要注明合同份数、保管、有效期、变更合同的条件,合同附件的名称或件数等。

3. 落款

一般要写明：签订各方的单位的全称或者姓名，并分别盖章。如需上级单位和公证机关签署意见的，应注明并盖章。另外双方电话、账号、开户银行、地址等，都应写清。当事人是企业法人的，应盖合同专用章，不得加盖行政专用章。

【例文】

财产租赁合同(GF-90-0701)

出租方＿＿＿＿　　合同编号：
　　　　　　　　　签订地点：
承租方＿＿＿＿　　签订时间：　　年　　月　　日

根据《中华人民共和国合同法》及有关规定，为明确出租方与承租方的权利义务关系，经双方协商一致，签订本合同。

第一条：租赁财产及附件的名称、数量、质量与用途

第二条：租赁期限

租赁期共＿＿＿＿年零＿＿＿＿月，出租方从＿＿＿＿年＿＿＿＿月＿＿＿＿日起将＿＿＿＿交付承租方使用，至＿＿＿＿年＿＿＿＿月＿＿＿＿日收回。

第三条：租金和租金的交纳期限

第四条：租赁期间租赁财产的维修保养

第五条：出租方与承租方的变更

1. 在租赁期间，出租方如将出租财产所有权转移给第三方，不必征求承租方同意，但应该告知承租方所有权转移情况。所有权转移后，出租财产所有权取得方即成为本合同的当然出租方，享有原出租方享有的权利，承担原出租方承担的义务。

2. 承租方如因工作需要，将租用财产转让给第三方承租使用，必须事先征得出租方同意。

第六条：违约责任

第七条：争议合同纠纷的方式：执行本合同发生争议，由当事人双方协商解决。协商不成，双方同意由＿＿＿＿仲裁委员会(当事人双方不在本合同中约定仲裁机构，事后又没有达成书面仲裁协议的，可向人民法院起诉)。

第八条：其他约定事项

第九条：本合同在规定的租赁期届满前＿＿＿＿日内，双方如愿意延长租赁期，应重新签订合同。

本合同未尽事宜，一律按《中华人民共和国合同法》的有关规定，经后来双方共

同协商,作出补充规定,补充规定与本合同具有同等效力。

本合同一式_____份,合同双方各执_____份;合同副本_____份,送_____备案。

出租方	承租方
单位名称(章)	单位名称(章)
单位地址	单位地址
法定代表人	法定代表人
委托代理人	委托代理人
电　　话	电　　话
电　　挂	电　　挂
开户银行	开户银行
账　　号	账　　号
邮政编码	邮政编码

签(公)证意见:
　　经办人:　　　　　　　　　　签(公)证机关(章)
　　　　　　　　　　　　　　　　年　　月　　日
　　　(注:除国家另有规定外,签(公)证实行自愿原则)

　　　　　　　　有效期限:　　年　　月　　日
　　　　　　　　　　　　到　年　　月　　日
　　　　　　　　监制部门:　　　印制单位:

市场调查报告

一、市场调查报告的定义

市场调查报告是有目的、有计划地搜集市场有关情况经过分析研究,得出恰当的结论、提出合理化建议之后写成的书面材料。

二、市场调查报告的作用

(1)克服生产、经营的盲目性。通过市场调查,可以掌握供求变化的情况和规律,从而制订出切实可行的生产计划,使产销合理,克服盲目性。

(2)发展新产品,开辟新市场。通过市场调查,可以掌握产品供求变化规律,从而可以帮助扩大销路,开辟新市场。

(3)改善企业管理,增强竞争力。市场调查报告可以给企业的决策者提供依据,扬长避短,发挥优势,增强企业的竞争能力。

三、市场调查报告的内容

(1) 用户情况:用户的数量、分布的地区以及经济状况、生活习惯,用户的购买动机、次数、数量、时间、地点等。

(2) 产品情况:经销单位和消费者对产品的质量、性能、价格、技术服务方面的意见和评价。

(3) 销售情况:包括产品销售的现状,影响因素;现有销售渠道和能力;广告的效果。

(4) 竞争情况:了解竞争产品在市场中的地位;从竞争中发现自己的优势与劣势。

四、市场调查报告的方法

(1) 制订调查计划:包括调查对象、调查目的、调查周期、调查地点、调查方案等具体内容。

(2) 市场调查的方法:有问卷法、观察法、采访法、实验法、资料收集法。

五、市场调查报告的格式写法

市场调查报告,通常包括标题、前言、主体和结尾四部分。

(一) 标题

主要写明调查的对象、范围或点明调查的主题。

(1) 公文式:包括调查的区域、时间、事由和文种,如《上海市 2008 年服装市场产销形势调查》。

(2) 主题词式:如《首都自行车市场进入饱和期》。

(3) 正副标题式:正标题揭示主题,副标题补充说明,如《新的形式、新的挑战——上海日用工业品批发市场情况调查》。

(二) 前言

要写出调查的目的、时间、对象、范围、方法,也可概括介绍全文内容和观点。

(三) 主体

通常包括情况、预测、建议和决策三个部分。

(1) 情况部分:以可靠的资料和数据,实事求是地介绍市场产销情况,也可用图表说明。

(2) 分析预测部分：通过对具体情况的分析研究，预测市场今后的发展趋势。

(3) 建议和决策部分：根据市场发展趋势，结合本企业的具体情况，有针对性地提出建议或采取的措施，解决实际问题。

（四）结尾

可以照应前言，归纳结束全文，或重审观点，加强认识；这部分也可省略。

经济预测报告

一、经济预测报告的定义

经济预测报告，是调查报告的一种特殊形式。是用科学的方法，对某一项经济活动进行分析研究、预测其发展趋势而写出的书面报告。

二、经济预测报告的特点

(1) 预见性：根据过去和现在的有关资料，探索经济领域中市场发展的规律。预见未来经济将要出现的情况，为提高经济效益服务。

(2) 科学性：运用科学的方法进行预测，从而得出正确的结论。

(3) 指导性：市场预测来源于经济的实践，又反转过来对经济实践有指导作用。

三、经济预测报告的分类

(1) 按时间分，可分为短期预测报告（1年左右），中期预测报告（2～5年）长期预测报告（5年以上）

(2) 按预测的范围分，可分为宏观预测报告和微观预测报告。

(3) 按预测的方法分，可分定性预测和定量预测。定性预测是指主要靠理论分析和经验总结、调查研究等方法对经济活动做出的预测。定量预测是指用统计方法和数学模型，通过计算和图解，预测未来，探求经济发展趋势。

四、经济预测报告的结构与写法

通常包括标题、前言和正文三个部分。

（一）标题

一般由预测时限、预测区域、预测对象和文种组成。具体写作时可灵活掌握。

（二）前言

一般说明预测对象的基本情况，包括历史和现状、经济形势、影响因素等。也可简单概括基本结论。

（三）正文

（1）情况部分：要充分利用资料和数据，主要写预测对象历史和现状，这是预测的基础。

（2）预测部分：预测报告的核心。对情况进行去伪存真、由表及里、去粗取精的判断推理，从而推测出市场经济发展的前景。

（3）建议部分：指出经济部门今后行动的方向及应采取的措施。

经济活动分析报告

一、经济活动分析报告的定义

经济活动分析报告是指对经济活动的状况进行分析研究的基础上、做出正确评价后写成的书面报告。

二、经济活动分析报告的种类

（1）专题分析报告：也称专项分析报告、单项分析报告，是针对经济活动中带有普遍性、典型性的关键问题进行分析后形成的报告。

（2）综合分析报告：对某一部门或某一单位在一个时期内的经济活动，根据各项经济指标，进行全面分析后写成的报告。

三、经济活动分析报告的结构与写法

通常包括标题、前言、正文、结尾四部分。

（一）标题

一般写明单位、时限、内容和文种 4 项，如《中国石化公司 2006 年石油销售状况分析》；有时也可直接写内容和观点，如《华利供销社利润下降、亏损增加的原因分析》。

（二）前言

也称引言、导语。一般是简要概括地介绍基本情况，有的说明目的，也有的介绍背景，为引入正文打基础。

(三) 主体

(1) 情况:分析对象的基本情况,提出问题。
(2) 分析:综合运用多种分析方法,分析评价经济活动并剖析原因、得出结论。
(3) 建议:要针对主体部分分析反映的问题,提出改进意见或措施。

(四) 结尾

可写一些总结式的话,也可省略。

说 明 书

一、说明书的定义

说明书是一种日常生活中广泛应用的、简要说明事物的构成、性质、特点、作用以及掌握的方法等为主要内容的介绍性的文体。

二、说明书的特点

(1) 介绍性:介绍说明事物的性质。
(2) 知识性:说明书基本都是知识的内容说明,所以具有丰富的知识性。
(3) 实用性:通过对说明书中对事物的基本知识的介绍,可以帮助了解掌握该事物。

三、说明书的种类

(1) 产品说明书:生产厂家向用户介绍产品用途、性能、规格、特点等的说明书。
(2) 使用说明书:以介绍产品性能、零部件及使用方法为主要内容的说明书。
(3) 安装说明书:在产品(机器)安装时所参考的说明书。
(4) 电影、戏剧说明书:主要是介绍电影戏剧故事情节内容的说明书。
(5) 书刊说明书:以介绍书籍、刊物的主要内容的说明书。

四、说明书的结构与写法

说明书主要由标题、正文、落款三部分组成。

(一) 标题

(1) 直接写《说明书》;
(2) 以产品名称作标题,如《红太阳洗衣机》;

(3) 由产品名称和文种作标题,如《星星牌热水器使用说明书》。

(二) 正文

主要写产品的构成、性能特点、使用和保养注意事项。

(三) 落款

写明生产厂家、产品批号、生产批准部门、专利号、联系方式等内容。

第六节 礼仪类应用文写作

请　柬

一、请柬的定义

请柬又称请帖、简帖,有时也称为邀请书,是邀请某单位或个人前来参加会议或出席某种有意义的活动的一种公关文书。

二、请柬的格式与写法

(1) 标题:标题"请柬"二字,一般写在封面正中(有的还在封面做一些艺术加工,如图案装饰、字体描金或烫金等)。

请柬的款式和装帧都十分讲究,一般都是用特种厚纸对折起来的款式,外面是封面和封底,里面是内容。

(2) 开头:在里面第一行顶格书写被邀请者单位、名称、职务或尊称。

(3) 正文:称谓下面一行空两格写起。交待活动的时间、地点和内容。最后以"敬请光临指导"等句子收尾。

(4) 结尾:正文下面一行,空两格写"此致",另起一行顶格写"敬礼"。

(5) 署名、日期:请柬也有用竖式写的,书写顺序是由右向左竖着写。

【例文】

请　柬

美国驻华领事馆:

为庆祝五一国际劳动节,北京市人民政府定于四月三十日晚六时在钓鱼台国宾馆五会议室举行招待宴会,请贵领事馆领事及夫人届时光临。
顺致
节日问候

北京市外事办公室(公章)
二○○七年四月二十八日

致　辞

一、致辞的定义

致辞是指在某种公关场合为表示勉励、感谢、祝贺等所作的礼仪性讲话。

二、致辞的分类

致辞可分为祝词和贺词两大类。
(1) 祝词:是对正在进行中的事件或相关人物表示祝贺的即席发言。
(2) 贺词:是对已经取得的成功表示祝贺。

三、致辞的结构与写法

致辞结构一般包括标题、称谓、正文、结尾等几部分。
(1) 标题:一般由致辞活动名称、致辞人姓名和文种三部分组成。
(2) 称谓:在正文前顶格写对出席者的称呼。注意尊敬用语。
(3) 正文:正文一般包括四个方面的内容。
① 表示问候、欢迎、感谢等。
② 简要回顾双方的关系发展情况。
③ 展望双方的未来情况。
④ 表示祝福、感谢等语。
(4) 结尾:写清单位名称、时间等。有的可以省略。

【例文】

二○○○年贺词
——在首都各界迎接新世纪和新千年庆祝活动上的讲话
(1999年12月31日)
江泽民

女士们,先生们,同志们,朋友们:
　　二○○○年到来的钟声,就要鸣响在我们这个星球的寥廓上空。人类文明的发展,即将进入一个新世纪,开启一个新千年。今夜,在世界的东方与西方、南方与北方,各国人民不分民族、不分信仰,都在为这一历史时刻的来临而欢欣鼓舞。

首先,我向全国各族人民和海外侨胞,向世界各国的朋友们,祝贺新年快乐!并致以新世纪、新千年的最良好祝愿!

此时此刻,最能引起人们回顾既往,展望前程。只有正确地总结历史,才能更好地走向未来。

一千年来,人类历史发生了沧桑巨变。人类文明从古代文明发展到现代文明。人类社会,经过封建社会进入了资本主义社会并且在一些国家诞生了崭新的社会主义制度。人类的经济活动进到了工业经济时代,并正在转入高新技术产业迅猛发展的时期。人类创造了以往数千年无法比拟的巨大物质与精神财富。人类对世界的认识和改造,突破一个又一个必然王国而不断地向自然王国飞跃。

一千年来,人类文明取得的一切成就,都是在推陈出新的社会变革和科技进步中实现的。著名的文艺复兴运动,打破了欧洲中世纪的黑暗神学统治。和平与正义的伟大力量,战胜了各种横行世界的"霸主"及其发动的非正义战争。历时几个世纪的殖民主义体系,终于在本世纪风起云涌的民族解放运动中宣告终结。各国人民的卓越创造和广泛交流,汇成了推动历史前进的浩荡动力。要和平、求发展已成为当今世界的时代潮流。

早在一千年前,中华民族就以发展了几千年的灿烂文明而著称于世界,并将这种领先地位一直保持到15世纪。后来由于生产力发展的迟缓和社会政治的腐朽,中国逐渐落后了,以至于近代陷入了遭受列强欺凌的半殖民地半封建社会的悲惨境地。但是,中华民族没有屈服,而是前仆后继地进行艰苦卓绝的斗争。以毛泽东同志为代表的中国共产党,坚持把马克思主义基本原理同中国具体实际相结合,领导人民经过伟大的革命终于在本世纪中叶建立了新中国。中国从此进入了建设社会主义的新时代。现在,中国人民沿着邓小平同志开创的改革开放之路正在向现代化的彼岸阔步前进。

进步终究要战胜落后,科学终究要战胜愚昧,正义终究要战胜邪恶,这是历史不断昭示人民的科学真理。世界和平与发展的崇高事业是不可阻挡的。

面对新的世纪之交和千年之交,每个中国有远见的政治家都应从历史的高度思考:未来的世界应该是一个什么样的世界,应变为实现这样一个世界作出什么样的贡献。

我们希望,在未来的世界,各个国家和各个民族能够始终和睦相处、友好合作、共同发展,能够建立起公正合理的国际政治经济新秩序,能够实现持久和平和普遍繁荣,各国人民都能够按照自己意愿创造并享受美好生活。世界正在走向多极化,这是历史发展的必然趋势,也是各国人民的共同愿望。中国人民愿与各国人民一道,为反对霸权主义和强权政治,推动多极化进程,创造世界美好的未来而共同奋斗！

我们坚信，在新世纪里，中国人民将坚定不移的沿着建设有中国特色的社会主义道路继续前进，中国的社会主义制度将经过不断改革而更加巩固和完善，中国的发展将通过各个地区的共同进步达到普遍繁荣，中华民族将在完成祖国统一和建立富强民主文明的社会主义现代化国家的基础上实现伟大的复兴。

讣　告

一、讣告的定义

讣告是报丧的通知或文告，也叫讣闻或讣文。一般由死者生前的工作单位或亲属等向有关单位、人员和死者亲友发出。

二、讣告的结构与写法

（1）标题：第一行正中用较大字体写"讣告"二字，或在讣告前面加上死者的姓名，写成"×××讣告"。

（2）正文：写明死者的姓名、身份、职务、去世的原因、日期、地点及终年岁数。

（3）简介：另起一行空两格，简介死者的生平事迹。

（4）结尾：写明开追悼会或向遗体告别的时间、地点。

（5）署名、日期：在讣告的右下方写明发讣告的个人或团体的名称及发讣告的时间。

【例文】

鲁迅先生讣告

鲁迅（周树人）先生于1936年10月19日上午5时25分病卒于上海寓所，享年56岁。即日移置万国殡仪馆，由20日上午10时起至下午5时为各界瞻仰遗容的时间。依先生遗言："不得因丧事收受任何人的一文钱。"除祭奠和哀悼的挽词、花圈等以外，谢绝一切金钱上的赠送。谨此讣闻。

鲁迅先生治丧委员会
蔡元培、内山完造
宋庆龄、A.史沫特莱
沈钧儒、萧三、曹靖华
许季茀、茅盾、胡愈之
胡风、周作人、周建人

唁 函

一、唁函的定义

唁函是对别国的政府首脑或著名人物的逝世表示哀悼、对其亲属表示慰问的信件。

二、唁函的结构与写法

（1）标题：发函人加文种加悼唁对象，如《江泽民电唁侯赛因国王逝世》。
（2）称谓：写遇丧者的亲属或继任者的姓名、职务等。
（3）正文：首先，对逝世者表示哀悼，向家人表示慰问；其次，对逝世者的生平和社会价值表示肯定；最后，表达着眼于未来的友谊。
（4）落款：署名和时间。

【例文】

法国总统函唁钱钟书

杨女士：

得知您先生的过世，我感到十分沉痛。

在钱钟书先生的身上体现了中华民族最美好的品质：聪明、优美、善良、开放和谦虚。

法国深知这位20世纪的文豪对法国所作的贡献。自20世纪30年代钱钟书就读于巴黎大学时，他就一直为法国文化带来荣誉并让读者分享他对于法国作家和哲学家的热爱。他极大的才情吸引了他的全部读者。正如您知道的，其作品的法文译本，无论是短篇小说，长篇巨著《围城》，还是评论研究都被我国广大的读者视为名著，受到他们的欢迎。

我向这位伟人鞠躬致意，他将以他的自由创作、审慎思想和全球意识铭记在文化历史中，并成为对未来世代的灵感源泉。

杨女士，我希望在这一不幸中分担您的痛苦，并以法国人民和我自己的名义，请您接受我的深切哀悼之情。

雅克·希拉克
1998年12月24日于巴黎

悼　词

一、悼词的定义

悼词是对死者表示悼念、寄托哀思的一种专用文体。

二、悼词的结构与写法

（一）标题

(1) 第一行居中用较大字体写"悼词"二字。
(2) 活动仪式加文种。如"在×××同志骨灰安放仪式上的悼词"。

（二）正文

(1) 写明所悼念的死者的姓名、职务、职称、逝世原因、终年岁数。
(2) 追述死者生前的主要经历和对国家、对人民所作的贡献，并给予恰如其分的评价。
(3) 勉励生者化悲痛为力量，学习死者的优秀品质。

（三）结尾

一般以"×××同志永垂不朽！"或"×××同志千古"结束。

（四）落款

署名和日期。

第七节　日常应用文写作

书　信

一、书信的定义

书信是人们日常生活、工作中不可缺少的交际、交流思想的工具，是人们用书面形式互相谈话的一种工具。

二、书信的结构与写法

书信由信封和信笺两部分组成。

(一) 信封

信封上的内容由三部分组成:即收信人的地址、收信人姓名和寄信人地址、姓名。

1. 收信人地址

一定要写得详细具体,字迹工整。要求写清楚收信人所在的省、市(自治区)、县、区、街道和门牌号码;农村地区,要写清楚省、县、乡(镇)、村,如是大村,还要写明"街"等。发给机关、团体、厂矿、学校等单位的信,也应在单位名称前详细写明其地址。

2. 收信人的姓名

要写在信封中间,字迹稍大一些,姓名后空两格处可写上"女士"、"先生"等字样,也可不写,在它们的后面写"收"、"启"、"鉴"等字样,也可以不写。

3. 寄信人的地址、姓名

这部分内容写在收信人姓名下面一行的右边,要求与写收信人的地址一样,也要写准确、写详细,使收信人一看信封就知道信从何处来和发信者是谁。同时,如果在信件无法投递时,也可按此将信件迅速退回写信人。

信封上还应准确无误地填写好收信人所在地区和寄信人所在地区的邮政编码。

(二) 信笺

1. 称谓

在信笺的第一行顶格写,后面用冒号,要单独占一行。称谓部分因对象不同而写法各异。一般是平时怎样称呼,信上就怎样称呼。

2. 问候语

问候语在称谓下面一行空两格处写,单独成行。问候语也可省略。问候语因对象的不同而使用不同的词语。

3. 正文

这是信的主体部分,在问候语下面一行,空两格处写起。根据内容可适当分段。它包括以下几个方面的内容。

(1) 写信的原因和目的。

(2) 主体:这是信的主要部分,写信人要询问或要回答的问题,都在这一部分里。

(3) 结语：将正文的内容总括一下，有何希望、要求。

4. 结尾

一般是写表示祝愿或敬意的话。常用的致敬语是"此致敬礼"；祝愿语是"祝身体健康"、"祝工作顺利"、"祝学习进步"、"祝节日快乐"等。

5. 署名

署名写在致敬语或祝愿语的下一行接近右端的地方。写姓名全称或只写名不写姓，要根据双方的关系来定。

6. 日期

日期写在署名下面。

三、书信的注意事项

(1) 首先与收信人的关系及写信的目的。关系不同、目的不同，在使用称呼、语气和写法上也就不同。

(2) 要做到行款格式正确。

(3) 注意使用简明、平直和口语化的语言。

(4) 信封信纸的选择：

① 与公务无关的事，最好不要用公务信纸。

② 喜庆事和选用专用礼仪信封。

③ 丧事和其他不幸事件用素信纸信封。

介 绍 信

一、介绍信的定义

介绍信是机关、团体、企事业单位，为了联系工作、了解情况、学习经验、参加会议等给本单位人员外出所开具的一种专用书信。

二、介绍信的常用结构与写法

(一) 用一般公文纸书写的介绍信

(1) 标题：在第一行居中用较大字体写上"介绍信"三个字。

(2) 开头：写收信单位名称或收信人姓名，顶格写，名称或姓名后加冒号。

(3) 正文：写介绍信的内容，另起一行空两格写。

① 被介绍者的姓名、人数、年龄、职务，如果是党、团事务类的，还应写清楚被介绍者的政治面貌等。

② 要接洽的事务及对收信者的要求等。

③ 一般写祝愿和敬意的话,写法同于一般书信。

④ 署名和日期。在结尾下一行的偏右方写上单位的名称,并加盖公章。署名下一行写日期。

(二) 印刷成文,不留存根,随时用随时填的介绍信

其结构与写法:

(1) 在第一行正中印有"介绍信"字样。

(2) 正文、结尾、署名均按一定的格式印好,只在上面的空白处填写清楚有关的内容即可。

(三) 印刷成文,留有存根的介绍信

其结构与写法:

这种介绍信,由"存根"、"间缝"、"本文"三部分组成。

(1) 介绍信存根部分的右下方印有"××字××号"。

(2) 介绍信存根部分的正文,按其格式将内容填入空格处即可。

(3) 介绍信存根部分的署名和日期,只署日期不必署名。因存根是仅供本单位必要时查考的。

(4) 介绍信的间缝部分。存根与介绍信本文之间,有一条虚线,这条虚线上印有"××字××号"字样,依照存根部分的有关内容填写。但号码要在大写,如"壹佰陆拾捌号",字体要大些,便于裁开后各留一半字迹。虚线在正中要加盖公章。

(5) 介绍信本文部分中"××字××号"要与存根相同。第三行要顶格写上联系单位或个人姓名,后边加冒号。其余部分按格式将空白处的内容填写清楚即可。

以上三种形式的介绍信写完后,均应装公文信封内。信封写法与普通信封写法相同。

注意事项:

(1) 要填写持介绍信者的真实姓名、身份,不得冒名顶替。

(2) 接洽和联系事项要写的简明扼要,办什么事就写什么事,与此无关的不写。

(3) 要经过领导过目或在存根上签字,以示慎重负责。

(4) 重要的介绍信要留有存根或底稿,内容和正文完全一致,并由开具介绍信的人认真核对。存根或底稿要留存,以备查证。

(5) 书写工整,不得涂改。如有涂改,涂改处必须加盖公章,否则,对方可以不予接待。

【例文】

介 绍 信

×××：
　　兹有我单位×××同志等××人，前往贵处参加××会议并联系××××××等事宜，请接洽。
　　此致
敬礼

××单位（公章）
×年×月×日

（有效期柒天）

证 明 信

一、证明信的定义

　　证明信是以机关、团体、个人的名义凭借确凿的证据，证明某人的身份、经历或证明有关事件的真实情况和专用书信。

二、证明信的结构与写法

　　（1）以组织和名义发出的证明信。这类证明信用来证明某人身世、经历或某一事件的真相。
　　① 标题：在第一行居中以较大字体写"证明信"三个字。
　　② 开头：写需要证明单位的名称，顶格写，名称后加冒号。
　　③ 正文：另起一行，空两格写。如证明一个人的历史问题，写清人名、时间、地点及所经历的事情；如证明的是一件事，要写清参与者的姓名、身份及在此事件中的地位、作用和事件本身的前因后果。
　　④ 结尾：可接着正文或另起一行空两格写上"特此证明"四个字。
　　⑤ 署名：在末行右下方写上证明的单位名称，加盖公章。另起一行，在右下方写日期。
　　（2）以个人的名义证明某人某事情况的证明信。证明人对所证明的内容要完全负责，除个人签名外，还需由证明人所在单位签署意见，以增强证明信的可靠性和严肃性。

以个人名义写出的证明信,除结尾须由写信者单位签署意见和加盖公章外,其余的写法与以组织的名义所写的介绍信的格式相同。

【例文】

证 明 信

××单位:

　　你单位×年×月×日来信收到。根据信中要求,现将×××同志在我单位工作期间的情况介绍如下:

　　×××同志于×年×月×日至×年×月×日在我单位任职。该同志思想先进,工作认真,并多次被评为我单位优秀干部。

　　特此证明。

××单位(盖章)
××××年×月×日

推 荐 信

一、推荐信的定义

推荐信是向有关单位或个人推荐人才,介绍某些先进事物的专用书信。

二、推荐信的结构与写法

(1) 标题:正中写"推荐信"三个字。

(2) 开头:顶格写收信的单位或个人的名称。

(3) 正文:另起一行空两格写起,内容包括:

① 被推荐者的基本情况。

② 说明推荐的理由,应写具体、写充分。

③ 写明推荐者和被推荐者的关系。

(4) 结尾:另起一行空两格写"此致",再转行顶格写"敬礼"等。

(5) 署名、日期。

咨 询 信

一、咨询信的定义

咨询信是向有关的部门或个人咨询问题,请求托办某种事情的信件。

二、咨询信的结构与写法

(1) 标题:正中写"咨询信"三个字。
(2) 开头:顶格写收信的单位或个人的名称。
(3) 正文:另起一行空两格写咨询的问题。
(4) 结尾:提出希望和要求,如"请拨冗给予答复为盼"。另起一行空两格写"此致",再转行顶格写"敬礼"等。
(5) 署名、日期。

【例文】

咨 询 信

××大学招生办公室:

　　我是××局职工,大学本科毕业,我希望参加贵校的2008年研究生招生考试。对于这个问题,不知有什么规定,需要办哪些手续。

　　请拨冗给予答复为盼。

　　此致
敬礼

××局 ×××
××××年×月×日

感 谢 信

一、感谢信的定义

感谢信是为了感谢对方的关心、支持而写的信。它有感谢、表扬的双重意思。

二、感谢信的结构与写法

(1) 标题:在第一行的正中写上"感谢信"或"致×××的感谢信"等字样。
(2) 称呼:在标题下面一行顶格写被感谢对象的单位名称或个人姓名。
(3) 正文:
① 简练地叙述需要感谢的对方的先进事迹。
② 热情赞颂对方的可贵精神及客观影响,表示向对方学习的态度及决心。
(4) 结尾:写表示敬意和感谢的话,如使用"致以最诚挚的谢意"、"表示衷心的感谢"等词句。
(5) 署名、日期。

表扬信

一、表扬信的定义

表扬信是对某个单位或个人的先进思想、高尚风格或模范事迹进行表彰和颂扬的书信。

二、表扬信的结构与写法

(1) 标题:在第一行的正中写上"表扬信"。
(2) 称呼:在标题下面一行顶格写被感谢对象的单位名称或个人姓名。
(3) 正文:
① 交代表扬的理由,重点叙述表扬人物的先进事迹。
② 对被表扬者的先进事迹进行热情的赞扬,并表示向其学习的决心。
(4) 结尾:如果写给本人的,就写"值得学习"、"深受感动"等方面的内容;如果是写给被表扬者的所在单位或领导的,就可以提出建议。如"×××同志的优秀品德值得大家学习,建议予以表扬"、"建议在×××中加以表扬"等。

演讲稿

一、演讲稿的定义

演讲稿又叫讲演稿、演讲辞、讲话稿,它是演讲者在群众集会或会议上发言的文稿。

讲稿可分为两种类型:
(1) 在各种会议上的讲话稿,包括报告、讲话、致词类文稿;

(2) 在各种演讲比赛会上的讲稿。

二、演讲稿的特点

(一) 针对性

演讲稿不论从内容,还是语言方面,都是针对听众的。因此任何演讲稿的写作必须考虑听众的好恶。

(二) 鼓动性

鼓动性是演讲稿的生命,好的演讲稿要使听众"快者抛髯,愤者扼腕,悲者掩泣,羡者色飞"。鼓动性一方面从演讲稿内容中体现,另一方面从语言色彩上体现。

(三) 通俗化

演讲稿的语言要求通俗易懂。

三、演讲稿的结构与写法

(一) 开场白

开场白有两项任务:一是建立说者与听者的同感;二是打开场面,引入正题。开场白一般有这样几种方式。

1. 悬念式

演讲伊始,或提问题,或引出故事,设置悬念,激发听众兴趣。

2. 名言式

利用名言警句作开场白,可使听众易于接受,振奋精神。

3. 提问式

开场设问,引导听众积极思考。当然,演讲稿的开场白的方式要因人、因事、因地而不同,没有固定不变的程式。

(二) 正文

这是演讲稿的主要部分。要写好这部分,必须做到以下几点:
(1) 要有突出的中心思想。
(2) 观点和材料要一致。
(3) 安排好层次和段落的关系。
(4) 注意文中的过渡和照应。

（三）结尾

常见的演讲稿结尾有：

1. 总结式

即在演讲的最后总结归纳自己的见解、主张、强化演讲的中心内容，给听众留下深刻的印象。

2. 号召式

即在演讲结束时，提出希望要求，发出号召。

3. 启发式

即在结尾时，提出问题，启发听众，使之留有思考的余地。

【例文】

克林顿总统在西安欢迎仪式上的演讲
1998年6月15日

冯市长、程省长、李秘书：

你们好！

谢谢你们赠送给我的你们城门的钥匙，谢谢你们隆重的欢迎。

在这里，在这座古老的城市里，中国今晚让我看起来很年轻，中国既有值得自豪的历史，又有充满希望的明天。我很高兴西安是我中国之行的第一站。因为它曾是中国的故都，现在仍然是中国人民的心脏地区。我是在美国的心脏地区长大的。我知道一个民族的性格是由在那里生活的勤劳的人民所决定的。

今天晚上，我看到一千多年前唐朝风物的再现。那时的西安恐怕是世界上最开放、文化上最先进的城市。从这里开始，商路横穿亚洲直达欧洲和非洲。到这里来汇集了很多伟大的思想家，他们传播哲学和新思想，对中国的伟大作出贡献。

我期待着明天参观兵马俑、古城墙和穆斯林区。我期待着更多的了解中国对人类知识宝库的伟大贡献，从医学和印刷术到数学和天文学，因为整个世界的进步在很大程度上都是基于你们的这些发现。我想多看一看你们这个新国家的建设，其规模之大甚至昔日的皇帝们也无法预见。

给我们带来印刷术的中国拥有传真机、计算机和手提电话。西安是电影摄影者、因特网探索者和各种商界人士的家。在这座以书法闻名的城市，现在正在书写中国历史的新篇章。

我们美国人民钦佩你们的成就，你们的经济，你们的勤奋、创造性和远见，你们为克服饥饿和贫穷所作出的努力，钦佩你们和我们一起致力于朝鲜和南亚的和平与稳定的工作。中国人民新的黎明正在到来，因为中国的伟大在于它的人民，过去一直是这样,现在也是这样。

我们自己的历史告诉美国人,衡量任何一个国家的伟大的标准就在于它的人民,在于他们共同对家庭、社会、劳动和学习的敬爱,在于他们个人的思想、信仰和创造力。

尊重每一个公民的价值、尊严、潜力和自由是美国的力量和成功的源泉。在这个全球信息时代,其中经济发展和个人机遇都取决于思想,承诺给所有的人提供充分发挥其潜能的机会也将是新中国强大和成功的重要因素。

我这次来中国访问,希望尽可能多的了解中国人民,了解你们的历史和你们对未来的憧憬。我还希望帮助中国人民更多的了解美国的历史、美国人民从历史中吸取的教训以及我们对21世纪的展望。

我相信中国人民和美国人民在很多方面都有共同的愿望,例如赡养家庭、教育儿童、建设社区、保护地球、构建我们的未来、把更加光明的未来传给我们的子孙后代。

在这里和在美国国内,可能有人会问中美两国建立更紧密的联系和更深的友谊是否有好处。答案显然是肯定的。我们互相帮助共同发展的能力是巨大的。我们可以彼此学到很多的东西。作为两个伟大的国家,中美对世界的未来负有特殊的责任。我们在未来一周所采取的措施可以导致两国人民在今后的岁月里迈出比以前大得多的步伐。

在这里,在你们这座有着光辉历史的城市里,我们必须永远牢记,我们以后也是祖先。有一天,我们的孩子和他们的孩子会问,我们是否尽了全力来建设公正的社会和更加和平的世界。如果他们作出判断我们是尽了全力,就让这点成为我们的纪念碑。让我们的进步包括所有的人,不论他们有这样那样的差异,都朝着一个共同的命运前进。

中国的典籍《礼记》上说:"大道之行也,天下为公"。让我们对这话赋予新的含义。

谢谢。

倡 议 书

一、倡议书的定义

倡议书是为了发动群众,动员社会力量,共同完成某项任务,开展某种公益活动,而向有关方面和群众提出某种建议的书信。

二、倡议书的结构与写法

(1) 标题:第一行居中写"倡议书"或"关于××××的倡议书"。

(2) 称呼：第二行顶格写受倡议者的称呼，范围要明确。
(3) 正文：先写清楚发倡议的背景、原因及目的，然后分条写倡议的内容。
(4) 结尾：概括地提出希望，表示倡议者的决心。
(5) 署名、日期。

【例文】

倡 议 书

国务院各部门：

2000年春节即将来临，我们正以喜悦的心情迎接这一具有特殊历史意义的传统节日。

在不平凡的1999年里，国家计委、国家经贸委的工作得到了你们的大力支持和热情帮助。在此，我们谨向你们表示衷心的感谢，并致以节日的热烈祝贺。

过去每逢春节，各部门沿用传统习俗互相走访拜年，在一定程度上增进了彼此的感情和促进了相互的合作，但同时也耗费了各部门的不少精力。

在刚刚跨入新千年之际，为更好地树立新一届政府廉洁、勤政、务实、高效的形象，有利于各部门集中精力做好当前的工作，我们一致倡议：今年春节，中央国家机关已经安排春节团拜会，国务院各部门最好不再互相拜年。

让我们把彼此间的美好祝愿与深厚友谊化为互相支持与共同合作的实际行动，形成一股合力，为圆满完成党中央、国务院交给我们的各项工作任务而共同努力。

热切希望各部门积极响应我们的这一倡议。

国家计委　国家经贸委
二〇〇〇年一月十七日

申 请 书

一、申请书的定义

申请书是个人或集体因某种需要向有关部门、组织以及社会团体表达愿望，提出书面请求的一种文书。

二、申请书的结构与写法

（一）标题

第一行居中写标题，可以写"申请书"三个字，也可以在"申请书"三个字前加上事由。

(二) 称呼

在标题下一行顶格写接收申请书的单位或领导人的名字。

(三) 正文

这是申请书的主体部分,应写清如下三方面的内容:
(1) 申请事项,即申请的具体内容。
(2) 申请理由。
(3) 表明自己的决心和态度。

(四) 结尾

正文结束后,另起一行写"请领导批准我的申请"、"以上申请,请批准"之类的祈请语。在下面写上祝颂语。

(五) 署名、日期

慰 问 信

一、慰问信的定义

慰问信是以组织或个人的名义向有关集体或个人表示慰问、问候和致意的书信。

二、慰问信的种类

(1) 向作出贡献的集体或个人表示慰问,鼓励他们戒骄戒躁继续前进。
(2) 向由于某种原因而遭到重大损失或巨大困难的广大群众表示同情和安慰、鼓励他们战胜暂时的困难,加倍努力,迅速改变现状。
(3) 节日慰问。

三、慰问信的结构与写法

(1) 标题:在第一行居中写"慰问信"或"×××致×××的慰问信"。
(2) 称呼:在标题下面一行顶格写被慰问的单位或个人姓名。
(3) 正文:另起一行空两格写。
① 说明写慰问信的背景、原因。
② 概述对方的先进思想和事迹,或是战胜困难、舍己为人、不怕牺牲的可贵

品德和高尚风格,并向对方表示慰问和学习。

③ 表示共同的愿望和决心。

(4) 结尾:写祝愿的话,接在正文后面或是另起一行空两格写"祝"、"此致",然后在下一行顶格写"节日愉快"、"取得更大成绩"、"敬礼"等。

(5) 署名、日期。

贺　信

一、贺信的定义

贺信是对胜利、成绩、节日、生日等喜事表示庆贺的一种专用书信。

二、贺信的结构与写法

(1) 标题:一般是在第一行居中用较大字体写"贺信"二字或"给×××的贺信"。

(2) 开头:顶格写被祝贺单位或个人的姓名。称呼之后加冒号。

(3) 正文:

① 简略叙述取得成绩的社会背景(或重要会议召开的历史条件)。

② 概括说明取得的成绩以及原因(如果是祝贺重要会议的召开,应说明会议的内容及其重要性。如果是寿辰贺信,应简练概括地说明对方的贡献和品德)。

③ 表示热烈的祝贺、赞颂。

④ 热情的鼓励、殷切的希望及双方共同的理想。

(4) 结尾:写祝愿的话,如"此致"、"敬礼"、"祝争取更大胜利"、"祝健康长寿"等。

(5) 署名、日期。

【例文】

中共中央、国务院致第29届奥林匹克运动会
中国体育代表团的贺信

中国体育代表团:

在举世瞩目的第29届奥林匹克运动会上,中国体育健儿肩负祖国和人民的殷切期望、怀着为国争光的强烈信念,顽强拼搏,奋勇争先,取得了51枚金牌、21枚银牌、28枚铜牌的优异成绩,位居金牌榜第1位,创造了中国体育代表团参加奥运会以来的最好成绩,实现了重大历史性突破,书写了中国体育事业发展的新篇章,为把北京奥运会办成一届有特色、高水平的奥运会作出了重大贡献。祖国和人民

为你们自豪！党中央、国务院向为祖国和人民赢得巨大荣耀的中国体育代表团,致以热烈的祝贺,表示亲切的慰问！

在北京奥运会赛场内外,中国体育健儿大力弘扬中华体育精神和奥林匹克精神,以坚定的意志品质、精湛的运动技艺、良好的文明礼仪,取得了运动成绩和精神文明双丰收,实现了你们出征前许下的为人生添彩、为奥运增辉,为民族争气、为祖国争光的誓言,向世界展现了中华儿女积极进取、昂扬向上的蓬勃朝气,展现了中华民族自强不息、团结奋斗、和平进步的精神风貌。你们同世界各国各地区体育健儿交流技艺、提高水平、增进友谊,为促进世界各国各地区人民的相互了解和友谊作出了新的贡献。你们用自己的实际行动,极大激发了全国各族人民的爱国热情和拼搏精神,给正在积极推进改革开放和社会主义现代化建设的全国各族人民以巨大鼓舞,为国际奥林匹克事业作出了突出贡献。

希望你们发扬优良传统,认真总结经验,戒骄戒躁,再接再厉,不断为祖国和人民赢得更大荣耀,为推动我国体育事业向前发展,为弘扬奥林匹克精神和促进国际奥林匹克运动,为夺取全面建设小康社会新胜利、开创中国特色社会主义事业新局面再立新功！

中共中央
国务院
二〇〇八年八月二十四日

条　据

一、条据的定义

条据是人们处理日常临时性事务时使用的一种简单的应用文体。

二、条据的种类

根据条据的内容和性质,我们把它分为两类:一类是说明性条据,称便条;另一类是凭证性条据,称单据。

三、条据的结构与写法

(一) 便条

便条是一种最简单的书信,是人们临时遇到某种事情要告诉对方,又不能面谈,或是由于手续的需要,所写的一种说明条据。

(1) 标题:在第一行的中间写上"请假条"、"留言条"等字样。

（2）称呼：在第二行顶格写收条人的姓名。

（3）正文：正文的内容由便条的性质来决定，如果是写请假条就要写明请假原因及起讫时间；如果是写留言条就要把有关的事情、时间、地点写清楚。

（4）结尾：另起一行空两格写"此致"，另起一行顶格写"敬礼"。

（5）署名、日期。

（二）单据

在日常生活中，人们借到、领到、收到或欠了他人或单位的钱财、物品时写的具有凭证作用的便条。常用的有收条（收据）、借条（借据）、领条（领据）、欠条（欠据）等。

各种单据的格式和写法大致相同，一般包括下面几个部分。

（1）标题：在单据第一行的中间写"收据"、"欠条"等字样。

（2）正文：在单据名称的下一行空两格，写对方名称或姓名以及涉及的钱、物的名称、数量、金额。正文写完后可以紧接着写上"此据"二字，也可以另起一行空两格写。

（3）署名、日期：

① 单据上提到的钱物的数字，一律用大写，数字后还应加上"整"字。

② 单据上的文字、数字一般不能涂改，非涂改不可时，应在涂改处加盖公章或私章，或另写一份。

③ 单据要用毛笔或钢笔写，不要用铅笔或圆珠笔写。

启　事

一、启事的定义

机关、团体或个人，把需要说明或希望大家协助办理的某些事情简要地写出来，具有广告性质和信息传递的作用的短文。

二、启事的种类

常见的有招生启事、征文启事、征订启事、招领启事、招聘启事、遗失启事、寻人启事、寻物启事、开业启事、迁移启事、承包启事、租赁启事等。

三、启事的结构与写法

（一）标题

在第一行的中间用较大字体写"启事"二字，或者在前加修饰语，如"招领启事"。如果"启事"的内容紧迫,可在前面加上"紧急"二字。

(二)正文

正文的内容应根据启事的不同性质来决定。如是"遗失启事"就要写明遗失证件或物品的名称、号码或数量、失主单位名称或个人名称,如是银行支票,还应向银行挂失。如是"寻人启事"一定要将所寻人的外貌、衣着、等特征及联系地址写清楚,还要附上所寻人的照片,如是"征文启事"一般要交代征文的目的、意义、内容、形式要求时间以及注意事项等。

(三)结尾

要写明发启事的单位或个人姓名,最后注明启事的日期。

会议记录

一、会议记录的定义

会议记录是开会时,当场把会议的基本情况、研究和讨论的问题、发言、决议等内容记录下来的书面材料。

二、会议记录的结构与写法

会议记录一般分为两部分:

第一部分,会议的基本情况。包括会议名称、开会时间、地点、出席人、列席人、主持人、记录人等,这些内容最好会议主持人宣布开会之前写好。

第二部分,会议的内容。一般包括会议主持人讲话、报告或传达,与会者的发言、讨论情况,会议决议等。

三、会议记录的注意事项

(1)速记:精力要集中,跟上会议发言的速度,迅速记录会议的内容。

(2)准确:会议记录是会议情况的真实记录,所以一定要如实准确地记录会议内容。

(3)规范:使用专用记录本、记录纸,一是为了规范,二是便于保存,三是便于保密。

(4)签字:会议结束后,会议记录要由主持人和记录人签字。

参 考 文 献

[1] 袁行霈.中国文学史(1-4卷).北京:高等教育出版社,1999.
[2] 章培恒,骆玉明.中国文学史(上、中、下卷).上海:复旦大学出版社,1996.
[3] 赵义山,李修生.中国分体文学史·诗歌卷.上海:上海古籍出版社,2001.
[4] 汉魏六朝诗鉴赏辞典.上海:上海辞书出版社,1992.
[5] 唐诗鉴赏辞典.上海:上海辞书出版社,1983.
[6] 宋词鉴赏辞典.上海:上海辞书出版社,2003.
[7] 王力.古代汉语.北京:中华书局,1999.
[8] 朱东润.中国历代文学作品选.上海:上海古籍出版社,2002.
[9] 郭绍虞.中国历代文论选.上海:上海古籍出版社,1979.
[10] 钱理群,等.中国现代文学三十年.北京:北京大学出版社,1998.
[11] 温儒敏,等.中国现当代文学专题研究.北京:北京大学出版社,2002.
[12] 陈思和,等.中国当代文学作品选.北京:学林出版社,1999.
[13] 洪子诚,等.中国当代新诗史.北京:北京大学出版社,2005.
[14] 钟敬文.民间文学概论.上海:上海文艺出版社,1980.
[15] 朱光潜.朱光潜全集(第2卷).合肥:安徽教育出版社,1987.
[16] 杨义.中国现代小说史(第3卷).北京:人民文学出版社,1991.
[17] 白明起,黄传武,李凤学.应用文写作.北京:华文出版社,2000.
[18] 姚雅丽,李中会.应用文写作.北京:北京师范大学出版社,2005.
[19] 曾爱波.应用文写作.北京:北京邮电大学出版社,2008.